사이버 범죄 심리학

Gráinne Kirwan
Andrew Power 공저

김지호 · 신상화 공역

학지사

역자 서문

우리나라에 월드와이드웹(WWW) 기반의 인터넷이 보급되기 시작한 지도 20여 년이 지났다. 그리 길지 않은 기간 동안 이 새로운 매체는 우리의 일상과 떼어놓을 수 없는 밀접한 관계를 가지게 되었다. 예전에는 생각지도 못했던 혁신적인 편익을 제공해 주며, 사회적 여론 설정의 유용한 광장의 역할을 한다. 또한 인간관계의 폭을 극적으로 넓혀 주기도 하며, 재미있는 콘텐츠가 끊임없이 생산되는 곳이기도 하다. 이후 스마트폰이 등장하며 사이버 공간의 영향력은 심리적, 시간적, 공간적 제한을 뛰어넘어 비약적으로 확장되었다.

그러나 커뮤니케이션이 이루어지는 모든 매체가 그렇듯, 그 매체 특유의 장단점이 존재하기 마련이다. 사이버 공간 역시 여러 가지 문제점이 발생하고 있으며, 시간이 지남에 따라 그 문제점은 일반인들의 예상 범위를 훨씬 뛰어넘어, 지금껏 경험하지 못했던 완전히 새로운 양상을 지니기도 한다는 것에 그 심각성이 있다. 나아가 어떤 유형의 일탈적 행동은 이미 명백히 실정법을 위반하는 범죄로 발전하기도 한다.

사이버 범죄의 유형은 매우 다양하다. 우선 기존의 범죄가 사이버 공간으로 범죄 현장을 옮기는 경우를 생각해 볼 수 있다. 금전적 욕망을 자극하는 전통적 범죄인 사기는 사이버에서도 여전히 이루어지고 있다. 낯선 해외 계정으로 오는 '외국의 숨겨진 왕족'이라는 사람의 메일에 속아, 어딘가에 압류되어 있는 돈을 찾는 데 도움을 주고 그 대가로 리베이트를 받아보겠다며 메일 사기꾼에게 돈을 송금하는 소위 '나이지리아 419 사기'는, 꾸준히 피해자를 발생시키고 있다. 반면 일반 이용자들이 거의 관심도 지식도 없는 사이버 구현 기술을 악용한 범죄는 비교적 새로운 유형의 사이버 범죄라 할 수 있다. 개인 컴퓨터에 악성코드를 침투시킨 후 사용자 내부 문서를 암호화시키고 복구비용 명목으로 금품을 요구하는 랜섬웨어(ransomware)가 그 예가 될 수 있다. 일명 '사이버 인질극'으로 악명이 높은 랜섬웨어의 경우 '해독용 프로그램'을 구매한다고 해도 악성코드에 의해 암호화된 파일들이 완벽히 복구된다는 보장이 없다. 실시간 온라인 게임 내 사이버 공간에서 시작된 사소한 말다툼에서 시작되어, 실제로 만나서 이루어지는 소위 '현피'라 불리는 폭행사건은, 사이버 내에서 매개되어 현실 세계에서 이루어지는 유형의 범죄라 할 수 있다.

　　이처럼 통칭 사이버 범죄라고 분류된다 하더라도 범죄 현장이나, 범죄에 필요한 지식, 사람들 간의 커뮤니케이션 양상 등은 범죄 유형에 따라 큰 차이가 있다. 효과적으로 사이버 범죄를 방지하고, 범죄자들을 교정하기 위해, 또한 피해자들의 물적·심적 피해를 감소시키기 위해서는 이에 대한 학문적, 실무적 논의가 활발하게 이루어져야 한다. 그럼에도 불구하고 사이버 범죄 사례 자체가 희소하고, 그 유형이 너무 광범위하며, 사이버 범죄자를 찾기도 어렵다 보니, 사이버 범죄에 대한 체계적 연구가 어려운 부분이 있다. 이런 부분에서 보자면, 이 책과 같이 사이버 범죄를 분류하고, 범죄자의 심리적 특징을 파악하려는 체계적 시도는 나름의 의미를 갖는다.

사이버를 어떻게 정의해야 하는지도 간단하게 정리될 수 있는 부분은 아니다. 역자들은 사이버 공간을, 기술을 매개로 하여 사람들의 커뮤니케이션이 이루어지는 공간, 학술적으로는 컴퓨터 매개 커뮤니케이션 시스템(Computer Mediated Communication System: CMCS)으로 고려하고 번역 작업을 진행하였다. 이러한 정의에 따르면 웹 브라우저 기반의 인터넷이나 스마트폰의 각종 메신저, 메일, 온라인 게임 등이 모두 사이버 공간이다.

현재의 매체 활용 양상으로 예측해 보건대, 사이버 공간의 영향력은 점점 커질 것이며, 그 부작용 또한 커질 것이다. 사이버 공간의 장점을 극대화하고, 단점을 최소화하기 위한 다양한 심리학적, 범죄학적, 시스템 공학적의 학제적 연구가 필수적이며, 이 책이 그러한 방향에 다소라도 도움이 될 수 있으면 좋겠다는 기대를 갖는다.

2017년
역자 일동

저자 서문

 이 책은 사이버 범죄 심리학 전반에 대해서 심리학, 범죄학, 정보 기술 등 다양한 학문을 공부하는 대학원생 및 대학생들을 대상으로 집필되었다. 또한 심리학 및 정보 기술 지식에 익숙하지 않은 독자를 위해 각 장 서두에 사이버 범죄와 관련된 심리학 및 최신 정보 기술 동향 핵심 개념을 제시하였다. 각 장의 구성은 먼저 사이버 범죄 유형별 연구 결과들을 검토하고, 심리학 이론 및 모델에 적용시켜 개별 사이버 범죄 유형에 대한 설명과 함께 오프라인 유사 범죄와의 비교를 통해 사이버 범죄자 특성, 피해자에게 미치는 영향, 범죄자 처벌 및 예방전략 등으로 이루어져 있다. 또한 개별 사이버 범죄 유형별로 각 장이 구성되어 있어, 여러분의 관심에 따라 특정 장을 먼저 학습하는 것도 가능하다. 하지만 첨단 기술 및 연구 동향을 체계적으로 이해하기 위해서는 법정 심리학과 사이버 범죄를 소개하는 1장부터 순서대로 학습하기를 권한다.

개관

이 책은 크게 4가지 영역으로 구분할 수 있다. 먼저 1장에서는 법정 심리학(forensic psychology)과 사이버 범죄에 대한 핵심 개념들이 소개되어 있고, 2, 3장에서는 컴퓨터와 인터넷 사용이 필수적인 해킹(hacking)과 악성코드(malware) 기반 사이버 범죄를 다루고 있다. 4장부터 8장까지는 컴퓨터와 인터넷을 사용할 수 없던 과거에도 지속적으로 발생했으나, 정보 기술의 발달로 더욱 기승을 부리고 있는 저작권 침해, 사기, 신원 절도, 테러리즘, 괴롭힘과 스토킹, 아동 포르노그래피와 성폭력 등의 다양한 사이버 범죄 유형이 소개되어 있다. 마지막으로 9장에서는 가상 세계 범죄에 대해 최신 연구 동향 및 대응 방안이 제시되어 있다.

- 1장: 법정 심리학 및 기존 범죄학 이론 소개
- 2장: 해커 심리학. 다양한 사이버 범죄 유형들과 해킹과의 특성 차이를 비교 분석한 연구 결과들을 토대로 해킹 방법, 동기 및 해커들의 성격 특성, 프로파일 소개
- 3장: 컴퓨터 바이러스(virus), 웜(worm), 스파이웨어(spyware) 및 기타 악의적 목적으로 제작된 소프트웨어 등 악성코드(malware)와 관련된 내용들로 구성. 악성코드의 개발, 유포 배경 및 시대적 변화 특성들을 토대로 제작 동기, 범죄 동기 및 범죄자 성격 특성, 프로파일 소개
- 4장: 신원 도용 및 온라인 사기. 기존 오프라인 유사 범죄들과의 비교를 통해 사람들이 온라인 신원 도용 및 사기에 취약한 원인 등
- 5장: 아동 대상 온라인 범죄. 소아기호증 등 아동 성애자 특성 및 진단 기준 등을 제시한 후 온라인 아동 학대 현상과 온라인 아동 프로노그래피 사용자 특성 등 소개

- 6장: 사이버 괴롭힘(cyberbullying)과 사이버 스토킹(cyberstalking). 기존 오프라인 괴롭힘 및 스토킹 사례들과의 비교 분석을 통해 가해자, 피해자 특성 및 가해 방법 제시
- 7장: 디지털 불법 복제(digital privacy)와 저작권 침해(copyright infringement) 범죄에 대한 이해를 위해 사회 학습 이론, 자기 정당화 기제, 계획된 행동 이론 등 다양한 심리학적 이론을 토대로 범죄자 심리 특성
- 8장: 사이버 테러리즘(cyberterrorism). 사이버 테러리즘 개념 정리 및 테러리스트 심리와 관련된 연구 문헌들을 검토, 테러리스트들의 인터넷 활용 특성 및 동기 확인
- 9장: 가상 세계 속 갈등 행동. 9장에서는 가상 세계에서 발생하는 분쟁 및 갈등 행동들을 '범죄'로 명명하고 있으나, 오프라인 상에서는 범죄 행동으로 간주되지 않을 수 있음. 하지만 이와 유사한 사건이 오프라인 공간에서 발생할 경우 명확한 범죄 행위로 간주됨. 이러한 인식 및 기준들에 대해 심층적인 분석 결과들을 소개

이 책의 구성

효과적인 강의 및 학습을 위해 각 장은 다양한 사이버 범죄 사례, 실습 과제, 요약 내용들과 함께 부가 학습 정보를 수집할 수 있는 참고문헌 및 웹 사이트 목록 등이 제시되어 있다.

개별 장에서 다루고 있는 사이버 범죄에 대한 가상 사례들을 재구성한 사례연구가 각 장 서두에 제시되어 있다. 특히, 2장 해커, 3장 악성코드의 경우 실제 발생 사례가 제시되어 있다.

> | 사례
연구 | 잭의 컴퓨터는 얼마 전부터 매우 느려졌다. 최신 백신 프로그램을 다 |
> 운로드 받아 점검한 결과, 바이러스에 감염되었다는 사실을 알게 되
> 었다. 잭은 컴퓨터가 느려지기 직전 누나가 보낸 이메일 첨부 파일을 다운로드 받았
> 던 점을 기억하고, 해당 이메일이 자신도 모르게 메일 주소록에 있는 모든 친구들에
> 게 발송된 사실을 깨달았다. 잭은 당황한 나머지 자신의 컴퓨터가 바이러스에 감염되
> 었다는 사실을 주소록에 있는 모든 친구들에게 알리고 컴퓨터 바이러스를 점검해 보
> 라는 당부 메시지를 발송하였다. 도대체 어떤 이유로 이런 악의적인 파일들이 만들어
> 졌고, 자신의 컴퓨터를 감염시킨 이들이 과연 어떤 이익을 얻을 수 있는지 매우 궁금
> 해졌다.

사례연구 이후 각 장에서 다루고 있는 사이버 범죄 유형별 개관 및 핵심 개념 정의 내용들이 제시되어 있어, 주제 및 핵심 개념을 효율적으로 학습할 수 있도록 구성되어 있다.

또한 모든 장에 학습 내용별 Summary Box가 제시되어 있어, 다음 내용으로 넘어가기 전에 핵심적인 학습 개념을 복습할 수 있다.

> **Summary Box 1-1** 법정 심리학의 정의
>
> - 법정 심리학은 범죄와 법과 관련된 다양한 주제를 광범위하게 다루고 있는 학문이다. 따라서 법정 심리학에 대한 정의 역시 연구자들마다 다양하다.
> - 일반 대중들은 법정 심리학을 범죄자 프로파일링에 국한시켜 생각하는 경향이 있다. 하지만 실제 범죄자 프로파일링 분야를 다루고 있는 법정 심리학자들은 소수에 불과하다.
> - 형사 사법 절차 전반에서 심리학의 역할 및 기여 범위를 폭넓게 하기 위해이 책에서는 법정 심리학을 포괄적으로 정의하고 있다.

각 장마다 개인 혹은 팀별로 수행할 수 있는 Activity 과제가 제공되어 있다. Activity 과제는 각 장에 수록된 중요 내용과 부가적인 참고자료를 통해 수행할 수 있도록 구성되어 있다.

Activity 1-1 | 정신 질환

이상 심리학 교재들 및 관련 웹 사이트를 참고해서 우울증, 양극성 장애, 조현병, 분열성 장애, 반사회적 성격 장애 등과 같은 정신 질환의 주요 증상에 대해 살펴보자. 일탈, 기능 장애, 불안정 등의 개념이 정신 질환을 정의하는 데 어떤 역할을 할 수 있는지에 대해서도 고민해 보자.

학습을 마친 후에는 연구문제가 제시되어 있어 수업 과제 혹은 개인적으로 학습한 내용을 테스트할 수 있다.

연구문제

1. 대중매체들에서는 범죄자 프로파일링 기법이 법정 심리학의 가장 핵심 분야라고 묘사되고 있다. 법정 심리학자들의 핵심적인 역할은 무엇인지, 과연 대중매체에서는 법정 심리학자들을 정확히 묘사하고 있는지 논의해 보자.

2. 통계적 vs 임상적 관점에서 범죄자 프로파일링 방법을 비교해 보자.

3. 개별 이론만으로 범죄의 원인 및 범죄자가 되는 이유를 설명하기는 힘들다. 범죄 원인 및 행동에 대한 예측 변수를 도출하기 위해서는 다양한 이론의 조합이 필요하다. 이에 대해 토론해 보자.

4. 범죄 유형 및 행동 양태는 너무나 다양하기 때문에 범죄를 설명하기 위해서는 다양한 이론을 적용할 필요가 있다. 최소 3가지 이상의 사이버 범죄 유형을 제시한 후 각각에 대해 다양한 범죄 이론을 적용, 범죄 발생 원인을 설명해 보자.

5. 범죄 예방 전략을 수립하기 위해서는 개인적 차원보다는 사회적 차원으로 접근할 필요가 있다. 이 점에 대해 토론해 보자.

각 장 마지막 부분에는 해당 장에서 다루어진 사이버 범죄에 대한 더욱 깊은 이해를 돕기 위해, 관련 정보를 제공하는 웹 사이트, 참고문헌, 연구논문 목록이 제시되어 있다.

웹 사이트

영국 국립 사기 범죄국(The UK National Fraud Authority: NFA) 웹 사이트에서 영국 내 사기 범죄 보고서 및 통계를 확인할 수 있다. (www.homeoff ice. gov.uk/agencies-public -bodies/nfa.)

www.actionfraud.police.uk를 통해 영국 내 사기와 인터넷 범죄와 관련된 보고서들을 열람할 수 있다.

안티 피싱 워킹 그룹(Anti-Phishing Working Group: APWG) 웹 사이트에서는 피싱

참고문헌

다음은 법정 심리학을 이해하는 데 유용한 참고문헌들이다.

Brown, J. M. and Campbell, E. A. (eds.) (2010). *The Cambridge Handbook of Forensic Psychology*. New York: Cambridge University Press.

Canter, D. (2010). *Forensic Psychology: a Very Short Introduction*. New York: Oxford University Press.

제1장

사이버
범죄
심리학

**사례
연구** 잭의 컴퓨터는 얼마 전부터 매우 느려졌다. 최신 백신 프로그램을 다
운로드 받아 점검한 결과, 바이러스에 감염되었다는 사실을 알게 되
었다. 잭은 컴퓨터가 느려지기 직전 누나가 보낸 이메일 첨부 파일을 다운로드 받았
던 점을 기억하고, 해당 이메일이 자신도 모르게 메일 주소록에 있는 모든 친구들에
게 발송된 사실을 깨달았다. 잭은 당황한 나머지 자신의 컴퓨터가 바이러스에 감염되
었다는 사실을 주소록에 있는 모든 친구들에게 알리고 컴퓨터 바이러스를 점검해 보
라는 당부 메시지를 발송하였다. 도대체 어떤 이유로 이런 악의적인 파일들이 만들어
졌고, 자신의 컴퓨터를 감염시킨 이들이 과연 어떤 이익을 얻을 수 있는지 매우 궁금
해졌다.

얼마 전 경찰에 체포된 마이클의 컴퓨터에서 1,000건 이상의 아동 포르노 동영상
및 사진이 발견되었다. 이 파일들은 전부 마이클이 인터넷에서 다운로드 받은 것들이
었다. 마이클은 지금까지 한 번도 아동 학대 행위를 저지른 적도 없고, 그 누구에게도
피해를 입힌 사실이 없었으며, 아동 포르노 사진과 동영상을 인터넷에 올린 적도 없
다고 경찰에 진술하면서 자신의 억울함을 호소했다.

개관

1장은 법정 심리학(forensic psychology)에 대한 소개로 구성되어 있다. 법정 심리학 수업을 수강했던 학생들이나 법정 심리학 관련 실무 종사자들에게는 익숙한 내용일 수 있지만, 처음 접하는 독자들에게는 1장 내용들이 사이버 범죄 심리학을 이해하는 데 많은 도움이 될 것이다.

이 장의 구성은 법정 심리학에 대한 개괄적 소개, 사이버 범죄 유형 고찰, 범죄자 프로파일링, 범죄자 평가, 처벌, 범죄자 교화, 피해자 지원, 범죄 예방, 경찰 심리학 등 법정 심리학 세부 분야별 소개, 범죄 발생 원인 및 잠재적 범죄자 특성을 설명하는 핵심 이론 등으로 구성되어 있다. 마지막으로 다루어지는 범죄 이론들에서는 사회적 영역에서 개인적 영역까지 다양한 수준에서의 범죄 발생과 범죄자 특질들에 대해 소개될 것이다. 이 중 많은 부분이 사이버 범죄자들의 행동을 설명하는 데 적용될 수 있다.

법정 심리학

법정 심리학(Forensic Psychology)은 최근 들어 대중적으로 인기가 가장 높은 학문 분야 중 하나이다. <양들의 침묵(The Silence of the Lambs)>, <크리미널 마인드(Criminal Minds)> 등과 같은 영화와 드라마는 많은 시청자들을 매혹시켰으며, 법정 심리학에서 다루고 있는 주제들을 사람들에게 널리 알리는 데 중요한 역할을 했다. 많은 대중매체들에서 범죄 프로파일링(Criminal Profiling)과 같은 특정 법정 심리학 분야에 대해 집중적으로 다루고 있다. 즉, 작가 및 제작자 입장에서 볼 때 범죄 프로파일링이 대중의 관심을 집중시킬 수 있는 매우 흥미로운 주제이기 때문이다. 하지만 범죄 프로파일링 기법을 주된 연구 주제로 삼고 있는 법정 심리학자들은 극히 일부에 불과하며, 대부분의 법정 심리학자들은 주로 범죄자 교정 단계에 필요한 심리학적 서비스에 대한 연구를 진행하고 있다(영국 심리학회; British Psychological Society, 2011). 일례로 토레스 등(Torres et al., 2006)에 의하면 법정 심리학자들과 정신의학자들 중 범죄 프로파일링 분야에 대한 연구를 진행하거나 실무 조언을 수행한 경험이 있는 경우는 10% 내외라고 한다. 이와 같이 법정 심리학은 범죄 프로파일링 이외에도 다양한 주제들을 다루는 학문 영역으로서 그 학문적, 실무적 정의를 고찰해 보면 법정 심리학이 얼마나 다양한 주제를 포괄하고 있는지 쉽게 이해할 수 있을 것이다.

브라운과 캠벨(Brown & Campbell, 2010)은 "법정 심리학자들이 폭넓은 지식을 지니고 있다고 기대하고 있지 않기 때문에 이들은 실제 큰 도움이 되지 않으며 심지어 사실을 오도할 가능성도 있다. … 법정 심리학은 특정 분야에만 적용될 수 있는 학문 분야로서, 다루어지는 지식 범위 또한 매우 제한적이다."(p. 1)라고 비판한 바 있다. 또한 이들은 다른 연구자들 역시 법정 심리학이 무엇인지 명확한 정의를 내리지 못하고 있으며, 학자들마다 정의 내용이 매우 다양하다는 점을 들며 자신들의 주장을 확고히 하고 있다.

블랙번(Blackburn, 1996) 등과 같은 일부 학자들은 법정 심리학을 미시적 관점에서 '법률적 의사 결정 지원을 목적으로 심리학적 지식을 적용하고 있는 학문(p. 7)'으로 정의하고 있으며 라이츠맨(Wrightsman, 2001)은 법정 심리학을 거시적 관점에서 '법률 영역 안에서 발생하는 다양한 문제들을 해결하기 위해 심리학적 지식과 방법을 적용한 학문'으로 정의하고 있다. 데이비스 등(Davies et al., 2008) 역시 법정 심리학을 '범죄 행동 이해를 위해 심리학적 이론과 방법을 적용하고 있는 범죄학적 심리학(Criminological psychology)과 법률적 영역에서 심리학적 지식과 방법을 적용하는 법 심리학(Legal psychology)'(p. xiii)이 결합된 학문으로 규정함으로써 법정 심리학을 포괄적으로 정의하고 있다. 데이비스 등(Davies et al., 2008)은 법 심리학과 법정 심리학 분야가 통합된 포괄적인 학문으로 법정 심리학이라는 명칭을 사용하는 것이 적합하지 않다고 지적하며, '법정 심리학'이라는 학문 명칭이 지니는 용어의 문제가 앞으로도 지속적 논란의 대상이 될 수 있다고 주장하였다.

호윗(Howitt, 2009) 및 브라운과 캠벨(Brown & Campbell, 2010) 역시 다양한 법정 상황에서 요구되는 심리학자들의 역할 모두가 법정 심리학 범위에 포함되어야 한다는 견해를 밝힌 바 있다. 이 책에서도 법정 심리학이 다양한 실무 영역을 다루는 포괄적인 학문 분야로 형사 사법 절차 전반에 걸쳐 이루어지는 심리학의 하위 분야로 정의되는 데 동의하는 바이다.

Summary Box 1-1 　법정 심리학의 정의

- 법정 심리학은 범죄와 법과 관련된 다양한 주제를 광범위하게 다루고 있는 학문이다. 따라서 법정 심리학에 대한 정의 역시 연구자들마다 다양하다.
- 일반 대중들은 법정 심리학을 범죄자 프로파일링에 국한시켜 생각하는 경향이 있다. 하지만 실제 범죄자 프로파일링 분야를 다루고 있는 법정 심리학자들은 소수에 불과하다.
- 형사 사법 절차 전반에서 심리학의 역할 및 기여 범위를 폭넓게 하기 위해 이 책에서는 법정 심리학을 포괄적으로 정의하고 있다.

사이버 범죄: 개관

사이버 범죄(Cybercrime) 유형은 매우 다양하다. 이 책에서는 다양한 사이버 범죄 유형 중 대표적인 몇몇 유형에 대해서 중점적으로 다루고 있다. 대부분의 사이버 범죄들은 일반 범죄들처럼 '재산 범죄(신원 도용, 사

기, 저작권 침해 등)'와 '대인 범죄(아동에 대한 성적 학대 등과 같은 사이버 범죄 등)'로 구분될 수 있다.

또한 사이버 범죄는 인터넷 이용 범죄(internet-enabled crimes)와 인터넷에서만 발생하는 인터넷 특정 범죄(internet-specific crimes)로 구분된다. 단지 인터넷을 범죄 도구로 이용하는 인터넷 이용 범죄들은 상표권 침해, 아동 포르노 유포 등 오프라인 상에서도 흔히 발생하는 범죄들로서, 인터넷을 이용함으로써 더욱 쉽고, 빠르게 범죄를 저지를 수 있다는 장점이 있다. 인터넷 특정 범죄는 온라인 혹은 컴퓨터를 통해서만 범죄가 가능한 유형으로 대표적으로 악성코드 배포, 웹 사이트 서비스 거부 공격(denial of service) 등의 해킹 범죄를 들 수 있다. 이외에도 온라인 가상 세계 속에서 아바타들 간에 발생하는 살인, 절도, 강간 등의 범죄들은 앞서 설명한 2가지 사이버 범죄 유형에 해당되지 않는 '가상 세계 범죄' 유형으로 구분된다(Power, 2010; Power & Kirwan, 2011).

사이버 범죄 역시 일반적인 범죄들과 마찬가지로 범죄 수법, 동기 및 범죄의 심각성 수준이 매우 다양하며 국가별 형사 사법 시스템에 따라 처리 방식 또한 천차만별이다. 또한 국가별 법률체계에 따라 사이버 범죄로 처벌되는 경우도 있고 그렇지 않은 경우도 있다. 가상 세계에서 발생하는 범죄들의 경우 가상 세계별 허용 가능한 행위 수준이 상이하기 때문에 동일한 법률을 적용시키기는 힘들다.

Summary Box 1-2 사이버 범죄

- 사이버 범죄는 크게 2가지 방식으로 정의될 수 있다.
- '재산 범죄' 혹은 '대인 범죄'로 구분할 수 있으며, '인터넷 특정', '인터넷 이용' 혹은 '가상 세계 범죄'로도 구분할 수 있다.
- 사이버 범죄에 적용되는 법률들은 국가, 지역별로 다양하다.

법정 심리학의 구성 요소

앞서 언급한 바와 같이 법정 심리학은 다양한 형사 사법 활동들을 포괄적으로 다루고 있는 학문 영역이다. 법정 심리학자들 대부분은 최소 한 가지 이상의 관련 분야를 주 연구 주제로 삼고 있는데 대표적인 연구 분야로는 범죄자 평가와 범죄자들의 사회복귀를 위한 교정 분야를 들 수 있다. 즉, 법정 심리학자들은 범죄자들의 이상 심리 유무 및 재범 가능성과 교화 가능 여부에 대해 중점적으로 연구를 진행하고 있으며, 이외에도 목격자, 피해자들의 범죄 당시 기억 회상 방법 및 범죄자들의 자백 유인 전략 수립 역시 법정 심리학자들의 주된 연구 분야 중 하나이다. 거짓말 탐지 역시 법정 심리학의 핵심적인 연구 주제 중 하나로 주로 거짓말 탐지 시 피검사자들의 반응 신빙성 평가에 있어 신뢰도가 가장 높은 방법이 무엇인지에 대해 중점적으로 연구되고 있다. 이외에도 경찰관서에서 경찰관 스트레스 관리, 채용, 교육 전략 수립 등을 지원하는 법정 심리학자도 있으며, 국민 참여 재판의 공판 과정에서 배심원단 구성 및 집단 의사 결정 방식과 행동에 대한 연구들 역시 최근 들어 활발히 진행되고 있는 법정 심리학 연구 주제 중 하나이다. 또한 범죄 피해자들에 대한 심리학적 연구, 범죄 억제 및 예방을 위한 지역사회 개입 전략 개발, 지역민 대상 예방 교육 프로그램 개발 프로젝트에도 법정 심리학자들이 활발히 참여하고 있다. 지금부터는 사이버 범죄에 적용시킬 수 있는 법정 심리학 연구 분야에 대해 살펴보도록 하겠다.

범죄자 프로파일링

프로파일링 기법에 대한 대중적 인기가 높아지면서 자신의 사건 경험을

책으로 발간하는 프로파일러들이 증가하고 있다(Britton, 1997, 2000; Canter, 1995, 2003; Douglas & Olshaker, 1995, 1999, 2000 참조). 이 중 과거 FBI 행동분석부 소속 프로파일러로 활동했던 더글러스 등(Douglas et al., 1986)은 그들의 저서에서 범죄자 프로파일링 기법을 "기존 범죄 사건들과 범죄자 특성 분석 결과를 토대로 현재 발생한 범죄자 개인의 행동 및 성격 특질을 추론하는 기법"으로 기술한 바 있다(p. 405). 하지만 최근 연구자들은 범죄자 프로파일링에 대해 어떤 특정 기법만 사용되는 것이 아니라 다양한 방법을 복합적으로 적용하는 응용 실무 기법으로 보는 것이 적합하다는 견해를 제시하고 있다(Ainsworth, 2001).

- 범죄 현장 분석(crime scene analysis): 미국 FBI 분석 기법을 바탕으로 하는 접근 방법
- 진단적 평가(diagnostic evaluation): 프로파일러의 임상적 판단에 의존하는 기법
- 수사 심리학(investigative psychology): 통계적 분석 방법을 활용한 프로파일링 기법(단, 수사 심리학은 범죄 프로파일링에만 특정된 방법은 아님)(Canter & Youngs, 2009).

한편 앨리슨과 켑벨(Alison & Kebbell, 2006)은 범죄자 프로파일링 분석을 위해서는 '일관성(consistency)'과 '동형성(homology)' 가정이 전제되어야 한다고 주장하며, 두 가지 가정을 바탕으로 하는 프로파일링 분석 방식에 대해 다음과 같이 설명하고 있다.

- 일관성 가정: 동일 범죄자가 저지른 사건들에서는 유사한 행동 패턴이 일관적으로 나타날 수 있다. 경매 사이트에서 온라인 사기 범죄가 발생했다고 가정해 보자. 일관성 가정을 통해 A라는 용의자가 온라인 사기

범죄를 저지른 사이트들은 모두 경매 사이트라는 공통점이 있을 수 있다. 하지만 경매 사이트 접속이 차단되었거나, 경매 사이트에서 온라인 사기를 통해 충분한 이익을 보지 못할 경우 용의자는 다른 범죄 수법을 사용할 수도 있다. 일관성 가정에서는 이러한 수법의 변화를 충분히 설명할 수 없다는 단점이 있다.

● 동형성 가정: '범행 수법이나 스타일이 유사한 범죄자들의 경우 개인적 특성 역시 유사할 수 있다(Alison & Kebbell, 2006, p. 153)'라는 가정을 전제로 한다. 주의 깊고 세심한 성격의 소유자들은 범죄를 저지르면서 이러한 성향을 그대로 보일 수 있다. 온라인 사기를 예로 들면 세심하고 꼼꼼한 성격을 지닌 범죄자들은 체포 가능성까지 염두에 둔 치밀한 수법을 사용할 가능성이 있다. 동형성 가정에서는 범죄 행동에서 추정해 볼 수 있는 이러한 범죄자 성향이 일상생활에서도 그대로 나타날 것이라는 가정을 토대로 한다. 따라서 세심하고 꼼꼼한 수법을 사용한 범죄자라면 아무래도 정교한 기술이 요구되는 직업에 종사할 가능성이 높으며, 개인 자료 역시 파일 형태로 꼼꼼하게 관리하고 있을 가능성이 높다고 볼 수 있다. 하지만 동형성 가정 역시 일관성 가정과 마찬가지로 상황이나 환경에 따라 달라질 수 있는 범죄 행동의 가변성을 설명하는 데 한계가 있다. 수사 심리학 분야의 창시자 중 한 명인 칸터(Canter, 1995)에 의하면 범죄자들이 직면한 상황에 따라 수법이 달라지는, 즉 범죄 행동의 가변성은 다양한 사람들과 상호작용하는 대인 관계 상황에서의 행동 변화 특성과 유사하다고 설명하고 있다. 따라서 칸터(Canter)는 일관성, 동형성 가정에 '범죄자-피해자' 간 상호작용에서 나타날 수 있는 대인 관계의 일관성 요인을 추가시켜 프로파일링 기법을 설명하고 있다.

범죄자 프로파일링 기법의 한계는 분석 결과의 객관성을 정확히 판단하기 어렵다는 점으로, 유용성 여부에 대한 많은 논란이 제기되고 있다(Alison & Kebbell, 2006; Alison et al., 2003). 하지만 사이버 범죄의 경우 프로파일링 기법을 유용하게 활용할 수 있다는 연구 결과들이 제시되고 있어, 활용 가능성에 대한 더욱 구체적인 학술적, 실무적 검토가 필요하다. 사이버 범죄 수사에 있어 범죄자 프로파일링 기법의 적용 가능성을 연구한 대표적인 학자들로는 구다이티스(Gudaitis,

[그림 1-1]
범죄자 프로파일링과 용의자 특성

프로파일러들은 범죄자 프로파일 작성을 위해 과거 발생한 유사 사건들에서 나타난 범죄 행동, 범죄 현장 특성 등을 비교, 검토하고 있다. 유사 사건 분석 결과는 용의자 특성 예측에 사용된다.

1998), 니코딤 등(Nykodym et al., 2005)과 로저스(Rogers, 2003)를 들 수 있다. 먼저 구다이티스(Gudaitis, 1998)는 사이버 범죄 데이터에 대한 다차원적 분석을 실시하여 획득한 범죄자 프로파일을 실제 사건들에 적용시켜, 프로파일링 기법이 사이버 범죄 수사 단서 획득에 유용하게 활용될 수 있다고 제안한 바 있다. 니코딤 등(Nykodym et al., 2005)은 특히 조직 내부자에 의해 진행된 사이버 범죄 사건에서 프로파일링 기법이 효과적으로 적용될 수 있다는 견해를 밝힌 바 있다. 또한 해킹 등 사이버 범죄 행동 분야에 대한 로저스(Rogers, 2003)의 연구 결과에 의하면 용의자의 하드 드라이브 수색, 잠재적 범죄 용의자군 축소, 범행 동기 추정, 범죄 피해 위험이 높은 피해자 선별 등 사이버 범죄 수사 전반에 걸쳐 범죄자 프로파일링 기법이 유용하게 활용될 수 있다고 한다.

앞서 설명한 프로파일링 기본 전제 중 일관성 가정은 급변하는 사이버 범죄 특성상 적합하지 않을 수 있다. 하지만 이러한 주장들은 전문가들 사이에서 많은 논란이 되고 있다. 먼저 일관성 가정의 부적합성을 지적한 자한크하니와 알-넴라트(Jahankhani & Al-Nemrat, 2010)는 사이버 범죄의 경우 첨단 기술 변화 속도에 따라 수법 등 범죄 행동이 급격하게 변화하는 특성을 지니고 있기 때문에 동일 범죄자라 해도 반드시 유사한 범죄 행동을 반복적으로 보이기 어렵다고 주장한 데 반해, 프레웁 등(Preuβ et al., 2007)은 독일에서 발생한 12건의 해킹 사건 분석 결과를 근거로 해커들은 구식으로도 볼 수 있는 과거 해킹 기술을 즐겨 사용하는 경향이 있어, 프로파일링 기법의 일관성 가정이 사이버 범죄에도 어느 정도 적용 가능하다는 상반된 주장을 펼치고 있다.

해커 프로파일링 관련 연구 중 가장 규모가 큰 연구 프로젝트로는 키에사 등(Chiesa et al., 2009)의 해커 프로파일링 프로젝트(Hackers Profiling Project)를 들 수 있다. 이 연구에서는 해커 대상 자기보고식 설문 결과를 토대로 해커들의 인구 통계적 특성, 사회경제적 배경, 사회관계, 심리 특성, 해킹 활동 등과 관련된 대규모 자료를 수집, 분석하였는데(자세한 내용은 2장 '해커' 참조), 자기 보고식 설문지를 사용했기 때문에 응답자의 사회적 바람직성 효과와 함께 실제 해킹 활동 및 태도를 편향되게 응답했을 한계가 있다. 하지만 연구 규모 및 내용 범위 면에서 해킹 범죄자 프로파일링을 위해 필요한 데이터베이스를 최초로 구축했다는 점에서 그 가치를 인정받고 있다.

Summary Box 1-3 범죄자 프로파일링

• 범죄자 프로파일링의 주요 접근 방법: 범죄 현장 분석, 진단적 평가, 수사 심리학 (Alison & Kebbell, 2006)
• 기본 전제: '일관성 가정' '동형성 가정'. 2가지 가정 역시 한계는 존재한다.
• 범죄자 프로파일링 기법이 과연 사이버 범죄 수사에 효용성이 있느냐에 대해서는 연구자들마다 이견이 존재하지만 현재까지 효용성 여부를 단정 지을 만한 경험적 연구 결과들은 매우 부족하다.

📶 심리 장애와 범죄자 평가

범죄자 평가(Offender Assessment)는 법정 심리학자들의 중요한 역할 중 하나이다. 사람들은 언론에 보도된 잔혹한 범죄자들이 심각한 정신적 문제가 있는 사람이라고 인식하는 경향이 있는데, 법정 심리학자들은 이처럼 잔혹한 범죄를 저지른 범죄자들의 정신 질환 유무를 평가한 결과를 법정에 제출하고, 전문가 증언을 하는 역할을 수행하고 있다(Gudjonsson & Haward, 1998). 하지만 정신 질환 유무를 판단하는 심리학적 기준과 법률적 기준은 엄연히 다르다. 즉, 법정 심리학자들이 법률적인 관점에서 범죄자들의 정신 상태를 평가하기는 쉽지 않다. 얼핏 보면 이상 행동에 대한 정의가 단순해 보일 수 있지만 전문적인 정신 진단은 매우 어려운 작업이다. 예를 들어, 우리는 눈물을 흘릴 상황이 아닌데도 자주 눈물을 흘리는 사람을 이상하다고 생각할 수 있고, 반대로 가족의 사망, 이별 상황에서 아무런 심리적 고통을 표현하지 않는 사람들 역시 이상하다고 생각할 수 있다. 즉 타인의 행동을 보고 주변 사람들이 불편한 감정을 느끼느냐 여부가 이상과 정상을 구분하는 기준이 될 수 있다. 개인의 기능적 문제 또한 이상 행동 유무를 결정짓는 기준이 될 수 있다. 이상 행동 유무를 평가할 때에는 일상생활에 문제는 없는지 정상적인 사회생활이 가능한지, 대인 관계에 특별한 문제가 없는지 등에 대한 종합적인 판단 및 평가가 선행되어야 한다. 예를 들어, 수학에 재능이 없는 학생이 낮은 점수를 받았다면 특별히 이상할 게 없지만 항상 우수한 성적을 받던 학생이 갑자기 낮은 점수를 받았다면 사람들은 이 학생이 무언가 기능적으로 문제가 있는지 의심할 수밖에 없다.

세 번째로는 일탈 행동, 즉 정상적인 사람들과 구별되는 행동이 나타나느냐가 이상 행동을 구분하는 기준이 될 수 있다. 일탈 행동이란 범죄 행동이나 반사회적 행동이라기보다는 특이한 행동 자체를 의미하는 것으로, 누군가 보통 사람들에게서 흔히 나타나지 않는 급격한 기분 변화나

환각을 보인다면 이는 분명 심리적 문제에 기인한 행동으로 의심해 볼 수 있다. 하지만 일탈 행동이 반드시 이상 행동을 의미하지는 않는데, 가령 사람들은 모든 과목에서 A학점을 받는 학생이 많지 않다고 해서 전 과목 A학점을 받은 학생을 비정상이라고 이야기하지는 않는다.

정신의학자들과 심리학자들은 정신 질환 유무 판단 시 미국 정신의학협회에서 발간한 『정신질환 진단 및 통계 편람(Diagnostic and Statistical Manual of Mental Disorder: DSM)』을 활용하고 있다(DSM, 2000, 2011). 법정 심리학자들은 정신 질환이 의심되는 범죄자들에게 임상적 면담, 행동 관찰, 심리 검사 결과, 과거 병력 유무, 가족력 등 생활 배경 등을 종합한 후 DSM 진단 기준을 토대로 정신 질환 유무를 판단하고 있다. 하지만 정신 이상은 정신의학적 용어가 아닌 법률 용어로서(Huss, 2009), DSM 정신 질환 유형에 해당된다고 해서 법률적으로 정신 이상으로 간주할 수는 없다. 또한 시대에 따라서 혹은 국가에 따라 정신 이상에 대한 정의가 다를 수는 있지만 대부분의 경우 충동을 적절히 통제했느냐 여부 및 행동의 옳고 그름을 중심으로 정신 이상 유무를 판단하고 있다(Foucault, 1965; Huss, 2009 참고).

Activity 1-1   정신 질환

> 이상 심리학 교재들 및 관련 웹 사이트를 참고해서 우울증, 양극성 장애, 조현병, 분열성 장애, 반사회적 성격 장애 등과 같은 정신 질환의 주요 증상에 대해 살펴보자. 일탈, 기능 장애, 불안정 등의 개념이 정신 질환을 정의하는 데 어떤 역할을 할 수 있는지에 대해서도 고민해 보자.

사이버 범죄자들에게서 나타나는 정신 질환적 특성에 대해서는 아직 구체적으로 밝혀진 바가 없다. 하지만 최근 들어 아스퍼거 증후군(Asperger's Syndrome)과 해킹 행동과의 관계에 대한 관심이 집중되고 있다(Hunter, 2009). 아스퍼거 증후군은 일종의 자폐증으로 언어 및 인지 기능의 문제는 없지만, 감정적 교감 능력이 떨어져 대인 관계에 어려움을 겪는 심리장애 유형이다. 아스퍼거 증후군 환자들은 특정 행위에 맹목적으로 몰입하며, 반복적인 행동을 보이는 특징이 있는데(Toth & King, 2008), 따라서 이들 중에는 특별한 활동을 하지 않고 컴퓨터를 사용하면서 하루 중 대부분의 시간을 보내는 이들이 많다고 한다. 즉 아스퍼거 증후군 환자들에게 있어 컴퓨터는 주변의 아무런 방해도 받지 않고 혼자 즐길 수 있는 완벽한 취미 도구이며 도피처로 볼 수 있다(Hunter, 2009). 이러한 아스퍼거 증후군 환자들의 성향은 해커들의 특성과 매우 흡사하다. 하지만 해킹 행위와 아스퍼거 증후군의 관계가 아직 객관적으로 입증된 것은 아니기 때문에 현재까지는 상호 간의 밀접한 관계가 있다고 단정 지을 수는 없다. 즉 해커들 모두가 아스퍼거 증후군 증상을 보이는 이들이라고 볼 수 없으며, 아스퍼거 증후군 환자들 중 많은 이들을 해커라고 볼 수도 없다.

Summary Box 1-4 　정신 질환과 범죄자 평가

- 범죄자 정신 감정(정신 질환 혹은 정신 이상 유무)은 법정 심리학자들의 역할 중 하나이다.
- 정신 이상은 심리학적 용어라기보다는 법률적 개념이다.
- 이상 행동은 기능 장애, 일탈 행동, 주변 사람들이 느끼는 불편함 유무를 기준으로 판단된다.

📶 범죄 위험성 평가, 처벌, 교화

연쇄 범죄자들의 경우 일반적으로 검거 직후 혹은 구형 전 단계에 심리 평가를 받는다. 법정 심리학자들은 구형 전 단계에 실시되는 심리 평가를 담당하며, 교도소에 복역 중인 재소자 교화 프로그램 개발 및 가석방 심사 자문 역할을 수행하고 있다.

처벌은 어떤 범죄를 저질렀느냐에 따라 달라진다. 주차 위반 등과 같은 경범죄에 대해서는 벌금형과 같은 비교적 경미한 처벌이 적용되며 중범죄의 경우는 교도소 구금, 사회봉사 명령, 보호관찰 등 상대적으로 처벌 수위가 높다. 또한 현재까지 사형이나 태형을 집행하는 국가들도 존재한다. 처벌의 종류는 범죄 억제, 교화, 자격 박탈, 피해 보상 등 처벌의 목적에 따라 달라진다고 볼 수 있는데 대부분의 경우 범죄자를 교도소에 수감시키거나 접근 금지 명령을 내림으로써 범죄를 저지를 가능성을 사전에 차단시키는 것을 목적으로 한다.

범죄 억제 형태는 '일반적 억제(general deterrence)'와 '구체적 억제(specific deterence)'로 구분된다. 일반적 억제란 사회 구성원 모두의 범죄 의지를 감소시키는 것이 목적이며, 구체적 억제는 개별 범죄자의 범죄 의도를 억제시키는 것이 목적이다. 사이버 범죄자들을 예로 들어 설명하면, 컴퓨터 바이러스 개발 혐의로 징역 8개월을 선고받은 해커 사이먼 밸로(Simon Vallor)는 해킹 혐의로 교도소 복역 생활을 한 후 "나는 다시는 바이러스를 만들 생각조차 하고 싶지 않다. … 감옥에 가는 것은 너무나도 끔찍한 일이다. 교도소에서 보낸 시간들은 내 인생의 가장 최악의 시간들이었다." 라고 수감 생활에 대한 소회를 밝히고 있다(Simith, 2004, p. 6). 하지만 대부분의 해커들은 검찰이나 경찰이 자신들의 해킹 활동을 법적으로 입증할 만한 증거를 찾을 수 없을 것이라고 생각하고 있어 실제로 처벌받을 가능성은 희박하다고 여기는 경향이 있다. 따라서 일반적 억제를 통해 전체 해커들의 범행 의지를 사전에 차단시키려는 시도는 비효율적이다(Smith, 2004). 저작권 침해 범죄의 경우에도 일반적 억제를 위해 음악, 영화, 소프트웨어 불법 복제, 배포자들 중 죄질이 나쁜 범죄자들에게 중형을 선고하고 있는데 이 또한 일반인들의 범죄 의도를 억제하는 데 효과적이라고 볼 수 없다.

물론 가장 이상적인 범죄 억제 방법은 범죄자들을 완벽하게 교화시킴으로써 출소 후 더 이상 범죄를 저지르지 않게 하는 것이다. 이를 위해 법정 심리학자들은 재범 억제 전략 개발에 몰두하고 있지만 모든 범죄자들을 완벽하게 교화시키는 것은 현실적으로 불가능하다. 전 세계 대부분의 국가들에서 시행되고 있는 교화 프로그램의 종류들 역시 국가별 사법 시스템 조건에 따라 상이하다. 가장 일반적인 교화 프로그램은 마약 복용자들과 같은 약물 의존형 범죄자들을 대상으로 한 치료 형태의 교화 방법을 들 수 있다. 이외에도 강력 범죄자, 성폭력 범죄자, 청소년 범죄자 등 범죄자 유형에 따라 특화된 교화 프로그램들이 전 세계 각지에서 운영되고 있다. 범죄자 교화 프로그램들의 경우 효과를 극대화시키기 위해 범죄 및 범죄자 유형에 맞춰 특성화되어 있지만 모든 범죄자들에게 긍정적인 효과를 기대하기는 어렵기 때문에 프로그램 적용 전 범죄자 개인별 사전 평가를 실시, 가장 효과적인 맞춤형 프로그램을 적용시키는 것이 무엇보다 중요하다. 예를 들어, 아동 포르노 유포와 같이 온라인 공간에서 아동 관련 범죄를 저지른 범죄자들에게는 이들 특성에 적합한 교화 프로그램 적용이 필요하다. 아동 포르노그래피 관련 범죄에 대해서는 5장에서 구체적으로 논의하도록 하겠다. 중요한 점은 범죄자의 교화 효과 검증을 위해서는 개별 교화 프로그램들에 대한 적절한 효과성 평가와 실행 과정에 대한 세심한 통제가 이루어져야 한다는 것이다.

　법률적 보상은 범죄 피해자들이 당한 금전적 피해 보상에 목적이 있다. 대부분의 법률적 보상은 기물 파손, 절도 등과 같은 재산 범죄에 국한된다. 사이버 범죄에서 실제 피해 보상이 이루어진 대표적인 사례로는 2009년도 디지털 음원 유포 혐의로 벌금형(약 200만 달러)에 처해진 제이미 토머스-라셋(Jammie Thomas-Rasset) 사건을 예로 들 수 있다(BBC 온라인 뉴스, 2010. 1. 25.). 물론 디지털 음원 불법 유포로 피해를 입은 음반 회사나 저작권자들이 손해 보상을 청구하기 위해서는 먼저 정확한 피해 액수를 산정할 수 있어야 한다. 가상 세계 속에서 발생한 범죄들 역시 피해자들의 물적, 심적 피해 보상을 위해 가해자에게 손해 보상 청구를 하는 것이 가능하지만 아동 포르노그래피 유포 등과 같은 일부 사이버 범죄들은 현실적으로 법률적 보상이 이루어지기 어렵다.

자격 박탈(incapacitation)은 상습 범죄자들이 더 이상 범죄를 저지르지 못하게 할 목적으로 이루어지는 법률적 처벌 방식이다. 특정 장소에 구금시키거나 교도소에 투옥시키는 것이 가장 대표적인 자격 박탈 처벌 방식이라 할 수 있다. 하지만 사이버 범죄자들에게 이루어지는 자격 박탈 방식은 다소 차이가 있다. 해킹 혐의로 체포된 케빈 미트닉(Kevin Mitnick)의 경우 '그가 풀려나 다시 컴퓨터 키보드 앞에 앉게 되면 사회 전체가 심각한 위험에 노출될 수 있다는 이유'로 보석이 금지된 바 있으며(Littman, 1996; MacKinnon, 1997, p. 17 재인용), 심지어 전화기 사용 역시 제한되었다고 한다. 하지만 다양한 기기들을 통해 인터넷 접속이 가능한 현대 사회에서 사이버 범죄자들의 인터넷 사용을 완벽히 제한하는 것은 불가능하다고 볼 수 있다. 이에 따라 사이버 범죄자들에게 가장 적합한 처벌 방식이 무엇인지에 대한 지속적인 논의가 진행되고 있으며, 불법 음악, 영화, 게임 파일 등을 상습적으로 내려 받는 사람들에 대해서는 이들이 사용하는 인터넷 속도를 다운로드 자체가 불가능한 수준으로 제한하는 방법 또한 거론되고 있다.

Activity 1-2 처벌

사이버 범죄자들을 처벌하는 데 있어 억제, 교화, 보상, 자격 박탈 등의 처벌 방식의 장단점에 대해 이야기해 보자. 저작권 침해, 아동 관련 사이버 범죄, 해킹, 사이버 테러 등 다양한 사이버 범죄의 특성에 대해 토론한 후 개별 범죄 유형별 처벌 효과를 극대화시키기 위한 가이드라인을 구체적으로 작성해 보자.

법정 심리학자들은 가석방 심사 단계에서 범죄자들을 대상으로 위험성 평가를 실시하는 역할 또한 담당하고 있다. 심리학자들이 작성한 재범 가능성 평가 보고서는 가석방 심사 결정 단계에서 중요한 자료로 활용되고 있지만 실제 범죄 가능성을 정확히 예측하기란 매우 어렵다. 위험성 평가 결과, 범죄 위험 수준이 높게 나타나면 가석방 허가가 나지 않지만 이들이 출소한 후 실제 범죄를 저지르는 것을 직접 눈으로 확인하지 않고서는 범죄 위험성 수준을 정확히 판단할 수는 없다. 반대로 평가 결과, 범죄 위험성 수준이 낮아 가석방된 범죄자들이 출소 후 사법 기관의 감시를 피해 교묘히 범죄를 저지를 가능성도 있다. 따라서 가석방 심사를 결정할 때 가장 중요하게 고려되는 요인 중 하나는 이들의 과거 범죄 경력이다. 일례로 재산 범죄를 저지른 수형자들의 경우 범죄 위험성 평가 결과의 정확성 수준이 매우 높기 때문에 가석방 승인 비율이 높으며, 아동 관련 범죄자들의 경우 가석방 시 사회에 위험을 초래할 가능성이 높기 때문에 가석방이 허용되지 않는 경우가 많다.

Summary Box 1-5 처벌, 교화, 위험성 평가

- 범죄자 교화 전략 개발은 범정 심리학자들의 역할 중 하나이다.
- 처벌에는 억제, 교화, 보상, 자격 박탈 등이 있는데 2개 이상의 처벌 전략이 복합적으로 사용되기도 한다.
- 범죄자의 특성 및 자행한 범죄 유형에 따라 처벌의 종류는 다양하다.
- 심리학자들은 가석방 심사 단계에서 재범 위험성 평가를 담당하고 있다.

경찰 심리학

범죄자 프로파일링, 목격자 · 용의자 면담 기법 등 수사 실무에 필요한 심리학적 지식 제공과 함께 경찰 채용, 교육 훈련, 경찰관 직무 스트레스 관리를 위한 심리 서비스 지원까지 경찰 활동 전반을 다루고 있는 심리학

분야가 경찰 심리학이다. 이 중 가장 중요한 역할 중 하나로는 직무 수행 중 경찰관들이 경험하는 스트레스 관리 서비스를 꼽을 수 있다.

현대 사회를 살아가는 모든 사람들은 항상 일정 수준 이상의 스트레스를 경험하고 있다. 업무를 마감해야 할 때, 친구의 이사를 도와줘야 하는 상황, 프린터가 고장 난 이유를 모르는 상황, 매월 월세를 지불해야 하는 압박감 등 모든 상황들이 스트레스 원인이 될 수 있다. 개개인별로 스트레스 대처 능력의 차이가 있기 때문에 어떤 사람들은 사소한 일에도 엄청난 스트레스를 호소하는 반면 어떤 사람들은 생명이 위급할 수 있는 위험 상황에서도 자신만만한 태도를 보이는 경우도 있다. 경찰관들의 경우 사무실 내 직무 스트레스 상황부터 범죄자들과 대치, 생명의 위험을 느낄 수 있는 상황까지 스트레스 유발 상황은 매우 다양하다. 일반인들과 마찬가지로 경찰관들 역시 개개인별로 스트레스 대처 능력에 차이가 있는데 과도한 스트레스는 외상 후 스트레스 장애 및 급성 스트레스 질환의 원인으로 작용할 수 있다. 또한 스트레스 유발 상황에 대한 공포, 두려움, 무력감뿐 아니라 정서적 무감각, 수면 장애, 놀람 반응 및 불쾌한 기억의 반복, 갑작스러운 회상 등과 같은 심리적 문제가 유발될 가능성이 높다(미국 정신의학협회, 2000).

사이버 범죄 수사관들의 경우 강력 사건을 담당하는 형사들보다 직무상 생명의 위협을 느끼는 경우는 드물지만 이들 또한 직무 스트레스로 인해 외상 후 스트레스 장애 및 급성 스트레스성 질환에 노출될 위험성이 있다. 사이버 범죄 수사관들 중에서도 인터넷에 유포된 아동 포르노그래피 담당자들이 특히 2차 스트레스 노출 가능성이 높다(Perez et al., 2010). 페레스(Perez)에 따르면 신체적, 정신적 업무 피로도가 높은 경찰관들에게서 사회 전체에 대한 부정적 태도와 함께 자신의 가족에 대한 강박적 보호 행동이 나타날 가능성이 높다고 하는데, 이는 곧 경찰 직무 스트레스로 인한 심리적 문제로 볼 수 있다.

IT 기술의 발달로 아동 포르노그래피 범죄 용의자에게서 수거한 디지털 저장 매체에서 증거물을 찾기 위해 사이버 범죄 수사관들이 일일이 육안으로 음란물을 검색하고, 확인할 필요가 없어졌다는 사실은 그나마 매우 다행스러운 일이다. 하지만 지속적으로 새로운 음란물이 제작되고, 유포되고 있는 상황에서 해당 음란물의 심각성 및 법률적 위배 여부를 직접 판단해야 하는 경찰 업무 특성상 아동 포르노그래피를 전혀 시청하지 않을 수는 없다. 경찰 심리학자들은 이와 같은 비윤리적인 음란 동영상에 항시 노출되어 있는 경찰관들을 위하여 스트레스 예방 훈련을 실시하거나 전문 심리 상담 서비스를 제공함으로써 경찰관들이 심리적으로 황폐화되는 것을 미연에 방지하는 역할을 수행하고 있다.

Summary Box 1-6 경찰 심리학

- 경찰 심리학은 경찰 채용, 교육훈련, 범죄자 프로파일링, 목격자 인터뷰, 용의자 심문, 스트레스 예방 등 경찰 업무와 관련된 다양한 심리학적 서비스를 제공하고 있다.
- 외상 후 스트레스 장애, 급성 스트레스 질환들은 대부분 공포, 두려움, 무력감을 유발시킬 수 있는 사건 경험 후에 발병한다. 스트레스성 질환들은 정서적 무력감, 자동적 각성의 고조, 과거 사건에 대한 갑작스런 기억 회상 및 부정적 경험의 반복 회상 등과 같은 심리적 문제를 야기시킬 수 있다
- 아동 포르노그래피 담당 수사관들은 특히 2차 스트레스 질환으로 인한 신체적, 정신적 피로 증상을 보이는 경우가 많다.
- 경찰 심리학자들은 경찰관들을 대상으로 '스트레스 예방 훈련'이나 '상담 치료'를 실시하고 있다.

🛜 사이버 범죄와 배심원[1]

배심원 제도는 법정 드라마나 영화에 빈번히 등장하고 있기 때문에 대부분의 사람들에게 배심원은 매우 친숙한 대상이다. 배심원들은 재판 평결 과정에서 증거물과 사건과의 관련성을 평가하는 역할을 담당하고 있다. 하지만 법정에 제시되는 증거물들은 일반인들 관점에서 진위를 판단하기 어려울 정도로 모호하고, 이해하기 어려운 경우가 많아 배심원들 역시 정확한 판단을 내리기 어려울 수밖에 없다. 더욱이 사이버 범죄 재판 과정에 사용되는 법률적 용어들은 일반 형사 재판 과정에서 사용되는 용어보다 난해한 경우가 많으며, '악성코드(malware)', '사회 공학(social engineering)', '피싱(phishing)', '선금 요구 사기(advanced fee fraud)' 등처럼 사이버 범죄 관련 전문 용어들이 등장하는 경우가 많아, 배심원들 입장에서는 법률적 용어와 함께 사이버 범죄에 대한 충분한 이해가 필요하다(정확한 사이버 범죄 용어 개념은 관련 장에서 구체적으로 소개하도록 하겠다). 따라서 일부 배심원들의 경우 재판에 참여하면서 관련 사이버 범죄 용어를 처음 들어보는 경우도 있을 수 있다. 사이버 범죄를 평결하는 데 있어 반드시 전문가적 식견이 필요한 건 아니지만, 사이버 범죄의 경우 관련 전문가들로 배심원단을 구성하는 것이 바람직하다는 주장 역시 제기되고 있다(Walker, 2001). 특히 사이버 사기 사건들처럼 일반인들이 이해하기 힘든 복잡한 사건들에서는 생소한 용어가 사용되는 경우가 많고, 사건 자체가 어려워 배심원들이 사건 내용을 이해하고, 기억하기가 쉽지 않기 때문에 정확한 판결을 내리기 어려울 수 있다(Nathanson, 1995).

---

1) 배심원 제도(Jury system)는 일반 시민이 재판 과정에 참여, 범죄 사실 여부를 판단하는 사법제도로 영미권 국가에서는 재판정에 배석, 재판에 참여하여 기소를 평결하는 역할을 수행하는 제도를 의미함. 국내에서는 2008년부터 형사사건의 중죄에 한해 재판과정에 참여하는 국민참여재판제도를 시행, 평결에 참여하고 있지만 강제력 없이 권고적 효력만을 지니고 있음(역자 주)

이뿐만 아니라 법정 증거물 자체가 배심원들에게 혼동을 주는 경우도 있다(Carrier & Spafford, 2004; Rogers, 2003; Smith & Bace, 2003). 카니와 로저스(Carney & Rogers, 2004)에 의하면 사이버 사건으로 기소된 피고인 측 변호사들이 배심원들을 혼란스럽게 할 목적으로 소위 '트로이 목마 바이러스 변론(Trojan defence)'을 사용하는 경우가 많다고 한다. 트로이 목마 바이러스 변론이란 기소된 피고인 역시 자신도 모르는 상태에서 컴퓨터에 설치된 불상의 소프트웨어가(3장 '트로이 목마 바이러스' 참고) 범죄에 악용된 것일 뿐 고의적으로 범죄를 저지른 사실이 없으며, 자신들 또한 법정에 서기 전까지 무슨 일이 발생했는지 정확히 알지 못했다고 주장하는 변론을 뜻한다. 물론 사이버 범죄 수사관들은 피고인이 고의성 여부에 대한 이해와 확신이 있겠지만, 이들 또한 판사와 배심원들 앞에서 피고인들의 고의성 여부를 입증하기는 쉽지 않다(Casey, 2002; Smith & Bace, 2003).

사이버 범죄 재판 과정에서 나타나는 배심원들의 의사 결정 방식은 매우 흥미로운 연구 주제 중 하나이다. 해스티(Hastie, 1993)의 인지적 스토리 모델(cognitive story model)은 배심원 의사 결정 과정을 설명하는 대표적인 심리학적 모델로 배심원들이 재판 과정에 제시된 증거들을 범죄 발생 사실에 맞춰 일종의 이야기로 재구성한 후 개인적인 도식에 대입, 평결 의사 결정을 내린다고 설명하고 있다. 예를 들어, 폭력 범죄에 대한 일반적인 도식은 피해자가 혼자서 길을 걷다가 아무런 이유 없이 누군가에게 폭행을 당한 경우라 할 수 있다. 재판에 제시된 증거물들을 검토한 배심원들이 피해자가 술이나 약물에 취해 있었거나, 먼저 시비를 걸었다고 판단하게 되면 범죄의 원인이 피해자에게 있다고 여길 가능성이 높다. 여기서 중요한 사실은 동일한 증거라 할지라도 배심원들의 개인적인 도식에 따라 판단이 달라질 수 있다는 점이다. 특히 개인적인 도식이 확실하지 않은 사이버 범죄의 경우 배심원별로 판단이 상이할 가능성이 더욱 증가할 수 있다. 예를 들어, 특정 시스템을 대상으로 불법 해킹을 시도한 혐의로 기소된 피고인 측은 해킹에 대한 이유를 해당 시스템 관리자에게 보안 취약성을 고지하여 시스템 보안을 강화시키기 위한 목적이었다고 주장한다. 이 경우는 배심원들의 개인적인 도식에 부합하지 않아 판단에 혼란을 야기시킬 수 있는 대표적인 사례로 볼 수 있다.

Summary Box 1-7 사이버 범죄와 배심원

• 사이버 범죄 재판에 참여한 배심원들은 해당 사건과 관련된 법률적, 기술적 용어에 친숙해야 한다.
• IT 기술에 능통한 전문가들로 사이버 범죄 재판 배심원들을 구성해야 한다는 주장이 제기되고 있지만 이러한 주장들은 아직 논란의 여지가 있다.

📶 피해자

범죄 피해자들 대부분은 범죄를 당한 직후 심리적인 고통을 호소하는 경우가 많다. 사이버 범죄 피해자들이 경험하는 정서 반응은 일반적인 범죄 피해자들이 경험하는 반응과는 다소 상이할 수 있다. 범죄 유형 및 개인별 범죄 대처 능력에 따라 피해자들이 경험할 수 있는 정서 반응들에 다소 차이가 있을 수 있지만 공통적으로 급성 스트레스 질환, 외상 후 스트레스 장애(PTSD), 보복 욕구, 자기 비난(자책감)과 피해자 비난 등과 같은 증상이 나타나는 경향이 있다. 이 중 피해자 비난은 주변 사람들이 범죄 발생의 책임이 피해자에게 있다고 비난하는 경우를 의미한다.

자기 비난은 피해자 스스로 자신이 부주의했기 때문에 범죄를 당했다고 자책하는 것으로, 예를 들어 악성코드 감염 피해를 당한 사람들이 유포자를 탓하기보다는 컴퓨터 백신 소프트웨어를 최신 버전으로 업데이트하지 않은 자신을 비난하는 경우가 이에 해당된다. 또한 담당 경찰관들뿐 아니라 피해

자 가족, 친구들 역시 피해자가 컴퓨터 관리에 부주의했기 때문에 악성코드에 감염됐다고 여겨, 범죄의 책임을 피해자에게 돌릴 수 있다. 이와 같은 '자기 비난'과 '피해자 비난'은 모든 범죄에서 공통적으로 나타나는 현상으로으로 볼 수 있다. 특히 범죄 발생이 피해자 부주의에 기인됐다고 판단되는 경우에는 비난의 화살이 범죄자보다 피해자에게 집중될 수 있다. 한편 멘델슨(Mendelsohn, 1974; Walklate, 2006 재인용)은 특정 범죄들의 경우 범죄 발생 책임이 피해자, 가해자 쌍방에 있는 경우가 많다는 주장을 제기하였다. 물론 오프라인 성범죄 사건에서는 이와 같은 멘델슨(Mendelsohn)의 주장이 적합하지 않을 수 있지만 범죄 피해자들의 자기 비난 및 피해자 비난을 설명하는 데 있어서는 적합한 가설로 볼 수 있다. 범죄 피해자 입장에서는 범죄 발생의 책임을 자신에게 돌리는 주변인들의 매정한 비난에 더욱 큰 상처를 받을 수 있겠지만 한편으로는 피해자들에게 범죄에 제대로 대응하지 못한 부주의함을 지적함으로써 비슷한 실수를 범하지 말라는 주변인들의 의도가 담겨 있기 때문에 피해자 비난을 악의적으로만 볼 수는 없다.

앞서 언급한 바처럼 범죄 피해자들에게서 나타나는 급성 스트레스 질환과 외상 후 스트레스 장애는 부정적인 정서 반응을 야기시킬 수 있다(Scarpa et al., 2006; Hoyle & Zender, 2007). 하지만 사이버 범죄의 경우 직접적인 생명의 위협이 없기 때문에 범죄 피해자들에게서 급성 스트레스 질환 및 외상 후 스트레스 장애가 나타나는 경우는 많지 않다. 물론 현실 세계와 유사한 사이버 가상 세계 속에서 범죄 피해를 당한 사람들 중에는 일반 오프라인 범죄 피해자들과 유사한 심리적 고통을 경험하는 경우도 있지만 이러한 현상 역시 아직 정확히 입증된 것은 아니다(이와 관련해서는 9장에서 구체적으로 다루어질 것이다). 피해자들의 심리적 고통을 정확히 파악하기 위해서는 객관적 사실 판단을 위한 충분한 경험적 연구가 필요하다.

마지막으로 범죄 피해자들은 가해자를 직접 처벌하고 싶은 욕망, 즉 보복 욕구가 나타날 수 있다. 이러한 보복 욕구는 특히 가족 내 살인 사건 피

[그림 1-2]
자기 비난과 피해자 비난

사이버 범죄 피해자들은 범죄를 당하기 전에 컴퓨터 관리를 철저히 했더라면 피해를 당하지 않았을 수 있었을 것이라 여길 수 있다. 이러한 자기 비난은 거의 모든 범죄에서 공통적으로 나타나는 현상 중 하나이다.

해자들에게서 가장 높게 나타난다고 하는데(Hanies, 1996), 사이버 범죄 피해자들 역시 이와 같은 복수심을 가질 수 있다. 피해자 스스로 가해자에게 보복을 가하는 것이 옳지 않다는 점을 인식하고 있으면서도 마음속으로는 가해자를 직접 처벌하고 싶은 강렬한 보복 욕구가 있을 수 있다. 이러한 복수심은 특히 가상 세계 범죄 피해자들에게 두드러지는 나타나는 것으로 알려져 있는데 구체적인 내용 및 사례들은 9장에서 소개될 것이다.

Summary Box 1-8 　피해자

- 범죄 피해자들은 자기 비난, 피해자 비난, 급성 스트레스 질환, 외상 후 스트레스 장애, 보복 욕구 등을 경험할 수 있다.
- 멘델슨(Mendelsohn, 1974; Walklate, 2006 재인용)은 피해자와 가해자는 일정 부분 범죄 발생 책임을 공유하고 있다는 주장을 제기한 바 있다.
- 가상 세계 범죄 피해자들에게서도 보복 욕구와 정신적 고통이 나타난다는 점은 아직 경험적으로 입증된 사실은 아니다.

📶 범죄 예방

　범죄 발생 전 예방이 가능한 경우도 있지만, 사이버 범죄의 경우에는 완벽한 예방과 억제가 어렵다. 지금까지 제시된 범죄 예방책 중 웰시와 패링턴(Welsh & Farrington, 2004)이 제안한 범죄 고위험군 대상 개입 모델처럼, 사전에 범죄 위험성이 높은 사람들을 선별, 통제하는 프로그램들이 적용되는 경우도 있다. 하지만 사이버 범죄의 경우 범죄를 저지를 가능성이 높은 사람들을 예측하는 것 자체가 어렵기 때문에 이러한 예방 모델을 활용하기도 쉽지 않다. 웰시와 패링턴(Welsh & Farrington)의 모델을 사이버 범죄에 적용시키기 위해서는 먼저 사이버 범죄자들의 특성 및 유형 프로파일 개발이 선행될 필요가 있다.

피해자 관점의 범죄 예방 전략으로는 범죄 피해 가능성이 높은 잠재적 범죄 피해자들을 대상으로 하는 범죄 예방 교육 프로그램들이 있다(Farrell & Pease, 2006). 사이버 범죄들의 경우 대부분 이와 같은 범죄 예방 교육을 활용, 범죄 예방을 유도하고 있다. 대부분의 사이버 범죄 피해 예방 교육들은 대부분 아동, 청소년들의 인터넷 안전 확보를 목적으로 이루어지고 있지만 아동 및 청소년들의 인터넷 사용을 통한 순기능 역시 무시할 수 없기 때문에 장점을 살리면서 위해 요소로부터 아이들을 보호하기 위해서는 무엇보다 가정 내 부모의 훈육이 중요하다(Tynes, 2007). 이외에도 시스템 로그인 암호 설정, 바이러스 백신 소프트웨어, 방화벽, 아동 보호 소프트웨어 등 인터넷 사용자와 컴퓨터를 동시에 보호할 수 있는 물리적 보안 강화를 통해 사이버 범죄에 대비할 수도 있다(대부분의 아동 보호 소프트웨어들은 아동 유해 웹 사이트를 차단하고 인터넷 사용 시간을 제한하는 기능을 포함하고 있다).

법정 심리학자들은 사이버 범죄 예방을 위한 인터넷 사용 수칙 개발을 위해 노력하고 있다. 일례로 라로즈 등(LaRose et al., 2008)은 인터넷 사용자들의 긍정 경험 및 책임감 강조가 사이버 안전 행동을 증가시키는 데 유의미한 영향을 미친다는 연구 결과를 제시한 바 있다. 또한 건전한 일상생활 행동 증진, 설득 커뮤니케이션 전략 등 다양한 심리학적 이론들을 통해, 인터넷 사용자들의 온라인 안전 행동 전략을 수립하는 것 역시 가능하다.

📶 법정 심리학 – 결론

법정 심리학은 사이버 범죄 행동을 이해하는 데 매우 유용하다. 법정 심리학 연구 결과들과 심리학자들의 전문 활동 경험들이 사이버 범죄 수사 및 예방 실무에 효과적으로 활용되고 있지만 여전히 실무적인 한계점들은 존재한다. 특히 범죄자 프로파일링 기법의 경우 대중적인 인기와 관심으로 인해 정확하고, 성공적인 수사 기법으로 인식되고 있다. 하지만 프로파일링 기법 역시 객관적인 실용성 여부가 아직 정확히 입증되지 않았기 때문에 사이버 범죄 수사에 적용되기 전에 그 한계와 장단점을 면밀히 검토해 볼 필요가 있다.

지금부터는 법정 심리학의 핵심적인 연구문제인 유사한 상황, 환경에서 왜 누군가는 범죄를 저지르고, 누군가는 범죄를 저지르지 않는지 그 원인과 이유에 대해 살펴보도록 하겠다.

범죄 이론

범죄 원인 및 이유에 대해서는 다양한 추측과 가설들이 존재한다. 연구자들은 공통적으로 단일 요인만으로는 범죄 발생 원인을 정확히 설명하기 어렵다는 점을 인정하고 있으며 이에 따라 대부분의 범죄 이론들은 사회적 수준에서부터 개인적 수준까지 복합적인 요인들을 적용, 범죄 발생 원인을 설명하려는 시도를 이어오고 있다. 이 책에서는 범죄 원인에 대한 심리학적 연구 결과들을 토대로 범죄자 개인 특성, 환경 특성이 범죄 행동에 미치는 영향에 대해 살펴볼 것이다. 제시된 이론들 중에는 학계에서 이론적 가치 및 효용성을 인정받은 경우도 있지만 이론이 발표된 후 많은 시간이 흘러 이미 고전적인 이론으로 여겨지는 경우도 있다. 하지만 이론이란 본래 연구자들 사이에서 상호 경쟁적으로 제안되기 마련이고, 논쟁을 거쳐 조금씩 발전해 나감으로써 그 가치를 더해나가는 것으로 개별 이론들에서 제시하고 있는 영향 요인들을 검토함으로써 범죄 발생의 원인을 복합적으로 살펴보는 것이 무엇보다 중요하다. 따라서 이 책에서는 범죄 발생에 영향을 미치는 다양한 차원들(사회적 요인부터 개인적 요인까지)과 연구자들의 다양한 접근 방법들을 살펴본 후 오랜 시간이 흘러도 여전히 중요성과 가치를 인정받고 있는 범죄의 사회적 구성 이론, 범죄 생물학적 이론, 학습 이론, 아이젱크(Eysenck)의 범죄의 복잡성 이론, 기타 특질 이론, 정신 분석 이론, 중독과 각성, 중화 이론, 낙인 이론, 지리학적 이론, 일상 활동 이론 등에 대해 순차적으로 살펴보도록 하겠다.

📶 다양한 관점에서의 범죄 발생 이론

범죄 이론들은 광범위한 시각을 가지고 다양한 관점에서 범죄 원인을 설명하려는 시도를 이어오고 있다(Howitt, 2009). 사회학적 이론 및 공동체 이론을 신봉하는 연구자들은 거시적 관점에 맞춰 범죄 원인을 설명하고 있으며, 일부 연구자들은 사회 영향 요인 및 개인 특성을 중심으로 개별 행동에 초점을 맞춰 미시적 관점에서 범죄 행동을 설명하기도 한다. 또한 개별 이론들에서는 사회, 개인 등 특정 수준에 초점을 맞춰 범죄 행동을 설명하기도 하고, 특정 관점에 얽매이지 않고 복합적인 요인들을 적용, 범죄 현상을 설명하는 경우도 있다.

🛜 사회, 공동체, 사회적 영향, 개인 이론

호윗(Howitt, 2009)의 긴장 이론(strain theory)은 사회적 수준에서 범죄 발생 원인을 다루는 대표적인 이론으로 거시적 관점에서 범죄와 범죄자를 조망하고 있다. 긴장 이론에서는 사회 구성원으로서의 개인이 사회적 성취를 이루는 데 필요한 능력이 결핍된 상태에서는 사회 조직 내에서 개인의 신분적, 경제적 상승이 어렵다는 점을 전제로 한다. 예를 들어, 사회 구성원 모두가 정당한 방법으로 경제적인 부를 이룰 수 없기 때문에 사회 규범에 반하는 범죄 행동을 통해 경제적 이익을 취할 수 있다.

공동체 이론(community theory)은 범죄 사회 이론보다 한 단계 낮은 수준에서 범죄 발생 원인을 다루고 있다. 특정 지역 안에서도 생활 환경이 좋은 곳도 있고 나쁜 곳도 존재한다. 지역 환경은 사람들이 주거지를 선택하는 데 중요한 요인으로 작용하는데, 범죄 발생률이 높은 지역은 거주민들의 경제 수준이 다른 지역에 비해 낮을 가능성이 있다. 이와 같은 범죄 발생의 지정학적 패턴은 도시뿐 아니라 농촌 지역에서도 유사하게 나타날 수 있으며 국가 간 차이도 존재할 수 있다. 사이버 범죄 역시 이와 마찬가지로 국가별로 범죄 발생 분포가 다를 수 있다. 이와 관련된 범죄의 지리학적 이론들에 대해서는 다시 소개하도록 하겠다.

사회적 영향 이론은 심리학, 특히 사회 및 발달 심리학 이론들을 토대로 한다. 이 이론에서는 특정 개인이 범죄 행위를 저지르는 데 가족, 친구, 선생님 등과 같은 주변 인물들과 TV, PC 게임, 책, 인터넷 등과 같은 대중 매체가 영향을 미친다고 설명하고 있다. 타인의 행동을 관찰하고 모방함으로써 행동이 학습된다는 '관찰 학습 이론'은 사회적 영향 이론의 핵심 이론으로 범죄 행동 역시 다른 범죄자들을 관찰하고 모방한 학습 행동이라고 설명하고 있다.

　마지막으로 소개될 개인 이론의 기본 가정은 범죄 행동은 범죄자 개인의 고유한 특질에 의해 결정된다는 점이다. 동일한 사회 및 공동체에 소속된 사람들이라 할지라도 모든 사람이 범죄를 저지르는 것은 아니다. 즉 어떤 사람은 범죄를 저지르고, 또 다른 누군가는 유사한 환경에서도 범죄를 저지르지 않는다. 이렇듯 사회적 환경 요인과 상관없이 개인 특성에 따라 범죄 행동이 나타날 수 있기 때문에 개인 이론에서는 개인의 심리적 특질(인지, 성격), 생물학적 요인(신경학적, 신경화학적, 물리학적, 유전학적 특질 등)이 범죄 행동을 결정짓는다고 가정하고 있다.

Summary Box 1-10 　다양한 수준에서의 범죄 설명 이론

- 범죄 이론에서는 범죄 원인 및 범죄자가 될 가능성이 높은 사람들이 어떤 특성을 지니고 있는지에 대해 설명하고 있다.
- 호윗(Howitt, 2009)에 따르면 지금까지 제시된 범죄 이론들은 사회 이론, 공동체 이론, 사회적 영향 이론, 개인 이론 등 다양한 수준에서 범죄 발생 및 범죄자 특성을 설명하고 있다고 한다.

📶 사이버 범죄를 설명하는 범죄 이론

　범죄 이론들은 앞서 설명한 사회, 공동체, 사회적 영향, 개인 등의 4가지 수준 중 한 가지 이상의 수준을 적용, 범죄 발생 및 범죄 행동이 나타나는 이유를 설명하고 있다. 지금부터는 다양한 수준의 범죄 이론들을 적용, 심리학적 관점에서 사이버 범죄 발생 원인에 대해 살펴볼 것이다. 제시된 범죄 이론들은 전체 범죄학 이론 중 일부에 불과하며 이론들에 대한 설명이 개괄적으로 제시되어 있어, 보다 심층적으로 개별 이론들을 이해하기 위해서는 범죄학 및 법정 심리학 관련 서적들(Brown & Campbell, 2010; Maguire et al., 2007; Muncie et al., 1996)을 참고하기 바란다.

🛰 범죄의 사회적 구성 이론

호윗(Howitt, 2009)에 따르면 "범죄는 보편적이거나 안정적인 행위가 아니기 때문에 범죄 행동만으로 범죄 원인 및 이유를 설명할 수 없다"고 한다. 어떤 행동들이나 현상들을 범죄로 판단할 수 있는 특정 조건이 정해지지 않았기 때문에 범죄 성립 여부는 사회적 판단에 따라 달라진다. 예를 들어, 누군가 허락 없이 타인의 재물을 훔쳤다면 이는 분명한 범죄 행위이다. 하지만 소유자가 이를 허락했다면 범죄로 볼 수 없다. 이처럼 국가, 지역, 시대별 범죄에 대한 정의 및 결정 기준은 서로 다르다. 일례로 1920년대 미국 사회에서 주류 유통은 불법 행위였으며, 아일랜드에서는 동성 간 성행위가 1993년부터 합법화되었다.

사이버 범죄는 범죄의 사회적 구성 관점에서 볼 때 매우 흥미로운 범죄 유형이다. 사이버 공간에서 아동 음란물을 유포한 행위는 기존 오프라인 범죄와의 유사성 때문에 범죄의 본질적 특성이 변화한 것이 아니라 발생 메커니즘만 변화한 것이라 볼 수 있다. 따라서 아동 음란물 유포 행위는 범죄 행위로 규정되고 있다. 이와 같은 특성으로 인해 일부 문헌들에서는 사이버 범죄를 '새로운 병에 담긴 와인'으로 표현하기도 한다. 온라인 공간에서 발생하는 악의적이며 부정적 행위들 모두가 범죄 행위로 간주되지는 않지만, 특히 가상 세계에서의 아바타 간의 폭력 행위나 악성 소프트웨어 배포 행위들은 현 법률 체계의 법적 구성 요건상 위법 행위에 해당한다고 명확히 판단 내리기 어렵다. 사이버 범죄를 처벌하기 위해 각종 신규 법률들이 제정되고는 있지만 법 집행을 담당하는 형사 사법 기관에서조차 아직도 신종 사이버 범죄를 어떻게 처리해야 하는지에 대한 명확한 기준이 정립되지 않은 상황이다.

🎙️ 범죄의 생물학적 이론

　'여성 범죄자들은 일반적인 여성들에 비해 남성 두개골과 유사한 형태를 보이고 있다. 특히 아치 형태의 눈썹 부위, 낮은 턱뼈, 후두부 특성 등이 남성 두개골과 유사하다.'

(Lombroso & Ferrero, 1895, p. 28)

　현대 의학 관점에서 보면 롬브로소와 페레로(Lombroso & Ferrero)의 주장이 이상하게 들릴 수 있다. 하지만 롬브로소와 페레로(Lombroso & Ferrero)의 학설이 제시된 시대에는 범죄자와 일반인 간의 생리적 특성이 서로 다르다는 믿음이 당연시되었다. 이 시대에 유행하던 골상학(Phrenology) 분야는 범죄의 생물학적 결정 이론을 다루는 고전적 범죄 이론 중 하나이다. 아마 심리학자나 의사라면 두개골 영역을 심리적 특성 구조로 분해한 파울러(Fowler)의 골상 모형 하나쯤은 소장하고 있을 것이다. 롬브로소(Lombroso; Jamel, 2008 인용)는 범죄자들의 두개골 형태는 일반인과 다르다는 견해를 제시하며 구체적으로 범죄자들은 일반인 대비 두개골이 덜 발달되었으며 얇은 입술, 움푹 들어간 큰 턱, 비대칭적 얼굴 특성을 지니고 있다고 주장하였다. 이 시대에는 외과 의사들의 진료실에서 골상학 모형을 흔히 볼 수 있을 정도로 인정받는 이론이었지만 지금은 단지 인테리어 목적으로 장식되어 있을 뿐 주류 범죄학에서 골상학 이론은 받아들여지지 않고 있다.

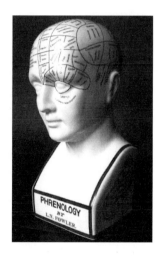

[그림 1-3]
파울러(Fowler)의 골상 모형

머리 모형에 각 영역별 심리적 특성을 표시해 놓은 것으로 과거에는 개인 성격 특질을 두개골 모양이나 크기 비교를 통해 파악할 수 있다고 여겨졌었다. 골상 모형에 그려진 심리 특성들은 호전성, 파괴성, 진실성, 공정성 등 범죄자 특성을 나타낸다.

범죄 행동을 예측하는 데 골상학 이론은 적합하지 않을 것으로 여겨지고 있지만 뇌기능과 같은 생물학적 특성은 분명 범죄 행동 이해에 도움이 되고 있다. 예를 들어, 뇌의 특정 부위가 손상되었을 경우 계획 능력이 저하되고 성격 변화가 초래되는데 이는 곧 범죄 행동에 영향을 미칠 수 있다. 하지만 손상된 뇌 영역과 범죄 가능성 사이에 명확한 인과 관계가 증명되지 않았기 때문에 관련 연구 결과들을 해석할 시에는 더욱 신중을 기해야 할 것이다 (Jamel, 2008). 최근 들어서는 특정 뇌 영역의 비정상적 신경 활동이 범죄 행동과 관련성이 높은 반사회적 성격 장애를 유발시킬 수 있다는 주장 역시 제기되고 있다(Davey, 2008, pp. 412-418).

유전학(예를 들어, 남성이 여성보다 범죄를 저지르는 경우가 많다), 진화론적 설명(Ward & Durrant, 2011 참고), 신경전달물질과 호르몬 수준(테스토스테론 [testosterone] 등) 역시 범죄의 생물학적 이론에서 다루어지는 주요 연구 주제들이다. 이외에도 반사회적 행동과 유전 및 신경구조 간의 관련성에 대한 연구(Raine, 2008)와 생물학적 요인과 범죄 발생과의 상관관계를 기존 범죄 이론과 결합시켜 범죄 행위를 설명하는 연구들 또한 지속적으로 진행되고 있다(Armstrong & Boutwell, 2012 참고). 범죄 억제와 관련된 또 다른 연구 분야 중 하나는 생애 초기에 경험하는 생리적, 심리적 위험 요인이 범죄 행동에 미치는 영향과 관련된 연구들이다(Rocque et al., 2012 참고). 실증 연구 결과들에서는 사이버 범죄자들 대부분이 남성이라고 제시하고 있지만 이를 설명할 수 있는 생물학적 특성 요인이 아직 규명되지 않았기 때문에 사이버 범죄 행동을 설명하는 데 있어 생물학적 이론들이 어떤 의미가 있는지 아직까지는 명확하지 않다.

🔊 학습 이론과 범죄

사람들은 학습을 통해 새로운 행동과 기술을 습득한다. 마찬가지로 범죄 행동 또한 학습을 통해 습득된다고 볼 수 있다. 심리학에서는 시행착오

(trial and error)를 포함하여 다양한 학습 과정을 통해 사람들이 새로운 행동과 기술을 체득한다고 설명하고 있다. 심리학자와 범죄학자들은 조작적 조건화(operant conditioning)와 관찰 학습(observation learning) 이론을 적용, 범죄 행동을 설명하고 있다.

조작적 조건화에서는 연속되는 일련의 행위들과 그로 인한 보상을 경험함으로써 새로운 행동이 학습된다고 설명하고 있다. 조작적 조건화 이론을 창시한 스키너(B. F. Skinner)는 이와 같은 학습 과정을 증명하기 위해 쥐, 비둘기 등을 대상으로 동물 실험을 진행하였다. 스키너는 실험 상황에서 동물들에게 먹이를 보상으로 제공하면서 원을 그리며 이동하거나 부리로 먹이를 쪼는 행동 등 다양한 행동 과제를 훈련시켰다. 사람들도 이와 마찬가지로 일련의 행위를 통해 나타난 결과가 자신에게 유리하게 작용할 경우, 관련 행동을 반복적으로 수행하는 적응 과정을 통해 새로운 행동을 학습한다고 볼 수 있다. 예를 들어, 시험공부를 열심히 한 학생들은 열심히 공부하지 않은 학생들보다 우수한 성적을 받을 가능성이 높은데 이는 우수한 성적이라는 보상이 결국 다음 행동에 영향을 미쳐 더욱더 열심히 공부할 가능성을 증가시킬 수 있다. 범죄자들 또한 범죄 행동의 결과로 제공받은 경제적 보상에 의해 범죄를 학습한다고 볼 수 있다. 가령 지갑을 훔침으로써 경제적 보상을 얻기도 하고, 폭력 행동을 통해 내재적 불만감이나 좌절감이 해소되는 보상을 받을 수도 있다. 범죄를 저지른 후 체포되어 교도소 수감되는 것은 일종의 부정적 행위 결과로 볼 수 있는데, 조작적 조건화 관점에서는 보상이나 강화가 주어지게 되면 범죄 행동이 지속되고 처벌 위험성이 높은 행동을 회피하는 식으로 범죄 행동이 학습된다고 설명할 수 있다. 즉, 범죄자들은 체포와 처벌 가능성을 염두하고, 행위의 위험성은 낮으면서 더욱 큰 보상을 줄 수 있는 범죄 행동을 보일 가능성이 높다. 조작적 조건화를 통한 학습 과정을 저작권 침해 범죄에 적용하여 설명하면 사이버 공간에서 저작권 자료들을 배포하거나 내려 받는 행위들은 범죄자 입장에서 인터넷의 익명성으로 인해 검거 위험은 적은 반면에 최소한의 노력으로 영화, 음악, 소프트웨어 등을 공짜로 얻을 수 있다는 이점이 있기 때문에 보상은 더욱 크게 지각할 수 있다. 조작적 조건화 이론을 토대로 하는 범죄의 이성적 선택 이론에서는 범죄자들이 범죄 행동에 대한 잠재 비용과 이익을 계산한 후에 범죄를 저지른다고 설명하고 있다.

또 다른 학습 이론으로는 타인의 행동과 결과를 관찰한 후 모방하게 되는 관찰 학습 이론이 있다. 최초로 관찰 학습 이론을 제시한 앨버트 밴듀라(Albert Bandura)는 아이들이 성인의 폭력 행동을 관찰한 후 모방 행동을 보인다는 사실을 발견하였는데(Bandura, 1965), 법정 심리학자들 역시 부모, 형제, 친구들의 범죄 행동을 자주 접한 사람들이 관찰 학습을 통해 범죄자가 될 가능성이 더욱 높다는 점에 동의하고 있다(Farrington et al., 2001; Fergusson et al., 2000; Robins et al., 1975; West & Farrington, 1977). 이와 같은 범죄자들의 사회 학습 과정은 바이러스 개발(3장), 저작권 침해(7장) 행위를 포함하여 사이버 범죄 행위를 설명할 수 있는 지표로 활용되고 있다.

🦹 아이젱크의 범죄 이론

아이젱크(Eysenck)는 유전, 성격 특질, 환경 요인들이 범죄 실행 가능성에 미치는 영향에 대한 연구를 진행하였다(Eysenck, 1977, 1987/1996; Eysenck & Eysenck 1970, 1977). 연구 결과, 외향성, 신경증, 정신병적 성향 등 3가지 성격 요인이 범죄 가능성을 증가시킬 수 있다는 점이 발견되었지만 이러한 특질에는 개인차가 존재할 수 있다. 아이젱크의 성격 특질 이론은 구성 요인들이 너무 광범위하고, 복잡한 까닭에 실증적으로 검증하기가 어렵다는 한계가 있다. 따라서 이 이론은 아직까지도 연구자들 사이에서 논쟁의 대상이 되고 있다.

🕸 기타 범죄 특질 이론

아이젱크가 외향성, 신경증, 정신병적 성향 등과 범죄 행동의 관계를 중심으로 범죄자들의 인지적 특성 및 성격 요인을 설명한 이후 연구자들은 도덕성 발달(Palmer & Hollin, 1998; Trevethan & Walker, 1989 참고), 공감 능력(Broidy et al., 2003; Jolliffe & Farrington, 2004), 지능(Levine, 2008; Lopez-Leon & Rosner, 2010), 자기 통제력(Baron, 2003; Conner et al., 2008; Holtfreter et al., 2010; Piquero et al., 2007), 충동성(Meier et al., 2008) 등과 범죄 행동과의 관련성 규명을 위한 심리학적 연구들을 꾸준히 진행하고 있다.

이러한 범죄 영향 요인들은 범죄 행동과 밀접한 관계가 있는 것으로 인정받고 있으며 일부 요인들은 다른 요인들에 비해 범죄 행동과 더욱 밀접한 관련성이 있는 것으로 밝혀졌다. 이처럼 영향 요인들이 범죄 행동에 미치는 영향력이 차이가 나는 이유는 살인범과 사기범이 서로 다르고, 사이버 범죄 유형 안에서도 테러리스트들과 아동 포르노그래피 범죄자들의 심리 특성 및 프로파일이 다르기 때문이다. 사이버 범죄 관련 연구들에서는 해커들의 경우 대인 관계 기술이 상대적으로 취약한 것으로 보고되고 있으며(2장 참고), 불법 다운로더들과 같은 저작권 침해 사범들의 경우 자기 통제력 수준이 낮다고 보고되고 있다(7장 참고). 물론 앞서 제시된 범죄 영향 요인들이 해커와 저작권 침해 사범들의 사이버 범죄 행동을 설명하는 데 적합하지 않을 수도 있기 때문에 사이버 범죄 예방 및 교화 프로그램 개발을 위해서는 사이버 범죄자들에 특화된 범죄 특질을 규명할 필요가 있다.

🕸 정신분석학적 범죄 이론

정신분석학적 범죄 이론들에서는 쾌락과 파괴를 추구하는 무의식 구조인 원초아(id)와 자아(ego) 사이의 갈등과 원초아(id)를 억제하려는 사회 규범 및 도덕성을 의미하는 초자아(superego)에 초점을 맞춰 범죄 원인을 설명하고 있다. 정신분석학적 이론들에서는 아동기에 초자아가 적절히 형성되지 않았을 때 범죄 행동이 나타날 수 있다고 가정하고 있다. 하지만 범죄 행동을 설명하는 데 정신분석학적 범죄 이론은 적합하지 않다는 비판이 지속적으로 제기되고 있으며(Blackburn, 1993) 특히 화이트칼라 범죄들처럼 이성적 사고와 의식적이며 치밀한 계획 수립이 필요한 범죄들의 경우 무의식적 갈등 구조로 범죄 발생과 원인을 설명하기에는 적합하지 않다(Kline, 1987). 사이버 범죄들의 경우 대부분 범죄자들의 사전 계획 및 이성적 선택이 선행되기 때문에 정신분석학적 이론을 적용하기에는 부적절하다. 하지만 온라인 아동 성범죄자들의 경우 정신분석학적 관점으로 설명하는 것이 가능한데 이러한 관점에서 온라인 소아성애자들의 행동을 연구하는 대표적인 학자로는 드 마시(De Masi, 2007)와 소카리데스(Socarides, 2004)가 있다.

𝄃 각성 이론과 중독

각성 이론에서는 사람들은 일정 수준 이상의 흥분 상태를 유지할 수 있는 행동에 몰입하는 경향이 있다고 설명하고 있다. 따라서 각성 이론을 통해 익스트림 스포츠 혹은 단지 재미를 위해 위험한 행동을 추구하는 사람들 및 심리적 스릴감을 맛보기 위해 사이버 스토킹 및 해킹 행동을 하는 사람들을 설명하는 것이 가능하다(McQuade, 2006).

호윗(Howitt, 2009)은 범죄자들 중 대다수가 알콜 및 약물 중독 성향을 보이고 있으며, 범죄자 교화 및 치료가 중독 증상을 보이는 환자들을 치료하는 과정과 매우 유사하다는 점을 들어 범죄 행동 역시 일종의 중독 행동으로 볼 수 있다고 설명하고 있다. 또한 호윗(Howitt, 2009)은 킬패트릭(Kilpatrick)과 공동으로 진행한 난폭 운전자 대상 연구(Howitt & Kilpatrick, 1997)와 맥과이어(McGuire, 1997)의 상점 내에서 소액 물품을 훔치는 좀도둑 대상 연구에서 나타난 결과를 인용하여, 범죄의 중독적 특성을 다음과 같이 설명했다. 즉, 난폭 운전자들과 좀도둑들 모두 자신의 범죄 행동에 대한 후회와 심리적 갈등을 경험하며, 일상생활에서 만족되지 않는 욕구 충족을 위해 갈수록 심각하고 위험한 범죄 행동을 저지르는 경향이 있다고 한다. 이는 재발, 금단, 내성 등과 같은 중독 특성과 유사하다고 볼 수 있다. 호윗(Howitt)에 의하면 일부 청소년 범죄자들이 계속해서 범죄를 저지르는 이유와 이들이 일생을 범죄자로 사는 이유 또한 중독 이론으로 설명 가능하다고 보고 있다. 청소년기에 바이러스 개발 행위를 시작한 사이버 범죄자들 역시 이와 같은 범죄의 중독적 특성으로 설명할 수 있다. 하지만 현재까지 사이버 범죄 행동과 각성 및 중독 특성과의 관련성이 경험적으로 증명되지는 않았다.

🕵️ 중화 이론

대부분의 사람들은 범죄를 살인, 절도, 폭력 등으로 한정시켜 생각하는 경향이 있다. 즉 상대적으로 경미한 위법 행위들이나, 명백한 범죄 행위들에 대해서도 개인 인식상 범죄가 아니라고 여기고 있을 경우 범죄로 간주하지 않는 경향이 있다. 이 책의 저자 중 한 명인 커완(Kirwan) 교수는 매년 법정 심리학 과목 첫 번째 강의 시간을 학생들에게 그들이 인식하고 있는 범죄란 과연 무엇인지에 대한 질문으로 시작한다고 한다. '범죄를 저지른 경험이 있는가'라는 커완 교수의 질문에 대해 학생들 대부분은 이제까지 범죄 경험이 전혀 없다고 대답했다고 한다. 다음에는 과속 운전, 음악·동영상 불법 다운로드, 청소년기 약물 및 음주 경험, 물건을 빌리고 돌려주지 않은 경험 등을 포함한 일상생활 속에서 쉽게 저지를 수 있는 범죄 행동 리스트를 제시한 후 자신이 저지른 적이 있는 행동들을 체크하라고 지시한다. 커완 교수는 이 테스트의 목적에 대해서 범죄 행동이 학생들이 생각하는 것보다 광범위하며, 학생들 스스로가 자신의 행동을 합리화시키려는 시도를 하고 있다는 점을 보여 주기 위함이라고 설명하고 있다. 대부분의 학생들은 리스트에 제시된 행동들이 타인에게 직접적인 손해를 끼치지 않기 때문에, 충분히 용서받을 수 있는 행동이며, 범죄 행동으로 보기 어렵다고 생각하는 경향이 나타났다.

사이크스와 마트자(Sykes & Matza, 1957)가 제안한 중화 이론(Neutralisation theory)에서는 범죄자들 또한 도덕적으로 허용되지 않는 행동들이 무엇인지 알면서도 자신의 범죄 행동에 대해서 변명을 늘어놓으며 정당화시키는 기제에 대해 설명하고 있다. 스스로의 범죄 행동에 대해 변명을 늘어놓는 것 자체가 곧 범죄를 부인하는 것인데, 예를 들어 영화, 드라마와 같은 동영상을 불법 다운로드 받은 사람들이 TV에 방영되지 않기 때문에 보고 싶은 동영상을 다운로드 받을 수밖에 없었다고 합리화시키는 것이 바로 이에 해당한다. 자기 변명 및 합리화의 또 다른 유형으로는 자신의 행동으로 인해 직접적인 피해를 당한 사람이 없기 때문에 자신의 행위를 범죄로 볼 수 없다고 부인하는 것을 들 수 있다. 즉 동영상을 불법 다운로드 받은 후에도 자신의 행동이 프로그램 제작자 등 저작권자들에게 아무런 피해를 주지 않았다고 변명을 늘어놓는 경우가 이에 해당된다. 디지털 음원을 불법으로 다운로드 받고, 유포시킨 사람들 역시 자신들 때문에 많은 사람들이 해당 음원을 청취할 수 있게 되었고, 이들이 다른 사람들에게 긍정적인 구전을 전파시키기 때문에 오히려 저작권 침해를 당한 음악가들이 유명세를 타지 않느냐는 궤변을 늘어놓기도 한다. 이러한 범죄자들의 자기 정당화 태도는 특히 아동 성폭력 범죄자들에게서 두드러지게 나타난다. 관련 문헌에서는 아동 성폭력 범죄자들의 자기 정당화 태도를 일종의 '인지적 왜곡(cognitive distortion)' 현상으로 설명하고 있는데 구체적인 내용은 5장에서 다루어질 것이다. 범죄자들이 아무리 자신의 행위를 정당화시킨다 해도 이것이 변명이 될 수는 없다. 하지만 분명한 사실은 범죄자들의 자기 정당화 태도는 곧 자아 이미지를 유지하면서도 반복적으로 범행을 저지르는 데 도움이 될 수 있다. 즉 범죄자들은 범죄 행위를 스스로 정당화시킴으로써 아무런 죄책감 없이 지속적으로 범행을 저지를 수 있게 되고, 자신들 또한 다른 사람들과 마찬가지로 타인을 배려하고, 보살피는 준법 시민이라고 생각하고 있을 수도 있다.

중화

자신의 행위에 대한 정당화 경험은 범죄자뿐 아니라 일반인들에게서도 흔히 나타난
다. 자신의 행동을 변명하거나 정당화시키기 위해 여러 가지 이유를 들어 변명하려 애
쓴 경험이 있는가? 단지 쉬고 싶어서 과제를 미룬 적도 있을 것이고 고가의 물건을 구
매한 후에 친구들도 사니까 나도 사도 괜찮다고 정당화시킨 적도 있을 것이다. 해킹, 바
이러스 개발, 개인 정보 절취 등과 같은 사이버 범죄들에서는 중화 과정이 어떻게 발생
하는지 생각해 보자. 1장 초반부에 제시된 마이클 사례를 생각해 보고 그가 사용한 중
화에 대해 토론해 보자. 마이클은 자신의 행동을 어떻게 변명하고 있는가? 그는 아동
포르노 다운로드 혐의로 기소될 수 있을까?

낙인 이론

누군가 특정한 낙인을 부여받게 되면, 그 사람을 대하는 주변 사람들의
행동과 사회적 대접은 낙인찍힌 이미지에 따라 변화하게 된다. 낙인찍힌
사람들 또한 자신에게 부여된 낙인에 부합하는 행동을 보일 가능성이 있
다. 가령 '학생'이라는 낙인이 찍힌 경우에는 아마도 학생 신분에 적합한
행동을 보일 것이다. 수업을 듣고, 교과서를 읽으며, 졸업을 위해 성실한
학교생활을 할 것이다. 주변 사람들 또한 이들에게 학생 신분에 부합하는
대접을 할 것이다. 즉 학생은 학생으로서의 해야 할 일, 행동 방식, 생활양
식 등 정형화된 이미지가 있다. 심리학과에 재학 중인 대학생들이라면 한
번쯤은 '저를 한번 분석해 보시겠어요?'라는 질문을 받아 본 경험이 있을
것이다. '심리학과 학생'이라는 낙인으로 인해 사람들은 심리학을 전공
하는 학생들에게 다른 학과 대학생들과는 다른 구체적이며, 특정한 반응
을 보일 수 있다.

'범죄자'라는 낙인 역시 이와 마찬가지다. 스스로 자신을 범죄자라고
생각한다면 범죄자처럼 행동할 가능성이 높고, 범죄자라는 사회적 편견
으로 인해 정상적인 직장을 구하기 힘들 수도 있다. 이러한 이유로 경찰
관들은 경미한 범죄를 저지른 청소년들이 평생 범죄자라는 낙인을 짊어
지고 살지 않도록, 처벌보다는 계도하고 훈방하는 경우가 많다. 하지만

범죄자라는 낙인이 찍히지 않았다고 해서 범죄를 저지를 가능성이 낮다고 볼 수는 없다.

해커들의 경우 자신의 해킹 동기나 능력을 다른 해커들과 차별화시키고 싶어 하는 경향이 있다. 따라서 해커들 간에는 해킹 유형에 따라 서로 다른 낙인이 부여될 수 있다. 사이버 범죄자들은 스스로 범죄를 저지르고 있다고 인식하지 못하는 경우가 많다. 따라서 이들의 행동이 명백한 범죄라는 사실을 주지시켜 줄 필요가 있다. 저작권 침해 범죄가 대표적인데, 불법 복제 DVD를 구매하거나 시청하는 행위는 명백한 범죄 행위라는 점을 강조하기 위해 DVD 제작사는 첫 화면에 저작권 침해는 범죄라는 문구를 삽입, 저작권 침해 행위가 범죄라는 인식을 강화하기 위해 노력하고 있다.

🕵️ 지리학적 이론

지금 여러분이 거주하는 지역 내에서 범죄가 가장 많이 발생하는 곳은 어디일까? 일반적으로 농촌이나 교외 지역보다는 도시 지역 내 범죄율이 상대적으로 높은 것으로 알려져 있다. 범죄 발생의 지리학적 분포는 범죄학자들의 주요 연구 주제 중 하나로 볼 수 있는데, 특히 시카고학파의 사회학자들은 상대적으로 연령이 낮은 범죄자들은 도시 내 특정 지역에 집중적으로 거주할 확률이 높다고 보고 있다(Bottoms, 2007). 범죄의 지리학적 이론들은 주택 단지를 포함한 소규모 지역 사회를 연구 대상으로 삼기도 하고, 전 세계적 관점에서 국가 간 범죄 발생 분포를 다루기도 한다.

사이버 범죄의 경우 범죄 발생 특성상 소규모 지역 단위를 중심으로 분석하기는 어렵고, 대부분 국가 단위에서 사이버 범죄 발생 분포를 확인하고 있다. 컴퓨터 보안 기업인 시만텍(Symantec)사에서는 매년 국가별 사이버 범죄 발생 현황을 수록한 보고서(Symantec, 2011b 참고)를 발표하고 있는데, 매년 전 세계 10위권에 해당하는 사이버 범죄 발생 국가로는 브라질, 중국, 러시아, 미국 등이 있다. 이러한 결과는 시만텍에서 배포한 보안 소프트웨어를 통해 수집된 데이터들을 분석한 결과이기는 하지만 사이버 범죄자들이 주로 어떤 국가에서 인터넷에 접속해서 범죄를 저지르고 있는지 확인할 수 있는 지표로 유용하게 활용되고 있다. 화이트 햇 시큐리티(White Hat Security)사 소속 보안 전문가인 빌 페닝턴(Bill Pennington)에 따르면 시만텍사의 분석 결과는 중국, 러시아 출신의 젊은 컴퓨터 공학자들이 금전적인 목적으로 사이버 범죄를 저지르는 경우가 많다는 점을 반영하고 있다고 해석하고 있다(Greenberg, 2007). 하지만 국가별 사이버 범죄 발생 빈도 차이는 객관적으로 증명된 사실이 아니기 때문에 또 다른 이유가 존재할 가능성 역시 염두에 두어야 할 것이다.

일상 활동 이론

마지막으로 소개할 이론은 클라크와 펠슨(Clarke & Felson, 1993)의 일상 활동 이론(Routine activity theory)이다. 이 이론에서는 범죄 발생의 3요인으로 '범행 동기를 지닌 범죄자, 적합한 범행 대상, 범행 억제를 위한 보호 장치의 부재' 등을 전제로 하고 있다. 예를 들어, 인적이 드문 장소에 특별한 보안 장치가 없는(보호 요인의 부재) 자동차(범행 대상)가 주차되어 있다고 해도 범행 동기를 지닌 범죄자가 해당 장소에 없으면 범죄 발생 가능성은 높지 않다. 일상 활동 이론의 경우 범죄자들이 선호하는 범행 지역이 정해져 있으며 따라서 범죄자들이 주로 출몰하는 지역 역시 정해져 있다는 범죄의 지리학적 이론과 맥을 같이한다. 이를 사이버 범죄에 적용시키면 범행 동기(정보 해킹, 좀비 PC 네트워크, 즉 봇넷[botnet]의 확장 등)를 지닌 해커들의 주된 표적은 보안 장치(백신 소프트웨어, 방화벽 등)가 허술한 컴퓨터가 된다고 볼 수 있다. 일상 활동 이론은 온라인 공간에서 발생하는 모든 종류의 악의적 범죄 행동들과 사이버 범죄의 발생 원인 및 과정을 설명할 때 유용하게 적용시킬 수 있다.

- 사회적 구성 이론 관점에서 볼 때 범죄 성립 여부는 사회가 결정하며, 문화적, 역사적 상황에 따라 변화한다.
- 범죄의 생물학적 이론에서는 골상학, 신경 활동 수준, 유전학, 신경화학, 호르몬 및 진화 이론들을 광범위하게 다루고 있다.
- 범죄의 학습 이론에는 조작적 조건화와 관찰 학습 이론 등이 포함된다.
- 아이젱크(Eysenck)는 범죄 발생에 영향을 미치는 변인으로 유전학, 환경 특성, 성격 특질 등을 제시하고 있지만 이를 지지하는 실증 연구의 부족으로 비판을 받고 있다.
- 특질 이론에서는 개인의 인지적, 성격적 특성과 범죄 행동과의 관계를 다루고 있다.
- 정신 분석 이론에 의하면 초자아의 부적절한 발달이 범죄 행위를 발생시키는 것으로 설명하고 있다.
- 각성 이론에서는 익스트림 스포츠 및 위험한 행동을 즐겨 하는 사람들은 각성 상태를 유지하고자 하는 욕구가 존재하는데, 범죄 또한 이러한 각성 욕구를 충족시키려 하는 시도로 나타날 수 있다고 설명하고 있다.
- 중독 성향 역시 범죄 유발 요인 중 하나이다.
- 중화 이론에 의하면 범죄자들은 자신의 이미지를 긍정적으로 유지하기 위해 범죄 행위를 정당화시키는 경향이 있다고 한다.
- 낙인 이론에서는 범죄자라는 낙인이 찍힐 경우 사회의 대우와 주변인들의 행동이 어떻게 달라질 수 있는지를 다루고 있다.
- 지리학적 이론에서는 지역별 범죄 분포 패턴을 다루고 있다. 국가별 사이버 범죄 발생 분포 또한 지리학적 이론으로 설명할 수 있다.
- 일상 활동 이론에서는 '범행 동기를 지닌 범죄자, 범행 대상, 범행을 억제하는 보호 요인의 부재'가 동시에 충족되어야 범죄가 발생한다고 제안하고 있다.

결론

법정 심리학은 사이버 범죄를 이해하는 데 있어 매우 중요한 역할을 한다. 범죄 이론들이 사이버 범죄의 원인을 설명하는 데 도움이 되는 것은 사실이지만 아쉽게도 현재까지 축적된 실증 연구 결과는 많지 않다. 심리학적 관점에서의 사이버 범죄 연구는 아직 초기 단계에 지나지 않아 사이버 범죄 행동 및 범죄자 특성을 객관적으로 입증할 수 있는 경험적 연구 결과를 발견하기가 쉽지만은 않다. 심리학이 사이버 범죄 수사 실무에 실질적 도움을 주기 위해서는 심리학자들이 사이버 범죄에 더욱 많은 관심을 기울이고 관련 연구를 진행할 필요가 있다. 특히 법정 심리학 분야는 사이버 범죄를 담당하는 판사, 경찰관 등 사법기관 종사자들에게 범죄자 교화, 피해자학, 범죄자 프로파일링, 범죄 예방 등 다양한 영역에서 현실적인 도움을 줄 수 있을 것으로 기대된다.

연구문제

1. 대중매체들에서는 범죄자 프로파일링 기법이 법정 심리학의 가장 핵심 분야라고 묘사되고 있다. 법정 심리학자들의 핵심적인 역할은 무엇인지, 과연 대중매체에서는 법정 심리학자들을 정확히 묘사하고 있는지 논의해 보자.

2. 통계적 vs 임상적 관점에서 범죄자 프로파일링 방법을 비교해 보자.

3. 개별 이론만으로 범죄의 원인 및 범죄자가 되는 이유를 설명하기는 힘들다. 범죄 원인 및 행동에 대한 예측 변수를 도출하기 위해서는 다양한 이론의 조합이 필요하다. 이에 대해 토론해 보자.

4. 범죄 유형 및 행동 양태는 너무나 다양하기 때문에 범죄를 설명하기 위해서는 다양한 이론을 적용할 필요가 있다. 최소 3가지 이상의 사이버 범죄 유형을 제시한 후 각각에 대해 다양한 범죄 이론을 적용, 범죄 발생 원인을 설명해 보자.

5. 범죄 예방 전략을 수립하기 위해서는 개인적 차원보다는 사회적 차원으로 접근할 필요가 있다. 이 점에 대해 토론해 보자.

참고문헌

다음은 법정 심리학을 이해하는 데 유용한 참고문헌들이다.

Brown, J. M. and Campbell, E. A. (eds.) (2010). *The Cambridge Handbook of Forensic Psychology*. New York: Cambridge University Press.

Canter, D. (2010). *Forensic Psychology: a Very Short Introduction*. New York: Oxford University Press.

Holmes, D. A. (2010). *Abnormal Clinical and Forensic Psychology*. Harlow: Pearson.

Howitt, D. (2009). *Introduction to Forensic and Criminal Psychology* (3rd edn). Harlow: Pearosn.

웹 사이트

www.forensicpsychology.net에서는 범죄 현장 수사, 정신 건강, 사형, 인지 과학 분야 등을 총망라, 법정 심리학과 관련된 다양한 분야를 소개하는 웹 사이트들이 링크되어 있다.

영국 심리학회 산하 법정 심리학 분과 홈페이지에는 관련 논문 및 세미나, 콘퍼런스 등 관련 행사 계획을 찾아볼 수 있다. (http://dfp.bps.org.uk/ dfp/dfp_home.cfm)

American Psychology-Law는 미국 심리학회 제41분과로 법정 심리학 분야에 대한 유용한 정보 및 문헌, 행사 일정 등을 자세히 소개하고 있다. (www.ap-ls.org.)

한국 심리학회 홈페이지에서는 심리학회 산하 제12분과인 법 심리학 분야에 대한 소개, 관련 학회지 및 다양한 행사 소식을 제공하고 있다. 또한 법 심리학 이외에도 중독, 여성, 사회 및 성격, 사회 문제 등 범죄 문제와 관련된 다양한 이론 및 최신 연구 결과들을 찾아볼 수 있다. (www.koreanpsychology.or.kr) (역자 주)

제2장

해커

**사례
연구** 전직 해커인 케빈 미트닉(Kevin Mitnick)은 컴퓨터 보안 회사들을 상대로 해킹과 관련된 자문을 실시하고 있으며 사회-공학적(social-engineering) 해킹 방법에 대한 많은 책들을 출간했다(Mitnick & Simon, 2002, 2005 참고). 그는 사회 공학적 방법을 포함한 다양한 해킹 공격을 통해 서던 캘리포니아 대학교, 모토로라, 후지츠, 선 마이크로시스템스사 등의 컴퓨터 시스템에 침입, 기관 내부인을 가장하는 수법으로 시스템을 해킹해 왔다. 범행이 발각되어 체포된 후 법정에서 최고 3년형 이상의 컴퓨터 접근 금지 명령 및 4년 복역 형을 선고받았다(미국 법무부, 1999).

에이드리언 라모(Adrian Lamo) 또한 해킹 활동으로 매스컴의 주목을 받았던 인물이다. 그는 기업 보안 관련 업무를 수행한 적도 있었는데 그가 일했던 기업들의 평가는 극단적이었다(일부 기업에서는 그를 상대로 법적 소송을 제기한 적도 있었다)(Mitnick & Simon, 2005 참고). 라모가 수행한 해킹 사건 중 가장 유명한 건은 뉴욕 타임즈 사내 네트워크에 침입, 유료 법률 및 비즈니스 데이터를 제공하는 렉시스-넥시스(Lexis-Nexis) 검색 툴을 무단으로 사용한 사례이다(Kahn, 2004). 최근에는 미 육군 소속 정보 분석가인 브래들리 매닝이 국가 기밀 정보를 고발 사이트인 위키리스크에 제공한 사실을 라모에게 자랑하자 라모가 매닝을 고발한 사실이 언론에 보도된 바 있다(BBC 온라인 뉴스, 2010. 6. 7.).

해킹 피해는 기업에만 국한되는 것이 아니다. 2011년에는 뉴스 오브 월드 소속 기자들이 오랜 기간 동안 약 800여 명의 휴대폰 가입자들의 보이스 메일 계정을 해킹한 사실이 발각되어 신문 발행이 중단된 사례도 있었다(BBC 온라인 뉴스, 2011. 12. 10.). 해킹 피해자 중에는 유명인사도 있고 범죄 피해자 및 그 가족들도 포함되어 있었다. 대부분의 사람들이 최초로 설정한 휴대폰 보이스 메일 비밀번호를 변경하지 않고 사용하는 경우가 많아 이들 계정을 해킹하는 데에는 전문적인 기술이 요구되지 않았다고 한다.

심리학적 관점에서 볼 때 가장 주목을 끄는 해커로는 2001년부터 2002년까지 미국 해군, 미국항공우주국(NASA) 등을 포함, 미국 정부 컴퓨터 97대를 해킹한 온라인명 '솔로(Solo)'로 알려진 게리 매키넌(Gary McKinnon)이 있다. 그의 해킹 동기는 미국 정부 기밀 정보 중 클린 에너지를 사용하는 UFO 정보를 빼내는 것이었다(BBC 온라인 뉴스, 2009. 7. 28.). 매키넌의 해킹 동기는 일반적인 해커들과 비교해 볼 때 매우 특이했다. 그는 직장을 잃고 여자 친구와 헤어진 후 식음을 전폐하며, 비위생적인 생활을 하면서 점점 더 강박적으로 해킹에 매달렸다고 한다. 그 당시 매키넌의 심리 상태는 매우 황폐했으며 차라리 체포되기를 바랄 만큼 자포자기한 상태였다고 한다(Boyd, 2008). 그는 자신의 해킹 범행을 인정하기는 했지만 영국인인 자신이 미국으로 송환될 경우 심리적으로 더욱 힘들어질 것이라는 점을 걱정하면서 미국에 송환되지 않기 위해 안간힘을 썼다. 매키넌은 자폐증 장애 유형에 속하는 아스퍼거 증후군(Asperger's Syndrome) 환자로 이 증후군의 주된 증상 중 하나는 제한적이고 반복적인 관심과 그에 부합하는 행동이 나타난다는 점이다. 미국 검찰은 매키넌이 미국 정부를 상대로 한 역대 최대 규모의 해킹 행위를 저지른 자라고 주장하였고 미국으로 송환되어 재판에 회부될 경우 최대 7년 형을 선고받을 수 있는 상황이었으나 매키넌은 자신이 미국 정부 시스템을 악의적인 의도로 해킹한 것이 아니라고 변명하며 8십만 달러 상당의 피해가 야기됐다는 미국 정부의 주장을 전적으로 부인했다(BBC 온라인 뉴스, 2009. 7. 31.). 이 사건은 매키넌의 정신 상태 때문에 특히 관심이 집중된 건으로 그의 변호인은 영국 지방 정부가 정신적 어려움을 겪고 있었던 매키넌에게 적절한 조치를 취한 적이 한 번도 없었다는 사실을 변론 사유로 들었다. 변호인들은 만약 매키넌이 미국으로 인도될 경우 엄청난 심리적 고통을 받을 수 있기 때문에 그의 정신 건강 보호를 위해서라도 영국 정부가 매키넌의 법률적 책임이 경감될 수 있도록 노력해야 한다고 주장했다(BBC 온라인 뉴스, 2009. 7. 31.). 전문가 증언을 통해 매키넌이 미국으로 송환될 경우 더욱 심각한 정신증이 발병될 수 있고, 궁극적으로 자살로 연결될 수 있다는 견해를 법정에 제출했으며(BBC 온라인 뉴스, 2009. 6. 9.), 이후 재판 과정에서도 그가 현재 심각한 수준의 우울증으로 고통받고 있다고 변론했다(BBC 온라인 뉴스, 2009. 12. 10.). 이러한 사실들을 보면 분명 그는 전형적인 해커가 아닌 것으로 보인다. 심리적 문제가 범죄 원인으로 작용했을 수 있었고, 재판 과정에서 이러한 매키넌의 심리 상태가 고려되었기 때문에 매키넌 사건은 특히 세간의 주목을 받았다.

개관

전쟁 게임들이나 영화 매트릭스 시리즈 속에 묘사된 해커들은 상상력으로 만들어진 가상의 인물들이지만 연구자 입장에서 해커는 분명 매력적인 연구 대상이다. 실제로 심리학자들은 해킹 행위를 가장 흥미로운 연구 주제 중 하나로 보고 있다. 하지만 해커 관련 연구들 대부분은 소수의 해커들만을 연구 대상으로 다루고 있거나 이론적인 수준에서 해커 및 해킹 행위를 포괄적으로 설명하는 데 그치고 있다.

이 장에서는 해킹 행위와 해커들에 대한 최신 연구 결과들을 소개하고 있다. 하지만 이들 연구들에서 사용되고 있는 용어들에 대해서는 이견이 있을 수 있다. 즉 맥락에 따라 연구들에서 사용된 용어가 다른 뜻으로도 사용될 수 있다. 실제 해킹 행위를 표현하는 용어들은 해킹 동기(악의적인 동기 여부), 추구하는 목적, 해킹 수준에 따라 매우 다르다. 이에 따라 이 장에서는 먼저 최근 빈번하게 발생하고 있는 해킹 형태 및 해커들의 해킹 능력에 따라 해킹을 정의하고 분류하는 방식들에 대해 살펴보도록 하겠다. 다음으로 해킹 목적에 따라 사용되는 해킹 방법들을 구분해 볼 것이다. 기술적인 방법으로 해킹이 이루어질 수도 있고 기술적인 방식이 사용되지 않은 상태에서 해킹이 이루어질 수도 있다. 또한 피해자 부주의로도 해킹이 발생할 수 있다. 이에 따라 정치적, 경제적 동기 및 일상생활에서의 지루함, 단순 호기심 등 다양한 해킹 동기들을 살펴보고 해커들의 성격 특질, 대인 관계 특성, 윤리적 관점 등 심리학적 프로파일과 관련된 최신 연구 결과들을 소개하도록 하겠다. 해커들의 특성 중 대인 관계 패턴은 해커 집단을 설명하는 하는 데 매우 중요한 요소로 볼 수 있다. 마지막으로 해커에 대한 처벌 및 해킹 예방, 억제 방법 등을 살펴보면서 이 장을 마치도록 하겠다.

정의, 발생률

해커들의 심리 특성을 알아보기에 앞서, 지속적으로 논쟁의 대상이 되고 있는 '해킹(hacking)'이라는 용어에 대해 먼저 살펴볼 필요가 있다. 해킹 행위에 대한 연구자들의 관점 및 해커 집단별 문화 특성에 따라 해킹을 지칭하는 용어는 다르게 사용되고 있다. 따라서 먼저 해킹에 대한 가장 일반적인 정의를 확인한 후 세부적인 정의 내용들을 살펴보도록 하겠다. 해킹 발생률의 경우 실제 해킹 공격을 당했는지 여부에 대한 사람들의 인식 부족, 정확한 발생 통계 수집 방법의 부재 등의 이유로 인해 해킹 공격이 얼마나 발생하는지 정확히 산정하기 매우 어렵지만 현재까지의 연구 및 조사 결과들을 토대로 개략적인 해킹 발생률을 추정해 보도록 하겠다.

🛜 해킹의 정의

해킹이 최초로 발생한 시기는 대략 1950년대로 추정되고 있다(Levy, 1984). 그 당시에는 컴퓨터가 흔하지 않아 해킹 활동은 주로 미국 내 일부 대학들에서 이루어졌다. 초기 해커들은 컴퓨터 기술 향상 및 이를 통해 진화된 컴퓨터 프로그래밍 기술 습득을 위해 해킹 활동을 벌였으며 이들의 존재로 인해 컴퓨터 기술의 대중화가 이루어졌다는 견해가 지배적이다. 초창기 해킹의 목적처럼 컴퓨터 기술 향상 및 대안적 기술 확보를 목적으로 이루어지는 해킹 역시 해킹 목적 중 하나로 볼 수 있다. 경제적 이익을 목적으로 하는 불법 해킹 사건은 1960년대 초에 최초로 발생했는데 이때부터 '해킹'이라는 용어가 불법 범죄 행위를 지칭하는 용어로 사용되기 시작했다. 합법적인 활동을 벌이던 기존 해커들은, 불법으로 해킹을 시도하는 이들을 '크래커(crackers)'라고 부르며 자신들과 차별화시켜 왔다. 이처럼 순수한 목적을 추구하며 합법적인 활동을 벌이고 있는 기존 해커들과 경제적 이익을 위해 불법 행위를 일삼는 해커들을 구분하는 용어들이 존재하지만 대중매체 및 일반인들의 인식 상에서 해킹이라는 용어는 여전히 권한이나 자격 없이 다른 사람의 컴퓨터 및 특정 기관의 시스템에 접속하는 행위를 의미한다.

불법 해킹 행위를 일삼는 해커들조차도 명확한 기준 없이 다양한 명칭으로 스스로를 칭하고 있어 해킹 행위와 관련된 용어들은 더욱 혼란스럽게 사용되고 있다. 스털링(Sterling, 1992)은 자신의 저서에서 "시스템을 해킹하는 이들 중 그 누구도 자신을 '컴퓨터 불법 침입자(computer intruder)', '컴퓨터 무단 침입자(computer trespasser)', '크래커(cracker; 악의적인 목적으로 웹상에서 타인의 컴퓨터 시스템에 접근하는 사람)', '워머(wormer; 자가 복제 바이러스 유포자)', '다크사이드 해커(darkside hacker)', '하이테크 스트리트 갱스터(high-tech street gangster)' 등으로 칭하지 않는다"(p. 56)고 기술한 바 있으며, 해킹 행위를 하는 이들 대부분이 스스로 '해커'라고 지칭하고 있다.

학술 문헌상에 정의된 해킹(hacking)과 크래킹(cracking) 개념 또한 의미상 상대적인 차이가 모호하며 현재까지도 연구자들 간의 합의된 일관적 정의 기준이 존재하지 않는다. 예를 들어, 심프슨(Simpson, 2006, Tavani, 2011, p. 179 재인용)은 '사용 권한 없이 타인이나 특정 기관 소유 컴퓨터 시스템이나 네트워크 접속을 시도하는 자'로 해커를 정의하고 있으며, 크래커는 '데이터에 해를 가하거나 데이터를 파괴하려는 의도를 지닌 자'로 정의하고 있어 용어 간 차이를 구별하고는 있지만 심프슨(Simpson)을 제외한 대다수의 연구자들은 해커와 크래커 모두 해커라는 용어로 지칭하고 있는 실정이다.

용어 개념과 관련해서 고려해야 할 점 중 하나는 '화이트 햇(white hat)', '블랙 햇(black hat)', '그레이 햇(gray hat)' 해커를 어떤 방식으로 구분할 수 있는가의 문제이다. '화이트 햇'이란 통칭 컴퓨터 사용을 즐기는 사람들로서 다른 사람이나 기관 컴퓨터에 침투할 능력은 있지만 그 과정에서 악의적인 위해는 가하지 않는 해커들을 뜻한다. 또 다른 용어로 이들을 '윤리적' 해커라고 표현하기도 하지만 윤리적 해커란 사용 권한이나 승인을 받지 않고 타인 및 특정 기관 소유 시스템에 침투하는 외부인들이 아니라 시스템 보안 강화를 위해 불법 해킹 행위를 색출하는 임무를 지닌 조직 내 보안 컨설턴트나 IT 보안 기업 종사자들을 의미하기 때문에 '화이트 햇' 해커와는 다소 차이가 있다. 분명한 사실은 '윤리적 해커'가 아닌 '화이트 햇' 해커들이 악의적 의도 없이 해킹을 시도한 경우라 할지라도 이들의 행위는 분명 범죄 행위에 해당된다는 점이다. 즉 해킹 피해 시스템에 아무런 손상이 없는 경우라 해도 공식적인 권한 없이 컴퓨터 혹은 네트워크에 접속하려는 시도들은 그 자체로 명백한 불법 행위로 볼 수 있다. 이와 관련해서 일부 '화이트 햇' 해커들은 자신들이 해킹한 시스템의 보안 문제점들을 해당 시스템 담당자에게 전달하고 있기 때문에 실제로는 해당 시스템 보안 강화에 도움을 주고 있다고 주장하며 자신들의 해킹 행위를 정당화시키는 경향이 있다. 일례로 해커 아드리안 라모(Adrian Lamo)는 자신이 해킹한 기관에 보안 결함을 발견한 것에 대해 감사 인사만 해 준다면 무상으로 보안 취약점을 개선시켜 주겠다고 제안한 적도 있다(Kahn, 2004).

'블랙 햇' 해커들은 '화이트 햇' 해커들과는 달리 특정 기관이나 개인 보유 정보 및 소프트웨어에 무단 접속한 후 불법적으로 정보를 획득하거나 시스템에 악의적 손상을 가할 의도를 지닌 자들이다. 이들에게는 해킹한 기관의 보안 결함 사항을 지적하여 취약점 개선 등과 같은 도움을 주려는 의도 따위는 존재하지 않는다. 또 다른 해커 유형인 '그레이 햇'들의 경우 표적 시스템 접속 방법을 알아내기 위해 해킹을 시도하는 이들로서 자신이 발견한 사실들을 해당 기관 시스템 관리자에게 전달하면서 금전적 대가를 요구하는 이들이다. 또한 비윤리적 행태를 보이는 기관이나 특정인 소유 시스템에 대해 조직적 해킹 공격을 시도하는 이들 또한 '그레이 햇' 해커라고 부르기도 한다. 이들의 주된 표적 대상은 대체로 종업원들을 학대하거나 혹사시키는 비윤리적 기업들이다.

해킹 및 해커 유형에 대한 이와 같은 분류 방식은 해커들에게도 매우 큰 영향을 미치고 있다. 브라이언트와 마셜(Bryant & Marshall, 2008)은 낙인이론이 해커들에게도 적용되는지에 대한 연구를 진행한 바 있는데 1장에 소개된 낙인 이론은 사람들에게 특정한 낙인이 부여되면 주어진 명칭이 의미하는 대로 태도가 변화한다는 사회학적 범죄 이론이다. 낙인 이론을 통해 예상할 수 있는 결과는 낙인이 찍힌 사람들은 자신들에 대한 사회적 처우에 적응하거나 혹은 저항할 수 있다는 점이다(Rock, 2007). 해커

[그림 2-1]
화이트, 블랙, 그레이 햇 해커들
해킹 동기와 행위의 차이에 따라 해킹 유형은 3가지로 구분된다.

라는 낙인이 찍히게 되면(크래커, 블랙 햇 또는 앞서 제시된 명칭 중 하나로 낙인 찍히게 되면) 사람들이 기대하는 해커라는 역할에 부합하는 방식으로 행동이 변화될 수 있다. 악의적 목적으로 해킹 활동을 벌이는 사람들을 해커라고 언론에 보도되게 되면 순수한 의도로 해킹을 한 사람들의 태도에도 영향을 미칠 수밖에 없다. 결국 선의의 해커들조차도 사회에서 인식하는 방향으로 악의적이며 불법적인 해킹 행위에 관여할 가능성이 증가한다고 볼 수 있다.

해커와 크래커, 화이트 햇, 블랙 햇, 그레이 햇 등의 용어들과 같이 해킹 동기에 초점을 두고 용어를 분류하는 방식 이외에도 해커 집단의 세부 특성에 따라 해커 유형이 정의되기로 한다. 이와 같은 해커 특성 분류 방식에 의한 정의들은 일부분 그 의미가 중첩되기도 하는데 가령 로저스(Rogers, 2000)가 제안한 '뉴비즈(newbies)'[1]와 키에사 등(Chiesa et al., 2009)이 정의한 '스크립트 키디(script kiddies)'[2]라는 용어에는 공통적으로 해킹 프로그램을 자체적으로 개발할 능력이 부족해서 공개된 해킹 프로그램이나 도구를 이용한다는 특성이 있다. 앞서 소개된 내용들을 보면 현재까지는 주로 해킹 경험, 방법, 동기를 기준으로 해커 분류 방식이 결정된다는 점을 이해할 수 있다.

이외에도 테일러(Taylor, 2001)는 과거 해커 집단에 소속된 적이 있거나 지속적인 관계를 맺고는 있지만 현재는 특정 기관에 소속되어 IT 보안 업무를 담당하고 있는 해커들을 '마이크로서프(Microserf)'[3]라고 정의한 바 있으며 정치적인 목적에서 시민, 사회 운동에만 전념하는 해커들의 경우

---

1) 인터넷이나 온라인 게임에 익숙하지 않아 아둔해 보이는 초보자를 칭하는 온라인 신조어(역자 주)
2) 주어진 대본을 그대로 읽기만 하는 아이라는 의미로 컴퓨터 지식이 부족해 다른 해커들이 만들어 놓은 프로그램을 사용, 해킹을 시도하는 이들을 일컬음(역자 주)
3) 기업에 소속된 컴퓨터 프로그래머를 지칭하는 용어로 Micro와 Serf(노예)의 합성어. 사전적으로 기술 노예라는 의미로 해석되기도 하나, 사전적으로 단순한 컴퓨터 활용 기술을 가지고, 컴퓨터 프로그래밍과 관련된 단순 작업을 하는 기업 소속 프로그래머를 지칭(역자 주)

에는 '핵티비스트(hackivists)'[4]로 명명하였다. 또한 워런과 레이치(Warren & Leitch, 2009)는 해킹에 성공한 후 웹 사이트에 '태그(tag)'[5]를 남겨 놓는 이들을 '해커-태거(hacker-taggers)'로 정의하고 있는데 이들의 해킹 목적은 웹 사이트 기능을 마비시키거나 정보를 빼내는 것이 아니라 단지 해킹 공격을 가한 웹 사이트에 자신들만의 고유한 '태그(tag)'를 남기는 것을 목적으로 한다. 예를 들어, 해킹 공격을 가한 웹 사이트에 "이 웹 사이트는 ○○의 소유입니다."라고 글을 남기는 식이다. 워런과 레이치(Warren & Leitch, 2009)에 의하면 '해커-태거(hacker-taggers)' 집단의 경우 해킹 성공 의지 및 서로 간의 경쟁 욕구가 매우 높으며 해킹에 대한 이들의 최우선 가치는 웹 사이트의 기능을 손상시키지 않고 피해를 최소화하면서 해킹에 성공하는 것이라고 한다. 해커-태거들은 해킹 방법을 공개하며, 경쟁적으로 새로운 해킹 방법 개발을 시도하고, 주로 혼자서 독자적인 공격을 감행하는 경향이 있지만 간혹 특정 시스템에 대해 집단 공격을 감행하기도 한다. 이들은 주로 언론 보도 내용을 토대로 해킹 대상을 물색하며 주 표적 대상으로 삼는 특정 보수 집단에 정치적 공격을 가하는 경우가 있다. 전문가들은 '해커-태거'들의 이와 같은 행태가 그라피티(graffiti) 문화에서 나타나는 '태깅(tagging)' 행위와 매우 유사하다고 지적하고 있다(Halesy & Young, 2002의 그라피티에서의 태깅[tagging] 행위의 중요성을 기술한 내용 참고).

Activity 2-1 해커 분류 방법

연구자들이 분류한 해킹 집단의 유사성 및 중복되는 특성에 대해 살펴보자(<표 2-1> 참조). 해커 집단별 특성을 토대로 해킹 유형을 개괄적으로 분류한 후 해커 입장에서 자신이 속한 해커 유형이 적합한지에 대해 토론해 보자.

---

4) hacker와 activist의 합성어로 인터넷을 통한 해킹을 하나의 투쟁 수단으로 삼는 신행동주의자들을 지칭함 (역자 주)
5) 식별 · 처리 방법 표시 등을 위해 텍스트나 데이터 앞뒤에 붙이는 표지(역자 주)

<표 2-1> 해커 유형

연구자	범주	정의
마크 로저스 (Marc Rogers, 2000)	뉴비(Newbie)/ 툴 킷(tool kit)	컴퓨터 및 프로그래밍 기술이 제한적. 새롭게 해킹 활동에 입문한 이들로 해킹 공격을 위해 툴 킷(tool kits)으로 불리는 인터넷에서 쉽게 구할 수 있는 소프트웨어 제작 도구에 의존
	사이버-펑크 (Cyber-punks)	컴퓨터 및 일부 프로그램 활용 능력이 뛰어남. 제한적이나, 소프트웨어 개발 능력을 갖추고 있으며, 공격 시스템에 대한 이해 수준이 높음. 웹 페이지 손상, 정크 메일(스팸 메일) 발송 등 악의적 의도로 해킹 시도. 대부분 신용카드 번호 절취, 이동통신 사기 목적으로 해킹을 시도
	내부자 (Internals)	상당한 수준의 컴퓨터 활용 능력을 지니고 있으며 주로 과거 정보통신 관련 직종에 종사. 기관 내부 전·현직 직원 중 내부 불만자들로, 해당 기관 시스템 접근 권한을 이용 해킹 공격을 시도
	코더 (Coders)	로저스(Rogers)는 이 유형에 속하는 해커들에 대한 구체적인 설명을 언급하지 않음. 다만 이들은 해킹 실력이 뛰어난 해커 유형임
	올드 가드 해커스 (Old guard hackers)	해킹 행위로 타인의 재산을 침해하긴 하지만 사전에 계획된 범죄 의도는 거의 없음. 1세대 해커 이념을 지향, 지적 활동에 관심이 많음
	프로페셔널 범죄자 (Professional criminals)	전직 정보 요원 및 전문 범죄자. 전문적인 산업 스파이들로 고도로 훈련되어 있으며 첨단기술 장비 활용 능력이 뛰어남
	사이버 테러리스트 (Cyberterrorists)	로저스(Rogers)는 이 집단에 대한 구체적인 정의를 제시하고 있지 않음
라울 키에사 등 (Raoul Chiesa et al., 2009, pp. 52-56)	워너비 래머 (Wannabe lamer)	인터넷에서 흔히 찾아볼 수 있는 유형으로 인터넷상에서 공개적으로 다양한 해킹 기법들을 지원해달라고 요청
	스크립트-키디 (Script-kiddie)	해킹 행위를 자랑하기 위해 다른 사람이 제작한 툴 킷을 활용, 불법적인 해킹을 감행

연구자	범주	정 의
리울 키에사 등 (Raoul Chiesa et al., 2009, pp. 52-56)	The '37337 K-rAd iRC #hack 0-day exploitz' guy	유명해지기 위해서는 어떤 일이든 하는 자들로 원하는 바를 얻기 위해 잔혹한 방법을 사용하기 도 함. 해킹 기술 및 도구 개발을 위해 노력하기 보다는 기존에 개발된 해킹 도구를 주로 활용. 해 킹 공격용 도구나 무기를 자유자재로 사용할 수 있으며, 주로 보안 취약점이 확인되지 않은 신규 프로그램, 소프트웨어 발매일(0-day)에 맞추어 공 격을 가함
	크래커 (Cracker)	본래 크래커(cracker)는 상용 소프트웨어 보안 장 치를 제거하는 자들을 의미. 악의적 목적의 해커 를 지칭하는 용어로 관련 문헌들에서 쉽게 찾아 볼 수 있음. 이들은 파일을 삭제하거나 영구적인 복구 불능 피해를 가함으로써 시스템 관리자들에 게 공포스러운 존재로 여겨지는 것을 즐거워함
	윤리적 해커 (Ethical hacker)	시스템에 침입 후 신속하게 시스템 내부를 탐색 하고, 시스템 관리자에게 발견한 내용을 메일로 전송. 자신들의 행위는 당연히 잘못이 없다고 여 기며, 대중에게 공개하는 순진한 태도를 지닌 이 들임
	조용하고 편집적이며 숙련된 해커 (Quiet, Paranoid and skilled hacker)	사람들은 이들을 금전적인 목적이 없는 해커 유 형으로 오해하고 있음. 편집적인 성향을 지니고 있어 출현을 색출하기 어려우며 사실상 발견 및 추적도 불가능함
	사이버 전사 (Cyber-warrior)	해킹 기술 수준이 높은 전사 해커들. 이들의 해킹 행위는 세간의 이목을 피해 비밀스럽게 이루어짐. 해킹 동기는 금전적 목적 및 개인적 이상 추구임
	산업 스파이 (Industrial spy)	해킹 동기는 금전적 이익임. 탁월한 해킹 기술을 보유했으며, 해킹 경험 역시 풍부함. 대부분 관련 산업 기관의 내부 종사들임
	정부 요원 (Government agent)	스파이, 이중 스파이, 정부기관 종사자들로서 해 킹 행위를 하기에 좋은 조건을 갖춘 자들임. 정부 및 산업 기관, 특정인들에게 고용되어 주로 정보 모니터링을 목적으로 해킹을 시도

이 장에서는 해킹 행동에 대한 이해를 명료히 하기 위해 '해커'라는 단일 명칭을 사용하겠다. 추가적으로 해커 유형을 구체적으로 분류하고, 그 의미를 명확히 하기 위해 기존 연구들에서 사용되고 있는 블랙 햇, 화이트 햇, 그레이 햇 등의 분류 용어 또한 사용될 것이다. 하지만 분명한 점은 해킹과 관계된 연구들에서 사용되는 해커에 대한 정의 개념은 연구자들이 어떤 목적으로 연구를 진행하느냐에 따라 서로 다르며 사법 기관 종사자들이 실무적으로 사용하고 있는 해커 개념 및 용어 역시 다양하다는 점을 명심해야 할 것이다.

Summary Box 2-1 해킹의 정의와 학술적 분류 용어

- 해킹 행위는 1950년대부터 최초로 발생했으며, 과거에는 컴퓨터 보안 문제 탐색 등과 같은 합법적 해킹 활동을 의미하는 용어로 사용되었다.
- 악의적 의도의 해킹은 1960년대 초반부터 발생했다.
- 해킹의 범죄 유무를 구별하기 위해서 다양한 용어들이 사용되고 있는데 언론 매체 및 일반 대중들의 경우 아직도 해킹을 범죄 행위를 의미하는 용어로 인식하고 있다.
- 해커 유형은 해커들의 윤리적 태도와 악의적 의도 유무에 따라 블랙 햇, 화이트 햇, 그레이 햇으로 구분된다.
- 기업에서는 시스템 보안 테스트를 위해 '윤리적 해커'들을 고용하고 있다.
- 해커들은 '스크립트 키디', '사이버 테러리스트', '워너비 래머', '내부자' 등의 다양한 하위 유형으로 구분된다.
- 낙인 이론은 해킹 행위를 설명하는 데 있어 유용하다. 아마도 악의적인 의도가 없던 해커들조차 자신들이 범죄자 취급을 받고 있다고 여길 수 있으며 낙인 이미지에 따라 행동이 변화될 수도 있다.

📶 해킹 공격 형태

컴퓨터 시스템이나 웹 사이트를 표적으로 하는 해킹 공격 및 피해 유형은 다양하다. 특정 기관이나 개인 소유 시스템에 침입하여 기밀 정보를

빼내거나 악성 소프트웨어를 설치하는 행위를 '전형적인' 해킹 공격으로 볼 수 있는데 대표적인 사례로는 2011년 12월 급진적 성향의 해킹 그룹인 아노미너스(Anonymous)가 미국 보안 기업인 스트라트포 시스템에 침입, 수천 건에 달하는 이메일, 신용 카드 정보 및 비밀번호를 빼낸 사건을 들 수 있다(BBC 온라인 뉴스, 2011. 12. 26.).

2010년 1월에는 오바마 미국 대통령의 연두교서 발표 직전 미국 하원 웹 사이트가 해킹 공격을 당해, 웹 사이트 및 시스템이 파괴된 사건이 발생했다. 이처럼 해커들은 특정 기관이나 조직을 당혹스럽게 할 목적으로 해킹 공격을 감행, 웹 사이트 시스템 형태 및 콘텐츠 등을 변형시키는 피해를 가하고 있다.

해커들이 주로 사용하는 공격 형태로 서비스 거부(denial of service: DoS) 공격을 들 수 있는데 이는 특정 웹 사이트나 시스템에 접속 공격을 집중적으로 감행, 시스템 과부하를 유발시킴으로써 일반 사용자들의 정상적인 시스템 사용을 방해하는 공격 방법이다.

2011년 6월에는 록스섹(LulxSec)이라는 해킹 그룹이 영국 중요조직범죄국(UK Serious Organised Crime Agency: SOCA) 웹 사이트에 대한 조직적인 해킹 공격을 감행한 사건이 발생하였는데(BBC 온라인 뉴스, 2011. 6. 20.) 이들의 해킹 목적은 중요 기밀 정보 탈취가 아니라 일반 사용자들의 영국 SOCA 웹 사이트 접속을 차단시킴으로써 SOCA 당국을 당혹스럽게 하기 위한 것으로 분석되고 있다. 한편 표적 시스템을 마비시키기 위해 좀비 PC를 사용하는 방법을 분산 서비스 거부 공격(DDoS: distributed denial of service)이라 하는데, DDoS는 과도한 접속 요청을 유발시키기 위해 봇넷(botnet, 원격 통제 정보 수집 시스템)을 활용한다는 점에서 DoS와는 차이가 있다.

브라이언트와 마셜(Bryant & Marshall, 2008)에 따르면 해커의 경험과 전문성, 자유로운 네트워크 이동, 공격 성향, 피해자의 경험과 전문성, 방화벽 등 시스템 보안 장치 유무, 해커 스스로의 자구적 보호 노력 등의 6가지 요소에 의해 해킹 성공 가능성이 결정된다고 한다. 이들은 개별 성공 요인 간 상호 관련성을 토대로 한 공식을 제시했는데, 이 공식에 의하면 해커들에 대한 정보가 부족한 상태에서 예측 불가능한 변수가 많다면 수사관들이 활용할 수 있는 정보는 극히 제한적인 상황이라고 평가할 수 있다.

Activity 2-2 해킹 공격 형태

온라인 신문과 잡지 기술 섹션에 실린 기사들을 수집, 최근 발생한 해킹 형태를 유형화시켜 보자. 용의자 유형, 해킹 공격 형태 등을 확인하고, 공격 동기는 무엇인지 공격 형태를 통해 추정해 볼 수 있는 해킹 동기는 무엇인지 파악해 보자.

📶 해킹 발생률

다른 범죄 유형들과 마찬가지로 해킹 범죄 역시 정확한 발생률 추정이 매우 어렵다. 하지만 다행스럽게도 해킹에 대한 연구 논문 및 보고서들이 꾸준히 발간되고 있어, 개략적인 발생 경향 추정은 가능하다. 란타라(Rantala)(미국 법무부 통계국, 2008)는 7,818개 기업을 대상으로 진행된 2005년 미국 국립 컴퓨터 범죄 조사 결과를 인용, 사이버 범죄가 발생한 사실 자체를 인지하고 있는 기업이 매우 드물다는 사실을 발표한 바 있다. 란타라(Rantala) 는 조사에 참여한 기업들 중 사이버 공격(바이러스, DoS, 시스템 파괴 등)이나 컴퓨터 보안사고(스파이웨어, 해킹, 정보 유출, 포트 스캐닝[6])를 경험한 비율을 6~12% 정도로 추정하고 있다.

컴퓨터 보안 협회(Computer Security Institute: CSI)에서 주요 기업들을 대

---

6) 포트 스캐닝(port scanning): 운영 중인 서버에 열려 있는 TCP/UDP 포트를 검색, 시스템에 침입하는 기법으로 표적 컴퓨터에 접속하기 위해 네트워크와 연결된 컴퓨터 접속 포트 번호를 파악하고, 일련의 메시지를 보내 컴퓨터 침입을 시도하기 위한 방법(역자 주)

상으로 진행한 컴퓨터 범죄 및 보안 조사(2011) 결과에서는 2009년 7월부터 2010년 6월까지 발생한 해킹 공격 사건 중 중 16.8%가 서비스 거부 공격(DoS)(2005년 32%), 11.4%가 비밀번호 스니핑(sniffing)[7](2009~2010년 17%) 공격인 것으로 나타났다. 웹 사이트 손상 및 파괴 공격을 당한 피해율은 전체 7% 이상(2009/10년의 경우는 14%)으로 나타났으며 외부인에 의한 시스템 침투 피해 경험 역시 11%로 나타났다. 조사 결과를 토대로 볼 때 해킹 피해 수치는 전반적으로 감소하는 추세이나 연도별 발생 편차는 매우 크게 나타나고 있다. 연도별 발생 편차가 큰 이유는 보안 환경 및 실제 해킹 시도 비율의 급격한 변화와 함께 사이버 범죄에 대한 정의, 분류 방식 등 관련된 기업 정책 변화에 기인하는 것으로 해석할 수 있다. 또한 컴퓨터 보안 협회(CSI)에서 조사 참여 기업을 선정할 때 전체 기업을 대상으로 무작위 표본을 추출한 것이 아니라 시스템 보안 분야에 대한 관심도가 높은 기업을 대상으로 조사를 진행했기 때문에 실제 해킹 표적이 되었던 기업들 중 조사에 응답하지 않은 수치가 어느 정도인지, 피해 사실을 보고하지 않은 기업 수치가 어느 정도인지에 대해서는 정확히 알 수 없는 실정이다.

　CSI에서 진행한 설문 조사 방식으로는 실제 해킹 발생률을 정확히 산정하기 어려우며 조사 참여 기업들도 자사의 보안 취약성이 외부에 공개되어 기업 이미지가 손상되는 것을 꺼리기 때문에 피해 사실을 감추려는 경향이 있을 수 있다. 이러한 이유로 인해 해킹 발생률을 정확히 산정하기는 사실상 매우 어렵다. 또한 해킹 공격 피해를 당했는지 여부조차도 정확히 파악하지 못한 기업들도 있을 수 있으며 해킹 공격 사실을 인지했다 해도 피해 사실을 외부에 공개하지 않고 내부적으로 백신 등 보안 소프트웨어 도입 및 IT 장비의 보안 취약점을 개선하는 방식으로 문제 해결을 시도했을

---

7) 가장 일반적 해킹 방법의 하나로, 네트워크상에서 전달되는 패킷 정보를 분석, 사용자의 계정과 암호를 알아내는 것(역자 주)

가능성이 높다. 특히 기업, 기관 등 특정 조직이 아닌 개인을 대상으로 하는 해킹 빈도는 극히 소수에 불과하기 때문에 관련 피해 사실을 수집하기는 더욱 어렵다. 따라서 실제로 해킹이 발생한 빈도는 공식적으로 보고된 수치보다 훨씬 많을 것으로 예상된다. 범죄 통계의 문제점으로 지적되는 이와 같은 현상을 범죄 학계에서는 정확한 발생 수치를 파악할 수 없는 '암수(dark figure)' 범죄로 규정하고 있다.

Activity 2-3 일반인을 대상으로 하는 해킹 발생률

기관이나 조직이 아닌 개인 사용자를 표적으로 하는 해킹 공격 발생 빈도를 확인할 수 있는 방법에 대해 고민해 보자. 어떤 방식의 조사 방법 및 표본 추출 방법을 사용해야 하는지 고민해 보자(예를 들어, 사람들이 해킹 피해를 당했는지 여부조차 정확히 인식하지 못하고 있을 때에는 어떤 방법을 사용할 수 있을까?)

Summary Box 2-2 해킹 공격 형태 및 공식적인 발생률

• 해킹 공격 형태는 다음과 같다.
  – 침입, 침투
  – 파손, 손상
  – 서비스 거부(DoS), 서비스 분산(DDoS) 공격
• 해킹 발생률을 정확히 추정하기는 매우 어렵다. 하지만 해킹 범죄는 우리가 생각하는 것보다 매우 빈번하게 발생하는 '암수(dark figure)' 범죄로 볼 수 있다.
• 최근 컴퓨터 보안 기관에서 발표된 통계 자료에서는 해킹 공격 발생 빈도는 감소 추세이다.
• 발표된 통계 자료상에서는 일반인을 대상으로 이루어지는 해킹 공격 빈도는 매우 낮은 수치로 나타나고 있다.

해킹 공격 방법

해커들은 다양한 방식으로 표적 시스템에 침투한다. 보안 기관들에서는 신종 해킹 수법의 출현을 지속적으로 모니터링하고 있는데 이 중 국제 '허니넷(honeynet)' 프로젝트(www.honeynet.org)의 경우 해커들의 공격 시도를 탐지하기 위해 인터넷 보안 패치가 설치되지 않았거나 보안 취약점을 노출시킨 가상 네트워크 혹은 컴퓨터들을 설치하고 해킹 공격을 유인하는 전략을 사용하고 있다. '허니넷'[8]은 이처럼 해킹 공격 시도를 감시할 목적으로 해커들을 유인하기 위해로 설계된 네트워크 혹은 컴퓨터를 뜻한다.

해커 더스틴(Dustin; Mitnick & Simon, 2005, p. 126 인용)은 해커들이 주로 사용하는 시스템 침투 방법을 '네트워크에 대한 기술적 침투(technical entry into network)', '사회 공학적(social engineering)', '쓰레기통 뒤지기(Dumpster diving)', '물리적 침투(physical entry)의 4가지 유형으로 구분하고 있다. 기술적 침투 방법의 경우 해커들이 사무실이나 방 안에 앉아 자신의 개인 컴퓨터로 표적 네트워크에 원격으로 접속한다는 점에서 일반인들이 생각하는 해커 이미지에 가장 부합한다고 볼 수 있다. 해커들은 자신들이 표적으로 삼고 있는 컴퓨터 내에서 구동되고 있는 모든 서비스 및 어플리케이션 목록을 수집하기 위해 해당 컴퓨터가 접속된 포트 번호를 파악하는 포트 스캐닝(port-scanning) 방법 등을 포함, 다양한 해킹 기법 및 도구들을 활용하고 있다. 침투 방법에 따라 해킹 공격 전략 역시 달라지는데 포트 스캐닝 방법 이외에도 네트워크 트래픽을 포착, 암호화되지 않은 데이터를 가로채기 위해 네트워크상에서 전달되는 패킷 정보를 분석하는

---

8) 컴퓨터 프로그램에 침입한 스팸, 바이러스, 크래커를 탐지하는 가상 컴퓨터. 해커들을 속이는 침입탐지 기법으로 실제 공격당하는 것처럼 보이게 한 후 해커를 추적하고 정보를 수집하는 기능을 함. 이들을 유인하는 함정을 꿀단지(honeypot)에 비유한 것에서 유래됨(역자 주)

'패킷–스니핑(packet-sniffing)' 기법이 사용되기도 하고, '핑(ping)'[9] 소프트웨어를 활용해서 표적 시스템의 실시간 네트워크 접속 여부를 파악할 수도 있다. 퍼넬(Furnell, 2010)은 보안 취약점 파악에 사용되는 취약성 분석도구(스캐너), 비밀번호 크래커(cracker) 등 해커들이 주로 사용하는 기술 방법에 대한 목록을 제시한 바 있다. 컴퓨터 바이러스 및 시스템 파괴 소프트웨어들은 컴퓨터 시스템에 심각한 손상을 줄 수 있는데 이에 대해서는 3장에서 구체적으로 다루도록 하겠다. 사회 공학적 해킹 방법이란 표적 네트워크에 침입하기 위해 해당 네트워크 접속 권한이 있는 사람을 속여서 접속 코드를 알아내는 방법을 의미한다. IT 기술 지원 업체를 가장, 특정 기업에 연락을 취한 후 시스템 버그 파악을 위해 관리자 패스워드를 빼내는 수법이 대표적이다. 이외에도 해킹에 필요한 정보를 빼내기 위해 표적 기업 내부 임직원 간 통화 내용을 도청하거나, 시스템 접속 아이디나

[그림 2-2] 보안 문서 분쇄는 쓰레기통 뒤지기 기법이 사용된 해킹 피해 방지에 도움이 된다.

비밀번호를 입력할 때 뒤에서 몰래 훔쳐보는 '숄더 서핑(shoulder surfing)'[10] 등이 사회 공학적 해킹 방법에 해당된다. 피해자의 신원 및 금융 관련 개인 정보를 절취할 목적으로 이루어지는 '피싱(phishing)', '파밍(pharming)' 수법 역시 사회 공학적 해킹 방법이 변형된 범죄 수법으로 볼 수 있다(Sanders-Reach,

---

9) packet Internet grouper의 약어. 특정 사이트 이용이 가능한지 검사하는 프로그램. 표적 컴퓨터의 네트워크 연결 여부를 확인할 수 있으며, IP 기반 네트워크에 연결된 호스트 간의 접속 여부 확인에도 사용됨. 주로 TCP/IP 관련 프로그램의 문제점들을 추적하는 도구로, 네트워크 반응 속도, 네트워크 접속 시 경로상의 혼잡 상황 파악도 가능함(역자 주)

10) ATM기를 사용하는 사람들의 어깨너머에서 비밀번호 및 신용카드 번호를 훔쳐보고, 기억한 신용카드 번호로 범죄를 저지르는 인터넷 사기 수법을 지칭하는 용어로, 컴퓨터 및 시스템 도용을 위해 비밀번호를 훔쳐보는 수법 역시 동일한 명칭을 사용. 약어는 S-surfing(역자 주)

2005). 관련 내용은 4장에서 구체적으로 소개하도록 하겠다. 더욱 상세한 사회 공학적 해킹 사례들은 미트닉과 사이먼(Mitnick & Simon, 2002) 및 해드나기(Hadnagy, 2011)의 저서를 참고하기 바란다.

쓰레기통 뒤지기는 해킹 공격에 필요한 정보 수집을 위해 기업이나 일반 가정집의 쓰레기통을 뒤지는 수법이다. 주로 수집되는 정보들은 사용자 명 및 비밀번호가 적힌 메모지, 민감한 정보가 담겨 있는 구형 컴퓨터 하드 드라이브, 제대로 분쇄되지 않은 보안 문서 등이다.

마지막으로 '물리적 침투'란 해커가 직접 특정 기업 사무실에 잠입, 해킹을 시도하는 방법이다. 보안이 허술한 건물에 침입해서 로그인 된 컴퓨터를 찾아내는 것만으로 손쉽게 해킹을 시도할 수 있다. 물리적 침투 시 사회 공학적 방법이 응용되는 경우도 있는데, 예를 들어 전자 카드를 접촉해야만 출입할 수 있는 건물에서 뒤따라 들어오는 해커를 위해 무심코 출입문을 잡아주거나 사람들을 뒤쫓아 들어가는 방식으로 건물에 침입하는 것이 이에 해당된다.

사회 공학적 및 물리적 침투 방법들은 해킹 공격에 반드시 최신 기술이 필요한 것은 아니라는 점을 시사한다. 하지만 이러한 방법들 또한 효과적인 해킹 방법이라 할 수 있다.

Summary Box 2-3 해킹 방법

• 일부 기관들에서는 해킹 공격 탐지를 위해 '허니넷'을 운용하고 있다.
• 해킹 방법은 크게 4가지로 구분된다.
 - 네트워크 기술적 침투
 - 사회 공학적
 - 쓰레기통 뒤지기
 - 물리적 침투

• 모든 해킹 방법들에서 고도의 기술이 요구되는 것은 아니다. 해커들은 자신의 목적을 달성하기 위해 다양한 해킹 방법을 복합적으로 활용하고 있다.

해킹 범행 동기

사이버 범죄자들의 범행 동기에 대한 이해는 보안 능력 향상을 통한 피해 예방에 도움이 된다(Lafrance, 2004). 최근까지 이 분야에서는 많은 연구 결과가 발표되었는데 관련 연구들은 크게 이론적 연구와 실증적 연구로 구분할 수 있다.

📶 해커 동기와 관련된 이론들

다양한 이론들을 통해 해킹 발생 원인을 설명하기 위한 연구들이 활발히 이루어지고 있다. <표 2-2>에서처럼 호기심, 소속 집단 내 사회적 위치, 권력 욕구 등이 공통적인 해킹 동기로 볼 수 있다. 해킹 동기 분류와 관련된 연구들이 지속적으로 진행되고 있지만, 칼커트(Calcutt, 1999)와 같은 연구자들은 해커 활동이 무작위적인 행태 특성을 지니고 있어 "식별 가능한 해킹 행위 촉발 동기는 존재하지 않는다"(p. 60)라고 주장한 바 있다. 따라서 행동적 특성보다는 심리학적 관점에서 해킹 동기에 대한 연구들이 지속적으로 이루어지고 있는데, 예를 들어 테일러(Taylor, 2003)는 "남성들 특히 사춘기 소년 및 청년층들은 해킹 행위를 통해 내재된 불만이나 좌절을 표출하고 있으며 이를 통해 카타르시즘을 경험한다."고 해킹 동기를 설명하고 있다. 이에 따라 테일러(Taylor)는 "해킹 행위는 생물학적인 우월감 욕구를 충족시켜 주는 수단으로 간주할 수 있어 해킹 행위는 성심리학적 이론으로 설명 가능하다"(p. 130)고 자신의 견해를 제시하고 있다. 테일러(Taylor)는 해킹에 성공하는 마지막 순간 해커들은 오르가슴과 같은 쾌감을 느낀다는 자신의 가설을 검증하기 위해 해커들을 대상으로 한 심층 연구를 수행해 왔다.

한편 레니와 쇼어(Rennie & Shore, 2007)는 아젠(Ajzen, 1985, 1991)의 '계획된 행동 이론(theory of planned behaviour)'과 베버렌(Beveren, 2001)의 '몰입 이론(flow theory)'을 적용시켜 해킹 행위를 설명하고 있다. '계획된 행동 이론'은 사람들이 다양한 맥락에서 특정 행동을 설명, 예측하고 변용 전략을 수립하는 행동들을 설명하기 위해 제시된 이론이며, '몰입 이론'은 최종 목적 달성보다는 행위 과정 자체에 초점을 두고 사람들이 행위에 몰입하는 현상을 설명하는 이론으로, 과도한 인터넷 이용 행동을 설명할 때 주로 사용된다.

인터넷 사용자들의 경우 몰입 상황에서 고도의 집중력, 호기심, 흥미, 통제감 등을 경험한다고 볼 수 있는데(Shernoff et al., 2003) 몰입 상황에서 해커들이 경험하는 정서 반응 역시 이와 유사하다고 볼 수 있다(Rennie & Shore, 2007). 내적 흥미, 호기심과 같은 해킹 동기 역시 몰입 이론에서 제시된 내용과 부합한다. 레니와 쇼어(Rennie & Shore)는 몰입 이론을 통해 초보 해커가 전문 해커로 변모하는 과정을 설명하고 있지만 몰입 이론만으로 완전한 범행 동기를 모델화시킬 수 없다는 한계를 인식하고 해커들의 이념, 폭력성, 경력 요인 등을 결합시킨 해커 발달 모델을 제안한 바 있다. 이들이 제시한 통합 발달 모델은 해커 유형(시스템 침투 테스트형, 핵티비스트, 사이버 테러리스트 등) 분류 및 예측을 목적으로 개발되었다. 레니와 쇼어(Rennie & Shore)는 스크립트-키디 및 뉴비스 등과 같은 해킹 입문자들이 전문 해커로 발달하는 과정을 설명하면서 해킹과 관련된 문제를 다루는 데 있어서는 해킹 활동 초기에 주로 어떤 행동이 나타나는지를 규명하고, 초기 단계에서 청소년들이 해킹 활동을 시작할 가능성을 감소시키는 것이 가장 중요하다고 한다.

〈표 2-2〉 해킹 동기 관련 이론

	동기
테일러(Taylor, 1999)	• 중독 • 호기심, 충동 • 지루한 학교생활 • 권력 욕구 • 또래 집단의 인정 • 정치적 이유
킬거(Kilger) (Spitzner, 2003에서 인용), 킬거 등(Kilger et al., 2004)	• 돈 • 자아 • 오락 • 대의명분(이념) • 사회적 소속감(특정 집단) • 신분
라프랜스 (Lafrance, 2004) -내부자 해킹	• 경제적 이익 • 복수 • 특정 파일에 대한 개인적 관심 • 기업 외부세력(조직 혹은 개인)의 외부적 압력
퓌팅거와 치글러 (Fötinger & Ziegler, 2004)	• 심각한 열등감(해킹을 통해 자존감이 향상됨)
슈니어(Schneier, 2003)	• 비영리 목적 • 지적 호기심 • 스릴 추구 • 자신의 능력 확인 • 명성, 존경, 인정, 자아실현
브라이언트와 마셜 (Bryant & Marshall, 2008) -초창기 해커	• 악의적 의도가 없는 상태에서 단지 네트워크 접속 권한을 획득할 수 있다는 능력을 주변에 과시하고 싶음 • 자존감 • 동료들의 인정
브라이언트와 마셜 (Bryant & Marshall, 2008) -최근 해커	• 해커 유형에 따라 동기가 다양함 예를 들어 사이버테러리스트들은 이상적 신념, 조직 내부자들은 조직에 대한 불만이 주된 동기로 작용함

📶 해킹 동기에 대한 경험적 연구

다양한 이론적 배경을 토대로 한 해킹 동기에 대한 경험적 연구들은 상당한 가치가 있다. 하지만 이론적 연구들에 비해 경험적 연구는 많지 않다.

대표적인 경험적 연구 사례로는 푀팅거와 치글러(Fötinger & Ziegler, 2004)가 인용, 발표한 독일 연방 범죄 수사국(the German Federal Bureau of Criminal Investigation; the Bundeskriminalamt: BKA)의 조사 결과를 들 수 있다. 1999년 독일 뮌스터 지역에서 인터넷 서비스 업체를 대상으로 대규모 해킹 공격이 발생하자 독일 연방 범죄 수사국(BKA)에서는 해커들을 대상으로 설문 조사를 실시, 599명의 해커들로부터 설문지를 회수하였다. 조사 결과, 대부분의 해커들은 경제적 이유(51.3%) 혹은 시행착오를 통한 해킹 기술 연마(33.1%)를 주된 해킹 동기라고 응답하였다. 웹 사이트 손상 공격을 당한 462건의 해킹 피해 사례에 대한 내용 분석을 실시한 우 등(Woo et al., 2004)의 연구에서는 피해 사례 중 70%가 해커들의 단순 장난 목적으로 공격당한 것으로 나타났으며, 나머지는 정치적 이유에 의한 해킹 공격이라는 점이 발견되었다. 이외에도 42명의 해커들을 대상으로 면접 연구를 진행한 베르나르 리버만(Bernhardt Lieberman, 2003, Fötinger & Ziegler, 2004 재인용)은 해커들의 주된 범행 동기를 '지적 도전'과 '컴퓨터와 컴퓨팅 관련 지식 습득'으로 꼽았으며 '범죄를 저지르기 위해' 혹은 '악명을 떨칠' 목적이라는 응답이 가장 적게 나타났다고 한다. 이러한 결과는 기존 문헌 및 논문 내용들에서 제시된 일반인들이 인식하는 해킹 동기에 대한 관점과는 다소 차이가 있다.

키에사 등(Chiesa et al., 2009)은 지적 호기심, 기술에 대한 관심과 애정, 재미와 게임, 개인 사용자들의 보안 안전 강화, 자유를 위한 투쟁, 권위에 대한 도전, 반항, 모험심, 지루함, 유명해지고 싶어서, 분노와 좌절, 정치적 이유, 현실 도피(가족, 사회), 직업적 이유 등을 해커들이 제시한 해킹 동기라고 설명하고 있으며, 해커들을 대상으로 온라인 면접 조사를 실시한 커완(Kirwan, 2006) 역시 해킹 동기는 매우 다양한데 이들이 일관적인 패턴을 가지고 있다고 보기는 어렵다는 견해를 제시하였다. 재미있는 사실은 범행 의도가 명백한 블랙 햇 해커들과 화이트 햇 해커들 간에 뚜렷한 동기 차이가 나타나지 않는다는 점이다(Kirwan, 2006). 커완(Kirwan)이 진행한 온라인 면접 조사에서 나타난 해킹 동기는 연구 방법 특성상 응답 내용이 다소 모호한 경향이 있었던 것에 반해 해커 전용 게시판에 올라온 글들에서는 해킹 동기가 상당히 구체적으로 표현되어 있었다. 즉 온라인 면접 조사에서는 해커들의 사회적 바람직성 편향으로 인해 다소 왜곡된 결과가 수집된 것으로 추정된다. 예를 들어, 설문조사 시에는 '친구들의 시스템을 안전하기 지키기 위해', '컴퓨터에 대한 열정과 관심으로' 등처럼 주변인들로부터 인정받을 수 있고 칭찬받을 수 있는 긍정적인 응답을 주로 한 데 반해 해커 게시판에는 '타인의 시스템에 접속해서 정보를 훔쳐보기 위해서'처럼 해킹의 부정적 측면을 직접적으로 묘사한 게시글들이 많았다.

최근까지 발표된 연구 결과들에서 발견된 해킹 동기는 매우 다양하다. 하지만 일부 연구자들은(Voiskounsky & Smyslova, 2003) 해킹 동기와 관련된 연구 결과들을 검토한 후 신뢰할 만한 해킹 동기들이 발견되지 않은 점을 강조하며, 현재까지 발표된 해킹 동기에 대한 경험적 연구 결과들의 경우 신중하게 해석할 필요가 있다는 점을 지적하고 있다. 문제는 대다수의 경험적 연구가 설문 조사 방식으로 이루어지기 때문에 응답한 해커들이 자신들의 행위에 대한 부정적 측면은 축소시키고 사회적으로 허용 가능한 수준에서 답변하는 경향이 있어 조사 결과가 편향되었을 가능성이 높다는 사실이다.

범죄자 프로파일 및 성격 특성

1장에 소개된 내용처럼 심리학적 프로파일링은 범죄 수사에 유용하게 활용되고 있다. 컴퓨터 해킹 범죄에 프로파일링 기법 적용 가능성을 연구한 도나토(Donato, 2009)는 해커들에 대한 프로파일링 분석 역시 범죄 수사에 유용하게 활용될 수 있다고 제안하고 있다. 하지만 도나토(Donato)가 제시한 해커 프로파일링 방법은 심리학적 지식이나 프로파일러들의 경험적 통찰을 통해 해커들의 심리 특성이나 행동 유형을 분석한 것이 아니라, 수사 단서 확보를 위해 해킹 공격 중 해커들이 저지르는 실수들을 포착해서 해커들의 해킹 능력 수준에 초점을 두었다는 한계가 있다. 즉 도나토(Daonato)의 해커 프로파일링 연구에서는 해커들의 성장 배경, 학창 시절 등 개인적 특성을 추정할 수 있는 과거력 정보는 전혀 사용되지 않았다. 범죄자 프로파일링 기법은 범죄자들이 범죄 현장에서 남긴 다양한 흔적, 즉 유형 및 무형의 증거물 분석을 통해 용의자 특질 유형 추정을 목적으로 하는데 도나토(Donato)는 이와 같은 프로파일링 분석 절차의 기본

적 틀을 적용하지 않았다. 정확하고, 신뢰로운 해커 프로파일 분석을 위해서는 먼저 과거 해킹 공격을 저지른 적이 있는 유사 범죄자들의 정보를 수집, 심리학적, 인구통계학적 특성에 대한 분석이 선행되어야 하며, 이러한 결과를 바탕으로 현재 발생한 해킹 범죄와 과거에 발생한 유사 해킹 범죄들에서 공통적으로 나타나는 일관적인 요인을 찾아낼 수 있어야 한다. 범죄 프로파일링 기법을 해킹 범죄에 적용시킬 수 있다는 도나토(Donato)의 견해는 원론적으로 문제가 없지만 프로파일링 결과가 실무적으로 유용하게 활용되기 위해서는 먼저 해킹 범죄자들의 공통 특질을 파악하는 기초 연구가 이루어질 필요가 있다.

🛜 인구통계학적 특성

해커 프로파일 작성에 대해 고민 중이라면 먼저 성별, 연령 등과 같은 인구통계학적 특성 차이를 구분해야 할 것이다. 대중매체의 영향으로 사람들은 해커들이 젊은 남성일 것이라고 생각하는 경향이 있다. 해커들에 대한 대중매체의 관점을 분석한 비셋과 시프턴(Bissett & Shipton, 1999)은 대중매체들에서는 해커들을 '사악한 천재, 대부분 남성, 언제나 혼자 활동, 비밀 요원들보다도 컴퓨터를 귀신같이 다루는 이들'(p. 905)로 묘사하고 있다. 머피(Murphy, 2004) 또한 악의적 의도를 지닌 해커들에 대한 대중 이미지를 '재능은 있지만 사회성이 떨어지는 청소년들로서, 대부분 남성'(p. 12)으로 묘사하고 있다. 해커에 대한 책을 저술한 레비(Levy, 1984)는 자신의 저서에 '스타성을 지닌 악명 높은 여성 해커는 지금까지 없었으며 대부분의 해커들은 미혼의 독신남'이라고 기술하고 있다. 화이트 해커들 중에 여성 해커들도 존재하지만(Meinel, 1998), 비셋과 시프턴(Bissett & Shipton)은 여성 해커는 '컬트 오브 더 데드 카우(Cult of the Dead Cow)'라는 해커 집단에 단 1명만 있었을 뿐이며, 이들 해킹 집단에서 사용하는 일반적 언어 형태와 이미지들로 볼 때 아마 대부분의 해커들은 남성 청소년들이나 젊은 청년들일 것이라 분석한 바 있다. 대규모 해커 대회인 데프콘(Defcon) 콘퍼런스에 참석한 영 등(Young et al., 2007) 역시 자신들이 마주친 해커들 대부분은 12세에서 28세 사이의 남성들이었다고 전하고 있다.

카베이(Kabay, 1998)에 따르면 공개적으로 진행되는 해킹 회의에 참석하는 해커의 경우 나이가 어린 청소년들이 대부분이지만, 실제로는 30대가 넘어서도 지속적으로 컴퓨터 범죄를 저지르는 해커들 또한 존재한다고 한다. 카베이(Kabay)는 사이버 범죄자들의 성격 프로파일 정보가 매우 부족하기 때문에 해커 관련 연구 결과들은 신뢰성이 떨어지며, 현재까지 발표된 연구 결과 및 자료에 발표된 내용들을 전체 해커 집단의 특성으로 일반화시키기 어렵다고 비판하고 있다. 54명의 해커들을 대상으로 면접 조사를 진행한 투르게만-골트슈미트(Turgeman-Goldschmidt, 2011)의 연구에서는 여성 해커는 단 3명이었으며 전체 연령 평균은 24세(14세에서 49세), 평균 12년 이상의 교육 연수, 평균 이상의 소득 수준인 것으로 나타났다.

퓌팅거와 치글러(Fötinger & Ziegler, 2004)는 독일연방 범죄 수사국(BKA) 보고서를 인용, 전체 599명의 조사 참여 해커 중 여성 해커는 35명이며, 여성 해커들의 연령이 남성 해커들보다 평균적으로 높고(남성 연령 평균 22.2세, 여성 연령 평균 34.7세), 해킹한 금융 계좌를 실제 범죄 목적으로 사용한 빈도 역시 남성 해커들의 절반 이하로 보고하고 있다(남성 14.1회, 여성 6.8회). 또한 BKA 보고서에서는 전체 해킹 범죄 용의자 중 72.2%가 범행 당시 부모와 동거 중이었으며, 대부분 중간 이상의 학력 혹은 고학력자들로 이들 중 일부는 시간에 구애받지 않고 컴퓨터에 자유롭게 접근할 수 있는 학생 혹은 교육생 신분인 것으로 나타났다.

인터넷 사용자들을 대상으로 해킹 행동에 대한 자기 보고식 조사를 진행한 영국 내무성(2005)의 Offending, Crime and Justice Survey(OCJS) 결과에서는 조사에 참여한 인터넷 사용자 중 0.9%가 해킹 경험이 있다고 응답하였으며, 연령 및 성별 차이를 보면 상대적으로 남성(남성 1.3%, 여성 0.5%) 및 젊은 층(10~25세)에서 해킹 행동을 경험한 비율이 높게 나타났다.

해커들은 정규 학생 신분이거나 혈기 왕성한 젊은 나이에 특별한 직업이 없는 사람들로 인식되고 있지만 많은 해커들이 IT 보안 분야 등과 같은 전문 직종에 종사하는 경우가 많다. 하지만 기업 입장에서는 기업 보안 및 고객 기밀 유출 위험 때문에 전직 해커를 채용하는 문제에 대해 신중한 검토가 필요하다(Cushing, 2001 참고).

해커들의 인구통계학적 특성에 대한 자료들을 종합해 보면 대부분의 해커가 젊은 남성일 것이라고 보는 대중매체의 관점이 맞아떨어지는 것으로 보인다. 하지만 분명 예외는 있으며 여성 해커에 의한 해킹 범죄 역시 지속적으로 발생하고 있다.

Summary Box 2-5 해커의 인구통계학적 특성

- 대중매체에서 해커는 대부분 젊은 남성일 것이라는 정형화된 이미지를 지니고 있다.
- 예외는 있지만 최근까지 대부분의 연구들에서는 해커는 젊은 남성일 것이라는 대중매체의 선입관을 지지하는 결과를 제시하고 있다.
- 또한 해커들은 상당히 높은 학력을 지닌 자들이라고 한다.
- 대부분의 해커는 학생층이거나 기타 교육 기관 훈련생들이며 소득 수준은 평균 이상으로 나타났다.

📶 해커들의 윤리 의식

해커들의 윤리 의식과 태도는 심리학자들의 관심이 높은 연구 주제 중 하나이다. 관련 연구들에서는 해커들 대부분이 스스로가 제정한 윤리 강

령을 지키고 있지만, 시간이 지날수록 해킹 행동에 대한 윤리적 태도가 조금씩 변화하고 있다고 지적하고 있다. 해커 윤리에 대한 최초 연구는 레비(Levy, 1984)에 의해 진행되었고 후속 연구들 대부분은 레비(Levy)의 연구를 바탕으로 하고 있다.

🛜 해커 윤리

1984년 레비(Levy)가 제시한 '해커 윤리'의 핵심 특성들은 다음과 같다.

① '모든 사람이 인터넷 접속(컴퓨터 이용)에 특별한 제한 없이, 공평하게 사용할 수 있어야 한다' – 컴퓨터와 인터넷 사용 권리는 특정 계층의 전유물이 아니기 때문에 전 세계 모든 사람들이 자유롭게 컴퓨터를 사용할 수 있어야 한다. 하지만 전 세계 모든 사람들이 사용하기에는 컴퓨터가 부족하기 때문에 현실적으로 해커들의 생각이 실현될 가능성은 희박하다. 또한 컴퓨터를 소유하지 않더라도 공용 컴퓨터나, 타인의 컴퓨터를 통해 인터넷에 자유롭게 접속할 수 있다고 생각할 수 있지만, 사람들은 자신의 컴퓨터를 다른 사람들에게 빌려줄 생각을 하지 않을 수 있다.

② '모두가 자유롭게 정보에 접근할 수 있도록 정보가 공개되어야 한다' – 이 원칙은 누구나 정부 기밀문서와 같은 비밀 정보에 접근할 권한이 있어야 한다는 진보 성향 해커인 게리 매키넌의 주장에서 비롯되었다.

③ '공권력은 신뢰할 수 없다. 따라서 권력은 분산될 필요가 있다' – 즉 자유로운 정보 공유를 위한 첫걸음은 현재의 중앙집권적 정부 권력을 최소화시키는 것이다.

④ '해커는 오직 해킹으로 평가된다' – 해커들을 평가할 때에는 이들의 신분, 자격, 인종, 직위, 성별, 연령적 특성을 고려하지 않는다. 인터넷 도입 초기인 1980년대 초부터 모든 사람들이 자신의 조건이나 특성

에 얽매이지 않고, 평등한 대접을 받을 수 있는 익명성 보장이 최우선 가치로 여겨져 왔다.

⑤ '컴퓨터 기술을 통해 예술과 아름다움을 창조할 수 있다' – 해커들은 그래픽, 음악 등 기존 예술 형태뿐 아니라 잘 짜인 데이터 코드 또한 아름다움의 대상으로 여기고 있다. 특히 데이터 처리 조건이 제한적인 상황에서 원활하게 실행되는 데이터 코드에 대한 경외심은 대단하다. 세련되고 우아하게 제작된 데이터 코드를 시스템에 적용하게 되면 성능을 더욱 향상시킬 수 있다.

⑥ '컴퓨터를 통해 삶의 질을 더욱 풍족하게 할 수 있다' – 해커들은 삶의 목표 의식, 모험심, 풍족함 등을 컴퓨터를 통해 이룰 수 있다고 생각한다.

1984년에 레비(Levy)가 분석한 해커들의 윤리 관념들은 얼핏 그럴싸해 보일지 몰라도 이는 결국 해커들의 관심 사항을 정리해 놓은 것에 불과하다. 해커 윤리에서는 모든 사람들이 컴퓨터와 정보를 자유롭게 공유할 수 있어야 한다고 적시되어 있으나, 해커들조차 자신이 보유한 정보들을 타인과 공유하지 않고 있다. 해커들을 평가할 때 다른 어떤 능력보다 해킹 역량에 의해서만 판단되어야 한다는 윤리 의식 역시 순수해 보일지 몰라도 바꾸어 말하면 보통 사람들 역시 해킹 역량으로만 평가받아야 한다는 의미로 해석될 수 있다. 이와 같은 이유로 레비(Levy)가 정리한 내용들은 해커들에 의해 곧 수정되었다.

미즈라(Mizrach, 발행연도 불상, 1990년대 중반)는 레비(Levy)의 해커 의식을 토대로 과연 이들이 자신들이 정한 윤리 원칙을 얼마나 준수하고 있는지, 변화된 내용은 무엇인지를 파악하기 위하여 해커들이 인터넷에 배포한 29개의 관련 문서를 수집, 내용 분석을 실시하였다. 분석 결과, 유사하긴 하지만 약간의 내용적 변화가 있다는 점이 발견되었다. 미즈라(Mizrach)가

분석한 해커 윤리 의식의 경우 해커들 사이에서 비공식적이고 자발적인 형태로 나타났다는 점에서 과거 레비(Levy)가 정리한 내용이 발전된 형태로 볼 수 있지만 여전히 모호한 내용들이 존재하고 있다. 미즈라(Mizrach)가 분석한 10가지 해커 윤리는 다음과 같다.

① '해킹한 컴퓨터와 데이터에 손상이 없어야 한다' – 히포크라테스 선서처럼 해커들 또한 컴퓨터와 데이터에 손상이 없도록 최선을 다하여야 한다. 이에 대해 미즈라(Mizrach)는 의도적이진 않지만 실수로 시스템에 피해를 줬다면 결과적으로 이 원칙이 준수되지 않았으므로 해커들 스스로 윤리적 딜레마에 빠질 수 있다고 지적하였다.

② '사생활 보호' – 이 원칙에 대해서 미즈라(Mizrach)는 모든 정보를 누구나 자유롭게 이용할 수 있다는 기존 해커 윤리와 모순된다고 지적하고 있다.

③ '낭비하지만 않는다면, 풍족할 것이다' – 컴퓨터 자원이 낭비되어서는 안 된다. 가용한 컴퓨터가 있는데도 컴퓨터 사용을 제한하는 것은 비윤리적 행위이다. 해커들 스스로 이렇게 말하고 있지만, 실제 자신의 시스템을 빌려주는 경우는 없기 때문에 이 역시 이중 잣대가 적용된 경우라 할 수 있다. 미즈라(Mizrach)는 자동차를 빌려준 경우를 예로 들어 해커들의 이중적 태도를 비난하고 있다. 즉, 빌린 차를 아무런 손상 없이, 연료를 가득 채워서 심지어는 성능 향상 방법까지 알려 줬다면 차 주인은 분명 고마워할 것이다. 이런 행위를 비윤리적이라 할 수 있는가? 설사 누군가 해커들의 시스템을 빌려 사용한 후 이처럼 행동한다 해도 이들은 함께 사용하기를 원하지 않고 있다.

④ '한계를 뛰어넘어라' – 항상 소프트웨어나 기술의 한계를 넘어서려는 시도를 하라.

⑤ '커뮤니케이션의 의무' – 누구나 자유롭게 의사소통하고 교류할 권리

가 있다.

⑥ '흔적을 남기지 마라' – 어떠한 해킹 증후도 남겨서는 안 되며 해커들의 주의를 끄는 행위도 자제하라. 이는 해커 자신 및 해킹을 통해 수집한 정보 보호 및 다른 동료 해커들이 체포되는 것을 방지하는 지름길이다.

⑦ '공유할 것' – 가능한 많은 사람들과 정보를 공유하라.

⑧ '자기 방어' – 갈수록 막강해지는 기업과 정부의 정보 독점 상황에 대항하라. 해킹을 통해 사람들이 거대 조직의 영향력 아래에 예속되는 상황을 방지할 수 있다.

⑨ '해킹은 보안 향상에 도움을 준다' – 보안 취약점들을 찾아내고 대책을 공유하는 행위는 정당하다. 이 기준 역시 윤리적 문제가 있을 수 있는데 자세한 내용은 차후에 다시 설명하겠다.

⑩ '신뢰하라. 하지만 테스트하라' – 해커들은 시스템 완성도를 높이기 위해 지속적인 테스트를 통해 개선 방안을 도출해야 할 책임이 있다. 해커들은 이 원칙을 논리가 맞지 않는 경우까지 확대 적용하는 경향이 있다. 만약 해커들의 비밀 정보가 보관된 정보 시스템을 예로 들면, 해커들은 해당 시스템에서 자신들의 정보가 유출되는 것을 막기 위해 해당 시스템의 보안을 테스트할 권리가 있다고 여길 수 있다. 이 원칙은 분명 이중 잣대가 적용된 것으로 해커들이 자신들의 권리를 내세우며 정부 시스템에 침투했다 해도 마음만 먹으면 자신과 관련 없는 다른 정보들을 마음대로 유출시킬 수도 있다.

미즈라(Mizrach)에 따르면 해커들 스스로 새롭게 제정한 해커 윤리를 지키지 않는 경우가 많다고 한다. 대표적으로 사적 이득을 위한 해킹, 기술 습득 목적의 해킹, 시스템 파괴 행위, 과도한 이기심, 기관 정보 절취, 해킹 행위 자랑, 정보를 캐내는 스파이 행위, 다른 해커들을 당국에 고발하는 행위 등이 스스로 해커 윤리를 저버린 행위에 해당한다. 미즈라(Mizrach)는 해커들 스스로 자신들이 합의한 해킹 윤리를 지키지 않고 있기 때문에 사회적 질타 및 혐오 대상이 될 수 있다고 지적하고 있다.

또한 미즈라(Mizrach)는 레비(Levy)가 1990년대 해커 윤리를 조사한 당시에 비해 컴퓨터 연산 능력 및 자원이 비약적으로 발전했으며, 해커들의 연령대가 상대적으로 낮아져 과거 해커들과 질적으로 차이가 있고, 대중들 사이에 해커들에 대한 부정적 인식이 커졌기 때문에 컴퓨터 산업 분야에서조차 해킹 윤리를 중요하게 고려하지 않고 있다고 전하고 있다.

최근 들어 키에사 등(Chiesa et al., 2009)은 해커 윤리를 '컴퓨터에 손상을 입히지 말고 침투할 것', '침입한 흔적을 제거할 목적으로 로그 파일을 삭제하는 경우를 제외하고는 어떠한 원천 정보도 변형시키지 말 것', '습득한 정보를 다른 해커들과 공유할 것', '모든 사람이 자유롭게 접속할 수 있도록 접속 정보를 공유할 것'(pp. 171-172) 등의 4가지로 요약, 분석하였다. 타바니(Tavani, 2011) 역시 해커들이 '자유로운 정보 유통', '사회에 도움이 되는 서비스를 제공', '사이버 활동으로 인해 현실 세계에 피해를 야기하지 말 것' 등과 같은 3가지 기준을 암묵적 혹은 명시적으로 준수하고 있는 것으로 보고 있다. 타바니(Tavani)는 모든 정보들이 자유롭게 유통된다면 개인의 사적 권리 침해 문제가 발생할 가능성이 있으며, 정보의 무결성과 정확성 또한 유지되기 어려울 수 있기 때문에 자신이 정리한 3가지 해커 윤리 원칙 역시 이론적으로 해석될 경우 오류의 소지가 있다고 지적하고 있다(Tavani, 2011). 또한 타바니(Tavani)는 설령 화이트 해커들의 해킹 행위가 사회에 긍정적인 영향을 줄 수는 있지만 그렇다고 모든 해킹 행위가 허용될 수는 없으며, 반대로 불법 시스템 침입 행위들이 반드시 사회에 악영향을 미치는 것만은 아니라는 스파포드(Spafford, 2004)의 견해를 인용, 긴급한 인명 구호 목적으로 의료 데이터를 해킹한 것은 행위 자체만으로 보면 불법이지만 이를 전적으로 비윤리적인 행위로 보기는 어럽다는 견해를 제시하였다.

🛰️ 해커들이 윤리 원칙을 준수하지 않는 이유

해커 윤리 기준은 시시각각 변하기 때문에 해커들 스스로조차도 자신들의 윤리 원칙이 완벽하게 지켜지고 있는지 알기 어렵다. 하지만 일부 화이트 해커들의 경우 자신들이 해커 윤리를 준수하고 있다는 사실에 큰 자부심을 지니고 있다. 리버만(Lieberman, 2003; Fötinger & Ziegler, 2004에서 인용)은 해커들 스스로 자신들의 윤리 원칙을 준수하고 있는지에 대한 조사를 통해, 대부분의 해커들이 윤리 원칙에는 동의하고 있었으나 개인 정보 보호의 중요성에 동의하는 비율은 단지 7%에 불과하다고 밝힌 바 있다. 해커들이 개인 정보 보호 중요성 인식이 취약한 이유는, 스스로 해커 윤리를 준수하고 있다는 확고한 신념을 지니고 있는 해커들조차, 해킹 공격이 피해자들에게 미치는 영향을 고려치 않고 있기 때문이다(Lieberman, 2003). 한편 해커들 중에서도 해커 윤리 내용에 동의하지도 않고, 전혀 준수하지 않는 이들도 있다. 또한 해커 윤리에 동의하는 해커들 역시 윤리 기준 모두를 철저히 지키지는 않고 있다. 즉, 해커들 스스로 윤리 강령을 지키지 않는 해커들에 대한 자체적인 처벌 의지 없이는 비윤리적이고 불법적인 해킹 행위를 완전히 통제하기란 어렵다고 볼 수밖에 없다.

> **Activity 2-4** 해커 윤리와 사례 연구
>
> 사례 연구에서 예로 제시된 해커들에 대해 이들이 레비(Levy)와 미즈라(Mizrach)가 작성한 해커 윤리 원칙을 지키고 있는지에 대해 토론해 보자. 각종 문헌 및 인터넷 검색 자료들을 토대로 여러분의 결론을 증명할 수 있는 근거를 찾아보고 어떠한 윤리 원칙이 있어야 해커 활동을 정당화시킬 수 있는지 고민해 보자.

마크 로저스(Marc Rogers; Fötinger & Ziegler, 2004에서 인용)에 따르면 해커들은 해킹 활동을 일종의 사회적 서비스로 포장시키는 경향이 있어, 자신

들의 해킹 행위로 인한 부정적 결과를 합리화시키는 경향이 있다고 한다. 포스트(Post; Fötinger & Ziegler, 2004에서 인용) 역시 해커들의 윤리 의식은 상황에 따라 그때그때 다르며, 대부분의 시간을 컴퓨터 앞에서 보내는 생활 특성상 인적 교류가 많지 않아 해킹 행위가 미치는 심각성을 쉽게 망각하고, 과소평가하는 경향이 있다고 한다. 영 등(Young et al., 2007) 또한 해커들이 자신의 해킹 행위의 책임을 회피하는 도덕적 해이 수준이 매우 높으며 오히려 피해자를 비난하는 경향이 있어 해킹에 의해 초래된 부정적 결과들을 합리화시키는 경향이 높다고 지적하고 있다.

그렇다면 과연 윤리적 해킹은 가능한 것인가? 리처드 스피넬로(Richard Spinello, 2000)에 의하면 해커들은 해킹 행위의 목적이 개인적인 즐거움과 재미를 위함이지 누군가에게 피해를 주기 위함이 아니라고 변명하고 있으며, 개인 정보 해킹(신용카드 번호 열람, 유출 등)과 같은 명백한 비윤리적 행위에 대해서도 고의적 절취 의도가 없는, 단지 열람만 할 의도였을 뿐이었다고 주장하고 있다고 한다. 하지만 절취 의도가 없다 해도 시스템 관리자 승인 없이 시스템에 침입한 행위는 명백한 비윤리적 행위에 해당된다. 스피넬로(Spinello)는 자신의 저서에 '현실 세계이든 가상 세계이든 자신들이 소유한 공간이 아니면 침범하지 말아야 한다(p. 179)'고 적시하며, 설령 타인의 개인 정보를 단지 '열람'만 한 경우라 할지라도 이는 분명 비윤리적 행위에 해당된다고 해커들을 비판하고 있다.

일례로 가택 불법 침입 행위와 해킹 행위를 비교해 보면 해커들이 얼마나 불합리한 논리를 펼치고 있는지 쉽게 이해할 수 있다. 예를 들어, 백악관에 침입한 외부인이 경비원들과 보안 장치에 걸리지 않고 기밀문서에 접근해 열람만 하고 훔치지는 않았다 해도 이는 분명 비도덕적이며 비윤리적 행위로서 백악관 측에서는 용의자를 색출하려 들 것이다. 개인 소유 주택도 마찬가지이다. 도난품이 없다고 해도 누군가 불법 침입을 감행했다면 이는 분명 개인의 사적 권리를 침해한 불법 침입 행위이다. 불법 침입자가 체포된 후에 집주인에게 보안상 허점을 알려 주기 위함이었다고 변명한다 해도 집주인이 침입자를 용서할 리는 만무하다. 또한 백악관에 침입한 전력이 있는 자를 보안 요원으로 고용할 가능성도 없다. 하지만 해커들은 시스템 보안 취약점을 점검하기 위해 타인 소유 시스템에 침투하는 해킹 행위는 비윤리적인 행위로 볼 수 없으며, 오히려 피해자들이 자신들의 노력에 대한 대가로 경제적 보상을 해 주거나 보안 담당자로 자신들을 채용시켜야 한다는 궤변을 늘어놓고 있다. 이는 케빈 미트닉(Kevin Mitnick)과 같은 전직 해커들이 IT 보안 기업 등에 채용되는 경우가 많기 때문인 것 같다.

이와 비슷한 예로 키에사 등(Chiesa et al., 2009)은 소아 성애에 반대하는 윤리적 해커 집단(Ethical Hackers Against Paedophilia: EHAP)을 사례로 들며 그들이 주장하고 있는 윤리적 해킹 행위가 지니는 모순점들에 대해 다음과 같이 설명하고 있다. 소아 성애에 반대하는 윤리적 해커 집단은 합법적이면서도 기발한 해킹 전략을 통해 온라인 소아성애자들과 전쟁을 벌이고 있어 해커 집단의 긍정적 측면을 부각시키고는 있지만 그렇다 할지라도 윤리적인가 여부를 판단하기 위해서는 이들이 펼치는 해킹 활동에 대한 구체적인 평가가 필요하다. 즉, 온라인 소아성애자들이 사이버 공간에서 선량한 아동들을 대상으로 비열한 행위를 저지르고는 있지만 이들을 표적으로 한 해킹 행위 모두를 윤리적으로 볼 수만은 없기 때문이다. 동물 실험 연구소들의 웹 사이트 파괴 공격을 감행한 동물 보호 활동가들의 사례의 경우도 마찬가지로 해킹의 목적이 아무리 윤리적이라 해도 실행 과정에서 비윤리적 행태가 나타났을 경우 비난을 피하기 어렵다.

Summary Box 2-6 해커들의 윤리 원칙

- 대부분의 해커들은 해커 윤리 강령을 지지하며 준수하고 있다는 사실이 다양한 연구들을 통해 밝혀졌다.

- 레비(Levy, 1984)는 해커들 사이에 일종의 윤리 원칙이 있다는 사실을 최초로 제시한 인물이다.
- 미즈라와 타바니(Mizrach & Tavani) 등과 같은 연구자들은 레비(Levy) 이후 해커 윤리의 변화 양상에 대한 연구를 진행하였다.
- 해커 윤리가 긍정적이라 생각할 수도 있지만 실제 이를 준수하는 해커들이 정확히 얼마나 되는지는 불명확하며 해커 윤리 원칙은 논리적 허점이 존재한다.

🛜 대인 관계

대인 관계 행동은 범죄 심리학 분야에서 가장 활발한 연구가 진행되고 있는 주제이지만 해커들의 대인 관계 특성에 대한 연구 결과는 생각보다 많지 않다. 해커들의 사회적 불안 수준 및 회피 특성을 조사한 리버만(Lieberman, 2003; Fötinger & Ziegler, 2004에서 인용)은 해커들이 사회적 기술이 떨어질 것이라는 일반적 대중 인식이 틀린 경우가 많으며, 이성 관계를 포함한 해커들의 전반적 대인 관계 능력은 일반 보통 사람과 큰 차이가 없다고 한다. 이와 유사한 연구를 진행한 우 등(Woo et al., 2004) 역시 대중매체에서 묘사되는 것처럼 해커들이 사회적으로 고립되어 홀로 외롭게 생활하는 사람들이 아니라 이들 역시 활발한 사회 활동을 통해 폭넓은 인적 네트워크를 구성하고 있다는 점을 발견하였다.

리버만(Liberman) 및 우 등(Woo et al.)의 연구 결과와는 대조적으로 케세브로와 본살(Chesebro & Bonsall, 1989)은 해커들은 사회 교류를 회피하는 특성이 있다고 주장한 바 있으며, 터클(Turkle, 1984)에 의하면 이들은 면대면 대인 관계를 컴퓨터 매개 상호작용으로 대체시켜, 컴퓨터를 친구로 여기고 자신의 자아를 컴퓨터를 통해 확장시킨, 즉 일종의 자족적 현실 세계에 의존하는 경향이 높다는 견해를 제시하였다. 또한 터클(Turkle)은 자신의 저서에서 '해커 문화는 일종의 복잡한 사회 현실을 회피하려는 사람들로 구성된 문화적 복합체이며 이들은 스스로 상처받지 않고 절망하지 않기 위해서 대인 관계 속 위험 요소들을 미리 회피하는 특성을 지닌 사람들이다'(p. 216)라고 기술한 바 있다. 해커들을 상대로 실증 연구를 진행한 바 있는 투르게만-골트슈미트(Turgeman-Goldschmidt, 2011)에 따르면 자신이 조사한 해커들은 대부분 20대였으며 이 중 78%가 독신이고 기혼자는 단지 13%에 불과했다고 한다. 위 연구에서 조사한 해커들이 대부분 20대였던 점을 고려할 때 전체 해커들 사이에 미혼 비중은 훨씬 높을 것으로 추정된다.

머피(Murphy, 2004)는 악의적 해커들에 대해서 '자존감이 낮은 외톨이로 타인과 접촉하는 대인 관계 능력보다는 컴퓨터 및 최신 기술과의 상호작용 능력이 뛰어난 자들'(p. 12)로 묘사하고 있다. 하지만 인터넷 공간에서 조직적인 활동을 진행하고 있는 해킹 집단 구성원들의 경우 일반인들과 유사한 이성 관계 및 가족생활을 영위하고 있을 가능성이 높다고 한다(Murphy, 2004). 커완(Kirwan, 2006)은 컴퓨터 활용 능력이 뛰어난 통제 집단과 해커 집단의 비교를 통해 해커 집단의 가족 관계 및 대인 관계 수준이 상대적으로 낮다는 점을 발견하였다. 하지만 '화이트 햇'과 '블랙 햇' 해커 집단 간 대인 관계 수준 차이는 나타나지 않았다(Kirwan, 2006). 이러한 결과는 해커 커뮤니티 게시판에 게시된 글들에 대한 내용 분석 결과에서도 드러나고 있다. 요약하면 해커들은 친밀한 대인 관계를 형성할 능력을 지니고 있지만 '평균적인' 컴퓨터 사용자 대비 대인 관계 형성에 어려움을 경험하고 있을 가능성이 높은 이들이라고 추정해 볼 수 있다. 하지만 '화이트 햇'과 '블랙 햇' 해커를 대상으로 한 사례 연구들에서는 이들이 이성 교제를 통해 애정관계를 발전시키는 능력에는 특별한 문제가 없다고 한다. 해커들의 부모 관계에 대한 연구를 진행한 키에사 등(Chiesa et al., 2009)에 의하면 해커들은 대체적으로 부모 관계에서 문제가 있는 경우가 많은데, 특히 편모슬하에서 성장한 해커들에게서 부모 관계에 문제가 있는 경우가 두드러졌다고 한다. 즉, 해커들의 부모들은 자녀가 컴퓨터에 빠져 지내는 것을 방관했을 가능성이 높으며 일반적인 부모들보다 자녀

양육에 관심을 갖지 않았을 가능성이 높을 것으로 추정된다. 또한 키에사 등(Chiesa et al.)의 연구 결과에서는 해커들은 대체로 친한 친구 없이 외톨이로 생활하는 경우가 많으며 이들이 친구라고 칭하는 이들은 실제 만난 적이 없는 다른 해커들뿐으로 주변인들은 이들이 해커라는 사실조차 모르는 경우가 태반이었다. 이처럼 해커들의 대인 관계에 대한 연구들에서는 해커들의 대인 관계 기술이 일반인들보다 떨어지는 것처럼 보일 수도 있지만 해커들 모두의 사회성이 떨어진다고 일반화시키기는 어렵다.

📶 기타 성격 특성

해킹 동기, 해커 윤리, 대인 관계 능력 이외에도 해커 특성에 대해서는 다양한 연구가 진행되고 있다. 해커들의 공격성과 관련한 연구를 진행한 우(Woo, 2003)는 해커들의 공격성 수준은 자기애적 성향과 밀접한 관계가 있었으며, 특히 민족주의 성향이 강한 해커들의 공격성 수준이 상대적으로 높다는 사실을 발견하였다. 하지만 이와 반대로 플랫(Platt, 1994)은 해커 대회를 개최한 해커들의 성품이 생각보다 온화했으며, 신뢰감을 주는 인상을 지니고 있었다고 기록한 바 있다. 또한 플랫(Platt)은 자신의 저서에서 해커 대회 참석자 중 10대 청소년들은 오히려 동년배들에 비해 덜 위협적이라는 느낌을 받았으며 심지어 일부 참석자들은 '신기할 정도로 순진무구한'(p. 1) 태도를 지니고 있었다고 기술하고 있다. 한편 퓌팅거와 치글러(Fötinger & Ziegler, 2004)에 의하면 해커들은 시간과 관계없이 주어진 과제에 지나치게 집중하는 경향이 있으며 대부분 심야 시간대에 해킹에 몰입하는 습성이 있다고 한다. 워싱턴 D.C.에서 개최된 해킹 콘퍼런스에 참석한 124명의 해커들을 대상으로 의사 결정 및 위험 성향을 조사한 바크먼(Bachmann, 2010)에 따르면 해커들의 인지적 욕구 및 위험 추구 수준은 일반인들보다 높은 편이며 해킹 성공 경험이 많은 해커들일수록 합리적 의사 결정 태도를 지니고 있었다고 한다. 하지만 위험 추구 성향이 높은 해커들의 경우 해킹 공격 시도 빈도는 높으나 성공률은 상대적으로 떨어지는 것으로 나타났다.

Summary Box 2-7 해커들의 대인 관계 능력 및 성격 특성

- 일부 연구에서는 해커들의 대인 관계 능력이 떨어진다고 보고되고 있으나 실증 연구 결과에 의하면 해커들의 대인 관계 능력은 일반인들과 큰 차이는 없지만 통제 집단 (일반 컴퓨터 사용자)에 비해서는 다소 떨어지는 것으로 나타났다.
- 대부분의 해커들은 과제 지향적이며 주로 심야 시간대에 작업에 몰두하는 특성을 지니고 있다. 해커들의 공격성 관련 연구들에서는 공통적인 발견점을 제시하지 못하고 있다.
- 바크먼(Bachmann, 2010)에 따르면 해커들의 사고 스타일은 대체로 합리적인 편이나 일반인들보다 높은 수준의 위험 추구 성향을 지니고 있다고 한다. 이러한 해커들의 성격 특성은 해킹 성공 비율에 영향을 미치는 것으로 나타났다.

해커 집단 vs 단독 해커

대부분의 해커들이 독자적으로 활동하는 것을 선호하는 까닭에 과거에는 해커 집단이 많지 않았지만 최근 들어 아노미너스(Anonymous), 룰즈섹(LulzSec) 등과 같은 해킹 집단들이 언론 및 대중의 관심을 끌고 있다. 이들 해커 집단은 특정 사상에 동조하는 소위 '핵티비즘(Hacktivism)'[11] 성향 해커들로 구성되어 있으며, 주로 온라인 시위, 사이버 시민운동 촉진, 글로

---

11) 정치 · 사회적인 목적을 위해 자신과 노선을 달리하는 정부나 기업 · 단체 등의 인터넷 웹 사이트를 해킹하는 행위(역자 주)

벌 자본 네트워크에 개입, 정보 유통을 방해하는 활동 등을 펼치고 있다(Gunkel, 2005, p. 595).

해커들이 단독 활동을 선호하는 이유는 혼자 활동하는 것이 더욱 안전하다고 느끼기 때문이다(Chiesa et al., 2009). 즉 공동 해킹 활동의 경우 참여하는 해커들이 많아 해킹 행위가 발각될 위험성이 크다고 인식하는 경향이 있다. 하지만 막 해킹에 입문한 초보 해커들의 경우 처음에는 해킹 기술을 배우기 위해 유능한 해커를 멘토로 삼아 공동 작업을 수행하길 원하지만 기술 수준이 어느 정도 높아지면 해킹 정보를 독점하기 위해 홀로 활동하는 것을 더욱 선호한다(Chiesa et al., 2009). 또한 필요시에는 선택적으로 특정 해킹 기술을 보유한 해커들과 협업을 통해 공동 해킹 활동을 수행하기도 한다.

해킹에 이제 막 입문한 청소년 해커들은 언더그라운드 해커 문화에 대한 동경으로 해커 집단에 가입하는 경우가 많다. 집단 구성원과의 유대감 및 소속감 증진은 해커로서의 자아정체감 형성에 큰 영향을 준다고 볼 수 있으며, 해커 조직 가입 후 어느 정도 시간이 흐르면 '집단 안에서 인정받고 있다는 경험을 하게 되고 이는 곧 자신이 해커라는 사실에 만족감을 느끼게 되는 이유로 작용한다'(p. 163)고 볼 수 있다. 해커 집단에 소속됨으로써 얻을 수 있는 가장 큰 이점은 책임감 분산이다. 해킹으로 인한 책임이 분산됨으로써 단독 활동을 벌일 때보다는 더욱 안전하다는 느낌이 들 수밖에 없다. 해커 개인의 해킹 기술 능력이 해커 집단에 합류하기 위한 필수 조건은 아니지만 해커 집단 조직원 자격 유지를 위해서는 일정 기간 이상의 활동 경력이 요구된다(Chiesa et al., 2009).

Summary Box 2-8 해커 집단 VS 단독 해커

• 일부 해커들은 독자적인 해킹 활동을 선호한다. 단독 활동을 선호하는 이유 중 하나로는 스스로 안전하다고 여기는 느낌이 강화되기 때문이다. 하지만 필요시에는 공동

해킹 활동을 벌이는 경우도 있다.
- 해킹 입문 초기 단계에서는 경험 많은 노력한 멘토 해커를 구하는 경향이 있지만 어느 정도 경험이 쌓인 후에는 단독 활동을 더욱 선호하는 경향이 있다.
- 해커 집단은 구성원들에게 책임감 분산, 소속감, 정체성 발달 등과 같은 심리적인 지원을 제공한다고 볼 수 있다.

📶 처벌

　미국에서는 해킹 혐의자들에 대해 벌금형에서 최고 10년 형을 구형하고 있으며, 때에 따라서는 벌금형과 교도소 수감 등 두 가지 처벌을 모두 구형하고 있다. 재범자들의 경우에는 투옥 기간을 최대 20년까지 연장시킬 수 있다(Brenner, 2006). 또한, 대다수의 미국 주정부에서는 '단순 해킹(권한 없이 타인의 컴퓨터에 접속하는 행위)'은 경범죄로 '가중 해킹(불법 접속 후 또 다른 범죄 행위를 저지른 경우)'은 중범죄로 처벌하고 있다(Brenner, 2006, p. 84). 하지만 미국 내에서도 단순 해킹과 가중 해킹을 구분하지 않고 단일 처벌 조항을 적용시키는 주도 있으며, 하와이 주정부처럼 해킹 범죄자들에 대한 처벌 기준을 5단계로 분류하고 있는 경우도 있다.

　법률 관계자들 대다수는 '사이버 공간에서 불법 침입 혐의로 유죄 선고를 받은 피의자 처벌 규정을 더욱 구체화시키는 법률 입법'(p. 206)과 기존 오프라인 범죄 중 시스템 불법 침입 행위 및 시스템 파손 행위들과 상응하는 유사 법률 조항을 토대로 양형 기준을 구체화시키는 계획을 지지하고 있다(Tavani, 2011). 가령 출입문 자물쇠를 따긴 했지만 침입하지 않은 범죄자들은 침입은 했으나 물건을 훔치지 않은 범죄자들보다 경미한 처벌을 받을 것이며 아무것도 훔치지 않고 단지 침입만 했을 경우 절도 행각을 벌인 범죄자들보다는 경미한 처벌을 받는 경우를 예로 들 수 있다.

　해킹 범죄자들에게 대한 처벌 방식 또한 다양한데, 법정형을 선고받게 되면 대부분 교도소에 수감되고, 일부의 경우 벌금형에 처해지기도 한다. 게리 매키넌(Gary Mckinnon) 해커 사건처럼 국가 간 범죄인 인도가 이루어지는 경우도 있고, 컴퓨터 및 인터넷 사용 금지 명령이 내려지는 경우도 있다. 하지만 최근까지 어떤 처벌 방식이 해킹 억제를 위해 가장 효과적인 방안인지는 명확하지 않다. 라스베이거스에서 개최된 데프콘(DefCon) 해커 콘퍼런스 참석자들을 대상으로 면접 조사를 진행한 영 등(Young et al., 2007)에 의하면 콘퍼런스에 참석한 해커들 대부분은 체포될 경우 중범죄로 처벌받을 수 있다는 인식은 있었지만 그렇다고 해서 해킹 활동을 멈출 의향은 없었다고 한다. 처벌받을 수 있다는 인식이 강한 이유는 아마도 해킹 범죄의 심각성에 대한 미국 정보의 지속적 커뮤니케이션 활동이 영향을 미친 것으로 추정된다. 하지만 해커들은 여전히 검거된다 해도 법적 처벌을 받을 가능성은 희박하다고 생각하는 경향이 있는데, 이러한 인식은 법률적 처벌의 효과성 측면에서 볼 때 매우 중요한 의미가 있다. 즉 해킹 행위로 처벌될 가능성이 낮다고 인식된다면 처벌 효과는 저하될 것이고(Von Hirsch et al., 1999), 반대로 처벌 가능성 인식이 팽배할수록 범죄 억제 효과는 증가할 것이다(Killias et al., 2009). 영 등(Young et al., 2007)이 지적한 바처럼 해커들은 해킹 활동으로 인한 잠재적 손실 가능성보다는 이익 가능성을 더욱 크게 지각하고 있어 해킹 활동의 효용 가치가 실제보다 더욱 크다고 지각하는 경향이 있다. 따라서 해커들의 이러한 사고가 변화되기 이전에는 불법 해킹 행동이 감소될 가능성은 낮다고 볼 수밖에 없다.

Summary Box 2-9 처벌

• 해커들에게는 벌금형, 구금/투옥, 범죄인 인도, 컴퓨터 접근 제한 등 다양한 처벌 형태가 적용되고 있다.
• 해커들은 해킹 행위에 대한 처벌의 심각성을 인지하고는 있지만 처벌이 해킹 억제를

위한 효과적 수단은 아닌 것으로 보인다. 해커들은 해킹 행위로 인한 처벌 가능성을 낮다고 보고 있으며 해킹을 통해 얻는 이익을 손실보다 크게 지각하는 경향이 있다.

대책

해킹이 명백한 불법 행위라는 인식을 강화시키기 위해서는 성장기 가정교육이 무엇보다 중요하다. 즉 아이들이 지닐 수 있는 해커들에 대한 막연한 동경을 사전에 차단시키는 것이야말로 가장 효과적인 해킹 범죄 억제책으로 볼 수 있다(Rennie & Shore, 2007). 또한 사이버 범죄를 담당하는 형사사법 기관들에서는 법률적 측면에서 해킹 행위의 허용 기준을 명확히 해야 할 것이며 해킹 용의자들의 해킹 증후를 사전에 포착할 수 있는 첨단 수사 기법을 동원, 잠재적 해킹 용의자들을 대상으로 공식적인 경고 조치를 취할 수 있어야 한다. 이와 함께 인터넷에 공개적으로 배포된 해킹 도구들에 대한 접근을 차단시킴으로써 스크립트 키디(script-kiddie)들처럼 처음으로 해킹을 시도하는 사람들에게 해킹 행위 자체가 기술적으로 어렵다는 인식을 줄 필요가 있으며, 상습 해커들의 몰입 경험을 억제하기 위한 대책 또한 필요하다. 기술적으로는 해커들이 사용하는 해킹 도구를 무력화시키는 첨단 보안 기술을 적용시킬 필요가 있다. 기술적 보안 조치 또한 해킹 성공 경험을 통해 해커들이 체감할 수 있는 몰입 경험을 차단하는 데 효과적일 수 있다(Rennie & Shore, 2007).

시스템 측면에서는 암호화, 방화벽 소프트웨어 설치 등 기술적 보안 강화 방법과 함께 사용자들의 보안 의식을 강화하는 교육 프로그램 개발이 필요하다. 사회 공학적 수법을 사용하는 해킹의 경우 기술적 보안 강화 노력만으로는 공격 위험에 완벽히 대처하기 어렵기 때문에 사용자들 스스로가 정보 보호에 주의를 기울여야 할 것이다. 항상 자리를 비울 때는 반드시 컴퓨터를 로그아웃시키고 보안 정보가 보관된 컴퓨터는 잠금 상태를 유지하는 비교적 간단한 보호 행동과 더불어 보안 비밀번호 설정 요령에 대한 교육만으로도 해킹 공격에 대비할 수 있다.

Activity 2-5 사회 공학적 해킹 공격 대비 방안

직원들을 대상으로 사회 공학적 방식이 적용된 해킹 피해 위험성을 교육시키는 기관 담당자들의 질문에 답변하는 상황이라고 가정하고 컴퓨터 사용 지침 등을 포함한 해킹 예방 교육 계획을 수립해 보자.

Summary Box 2-10 대책

- 해킹 피해 예방을 위해서는 다양한 방법들이 함께 사용되어야 한다.
- 잠재적으로 해커가 될 가능성이 높은 청소년들을 선별하고 이들에 대한 적극적인 개입 전략을 수립할 필요가 있다.
- 해킹 도구들에 대한 접근 가능성을 최소화시켜야 한다.
- 기관 및 개인 컴퓨터 사용자들을 대상으로 시스템 보호를 위한 체계적 교육이 필요하며 교육 내용에는 보안 방화벽 강화 등과 기술적 방법과 사회 공학적 해킹에 대비할 수 있는 방법 등이 반드시 포함되어야 한다.

결론

해커는 학자들과 일반 대중 모두의 상상력을 자극시키는 신비한 존재들이다. 하지만 현재까지도 실증적으로 해커와 해킹 행위를 분석한 결과는 많지 않다. 지금까지 발표된 해커 연구 결과들조차도 상호 모순되는 부분

이 많아 일반적인 해커 특성 및 경향에 대해 전체적인 윤곽조차 잡기 어려운 실정이다. 실증 연구를 수행하기 어려운 이유는 연구 대상 선정 및 모집 자체가 어렵고, 연구가 이루어진다 해도 결과를 해커 전체 집단의 특성으로 일반화시키기 힘들기 때문이다. 카베이(Kabay, 1998)에 따르면 해커들을 주제로 하는 대중 서적들은 쉽게 구할 수 있지만 이들 서적에 묘사된 해커들의 특성을 해커 집단 전체의 특성이라고 생각하기에는 무리가 있다고 한다. 연구가 어려운 또 다른 이유로는 설문 조사 및 인터뷰를 위해 해커 커뮤니티에서 활발히 활동 중인 해커들을 모집하기 매우 어렵다는 점이다. 해킹 예방을 위해서는 공격 대상이 될 가능성이 높은 대규모 기업 및 기관들에서는 해킹 피해 방지를 위해 보안 대책을 강화하는 것이 무엇보다도 중요하다. 관련 연구들에서 해커들의 심리 특성에 대해 설명하고 있지만 일관적인 특성을 제시하지 못하고 연구 결과의 편차가 크기 때문에 후속 연구를 통한 실증적 검증 과정이 반드시 필요하다고 판단된다.

연구문제

1 해커들은 자신들의 목적 달성을 위해 다양한 해킹 방법 및 기술을 활용하고 있다. 해커들의 동기와 해킹 기술 능력에 따른 기법들에는 어떤 것들이 있는지 기술해 보자.

2 해커 연구자들 및 해커들 간에도 사용하는 해킹 용어가 상이하다. 가장 공통적으로 사용되고 있는 해킹 용어 명명법 및 분류 형태를 구분하고 개별 용어 및 분류 형태가 적합한지 평가해 보자.

3 해커들은 다양한 해킹 동기를 지니고 있으며 일관적인 동기 패턴은 발견하기 어렵다. 해킹 동기에 대한 실증적, 이론적 연구 결과들을 검토한 후 비판적으로 평가해 보자.

4 많은 해커들이 해커 윤리 원칙을 지키고 있다고 한다. 실제 해커들의 활동 사례를 바탕으로 지금까지 제시된 다양한 해커 윤리 원칙들을 찾아보고, 이러한 원칙을 해커들이 준수하고 있는지 확인해 보자.

5 해커들은 대인 관계 능력이 떨어진다. 이 점에 대해 토론해 보자.

참고문헌

문헌 및 논문

해커 프로파일링 프로젝트(The Hacker Profiling Project: HPP)는 ISECOM(Institute for Security and Open Methodologies)에서 진행하는 프로젝트이다. www.isecom.org/projects/hpp.shtml. ISECOM에서 발간한 서적들에는 해커 프로파일링 프로젝트 수행 초기 연구 결과들이 수록되어 있다.

Chiesa, R., Ducci, S. and Ciappi, S. (2009). *Profiling Hackers: the science of Criminal Profiling as Applied to the world of Hacking*. Boca Raton, FL: Auerbach Publications.

해커들의 심리 특성을 주제로 한 논문 및 저서들에서는 해커들에 대한 심리학적 프로파일링 기법의 수사 실무적 활용 방안을 제시하고 있다. 다음에 제시한 논문과 도서를 참조하라.

Donato, L, (2009). An introduction to how criminal profiling could be used as a support for computer hacking investigations. *Journal of Digital Forensic Practice*, 2, 183-95.

Furnell, S. (2010). Hackers, viruses and malicious software. In Yvonne Jewkes and Majid Yar (eds.) *Handbook of Internet Crime*. Cullompton, UK: Willan Publishing (pp. 173-93).

Young, R., Zhang, L,. and Prybutok, V. R. (2007). Hacking into the minds of hackers. *Information System Management*, 24, 281-287.

웹 사이트

컴퓨터 보안 연구소들에서는 기업에서 발생한 컴퓨터 범죄 발생률이 포함된 정기 보고서를 발간하고 있다. http://gocsi.com/survey에서 무료 다운로드 가능하다.

크리스토퍼 해드나기(Christopher Hadnagy)는 www.social-engineer.org의 개발 책임자이다. 이 웹 사이트에서는 사회 공학적 해킹 방법 및 주요 기법들에 대한 구체적인 정보를 제공하고 있다.

허니넷 프로젝트 웹 사이트(www.honeynet.org)에서는 해커들의 침입을 유도하는 허니스팟(honeyspot)을 통해 온라인 보안 강화 연구에 필요한 중요 정보들을 제공하고 있다.

제3장

악성
코드

제3장
악성
코드

'쿠키 몬스터(Cookie monster)'는 초기 형태의 컴퓨터 바이러스 프로
그램이다. 시스템에 치명적인 손상을 가하진 않지만 일단 프로그램이
설치되고 나면 사용자 PC에 반복적으로 '쿠키(cookie)'라는 단어를 입력하라는 창이
떠서 컴퓨터 작업을 방해한다. 사용자가 '쿠키(cookie)'를 입력하면, 메시지가 사라지
고 다시 입력하라는 메시지가 뜬다. '쿠키 몬스터(cookie monster)' 바이러스는 사
용자 입장에서 짜증은 나지만, 바이러스 확산 속도가 느리고 시스템 내부 정보를 유
출시키거나, 심각한 손상을 가하지는 않는 비교적 덜 위험한 컴퓨터 바이러스이다.

　최근 들어 컴퓨터 바이러스로 인한 문제는 심각해지고 있다. 2010년 6월에 최초로
감지된 스턱스넷 웜(stuxnet worm)[1]은 시스템에 중대한 손상을 일으킬 수 있는 악성
코드로 2010년 6월, 이란 핵발전소 시스템을 감염시킨 것으로 밝혀졌다(BBC 온라인
뉴스, 2010). 스턱스넷 웜(stuxnet worm)은 용수, 석유 굴착 장치, 발전소 등과 같은 중
요 사회 기반 시설 시스템들을 공격 대상으로 개발된 최초의 바이러스 프로그램이다.

---

1)　바이러스 코드 안에 스턱스넷(stuxnet)으로 시작하는 이름의 파일이 많아 붙여진 명칭. 2010년 6월 벨라루
스에서 처음 발견됨. 정확한 바이러스 작동 원리는 밝혀지지 않았지만, 스스로 비밀 서버에 접속해 업데이
트 하는 방식으로 작동하는 정교하게 제작된 컴퓨터 바이러스로 추정됨. 시스템 접근 권한이 있는 내부인이
바이러스에 감염된 휴대용 USB 저장장치를 기관 컴퓨터에 연결시킴으로써 바이러스에 감염됨. 전체 바이
러스 감염 사례의 60%가 이란에 집중되어 있으며, 이란 핵시설을 마비시키기 위해 미국이나 이스라엘이
퍼뜨린 사이버 무기로 추정됨(역자 주)

인터넷을 통해 확산되는 것이 아니라 USB와 같은 휴대용 저장 장치를 통해 윈도우를 감염시키기 때문에 보안상의 이유로 인터넷 접속이 차단된 시스템들이 주된 표적이다. 일단 감염되면 모터, 냉각 장치 등의 산업 장비 제어 소프트웨어를 재프로그래밍시켜서 산업 장비 구동을 중단시키거나 임의로 통제할 수 있다.

개관

컴퓨터 사용자라면 '악성코드(malware)', '악성 소프트웨어(malicious software)'라는 용어를 한 번쯤 들어본 적이 있을 것이다. 컴퓨터 바이러스가 최초로 출현한 지 약 30년이 지나면서 IT 기술은 급속한 발전을 이루었다. 기술이 발전함에 따라 악성코드 역시 급속도로 발전되었다. 이 장에서는 악성코드의 개념 및 최근 유행하는 악성코드 유형들에 대해 소개하고 개발 및 공격 방식에 대한 내용들을 설명하고 있다. 관련 연구 결과들을 통해 악성코드 개발자 및 배포자들의 행동 동기, 프로파일, 성격 특성들과 함께 예방 및 억제 방안 등이 제시되어 있다.

개념 정의, 발생률

악성코드를 정확히 이해하기 위해서는 악성코드의 개념 및 '페이로드(payload)'와 '인 더 와일드(in the wild)'와 같은 악성코드 작동 및 배포와 관련된 용어들을 숙지할 필요가 있다.

에드거-네빌과 스티븐스(Edgar-Nevill & Stephens, 2008)는 악성코드를 '악의적 의도로 개발된 소프트웨어(p. 91)'로 정의하고 있다. 악성코드란

'악성 소프트웨어(malicious software)'를 합성한 신조어로 특정 컴퓨터에서 다른 컴퓨터로 전파되어, 컴퓨터를 감염시킨 후 컴퓨터 작동에 개입하는 소프트웨어를 뜻한다. 한편 크래머와 브래드필드(Kramer & Bradfield, 2010)는 악성코드가 일반인들에게는 '다른 소프트웨어에 유해한 공격을 가하는 소프트웨어로 악성코드에 공격당한 소프트웨어들은 실제 사용자 의도와 다르게 작동하는 것'(p. 105)으로 인식되고 있지만 이는 악성코드의 정확한 개념으로 보기 적합하지 않다고 지적하고 있다. 이에 덧붙여 크래머(Kramer)는 악성코드의 개념을 정확히 정의하기 위해서는 '소프트웨어 시스템 정확성(software system correctness)' 개념을 고려해야 한다고 주장한 바 있다.

악성코드 실행 및 배포와 관련된 용어들을 살펴보면 '인 더 와일드(in the wild)'의 경우 악성코드가 네트워크에 확산된 상태를 의미한다. 물론 악성코드 개발자들이 테스트를 위해 '개념 검증(proof of concept)[2]'용 악성코드를 소규모 네트워크나 특정 컴퓨터에 제한적으로 유포시키는 경우도 있지만 '인 더 와일드'란 통칭 악성코드가 누군가에 의해 고의적으로 유포, 확산된 상황을 의미한다.

'페이로드(payload)'의 경우 악성코드가 실제 작동하는 상태를 뜻하는 것으로 '쿠키 몬스터(cookie monster)'를 예로 들어 설명하면 '페이로드(payload)' 상태에서 피해자 컴퓨터에 설치된 악성코드가 사용자에게 반복적으로 '쿠키(cookie)'라는 단어를 입력하도록 요청해서 컴퓨터 작업을 방해하는 상황을 말한다. 또 다른 예로 스틱스넷 웜(Stuxnet worm)이 페이로드(payload)된 상태란 바이러스 유포자가 표적으로 하는 산업 기반 시설 내 시스템에 원격 접속이 가능하도록 악성코드가 구동되고 있는 상태라

---

2) 특정 제품, 기술, 정보 시스템 등이 개발 과정에서 목적한 문제를 해결할 수 있는지 여부를 증명하는 과정. 아직 시장에 출시되지 않는 신제품, 기술, 소프트웨어에 대한 사전 검증 시 사용되는 절차(역자 주)

고 생각하면 된다. 퍼넬(Furnell, 2010, p. 189)은 악성코드 유포자의 동기에 따라 페이로드(payload) 유형을 다음과 같이 3가지로 구분하였다.

- 손상, 파괴(파일 삭제, 오류 등)
- 정보 획득(정보를 빼내기 위해 표적 컴퓨터 키보드 키입력 움직임을 탐지하거나 컴퓨터 내부 파일을 복사하는 것 등)
- 시스템 장악(고의적으로 다른 사람들의 컴퓨터들을 좀비 PC로 만들어 원격 통제할 수 있는 분산형 네트워크 구축 등)

📶 발생률

악성코드가 최초로 출현한 이래 많은 시간이 흘렀지만 악성코드로 인한 문제는 더욱 심각해지고 있다. 보안 소프트웨어 업체인 시만텍(Symantec)사에 의하면 2010년 한 해 동안 약 286만 개의 변형 악성코드에 의한 공격이 3억 회 이상 발생한 바 있는데(2011a), 이는 2009년 대비 웹 기반 공격 빈도가 93% 증가했으며 이 중 42%가 모바일 기기의 보안상 허점을 노린 표적 공격으로 추정되고 있다.

Activity 3-1 악성코드 발생률-지역적 발생 특성

맥아피(McAfee)사의 글로벌 바이러스 지도(http://home.mcafee.com/VirusInfo/VirusMap.aspx)를 보면 전 세계 지역별 악성코드 공격 발생률을 확인할 수 있다. 바이러스 공격률이 가장 높은 지역은 어디이며, 가장 낮은 지역은 어디인지 확인하고 국가, 지역별로 악성코드 감염 비율 차이가 나타나는 이유는 무엇인지 논의해 보자.

컴퓨터 보안 협회(Computer Security Institute: CSI)의 2010/2011 조사 결과에 따르면 악성코드 피해 위험성은 지속적으로 증가하고 있다(CSI, 2011). 조사 대상 기업의 67.1%가 악성코드 감염 피해를 당한 적이 있으며 서비스 거부(DoS), 비밀번호 스니핑(sniffing) 등의 해킹 공격과 비교해서 악성코드에 의한 피해 사례가 더욱 많은 것으로 나타났다. 한편 맥아피(McAfee)사와 국립 사이버 보안 연합(National Cyber Security Alliance)(McAfee–NCSA, 2007)가 공동으로 실시한 조사 결과에서도 악성코드 관련 피해가 기관뿐 아니라 개인 컴퓨터 사용자들에게도 심각한 문제로 부각되고 있다는 사실이 확인되었다. 조사에 참여한 개인 컴퓨터 사용자 중 50% 이상이 과거 1회 이상 컴퓨터 바이러스에 감염된 적이 있다고 응답하였으며, 44%는 조사 시점에도 자신의 컴퓨터가 스파이웨어(spyware)에 감염된 상태라고 응답하였다.

Summary Box 3-1 악성코드 정의, 발생률

- '악성코드(malware)'는 '악성 소프트웨어(malicious software)'에서 유래된 용어이다.
- 악성코드는 전염되며, 감염된 컴퓨터의 작동을 방해한다.
- '개념 검증(proof of concept)'이란 특정 프로그램이 개발 목적에 적합하게, 정상적으로 작동하는지 확인하기 위한 프로그램 검증 절차이다.
- '인 더 와일드(in the wild)'는 악성코드가 유포, 확산된 상태이다.
- '페이로드(payload)'는 악성코드가 실제로 작동되고 있는 상태이다.
- 퍼넬(Furnell, 2010)은 '페이로드(payload)'의 목적을 손상과 파괴, 정보 빼내기, 시스템 장악으로 구분하였다.
- 매년 악성코드 피해를 당한 기관 및 일반인들이 증가하고 있다.
- 악성코드에 의해 야기된 피해 사례는 지속적으로 증가하고 있다. 상당수의 기관 및 가정용 컴퓨터 사용자들이 매년 악성코드에 감염 피해를 경험한 바 있으며 변형된 신종 악성코드 또한 지속적으로 출현하고 있다.

📶 악성코드 유형

　대부분의 사람들은 악성코드하면 컴퓨터 바이러스를 떠올리기 마련이다. 물론 악성코드 중 바이러스가 사람들에게 가장 널리 알려져 있지만 이외에도 웜(wroms), 트로이 목마(Trojan horses), 스파이웨어(spyware), 키로거(keyloggers), 로직밤(logic bombs), 루트킷(rootkits) 및 이메일, 인터넷 메신저 등을 통해 허위 메시지를 전파하는 바이러스 혹스(virus hoaxes)[3] 역시 악성코드에 해당된다. 이처럼 악성코드라 해도 작동 방식 등에 따라 조금씩 차이가 있다. <표 3-1>에는 악성코드 유형별 개념이 정리되어 있다. 개별적으로 실행되는 악성코드도 있지만 동시에 유포되어 시스템을 감염시키는 경우도 있다(Edgar-Nevill & Stephens, 2009). 하지만 일반인들은 이러한 악성코드들이 어떠한 차이가 있는지 잘 모를 수 있다. 보치(Bocij, 2006, p. 33)에 의하면 대부분의 인터넷 이용자들이 바이러스, 웜 등 악성코드 유형별 차이를 구체적으로 인지하지 못하고 있으며 실제 피해 경험이 있는 사람들 또한 악성코드 세부 유형별로 큰 차이가 없다고 인식하는 경향이 있다고 한다.

<표 3-1> 악성코드 형태

형태	정의
바이러스(Virus)	악성코드가 실행, 확산되기 위해서는 사용자의 인위적인 조작이 필요한 자가 복제 프로그램
웜(Worm)	사용자의 별도 조작이나 인위적 행위 없이 자동으로 실행되며 네트워크 내에서 이동 시 별도 파일이 필요치 않은 자가 복제 프로그램

---

3) 이메일, 인터넷 메신저, 문자메시지 등의 통신수단에 거짓 정보 또는 유언비어, 괴담 등을 실어 마치 사실인 것처럼 사용자를 속이는 가짜 바이러스 의미. 혹스(hoax)는 '장난삼아 속이다, 감쪽같이 속이다, 골탕 먹이다'는 뜻(역자 주)

스파이웨어(Spyware)	해당 컴퓨터 사용자 정보를 수집해서 제3자에게 전송하는 악성코드
트로이 목마(Trojans)	표면적으로는 유용한 소프트웨어로 착각할 수도 있으며 시스템에 특별한 피해를 가하지 않는다고 여겨질 수 있음. 하지만 일단 설치된 후에는 시스템에 심각한 손상을 가하며 제3자에 의한 원격 통제가 가능해짐
로직밤(Logic bombs)	감염된 시스템의 기능 및 조건들을 체크해서 사전 프로그래밍된 명령을 실행시키는 소프트웨어
루트킷(Rootkits)	설치된 악성코드를 숨기기 위해 시스템 관리 영역을 변경시킴
혹스(Hoaxes)	허위로 바이러스 위험 경고를 유포함으로써 사람들이 진짜 바이러스를 다운받게 하거나 실수로 시스템 필수 파일을 삭제하게 유도함

Activity 3-2　악성코드 형태

악성코드 공격을 당한 경험이 있는가? 있다면 어떤 종류의 악성코드에 감염되었었는가? 컴퓨터 백신 제조사(McAfee, Symantec, Sophos 등) 웹 사이트 정보들을 참조해서 <표 3-1>에 제시된 악성코드 중 요즘 유행하는 것은 어떤 것들인지 알아보자.

컴퓨터 바이러스는 질병을 유발시키는 생물학적 바이러스 병균과 유사하다. 생물체에도 바이러스를 전파시키기 위해서는 숙주가 필요한 것처럼 컴퓨터 바이러스 역시 숙주 역할을 하는 감염 파일이 필요하다. 특히 컴퓨터 바이러스는 확산되기 위해 사람들의 인위적 행동이 필요한 악성코드다. 즉 바이러스 감염 파일을 컴퓨터에 내려 받아 클릭하게 되면 컴퓨터가 바이러스에 감염될 수 있다. 따라서 사용자들의 특별한 행위가 없어도 네트워크를 통해 자동으로 확산, 실행되는 악성코드와 컴퓨터 바이러스와는 다르다.

웜(worm)의 경우, 웜 바이러스가 포함된 파일, 즉 감염된 숙주 파일이 없어도 자가 복제되고 전파되는 특징이 있다. 이와 같은 자가 복제와 자동 유포 기능으로 인해 웜 바이러스는 확산 속도가 매우 빠른 악성코드로 분류되고 있다. 2001년 마이크로소프트사의 NT 4.0 운영 체제에 급속도로 확산되었던 '코드 레드 웜(Code Red Worm)' 바이러스 유포 사례에서도 시스템 사용자의 인위적 행동 없이 컴퓨터 내에서 자동 실행되었기 때문에 일반적인 컴퓨터 바이러스보다 훨씬 확산 속도가 빨랐다(Tavani, 2011, p. 177). 코드 레드 웜 바이러스의 경우 매월 18일 보안이 취약한 특정 시스템을 자동으로 감염시킨 후 다음날 다른 컴퓨터로 이동 후 월말까지 잠복하도록 설계되었다.

스파이웨어(spyware)는 감염된 컴퓨터 사용자 정보를 수집한 후 배포자에게 전송하도록 고안된 악성코드다. 전송되는 정보들은 주로 패스워드, 은행 계좌, 인터넷 사용 기록 등이며 수집된 정보들이 공개적으로 유포될 수 있어 불법적인 목적으로 악용될 가능성이 매우 높다. 스파이웨어는 개인 혹은 특정 기관이 보유한 보안 정보를 수집, 유포시킬 목적으로 개발되어 해당 보안 정보들을 취득한 사람들이 범죄 목적으로 활용할 수 있다(Furnell, 2010). 스파이웨어가 설치된 컴퓨터들은 실행 속도가 매우 느려진다(Thompson, 2005). 키로거(keyloggers) 스파이웨어의 경우 컴퓨터 사용자의 키보드 움직임을 감지한 후 사용자 ID, 비밀번호, 보안 문서, 이메일 정보 등을 유출시키는 기능을 지니고 있다.

트로이 목마(Trojan horses) 악성코드의 명칭은 트로이 전쟁에 사용되었던 트로이 목마에서 유래되었다. 그리스 군사들이 트로이군을 속이기 위해 거대한 목마 안에 군사들을 매복시켰던 것처럼 트로이 목마 악성코드 역시 유용한 프로그램이라고 생각한 이용자들이 특별한 거부감 없이 내려 받은 후 PC에 설치하는 경우가 많다. 일단 설치된 후에는 시스템에 심각한 손상을 가함과 동시에 악성코드 배포자가 감염 컴퓨터를 마음대로 통제할 수 있게 된다. 스파이웨어 기능이 탑재한 트로이 목마 악성코드의 경우 사용자들이 스파이웨어 소프트웨어를 발견하기 매우 어렵기 때문에 악성코드 배포자들의 선호도가 가장 높다.

로직밤(Logic bomb)은 표적 시스템 내 소프트웨어에 숨어 있다가 특정 논리 조건이 만족되었을 때 폭탄처럼 터져 특정 자료나 소프트웨어를 파괴시키는 기능을 지니고 있다(Tavani, 2011). 로직밤(logic bomb)이 작동되면, 탑재된 악성코드가 실행되는 원리이다. 한편 루트킷(rootkit) 악성코드의 경우 특정 컴퓨터에 이미 설치된 악성코드를 사용자가 알아차리지 못하게 감추기 위한 목적으로 고안된 것으로 시스템 프로세스 관리 기능의 일부를 조작하는 기능을 지니고 있다. 즉 루트킷(rootkit)의 경우 '표적 컴퓨터 내부에 설치된 특정 파일들과 시스템 세부 정부를 감출 목적으로 사용되고 있다'(Stephens, 2008, p. 127). 루트킷(rootkit) 기능이 탑재된 악성코드에 감염되게 되면 백신 소프트웨어로 시스템 상태를 점검하더라도 악성코드가 설치되었는지 여부가 확인되지 않는다.

악성코드 실행 프로그램은 아니지만 바이러스 혹스(virus hoaxes) 역시 시스템 필수 파일들을 바이러스처럼 보이게 속여서 사용자들이 해당 파일을 삭제하게 만드는 악성코드다. 최초의 바이러스 혹스(virus hoaxes)는 1994년 유포된 '굿 타임스(Good Times)'다. '굿 타임스'는 시스템

[그림 3-1] 트로이 목마(Trojan horses) 는 다양한 악성코드 중 하나이다.

필수 파일들에 대해 하드 드라이브를 손상시키는 바이러스에 감염되었다는 허위 경고 메시지를 띄워 사용자가 이 경고 메시지를 주변인들에게 전달하도록 유도하는 기능을 지니고 있다. '굿 타임스(Good Times)' 역시 실제 바이러스를 탑재한 응용 소프트웨어는 아니지만 바이러스 감염 피해

를 우려한 사람들 사이에 급속도로 확산되어 불필요한 컴퓨터 자원 낭비와 사용자들의 시간 및 노력을 허비하게 만들었다. 최근 들어서는 더욱 정교한 형태의 혹스 바이러스가 유포되고 있는데 감염된 컴퓨터들에서는 미끼 팝업창을 띄워 사용자 PC에 보안 취약점이 발견되었거나 바이러스에 감염되었다는 경고 메시지를 보내서 누군가에 의해 컴퓨터 정보가 스캔되고 있다는 허위 경고를 보내는 방식으로 사용자들을 기만하고 있다. 혹스 바이러스 유포자들은 허위 경고에 속아 넘어간 사용자들을 특정 웹 사이트로 유인해서 백신이나 보안 패치를 가장한 악성코드를 설치하게 유도한다. 또 다른 형태의 혹스 바이러스들의 경우 대형 소프트웨어 제작사 고객센터를 가장, 피해자들에게 전화를 건 후 특정 웹 사이트에 접속하도록 유도함으로써 실제 악성코드를 설치하게 만드는 일종의 사회 공학적 해킹 방식을 사용하고 있다.

앞서 설명한 바처럼 악성코드의 종류는 매우 다양하다. 구체적인 관련 정보들은 컴퓨터 보안 업체 웹 사이트, 컴퓨터 바이러스학 저널(Journal of Computer Virology) 등에서 찾아볼 수 있다.

Summary Box 3-2 악성코드 형태

- 바이러스는 가장 널리 알려진 악성코드다. 이외에도 웜(worm), 트로이 목마 (Trojans), 스파이웨어(spyware), 로직밤(logic bombs), 루트킷(rootkits) 등 다양한 형태의 악성코드가 존재한다.
- 악성코드가 독립적으로 작동하는 것만은 아니며 몇몇 악성코드들이 혼합된 형태로 작동하기도 한다.
- 바이러스 혹스(Virus hoaxes)는 피해자들이 필수 시스템 파일들을 삭제시키도록 유도해서 피해자들의 시간과 노력을 낭비하게 만든다.

악성코드의 역사

비공개적으로 암암리에 발생하는 컴퓨터 범죄의 특성상 언제 악성코드
가 최초로 개발되어 유포되었는지 정확히 확인하기 어렵다. 일련의 연구들
에서 컴퓨터 바이러스는 컴퓨터 프로그래밍의 오류로 인해 1974년 이전에
최초로 발생되었다고 보고된 바 있다. 하지만 실제 공식 기록상에 컴퓨터
바이러스가 등장한 것은 1980년대 초로 알려져 있다(Bocij, 2006). [그림 3-2]
에 지난 30년 동안 유포된 유명 악성코드들의 연혁이 정리되어 있다. 초
기 악성코드들은 대부분 표적 컴퓨터들에 손상을 가하는 형식이었지만
최근 들어서는 휴대폰 및 SNS가 주된 표적이 되고 있다.

1982	엘크 클로너(Elk Cloner) • 플로피 디스크를 통해 전파되며 애플 운영 체제를 표적으로 함. 시스템을 직접 파괴시키지는 않지만 플로피 디스크 내용이 실행될 때 자동으로 50번에 걸쳐 시가 화면에 표시됨
1985/86	• ⓒBrain • 최초의 IBM-PC 바이러스. 바이러스 제작자가 배포한 불법 복제 소프트웨어를 통해 사용자가 해당 소프트웨어를 작동시키면 감염되도록 설계됨
1988	• 코넬대학교 대학원생 로버트 모리스(Robert Morris)에 의해 제작된 웜(Worm) • 인터넷 사용을 어렵게 하는 기능을 지님. 사이버 범죄가 인터넷 사용자들에게 매우 심각한 손실을 초래시킬 수 있다는 점을 각인시켰다는 점에서 매우 중요한 의미를 지님
1980년대 후반	• 캐스케이드 바이러스(Cascade virus) • 바이러스가 작동되면 스크린 상단에서 하단으로 텍스트들이 무작위로 떨어져 쌓임
1988	• 스톤드 혹은 마리화나 바이러스(Stoned or Marijuana virus) • '당신의 컴퓨터가 먹통이 되었다. 마리화나를 합법화시키자'라는 메시지가 화면에 표시

1998	• HPS 바이러스 • 토요일에 활성화됨. 압축되지 않은 비트맵 파일 이미지가 상하 역전되어 모니터에 표시됨
1999	• 멜리사 바이러스(Melissa virus) • 마이크로스포트 아웃룩(Microsoft outlook)이 설치된 컴퓨터 수천 대를 감염시켜 약 8,000만 달러 상당의 손실 초래
2000	• '아이 러브 유(I love you)' 바이러스 • 연애편지를 가장해서 첨부 파일을 열어보도록 유인하는 수법으로 수백만 대의 컴퓨터를 감염시킴
2001	• '안나 쿠르니코바(Anna Kournikova)' 바이러스 • 첨부파일을 가장한 바이러스. 러시아 테니스 선수 사진이 첨부 파일에 포함됨
2003	• '슬래머(Slammer)' 바이러스 • 핵 발전소 컴퓨터 다운 및 주요 은행 ATM 네트워크 붕괴 등 대규모 인터넷 서비스 거부 사태를 유발시킨 것으로 악명 높음
2004	• '카비르(Cabir)' 바이러스 • 최초의 휴대폰 전용 바이러스. '개념 검증(proof of concept)' 용으로 블루투스를 통해 전송되고, 전원을 켜면 '카리브(Caribe)'라는 단어가 스크린에 표시됨
2008	• '콘피커(Conficker)' 바이러스 • 바이러스에 감염되면 피해 컴퓨터는 바이러스 배포자가 원격 통제하는 '봇넷(botnet)' 네트워크의 좀비 pc가 됨
2008	• '쿱페이스(Koobface)' 바이러스 • 소셜 네트워킹 사이트(SNS) 사용자 대상 웜 바이러스. SNS 메시지를 통해 유포되며, SNS 메시지에 바이러스 감염 파일 다운로드 링크가 설정되어 있음
2009	• '아이키(iKee)' 웜 • '탈옥(jailbroken)' 된 아이폰을 표적으로 하는 웜 바이러스 • 바탕화면을 1980년대 인기 가수 릭 애슬리(Rick Astley) 사진으로 자동으로 바꿔 버림
2010	• '스턱스넷(Stuxnet)' 웜 • 중요 산업 시설 시스템을 표적으로 하는 웜. 이란 핵 발전소 공격으로 유명해짐

[그림 3-2] 시기별 유명 악성코드 발생 현황

[그림 3-2]의 시기별 유명 악성코드 발생 현황을 살펴보면 초기 악성코드들의 경우 제작자들의 유머와 재치가 반영된 사실을 알 수 있다. 캐스캐이드 바이러스의 경우 컴퓨터 모니터에 표시된 모든 텍스트들을 화면 하단으로 떨어트려 무작위로 쌓아 놓음으로써 피해자들의 컴퓨터 사용을 방해하고 있다. 최근 들어 이처럼 바이러스 제작자의 유머 코드가 반영된 악성코드들은 거의 사라졌지만 2009년 스마트폰들을 대상으로 급속도로 확산되었던 '아이키(ikee)' 웜의 경우 다시금 유머 코드가 반영된 것으로 평가되고 있다. 개발자들의 유머와 위트가 악성코드에 포함된 이유는 최초로 배포된 악성코드들이 대부분 해당 악성코드 프로그램이 실제로 실행되는지 확인하기 위한 개념 검증(proof of concept)용이었기 때문이다. 즉 악성코드 개발자들은 처음부터 완성된 바이러스 프로그램을 개발하지 않고 악성코드가 제대로 배포되고, 실행되는지를 확인하는 데 더욱 주안점을 두었다고 볼 수 있다.

연도별 악성코드 발생 연혁에서 주목할 점 중 하나는 악성코드를 배포시키고 실행시키는 과정에서 피해자들의 인위적 행위를 유도하기 위한 사회 공학적 기법이 사용되고 있다는 점이다. 대표적인 사회 공학적 악성코드로는 미녀 테니스 스타인 '안나 쿠르니코바(Anna Kournikova)' 사진을 사용한 트로이 목마 바이러스를 들 수 있다. 유명인 이미지를 사용함으로써 SNS 사용자들의 공유 욕구를 쉽게 자극시킬 수 있으며 해당 사진이나 SNS 친구들 역시 자신이 신뢰하는 이들이 게시한 파일에 대해 더욱 안전하다고 느끼는 경향을 이용한 것이다.

Summary Box 3-3 악성코드의 역사

• 악성코드는 1970년대 중반 프로그래밍 오류로 인해 최초로 출현했다.
• 최초로 확산된 바이러스는 1982년 애플 운영 체계를 표적으로 한 엘크 클로너(Elk Cloner) 바이러스다.

- 최근 들어서는 컴퓨터뿐 아니라 휴대폰, 스마트폰, SNS 사이트를 표적으로 하는 악성코드까지 개발되었다.
- 피해자들이 자발적인 악성코드 실행 및 확산 행위를 유도하기 위해서 사회 공학적 기법이 사용되고 있다.

악성코드 제작 및 배포 방법

악성코드 개발 및 배포 행위가 사이버 범죄로 간주되는 이유는 이러한 행위들이 인위적이며 고의적이기 때문이다. 초창기 악성코드를 개발한 이들은 특별한 개발도구 없이 개개인의 프로그래밍 지식에 의존했지만 최근에는 악성코드 개발 전용 도구를 누구나 쉽고, 저렴하게 구할 수 있게 되어(Ollmann, 2008) 과거와 같은 고급 프로그래밍 개발 지식이 필요치 않게 되었다. 예를 들어, 인기 테니스 스타 사진을 배포하는 '안나 쿠르니코바(Anna Kournikova)' 트로이 목마 바이러스 개발자의 경우 난생 처음으로 바이러스를 개발한 초보 프로그래머였다고 한다. 그는 맞춤형 웜 바이러스 제작 도구인 'Vbs 웜 제너레이터(Worm Generator)'를 사용해서 '안나 쿠르니코바(Anna Kournikova)' 트로이 목마 바이러스를 단 몇 분 만에 개발한 것으로 알려져 있다(Yar, 2006, p. 32). 이처럼 누구나 쉽고 빠르게 악성코드를 개발하는 것이 가능해졌지만 아직까지는 개인의 프로그래밍 개발 지식을 활용해서 직접 개발하는 방식이 선호되고 있다. 그 이유는 직접 개발하는 것이 안티 바이러스 백신 프로그램에 감지될 위험이 적고, 자신이 원하는 대로 맞춤형 악성코드를 개발할 수 있으며, 네트워크상에 더욱 광범위하게 확산시킬 수 있기 때문이다.

악성코드 개발이 완료되면 네트워크를 통해 유포시키는 단계로 이어지는데 퍼넬(Furnell, 2010)에 의하면 악성코드 확산 방식이 온라인 사용자들의 인터넷 서비스 선호 경향에 따라 지속적으로 변화되었다고 한다. 초기 악성코드들의 경우 대부분 플로피 디스크를 통해 전파되었다. 하지만 플로피디스크를 통한 확산은 유포되는 데 너무 많은 시간이 걸린다는 단점이 있었다. 이에 따라 1990년대 후반부터 악성코드 유포 방식이 이메일을 통한 확산 방식으로 변화되었으며, 이메일 사용량이 폭발적으로 증가하면서 바이러스 전파 속도 역시 급속도로 빨라지게 되었다. 또한 이메일 첨부파일 형태로 악성코드를 전파시키는 것이 가능해지면서 물리적 디스크를 통해 감염 파일을 유포시킬 필요가 없어졌다.

이후 인스턴트 메시지(instant message), 파일 공유 사이트(peer-to-peer), 소셜 네트워킹 서비스(SNS) 사용량이 급속도로 증가하면서 이에 맞춰 악성코드 전파 방식 역시 함께 변화되었다(Furnell, 2010). 콜린스(Collins, 2006)는 사용자들이 악성코드에 감염되는 대표적인 경우를 이메일 첨부파일 다운로드 및 파일 열기, 악의적 프로그램 코드가 포함된 웹페이지 접속, 인터넷 상에서 불법 소프트웨어 다운로드, 감염된 드라이브 공유 등으로 구분한 바 있다. 하지만 스틱스넷(Stuxnet) 악성코드 사례처럼 오프라인 시스템을 표적으로 하는 경우, 바이러스 배포를 위해 USB 메모리 등 물리적 디스크가 사용되는 경우도 있다. 초기 악성코드 개발자들이 안티바이러스 백신 프로그램에 감지당하지 않기 위해 꾸준히 악성코드 성능을 향상시켜 왔던 것처럼 확산 및 배포를 위해서도 부단한 기술적, 시간적 노력이 있어 왔다(Furnell, 2010).

퍼넬(Furnell, 2010)에 따르면 악성코드에 감염되는 주된 이유 중 하나가 이용자들이 자신의 컴퓨터에 바이러스를 직접 설치하는 것으로 사회 공학적 방식의 바이러스 감염 행태에 더욱 관심을 기울일 필요가 있다고 한다. 또한 크리스마스, 밸런타인데이, 만우절 등 특정일에 악성코드가 가장 급속도로 확산되는 경향이 있는데 이는 12월 크리스마스 시즌에 친구나 지인들이 '메리 크리스마스'라는 제목으로 이메일을 보냈을 때 의심 없이 해당 이메일을 열어볼 가능성이 높기 때문이다. 하지만 악성코드 확산을 위해 사용자들의 인위적 행동을 필요로 하는 사회 공학적 방법만이 사용되는 것은 아니다.

때로는 악성코드 감염 및 확산 가능성을 극대화시키기 위해 사회 심리학적 지식들이 적용되는 경우도 있다(Rush, 2002). 러시(Rush)에 의하면 사람들은 가용할 수 있는 정보가 충분치 않을 때 신속한 의사 결정을 위해 어림짐작 의사 결정, 즉 가용성 휴리스틱(heuristics) 판단을 사용하는 경향이 있다고 한다. 악성코드에 대해서도 휴리스틱 판단을 통해 합리적 의심 없이 유익한 프로그램으로 어림짐작하고 실행시킬 가능성이 있다. 악성코드가 포함된 이메일을 받은 수신자들은 해당 메일에 사용된 글들이 친숙한 문장 표현이거나 친한 친구가 보낸, 즉 자신을 이미 알고 있다는 분위기를 풍기는 메시지가 포함되었을 경우 온라인 정보 출처를 더욱 신뢰하는 경향이 있으며, 더더욱 발신처가 유명 대기업이나 공공 기관으로 표시되어 있거나 컴퓨터에 설치된 안티 바이러스 프로그램의 검사 창에서 아무런 문제가 없다는 바이러스 체크 결과를 확인했을 때 악성코드 이메일에 대한 신뢰도가 더욱 높아져 첨부 파일을 열어볼 가능성이 높다(Rush, 2002).

소셜 네트워킹 서비스(SNS)를 표적으로 하는 악성코드 개발자들은 이처럼 사람들의 SNS 친구들에 대한 맹목적인 신뢰를 이용하며 특히 인터넷 문화나 최신 IT 트렌드에 뒤처지지 않으려 하는 사람들의 욕구를 역이용하고 있어 이들 역시 사회 심리학적 원리를 활용하고 있다고 설명할 수 있다. 즉 사이버 범죄자들은 사람들의 욕망, 욕심을 이용하여 자신들의 이익을 채우고 있는데 대표적인 예로 애플사 창업주인 스티브 잡스의 사망을 이용해서 악성코드를 유포시킨 사례를 들 수 있다. 한때 인터넷에는 스티브 잡스를 추도하는 의미에서 아이폰을 공짜로 제공하겠다는 사기성 메시지들이 확산된 적이 있었는데 메시지를 접한 대부분의 사람들은 별

다른 의심 없이 악성코드가 포함된 이메일 첨부파일을 내려 받아 악성코드에 감염되었다. 이와 같은 사례는 사람들이 공짜로 아이폰을 소유하고 싶은 욕구와 애플이라는 대기업에 대한 무의식적 신뢰가 복합적으로 작용된 악성코드 유포 사례라 할 수 있다.

Summary Box 3-4 악성코드 제작 및 배포 방법

- 악성코드 개발자들은 안티 바이러스 소프트웨어에 포착되지 않기 위해 직접 악성코드를 개발하는 방식을 선호한다. 하지만 특별한 전문 지식이 없는 이들도 쉽고, 빠르게 악성코드를 제작할 수 있는 도구들을 인터넷에서 쉽게 구할 수 있다.
- 악성코드 배포 방식은 매우 다양하며 급속도로 변화하고 있다. 가장 일반적인 배포 방식은 온라인 서비스를 이용하여 확산시키는 것이다.
- 초창기에는 악성코드 유포 시 플로피 디스크와 같은 물리적 매체를 사용했지만 시간이 흐르면서 악성코드는 주로 이메일을 통해 확산되기 시작했다. 최근 들어서는 이메일뿐 아니라 인스턴트 메시지, 파일 공유 서비스(peer-to-peer 공유), SNS, 웹페이지, USB 디스크 드라이브 등 다양한 방법들이 사용되고 있다.
- 사용자들의 인위적 행동을 필요로 하는 사회 공학적 방법 또한 악성코드 유포 방법 중 하나이다.

바이러스 개발, 유포 동기

다른 범죄들과 마찬가지로 악성코드 관련 범죄들 역시 개별 동기만으로 범죄 발생 원인을 설명하기 어렵다. 일련의 악성코드 개발 및 유포 사례들을 검토해 보면 개발자 및 배포자들의 동기에 따라 악성코드의 실행 방식이 결정된다는 점을 확인할 수 있다(Furnell, 2010). 시간이 흐르면서 악성코드는 변화하기 나름이고 이에 맞춰 개발 및 유포 방식 역시 변화할 수밖에 없다. 초기 바이러스 개발자들의 경우 개인적 호기심 및 시스템

보안 강화를 바이러스 개발 목적으로 주장했지만 이들 역시 경제적 이익이 주된 목적이었을 뿐이다(Bocij, 2006). 즉 바이러스 유포 및 컴퓨터 감염을 바이러스 개발자들의 궁극적인 목적으로 볼 수 없으며 감염시키는 행위는 목적 달성을 위한 수단일 뿐이다. 퍼넬(Furnell, 2010) 또한 '악성코드가 시스템 및 데이터에 어떤 손상을 가했느냐가 중요한 것이 아니라 악성코드로 무엇을 할 수 있는가가 더욱 중요한 문제'(p. 189)라고 지적하고 있다. 악성코드로 인한 직접적인 피해는 감염된 시스템 내 파일이 삭제되거나 시스템이 파괴되어 사용할 수 없게 되는 것일 뿐, 오히려 감염 시스템들의 보안 취약점이 노출되게 되면 그 파급효과는 더욱 엄청나다. 사용자 정보 및 기밀 정보들이 노출되어 개인적인 이익을 추구하는 범죄자들에게 넘겨질 경우, 또 다른 어떤 목적으로 사용될지 그 누구도 예측할 수 없다. 또한 자신의 컴퓨터가 악성코드에 감염되었는지 모르는 상태에서 누군가에 의해 조종되는 '좀비' 혹은 '봇(bot)'[4] PC로 사용될 수도 있고 스팸 메시지나 이메일을 배포하는 용도로 악용될 수도 있다.

이외에도 지적 욕구, 일상생활의 무료함, 사회적 복수심, 파괴 욕구 등 또한 악성코드 개발 동기로 작용할 수 있다. 이와 같은 다양한 동기 요인들에 대해서 더욱 구체적으로 살펴보도록 하겠다.

---

4) '로봇(robot)'의 줄임 말이지만 쉽게 해석하면 프로그램 에이전트(agent)로 이해될 수 있다. 인터넷에서 가장 보편적으로 존재하는 '봇(bot)'은 스파이더, 크롤러라고 불리는 프로그램이다. 주기적인 웹 사이트 서핑을 통해 검색엔진의 색인을 위한 콘텐츠를 모아 오는 일을 한다. 이 중 '챗봇(chat bot)'은 사람의 대화를 모방하는 프로그램이다. 최초의 챗봇으로 유명한 '엘리저'는 정신과 의사들을 대신해서 질문과 대답을 하는 프로그램이기도 하다. 이외에도 레드나 앤드렛은 각각 어떤 상품에 대해 서비스를 받고자 하는 사용자들로부터 질문에 답변을 하도록 만들어진 프로그램이다. 또 '숍봇(shop bot)'은 사용자가 찾는 상품을 웹상에서 가장 싼 값에 파는 사이트를 찾아 주는 프로그램이고, '노봇(Knowbot)'은 자동적으로 사이트를 방문해 어떤 특정 기준에 맞는 정보를 수집하는 프로그램이다(역자 주, 매일경제용어사전 인용).

📶 경제적 동기

악성코드 개발 및 유포의 주된 동기 중 하나는 경제적 이익 추구로 볼 수 있다. 경제적 이익을 취하는 방법으로는 직접 타인의 재화를 부당하게 강탈하는 방식과 범죄 집단에 고용되어 보수를 받는 형태로 구분된다 (Bocij, 2006). 최근 들어서는 악성코드를 이용하여 특정 기업, 기관 시스템의 기밀 정보(고객 계좌 정보 등)들을 빼낸 뒤 그 정보를 유출시키겠다고 협박하여 금전을 요구하는 사례 등이 빈번하게 발생하고 있으며, 안티 바이러스 백신 개발 업체에 고용되거나 범죄 집단에 의뢰를 받아 악성코드를 개발하는 경우도 있다(Bocij, 2006). 이외에도 스파이웨어를 활용해서 금융 계좌 정보, 사용자명, 패스워드 등 신원 도용이 가능한 개인 정보들을 무단 수집한 후 금전적 이익을 위해 직접 활용하거나 범죄자 및 범죄 조직 혹은 테러 조직에 판매하는 경우도 있다. 이와 같은 방식으로 유출된 신용 카드 정보들은 인터넷에서 쉽게 구매할 수 있다.

📶 지적 호기심, 일생생활의 지루함

경제적 이익을 목적으로 악성코드를 이용하는 경우도 있지만 악성코드 개발 동기 모두를 경제적 목적으로만 설명하기는 어렵다. 톰프슨 (Thompson, 2004)에 의하면 최고 수준의 바이러스 개발자들은 대부분의 시간을 악성코드 프로그램을 개발하는 데 보내지만 자신들이 개발한 바이러스를 유포시키는 데에는 그다지 관심이 없다고 한다. 톰프슨(Thompson)은 'Philet0ast3r'이라는 바이러스 개발자와의 인터뷰를 통해, 그는 바이러스 개발 행위가 발각되어 경찰에 체포되는 것을 가장 두려워하고 있었으며, 따라서 프로그램 코드 배포를 금지하는 해커 윤리를 철저히 지키고 있었다고 전하고 있다. 즉 'Philet0ast3r'이라는 바이러스 개발자처럼 프로그래밍 과정에서 느낄 수 있는 지적 만족감을 위해 바이러스를 개발하는 경우도 있다(Thompson, 2004). 또한 바이러스 개발자들 중 대다수가 과거 컴퓨터 바이러스로 인한 피해 경험이 있으며 이와 같은 경험으로 인해 바이러스 작동 방식에 관심을 지니게 되었고, 바이러스를 개발하게 된 계기가 된 것으로 보인다(Thompson, 2004). 보치(Bocij, 2006) 역시 바이러스 개발자 중에는 개인적 이익보다는 개인의 지식을 검증하거나 단순 호기심으로—개념검증(proof of concept) 형태—바이러스를 개발한다는 톰프슨(Thompson)의 견해에 동의하고 있다.

일상생활의 지루함 역시 악성코드 개발 동기로 작용할 수 있다. 즉 악성코드 개발자들 중에는 프로그램 개발을 통해 일상의 즐거움을 추구하는 이들이 있는데 일례로 톰프슨(Thompson, 2004)과 인터뷰한 'Philet0ast3r'은 감염된 컴퓨터에 팝업창 형태의 2개의 대화형 인공 에이전트인 '챗봇(chatbots)'을 설치하는 바이러스를 개발, 유포시킨 바 있다. 챗봇 바이러스가 설치되면 컴퓨터 모니터에 신경질적이며 짜증을 내는 메시지를 제시하는 대화창이 뜨게 되는데 'Philet0ast3r'이 이 악성코드를 개발한 이유는 단지 안티 바이러스 백신 소프트웨어들이 챗봇을 탐지할 수 있는지 궁금해서라고 한다. 이와 같은 소위 '재미' 동기는 앞서 설명한 유머 코드가 적용된 악성코드들에서 주로 나타난다. 하지만 최근 유포된 악성코드들은 감염된 컴퓨터나 시스템에 심각한 손상을 가하기 때문에 악성코드들이 단지 재미만을 목적으로 개발되는 경우는 드물다고 볼 수 있다.

지적 호기심 충족이나 일상생활의 지루함 동기로 개발된 악성코드들의 경우 네트워크에 곧바로 배포되지 않는다. 이러한 동기를 지닌 바이러스 개발자들은 오직 프로그램 개발에만 관심이 있고 자신이 개발한 프로그램 소스를 인터넷에 공개하고 있다. 공개한 이후 누군가 바이러스를 제작, 유포시키는 것은 자신의 책임이 아니라고 인식하고 있어 보안 전문가들은 이러한 바이러스 프로그램 코드 공개자들의 행태를 책임 회피를 위한 일종의 자기 방어 행동으로 규정하고 있다. 하지만 공개된 바이러스 프로그램 소스들이 스크립트 키디(script kiddie)와 같은 프로그램 개발 능력이 없는 초보 해커들이 이용할 것이라는 사실을 전혀 모를 리는 없다. 이들 바이러스 개발자들이 직접 바이러스를 유포시키는 것은 아니지만 누군가 자신이 개발한 바이러스를 배포시키고 네트워크에 확산시키는 것을 보고 심리적 만족을 느끼는 것으로 보인다. 하지만 일부 개발자들 중에는 자신이 개발한 바이러스가 불법적인 목적으로 사용되는 것을 막기 위해 네트워크에 유포되기 전 단계에 안티 바이러스 개발 업체에 프로그램 소스를 전달하는 이들도 있다. 이러한 바이러스 개발자들은 자신의 행위가 일종의 시스템 보안 강화 서비스라는 태도를 지니고 있다(Bocij, 2006).

📶 사회적 요소

또래 집단에서의 인정 욕구 역시 악성코드 개발 동기 중 하나이다. 악성코드 개발자들은 바이러스 백신 프로그램 개발사 웹 사이트에 자신이 개발한 바이러스가 신종 유행 바이러스 경고 목록에 포함되기를 고대하고, 목록에 포함될 경우 희열을 느낀다고 한다(Thompson, 2004). 즉 이들 간에도 동료 집단의 수용과 인정이 무엇보다 중요하다고 볼 수 있다. 악성코드 개발자들은 자신들만 공유하는 온라인 매거진을 발행하기도 하고 목적이 부합할 경우에는 공동 작업을 진행하는 경우도 있다(Thompson, 2004). 이처럼 바이러스 개발자들 사이에서 능력을 인정받는 것이 개발 동기로 작용한다고 볼 수 있으며 유명세를 떨치며 언론에 자신의 이름이 거론되게 되면 마치 신분이 상승한 것 같은 느낌을 받는다고 한다(Bocij, 2006).

📶 복수

악성코드 개발의 또 다른 동기로는 특정 개인 및 조직에 대한 복수심을 들 수 있다. 복수를 위해 악성코드를 개발한 대표적인 인물로는 채용 시험에서 탈락한 것에 앙심을 품고 자신을 떨어트린 기업 시스템을 공격하려고 웜 바이러스를 개발한 보르곤(Vorgon)을 들 수 있다(Thompson, 2004). 개인적인 복수심이 아닌 경쟁심 및 갈등 때문에 악성코드를 개발하는 경우도 있다. 일례로 여성 바이러스 개발자인 '기가바이트(Gigabyte)'는 안티 바이러스 백신 분야 전문가인 그레이엄 쿨루리(Graham Clueley)가 여성 개발자들의 능력을 폄하한 것에 화가 나 그를 조롱하는 게임과 퀴즈를 포함한 바이러스를 개발했다고 한다. 이 바이러스에 감염된 컴퓨터들의 경우 의무적으로 쿨루리를 조롱하는 게임이나 퀴즈에 참여해야 했다.

📶 반달리즘

악성코드에 의한 사이버 범죄들은 개인 및 기업 시스템이 보유하고 있는 유무형 자산을 파괴하는 폭력적 특성이 내재되어 있다(Bocij, 2006).[5] 예를 들어, 컴퓨터 화면에 메시지를 남기는 악성코드의 경우 담벼락이나 공공 기물에 낙서를 하는 것과 유사하며, 파일을 삭제하거나 파괴하는 것은 주차된 차량에 흠집을 남기거나 타이어에 구멍을 내는 행위와 비슷하다. 보치(Bocij, 2006)는 오프라인 공간에서 공공기물을 파괴하는 이들과 악성코드를 개발, 바이러스를 배포하는 이들의 공통 동기로 '지루함, 부적절

---

5) 버락 오바마 대통령은 2014년 12월 CNN 방송 인터뷰에서 북한의 소니픽처스 해킹 사건을 '사이버 반달리즘'으로 규정한 바 있음(역자 주)

한 분노, 공권력 및 권위에 대한 저항(p. 50)' 등을 꼽고 있다.

골드스타인(Goldstein, 1996)은 반달리즘(Vandalism), 즉 폭력적 파괴 성향의 핵심 기제는 의도적으로 신체적, 심리적 피해를 가하려는 공격성이라고 지적한 바 있으며 주요 문헌들에서는 '쾌락 이론(enjoyment theory)', '미학 이론(aesthetic theory)', '공정-통제 이론(equity-control theory)'들을 통해 반달리즘을 설명하고 있다.

이론적 측면에서 볼 때 쾌락 이론에서는 반달리즘을 내재적 보상 개념으로 설명하고 있다. 폭력적이며 파괴적 행위를 통해 일상생활에서 경험할 수 없는 만족감을 느끼게 된다고 볼 수 있는데 뛰어난 바이러스 개발자들은 바이러스 프로그램을 개발하는 것 말고는 학교, 직장 사회 등 일상생활 어디에서도 자신의 특출한 능력을 발휘해 볼 기회가 없었으며 성취 경험도 낮다고 볼 수 있다. 이러한 불만족 경험이 바이러스 개발의 중요한 동기로 작용한다. 쾌락 이론 관점에서 보면 바이러스 개발 행동은 청소년 비행과 촉발 동기가 유사하다. 따라서 청소년 범죄자들이 나이가 들수록 범죄를 그만두게 되는 경우가 많은 것처럼 바이러스 개발자들 역시 자연스럽게 개발 행위를 멈출 가능성이 높을 수 있다.

미학 이론에서는 반달리즘과 같은 폭력적 파괴 성향은 참신함, 체계적 구조화, 복잡성 등을 포함한 예술적 욕구에 의해 동기화될 수 있다고 해석하고 있다. 이러한 동기 요인은 담벼락이나 건물에 자신의 흔적을 예술적인 벽화로 남기는 그라피티 아티스트들을 예를 들어 설명할 수 있다. 즉 악성코드 개발자들 역시 자신만의 예술적 콘텐츠 창조를 추구한다고 볼 수 있다. 이들의 예술적 기교는 뛰어난 바이러스 프로그램 코딩 결과로 표현된다. 미학 이론적 관점에서 반달리즘에 대한 또 따른 해석으로는 사물이나 대상의 심미적 가치를 저하시키기 위해 파괴 행위가 나타날 수 있다는 점이다. 이 역시 정상적으로 작동하고 있는 최고의 시스템을 자신이 개발한 바이러스 프로그램으로 무력화시키는 행위에 만족감을 느끼는 바이러스 개발자들의 동기에 적용시켜 설명할 수 있다.

끝으로 공정–통제 이론에서는 문제 해결 능력이 부족한 이들이 자신이 처한 상황이 불공정하다고 생각할 경우 파괴적 폭력 성향이 증가한다고 설명하고 있다. 타인의 소유물을 파괴하는 것은 주어진 상황을 통제하는 것보다 훨씬 빠르고 쉽게 불공정 상황을 타개할 수 있는 방안이라 할 수 있다. 불공정 상황을 해결할 만한 능력이 부족한 사람들이 폭력적인 행동을 통해 문제를 해결하려 할 가능성이 높다. 공정–통제 이론은 앞서 설명한 악성코드 개발의 복수 동기와 유사하며 악성코드 개발 동기를 심리학적으로 설명하는 이론으로 볼 수 있다. 또한 대학생 집단을 대상으로 한 디모어 등(Demore et al., 1988)의 실험 연구를 통해 공정–통제 이론과 반달리즘의 관계가 증명된 바 있다. 하지만 악성코드 개발 동기에 이러한 이론적 관점을 직접적으로 적용, 검증한 연구 결과는 아직 발표되지 않았다.

Activity 3-3　반달리즘과 악성코드

[그림 3-2]에 제시된 악성코드 목록을 참조, 악성코드 개발 동기를 설명하는 데 반달리즘 관련 이론들을 어떻게 적용할 수 있는지 토론해 보자. 목록에 제시된 악성코드 중 반달리즘 이론들로 설명할 수 없는 유형은 어떤 것들이 있는가?

반달리즘 행위를 설명하는 이론들을 통해 악성코드 개발 동기를 해석하는 것은 상당한 설득력이 있다고 볼 수 있기 때문에 공공 기물 파괴자들을 대상으로 하는 기존 연구 결과들로 악성코드 개발 및 유포 동기를 설명할 수 있다. 폭력적 파괴 행동을 보이는 2,603명의 청소년들을 조사한 마틴 등(Martin et al., 2003)은 이들이 가족, 부모 관계에서 행동적, 심리적 어려움을 보인다는 사실을 발견하였다. 즉 부모의 과잉보호와 비판적 태도, 병리적 문제, 약물 남용 특성 등이 복합적으로 청소년들의 폭력적 파괴 행동에 영향을 미친다고 볼 수 있다. 따라서 악성코드 개발자들의 경우에도 성장 배경 및 가족 관계 특성이 악성코드 개발에 어떤 영향을 미치고 있는지에 대해 주목할 필요가 있다. 하지만 아직까지는 이 주제에 대한 실증 연구가 진행된 사례는 없다. 따라서 기초 연구들을 통해 밝혀진 바이러스 개발자 프로파일을 통해 범죄자들의 성격 특성을 유추할 수밖에 없는 상황이다.

Summary Box 3-5 악성코드 개발자, 배포자의 동기

- 현재까지 밝혀진 악성코드 개발 및 배포 동기들 역시 시대가 변하면서 변화하고 있다.
- 주된 동기는 경제적 이유이지만 지적 호기심, 도전 욕구, 일상생활의 지루함, 사회적 요인, 복수심 등에 기인하는 경우도 있다.
- 악성코드 개발 및 배포 행위는 공공 기물 등을 파괴하는 폭력적 파괴 행위와 유사하다. 심리학자들은 쾌락이론, 미학이론, 공정–통제 이론을 통해 반달리즘을 설명하고 있다. 하지만 이론들만으로 악성코드 관련 행동을 완전하게 설명할 수 있는지에 대해서는 아직 불명확하며 실증 연구 자료 역시 많지 않은 상황이다.

범죄자 프로파일과 성격 특성

악성코드 개발자 프로파일 및 성격 특성에 대한 연구는 해커들을 대상으로 한 연구들에 비해 매우 드물다. 발표된 연구들 중에서도 경험적인 방법론이 적용된 경우는 극히 일부에 불과하기 때문에 악성코드 개발자들의 심리 특성을 다룬 세라 고든(Sarah Gordon, 1993, 1994, 1996, 2000)의 연구는 매우 중요한 의미가 있다.

고든(Gordon, 1993)의 최초 악성코드 개발자에 대한 연구는 '다크 어벤저(Dark Avenger)'라 불리는 남성 개발자와의 면담을 통해 이루어졌다. 고든의 연구는 악성코드 개발자 한 명만을 면담한 내용으로 이루어졌기 때

문에 전체 개발자 집단의 특성으로 일반화시킬 수는 없지만 그의 개발 동기가 바이러스 확산 과정에 대한 호기심과 흥미라는 점과 함께 일상생활에 대한 불만과 자신의 개발 행위에 대한 후회 등 양가적인 태도를 보였다는 점은 매우 흥미로운 발견이다.

이후 고든(Gordon, 1994)은 후속 연구에서 바이러스 개발자들의 생활 환경, 기술, 성격, 야망이 서로 다를 것이라는 가정하에 콜버그(Kohlberg, 1969)의 도덕성 발달 이론을 적용시킨 연구를 진행하였다. 그가 적용한 콜버그(Kohlberg)의 도덕성 발달 이론에서는 사람들은 일생을 거쳐 6단계의 도덕성 발단 단계를 거치는데 도덕 기준의 내재화 및 도덕 원칙에 대한 자기 수용 수준에 따라 개인의 도덕성 발달 단계가 구분된다고 설명하고 있다. 관련 연구들에서는 범죄자들 대부분이 가장 낮은 도덕성 발달 수준에 해당되는 것으로 나타나고 있다. 하지만 흥미롭게도 최고 수준의 도덕성 발달 단계에 다다른 사람들 또한 자신의 행위를 합리화시키기 위해 범죄를 저지를 가능성이 있다. 고든은 바이러스 개발자 집단을 청소년, 대학생, 성인 개발자, 전향한 전직 바이러스 개발자(성인)의 4집단으로 분류하고 각 집단별 한 명씩을 섭외, 심층 면담을 진행하였다. 면담 결과, 청소년 개발자의 도덕성 발달 수준은 또래 집단과 비교해 큰 차이가 없는 정상 상태였으며 지능 역시 평균 수준이었다고 고든은 전하고 있다. 또한 가족 및 부모 관계에서도 특별한 문제는 없었지만 단 한 가지 자신의 바이러스 개발 행위에 대한 책임감 의식은 부족했다고 한다. 대학생 역시 윤리적 사고 수준은 비교적 정상적이었으나 바이러스 개발 행위가 미칠 수 있는 부정적 파급효과를 전혀 의식하지 않는 태도를 지니고 있었다고 한다. 흥미로운 사실은 성인 개발자의 윤리적 성숙도가 유사한 연령대 성인들에 비해 낮게 나타났다는 점이다. 전직 바이러스 개발자들의 경우 비교적 보통 수준의 도덕의식을 지니고 있었는데 이들이 개발 행위를 멈춘 이유는 바이러스 개발을 통해 충족되었던 일상생활의 지루함 해소가 이제는 크게 느껴지지 않았기 때문이라고 한다. 이들 전직 바이러스 개발자들의 경우 대인 관계 등 사회 능력에 별다른 문제가 발견되지 않았지만 바이러스 개발과 관련된 윤리적 이슈에 대해서는 분명한 태도를 지니고 있지는 않았다. 최종적으로 고든은 청소년, 대학생, 성인, 전직 개발자 등 4개 집단의 개인적 특성은 상이했지만 성인 개발자를 제외하고는 모두 해당 연령대에 적합한 도덕성 발달 수준을 지니고 있다고 결론 내렸다. 물론 두 번째 연구 역시 연구 표본 수가 너무 적기 때문에 이를 전체 악성 코드 개발자들의 일반적 특성으로 일반화시킬 수는 없다. 따라서 고든의 연구 결과는 단지 바이러스 개발자들의 성별, 수입, 교육 수준, 주거 위치, 사회적 상호작용 능력 특성 등이 서로 상이할 수도 있다는 사실을 이해하는 선에서 해석 가능하다고 여겨진다.

두 번의 연구를 통해 고든은 악성코드 개발자 집단 내에 뚜렷한 유사성 및 집단 간 차이를 명확히 구분하기는 어렵기 때문에 이들 집단의 심리 특성 및 프로파일 도출이 불가능하다고 결론 내렸다(Gordon, 1996). 이후 고든(Gordon)은 자신의 두 번째 연구(1994)에 참여했던 대학생, 청소년, 성인 바이러스 개발자 3명을 대상으로 종단 연구를 실시하였다. 추적 연구 결과 성인 개발자들은 바이러스 개발 행위를 멈추지 않고 지속적으로 행해 왔으며 과거 바이러스 개발 행위에만 몰두했던 청소년 개발자는 배포 행동까지 보이는 것으로 나타났다. 하지만 대학생 개발자의 경우에는 조사 시점에 바이러스 개발 행위를 중단했다. 이는 다른 청소년 범죄자들과 유사하게 나이가 들게 되면 바이러스 개발 행위를 포기할 가능성이 높아질 것이라는 고든의 가설에 부합되는 결과로 다른 범죄들에서도 아동, 청소년기에 범죄를 저질렀던 청소년 범죄자들 중 대다수가 이후 나이가 들면서 범죄를 멈출 가능성이 높다는 기존 연구들과도 부합한다고 볼 수 있다(Farrington, 1990 참고).

바이러스 개발을 그만둔 대학생들에게서 나타난 흥미로운 사실 중 하나는 과거 인터뷰에서는 단지 개인적인 학습 목적으로 바이러스를 개발했을 뿐 다른 사람들에게 피해를 주지 않아 자신의 개발 행위를 사회적으로 허용 가능하다고 인식하고 있었지만 실제 자신 때문에 피해를 입은 사람들을 목격한 이후에는 어떤 목적이든지 간에 바이러스 개발 행위는 결코 바람직한 일이 아니며 더 이상 이러한 행동을 하지 않겠다고 마음먹었다는 점이다. 비록 단일 사례이기는 하지만 대학생 바이러스 개발자의 경우에는 스스로 자신의 행위 결과를 인식하고 심경의 변화를 일으켰다는 점에서 흥미로운 사례라 할 수 있다. 이는 곧 바이러스 개발자들이 자신의 행위 결과를 진지하게 인식했을 때 바이러스 개발을 멈출 수도 있다는 점을 시사한다. 이에 덧붙여 고든(Gordon, 1996)은 바이러스 개발자들이 시간이 지나면서 개발 행위를 멈출 때쯤이면 도덕 의식이 높아져 더 이상 동료 집단의 사회적 압력에 연연하지 않는 것으로 보인다고 설명하고 있다. 즉 일반적인 청소년 범죄자들이 나이가 들면서 자연스럽게 반사회적 행동들을 보이지 않는 것처럼 바이러스 개발자들 역시 시간이 지나면 자연스럽게 바이러스 개발 행동을 멈출 가능성이 증가할 것으로 예상된다(Gordon, 1996). 하지만 초창기 바이러스 개발자들이 그 시대에 컴퓨터 기술에 능통한 신세대였던 것처럼 현재 바이러스 개발자들 역시 지금 시대에는 과거보다 더욱 연령대가 낮아진 신세대들이다. 이들은 초창기 개발자들보다 기술 수준이 더욱 높고 과격한 바이러스 유포 및 공격 행동을 보이는 경향이 있지만 객관적으로 바이러스 개발 능력만 비교하면 크게 달라진 것은 없다(Gordon, 1996). 하지만 고든이 분류한 '뉴 에이지(new age)' 바이러스 개발자 집단은 예외인데 이들은 비교적 나이가 많고, 안정된 직장에 다니며 독립적이고 개인적인 특성을 지닌 이들이다. 즉 어느 정도 나이가 들어 바이러스 개발을 시작했기 때문에 청소년 범죄자들처럼 시간이 흐르면서 개발 행위를 멈출 가능성은 희박하다. 하지만 고든의 이러한 결론 역시 연구 표본의 수가 너무 적기 때문에 바이러스 개발자들 전체가 이와 같은 특성을 보일 것이라고 결론짓기는 어렵다.

2000년에 고든(Gordon)은 수사관들이 바이러스 개발자 커뮤니티에 잠입, 체포한 사건들을 검토한 후 상습적으로 바이러스를 개발하는 이들의 경우 법률적인 처벌보다는 체포, 기소될 가능성을 스스로 지각시키는 것이 개발 행위를 멈추는 데 더욱 유의미한 영향을 미칠 수 있다는 사실을 발견했다. 일부 바이러스 개발자들은 법률적 제재가 제한적으로나마 영향을 미칠 수 있겠지만 표현의 자유를 중요시하는 미국 사회에서 프로그램 코드 제작의 자유를 법률로 금지시키는 것 자체가 더욱 어려울 수 있다. 즉 바이러스 개발에 대한 어떤 형태의 강력한 규제 정책을 내놓는다고 해도 관련 범죄를 억제하는 데 그리 효과적이지 못할 수 있다.

고든의 연구는 매우 흥미로운 결과를 포함하고 있지만 전체 바이러스 개발자들을 대상으로 자료를 수집하고 포괄적인 분석이 이루어지지 않았다는 한계와 함께 그녀의 연구 결과가 발표된 이후 이미 상당한 시간이 흘러 현재 바이러스 개발자들의 특성과 부합되지 않을 수 있다. 이와 관련해서 보치(Bocij, 2006)를 포함한 일부 연구자들은 바이러스 개발자 특성에 대한 고든 등 1990년대 진행된 초기 연구들을 검토하여, 사회적 기술이 부족한 10대 청소년들이 막연한 복수 심리로 바이러스 개발에 관여할 가능성이 높다는 점에는 일부 동의하고 있다. 그러나 2000년대 들어서는 바이러스 개발자들의 연령대가 상승했으며 과거에 비해 20대 및 여성층의 바이러스 개발 활동이 지속적으로 증가하는 추세로 이러한 경향을 반영한 최신 연구가 필요하다는 견해를 제시하였다.

최근에 진행된 대표적인 연구 사례로는 로저스, 지크프리트, 티드케(Rogers, Siegfried, & Tidke, 2006)가 대학생 77명을 대상으로 바이러스 개발, 사용 행태 및 컴퓨터 범죄 행동 전반에 걸쳐 자기 보고식 설문 조사를 실시한 연구가 있다. 연구자들은 조사 참여 학생 77명 중 88%를 컴퓨터 범죄자 군으로 분류하였으며, 내향성 성격 특질이 이들의 범죄 행동에 가장 유의미한 영향을 미친다는 사실을 발견하였다. 하지만 이 연구에서는 내재적/사회적/쾌락적 도덕 관념, 성실성, 신경증적 성향, 사회 및 대인 관계에 있어서의 개방성 요인 등은 사이버 범죄 활동에 특별한 영향을 미치지 않는 것으로 나타났다. 로저스(Rogers) 등의 연구에서는 타인의 비밀번호 무단 도용, 타인 소유 파일을 허가 없이 사용하거나 내용을 변경시키는 행위, 신용 카드 정보 도용, 유료 통신망을 불법으로 사용하는 행위 등을 컴퓨터 범죄로 분류하고 있지만 바이러스 개발 및 배포 행위의 경우 별도 컴퓨터 범죄 유형으로 구분치 않고 있다. 즉 이들 연구에서 내향성 성격 특질이 컴퓨터 범죄 행동에 유의미한 영향을 미치는 것으로 나타나기는 했지만 바이러스 개발 및 배포 행위에 직접적인 영향을 미치는지는 확인되지 않고 있다. 연구자들 또한 이러한 한계와 함께 관련 선행연구 결과(Rogers, Smoak, & Liu, 2006)와도 일치하지 않는다는 사실을 스스로 인정하고 있다 (자기보고식 설문조사 방법으로 진행된 선행 연구에서 로저스 등은 컴퓨터 범죄자와 일반인 간에 도덕적 선택 특성 차이 및 제3자에 대한 약탈 및 통제 성향에 있어 유의미한 차이가 있다고 발표한 바 있다).

해커 특성에 대해서는 다양한 심리학적 이론과 방법을 적용한 연구들이 활발히 진행되고 있는 데 반해 바이러스 개발자들의 경우 경험적 방법론을 적용한 심리학적 연구 결과는 거의 찾아보기 어렵다. 최근 발표된 연구들 또한 경험적 접근을 통해 유의미한 영향 요인을 발견하지 못하고 있다. 다만 예방 및 억제를 위해 악성코드 피해자들의 온라인 안전 행동 강화를 위한 연구들이 활발히 진행되고 있는 상황이다.

예방

가장 대표적인 악성코드 예방책은 안티 바이러스 소프트웨어를 설치하는 것이다. 대부분의 안티 바이러스 소프트웨어들에는 악성코드 침입을 방지하기 위해 보안 방화벽, 바이러스 탐지 및 삭제 기능이 탑재되어 있으며 손상 파일 복구, 디스크 드라이브 감염 영역 제거 기능이 포함되어 있는 경우도 있다. 하지만 최신 버전으로 업데이트되기 전 단계에 신종 악성코드에 감염될 위험이 있기 때문에 백신 프로그램을 설치했다고 해도 시스템이 완전하게 보호되지는 않는다. 백신 프로그램이 최신 버전으로 업데이트 되는 동안에 악성코드 역시 끊임없이 진화하고 있기 때문에 최근 들어서는 백신 프로그램 방어 기능이 있는 악성코드들도 출현하고 있다(Furnell, 2010). 악성코드가 백신 프로그램을 무력화시키는 원리로는 개발사 서버를 경유해서 보안 업데이트되는 기능을 차단시키거나 시스템 구성을 변화시킴으로써 백신 소프트웨어 자동 실행 기능에 손상을 가하는 방식이다.

기술적 보안 강화로는 아직 한계가 있으므로 시스템 보호를 위한 사용자들의 인식 및 태도가 더욱 중요하다. 즉 "최고의 보안 대책이 마련되어 있다 해도 결국 이를 활용하고 유지하는 것은 결국 사용자의 노력에 달려 있다"(Huang et al., 2010, p. 221)고 볼 수 있다. 이러한 관점에서 볼 때 악성코드 피해 가능성이 높은 사람들이 지닌 태도와 그들이 보이는 행동을 예측하는 데 분명 심리학적 이론과 지식은 매우 유용하게 활용될 수 있다. 리 등(Lee et al., 2008)은 인터넷을 사용하는 사람들이 정체불명의 이메일 첨부파일을 열어보거나 바이러스에 감염된 소프트웨어를 내려 받게 되면 악성코드 감염 피해가 자기 자신뿐 아니라 주변인들에게까지 급속도로 확산될 가능성이 높기 때문에 인터넷 사용자의 역할과 태도가 악성코드 예방에 있어 가장 중요하다고 강조한 바 있다. 또한 사용자 개개인이 위협 상황에 대해 인지적 노력을 기울여야만 시스템 보호 동기가 강화될 수 있기 때문에 사용자들의 보호 동기 강화를 위한 예방 대책 수립이 절실하다(Lee et al., 2008). 이에 따라 리(Lee) 등은 로저스(Rogers, 1975, 1983)의 보호 동기 이론에 따라 인터넷 사용자들의 자발적 보호 의지에 영향을 미치는 6가지 요인과 이에 따른 악성코드 감염 예방 수칙을 다음 〈표 3-2〉와 같이 제시하였다.

<표 3-2> 보호 동기 이론과 악성코드 감염 예방

구성 요소	악성코드 사례의 적용	사용자 인지 사례
심각성 지각	악성코드가 시스템에 심각한 피해를 줄 수 있음	'컴퓨터가 바이러스에 감염되면 모든 파일이 파괴될 수 있으므로 감염 전 시스템을 보호하는 것이 가장 중요하다'
위험 지각 확률	피해를 당할 수 있다는 믿음	'컴퓨터 바이러스가 인터넷에 만연해 있기 때문에 스스로 시스템을 보호하지 않는다면 나 역시 피해를 입을 수 있다'
보안 대책이 효과가 있다는 인식	안티-악성코드 소프트웨어가 효과적일 것이라는 믿음	'주기적으로 업데이트되는 안티 바이러스 소프트웨어가 설치되어 있는 상태에서는 바이러스에 감염될 가능성이 적다'
보안 대책을 지키는 과정에서 생기는 자기효능감	스스로 안티-악성코드 소프트웨어를 적절히 활용할 수 있고 위험 방지 수칙을 준수할 수 있다는 신념	'내가 안티 바이러스 소프트웨어를 주기적으로 업데이트시키지 않는다면 아무런 의미가 없다'
잠재적 보상	악성코드에 감염되지 않는 시스템을 사용하고 있다는 믿음	'최신 안티바이러스 소프트웨어가 설치되어 있기 때문에 내 파일들은 안전하다'
잠재 비용	감염 방지를 위한 사용자의 비용 투자 노력	'안티바이러스 소프트웨어는 너무 비싸고, 내 시스템을 너무 느리게 해'

Activity 3-4 Rogers의 보호 동기 이론과 악성코드 감염 가능성에 대한 인지수준

<표 3-2>에 제시된 악성코드 감염에 대비한 사용자들의 인지 사례를 적용해서 보호 동기 이론에서 제안하는 6가지 원칙에 부합하는 사례를 작성해 보자. 사례 작성 후 악성코드 예방을 위해 사용자들의 인지적 태도를 강화시킬 수 있는 방안에 대해서도 논의해 보자.

리 등(Lee et al., 2008)의 연구에서는 시스템 보호 동기와 행동에 영향을 미치는 요인으로 자아효능감, 보안 대책에 대한 효과 지각, 긍정적 결과

기대, 과거 바이러스 피해 경험, 바이러스 위협 상황에서 시스템 취약성 인식 등이 발견된 반면, 바이러스 감염의 심각성 지각 및 부정적 결과 경험은 특별한 영향을 미치지 않는 것으로 나타났다. 따라서 바이러스로 인해 시스템이 심각한 피해를 입을 수 있다는 인지 수준을 향상시킴으로써 스스로 시스템을 보호할 수 있다는 자기효능감을 강화시킬 수 있는 적극적 개입 전략이 필요하다고 볼 수 있다.

한편 후앙 등(Huang et al., 2010) 역시 정보 보안 위협 상황에서 나타날 수 있는 인터넷 사용자들의 6가지 지각 특성을 제안한 바 있는데, 전반적으로 리 등(Lee et al., 2008)이 제안한 요인들과 유사하지만 후앙 등(Huang et al., 2010)의 연구에서는 컴퓨터 활용 경험이 정보 보안 지각에 큰 영향을 미칠 수 있다는 결과를 포함하고 있다. 이들의 연구에서는 컴퓨터 사용 경험이 풍부해서 보안 위협 상황에 대한 정보가 많은 사용자들이 대처 능력이 뛰어난 것으로 나타났다.

옹 등(Ng et al., 2009)의 경우에는 컴퓨터 보안 행동을 예측하기 위해 건강 신념 모델(the Health Belief Model)을 적용한 연구를 진행하였다. 질병 치료를 목적으로 로젠스톡(Rosenstock, 1996)이 개발한 건강 신념 모델은 사람들의 건강 행동 및 반응을 예측하기 위한 심리학적 모델이다. 질병에 대한 민감도, 심각성 수준, 건강 행동에 따른 비용과 편익, 증상 지각 등으로 구성된 건강 신념 모델에서는 건강에 대한 신념이 건강 행동에 영향을 미친다고 가정하고 있다. 이후 후속 연구들을 통해 건강 동기와 지각된 통제감이 구성 요인으로 추가되었다. 옹 등(Ng et al., 2009)은 건강 신념 모델 요인 중에서도 지각된 민감도, 증상 지각과 함께 자기효능감 수준이 이메일과 관련된 보안 행동에 유의미한 영향을 미친다는 사실을 발견하였다. 하지만 건강 신념 행동 모델에서는 건강 관련 정보 처리 시 사람들의 의식적 정보 처리가 수반된다는 점을 전제로 하는 데 반해 컴퓨터 보안의 경우 신체 질병처럼 심각하고, 구체적으로 지각할 가능성이 낮기 때문에 건강 신념 모델을 컴퓨터 보안 행동에 직접적으로 적용시키는 것은 부적합할 수 있다.

옹과 라힘(Ng & Rahim, 2005)은 계획된 행동 이론을 적용, 컴퓨터 사용자들의 보안 행동 실천 의도에 대한 연구를 진행하기도 하였다. 계획된 행동 이론은 특정 행동에 대한 실천 의도가 높을수록 행동 가능성이 증가한다는 것으로(Ajzen, 1988, 1991), 자료 백업, 방화벽 사용, 정기적인 백신 프로그램 업데이트 의향을 조사한 옹과 라힘(Ng & Rahim, 2005)의 연구에서는 보안 행동에 대한 유용성 지각, 가족, 동료 및 대중매체의 영향, 자기효능감 수준이 컴퓨터 보안 행동 의도에 영향을 미치는 것으로 나타났으며, 특히 시스템 보호에 대한 태도 및 주관적 규범 수준이 보안 행동 실천 의도와 관련성이 높다는 점이 발견되었다.

이러한 태도 경향은 기업체 간부들을 대상으로 한 연구에서도 유사하게 나타나고 있다. 중소 사업체 간부들의 평상시 악성코드 감염 위협에 대한 대처 행동 유무, 시스템 보안 위협에 대한 심각성 수준 인식 등이 안티 바이러스 백신 사용 의도에 유의미한 영향을 미치는 것으로 나타났다(Lee & Larson, 2009). 하지만 기업체 임직원들의 보안 실천 의도가 높아도 경영진 및 주주의 영향력, 예산, 지원 환경 등 상황적 요인들에 의해 사이버 보안 활동이 결정되는 경향이 있다(Lee & Larson, 2009). 이러한 경향은 일반 기업뿐 아니라 정보통신 보안 전문가들의 의사 결정 과정에서도 유사하게 나타나고 있는데 리와 라슨(Lee & Larson, 2009)에 의하면 정보 기술 집약 산업군 종사자 및 보안 전문가들 역시 개개인이 지닌 태도뿐 아니라 조직 내 핵심 의사 결정자들의 결정에 따라 안티 바이러스 백신 소프트웨어 사용 여부가 결정되는 측면이 있다. 이러한 연구 결과들을 고려할 때 온라인 안전 행동 강화를 위해서 중요한 점은 악성코드를 정확히 이해하고 위험 인식에 있어 정확한 태도를 확립하는 것이라 볼 수 있다. 한편 워시(Wash, 2010)는 사람들이 악성코드에 대해 지니고 있는 정신적 표상을 확인하기 위해 보안 소프트웨어 선택 과정에 대한 질적 연구를 수행한 바 있다. 워시(Wash)에 따르면 사람들은 공통적으로 악성코드 소프트웨어를 바이러스로 인식하는 경향이 있으며 바이러스가 시스템에 치명적 손상을 가할 수는 있지만 정확히 어떤 문제가 발생할 수 있는지에 대해서는 구체적으로 인식하지 못하고 있었다. 또한 바이러스가 악의적 목적에 의해 정교하게 제작된 프로그램 코드라기보다는 단지 '결함 많은 소프트웨어'로 여기는 경향이 있었다. 개발자들과 배포자들 또한 치밀한 목적을 지니고 있기보다는 단지 사용을 불편하게 하고, 짜증을 유발시킬 목적으로 개발했다고 생각하고 있었다. 마지막으로 온라인 보안에 대한 정확한 지식이 없기 때문에 악성코드가 얼마나 복잡하게 제작된 소프트웨어인지 제대로 알지 못하고 있었다. 워시(Wash)의 연구 결과는 악성코드의 개념 및 보안 위협 상황에 대한 구체적 인식만으로도 시스템 보안 문제에 대한 효율적 의사 결정이 가능하다는 점을 시사하고 있다.

온라인 보안 행동에 대한 연구 결과들에서는 결국 개인 사용자 스스로가 자신의 시스템이 보안에 얼마나 취약한지 인식하는 것만으로 온라인 보안 의도가 강화될 수 있다고 추정하고 있다. 하지만 인터넷 사용자들 대부분은 사이버 보안 위협 상황을 정확히 인식하고, 상황을 평가할 만한 경험도, 관련 정보도 부족하다. 일례로 대학생 집단을 대상으로 한 조사 연구에서 대학생들이 인터넷을 통해 얻을 수 있는 긍정적 효과는 과잉 지각하는 반면 부정적 결과가 초래될 가능성은 낮다고 인식하는 편향적인 태도를 지니고 있다는 점이 발견된 바 있다(Campbell et al., 2007). 더욱 재미있는 사실은 오히려 인터넷 사용 경험이 많은 이들에게서 보안 위협에 대한 낙관적 태도 성향이 더욱 크다는 점이다.

리 등(Lee et al., 2008)은 안티 바이러스 백신 프로그램이 기본 탑재된 컴퓨터를 사용하는 것만으로, 혹은 악성코드 차단 기능이 적용된 이메일을 사용하는 것만으로도 온라인 보안 수준이 향상될 수 있다고 제언한 바 있다. 시스템 보안 향상을 위해 웹 사이트 관리자들은 사용자들을 대상으로 무분별한 파일 다운로드가 바이러스 감염 위험을 초래할 수 있다는 경고 팝업창을 의무적으로 제시할 필요가 있으며, 이메일 첨부파일을 다운로드 받거나 실행시킬 때에는 바이러스가 포함되어 있을 수도 있다는 경고를 자동적으로 제시해야 할 것이다. 물론 컴퓨터 사용자 역시 안티 바이러스 백신 소프트웨어가 주기적으로 업데이트 되고 있는지 수시로 확인해야 한다. 이러한 보호 조치는 컴퓨터뿐 아니라 스마트폰 보안 향상에도 도움이 될 수 있다.

이외에도 공포 소구 메시지를 통한 설득 커뮤니케이션이 온라인 보안 행동 의지를 강화시키는 데 도움이 된다는 주장 역시 제시되고 있다(Johnston & Warkentin, 2010). 하지만 공포 소구의 경우 메시지를 받아들이는 개인의 자기효능감, 심각성 인식, 사회적 영향력 수준 등에 따라 커뮤니케이션 효과가 상이할 수 있다. 즉 온라인 보안 행동 증진 및 의지 강화를 위해서는 심리적 요인 등 개개인의 특성을 반영한 전략을 수립할 필요가 있다.

Summary Box 3-7 | 예방 대책

- 악성코드 감염 예방을 위한 가장 일반적인 방법은 사용자 컴퓨터에 안티 바이러스 백신 프로그램을 설치하는 것이다(기술적 조치).
- 시스템 보안을 위한 기술적 조치는 사용자들의 보안 강화 의지와 안전 행동이 수반될 때 효과가 있다. 이에 따라 심리학자들은 시스템 보호 행동 강화를 위한 연구들을 진행하고 있다.
- 보호 동기 이론, 건강 신념 모델, 계획된 행동 이론 등 심리학적 이론들을 적용한 온라인 보안 강화 전략이 설계되고 있다.
- 악성코드 예방 행동에 미치는 영향 요인들은 다음과 같다.
  - 바이러스 보호 수단 사용에 있어 지각된 자기효능감
  - 바이러스 보호 수단 사용에 있어 지각된 반응 효능감
  - 바이러스 보호 수단 사용에 있어 긍정적 결과 기대

- 과거 바이러스 감염 경험
- 바이러스 위협에 대한 취약성 지각
- 지각된 민감성
- 예방 대책 활용 의도
- 지각된 유용성
- 가족과 동료 영향
- 대중매체의 영향
- 사람들은 인터넷 사용을 통해서 얻을 수 있는 긍정적 효과는 큰 반면 자신에게 부정적인 사건이 발생할 가능성은 낮다고 믿는 낙관 편견 태도를 지니고 있다.
- 관련 연구들에서는 다양한 온라인 보안 강화 대책들이 제시되고 있다.

결론

최근까지 악성코드 개발자들의 성격 및 프로파일 특성을 주제로 진행된 연구는 많지 않다. 경험적인 심리학 연구 진행의 어려움으로 대부분 개발자나 유포자보다는 컴퓨터 사용자들의 온라인 보호 행동에 초점을 맞추고 있다. 관련 연구 결과들을 토대로 온라인 보안 강화를 위한 효과적인 개입 전략을 수립함으로써 악성코드 관련 범죄의 예방 및 억제에 유용하게 활용되고 있다. 최초의 악성코드가 출현한 이래 지난 30여 년간 악성코드는 꾸준히 개발되어 왔으며 지속적으로 진화하고 있다. 아마도 지금 이 순간에도 네트워크상에서 다양한 악성코드들이 확산되고 있을 것이다. 미래에는 더욱 진보된 형태의 악성코드들이 출현할 가능성이 높다. 일부 전문가는 향후 악성코드가 RFID 칩까지 감염시킬 것으로 예상하고 있다(Gasson, 2010). 원래 RFID 칩은 관공서, 나이트클럽 VIP 룸 등 보안이 요구되는 장소에 출입하기 위한 디지털 표식이었지만 최근 들어 RFID 칩이 장착된 디지털 기기들은 소형 컴퓨터에 맞먹을 정도로 성능이 강화되었다. 미래에는 컴퓨터 바이러스가 시스템뿐 아니라 인간 행동에 직접적인 영향을 미칠 가능성 역시 존재하기 때문에 지금부터 도덕적, 윤리적, 법률적 관점에서 악성코드의 영향 효과를 예측할 수 있는 연구를 시도할 필요가 있다. 하지만 현재 상황에서는 최근 악성코드 피해가 급증하고 있는 소셜 네트워크 서비스, 스마트폰 보안 향상 연구에 더욱 주력해야 할 것이다.

연구문제

1. 악성코드 개발자들은 비행 청소년들처럼 연령이 증가할수록 범죄를 멈추는 경향이 있다. 이러한 관점에서 악성코드 개발자와 청소년 범죄자의 심리 특성을 비교해 보자.

2. 사용자 교육은 안티 바이러스 백신 소프트웨어보다 효과적이다. 이에 대해 논의해 보자.

3. 스마트폰이나 SNS를 통한 바이러스 감염, 확산 등을 포함해서 컴퓨터 바이러스의 시대별 변천 과정을 정리해 보자. 바이러스가 진화하면서 개발자, 유포자들의 심리 특성은 어떤 식으로 변화하고 있는지 생각해 보자.

4. 바이러스 개발을 폭력적 파괴 행동으로 간주할 수 있을까?

5. 바이러스 개발자들의 심리 특성을 다루고 있는 세라 고든(Sarah Gor-don)의 연구 결과는 최근 상황과는 다소 괴리가 있다. 하지만 고든의 연구는 요즘 시대에 활동하는 악성코드 개발자들의 심리를 설명하는 데에도 적용될 수 있다. 여러분들은 어떻게 생각하는가?

참고문헌

문헌 및 논문

과거에 진행된 연구이지만 바이러스 개발자의 심리에 대한 세라 고든(Sarah

Gordon)의 연구는 여전히 흥미 있는 읽을거리다. 그녀의 연구에 포함된 논문 및 서적은 다음과 같다.

Gordon, S. (1993). Inside the mind of the Dark Avenger. Virus News *International* (January 1993). Abridged version retrieved from www.research.ibm.com/ antivirus/SciPapers/Gordon/Avenger.html.

_____(1994). The generic virus writer. Presented at the 4th International Virus Bulletin Conference, Jersey, 8-9 September, Retrieved from http://vx.netlux.org/lib/asg03.html.

_____(1996). The generic virus writer II. In Proceedings of the 6th International Virus Bulletin Conference, Brighton, UK, 19-20 September. Retrieved from http://vx.netlux.org/lib/static/vdat/ epgenvr2.htm.

_____(2000). Virus wirters: the end of the innocence? In Proceedings of the 10th International Virus Bulletin Conference, Orlando, FL, 28-29 September. Retrieved from www.research.ibm.com/antivirus /SciPapers/VB2000SG.htm.

악성코드를 구체적으로 설명하고 있는 논문 및 저서

Furnell, S. (2010). Hackers, viruses and malicious software. In Y. Jewkes and M. Yar (eds.), *Handbook of Internet Crime*. Cullompton, UK: Willan (pp. 173-193).

Kramer, S. and Bradfield, J. C. (2010). A general definition of malware. *Journal in Computer Virology*, **6**, 105-114.

Ollmann, G. (2008). The evolution of commercial malware develioment kits and colour-by-numbers custom malware. *Computer Fraud and Security*, **9**, 4-7.

웹 사이트

시만텍(Symantec)사에서는 악성코드에 대한 다양한 정보를 제공하고 있다. 시만텍사에서 정기적으로 업데이트하고 있는 온라인 보안 백서들은 www.symantec.com/business/security_response/whitepapers.jsp에서 찾아볼 수 있다.

또한 시만텍사에서는 전자저널 'Connect'을 운영하고 있다. 특히, 보안 섹션 논문들은 악성코드에 대한 다양한 정보를 원하는 독자들이 흥미로워할 만한 자료들이다. (www.symantec.com/connect/security/articles 참조)

맥아피(McAfee)사 웹 사이트에는 바이러스 위협, 바이러스에 대한 허위 경고, 바이러스 대처 방법 등과 관련된 유용한 정보들을 제시하고 있다. 특히 흥미를 끄는 부분은 전 세계 바이러스 지도이다. 사용자들은 특정 기간별 나타나고, 사라지고 있는 다양한 종류의 바이러스들에 대한 정보를 얻을 수 있을 것이다. (http://home.mcafee.com/VirusInfo/VirusMap.aspx 참조)

소포스(Sophos)사 웹 사이트 내 위협 분석 섹션에서도 악성코드에 대한 흥미로운 정보들을 제공하고 있다. (www.sophos.com/en-us/threat-center/threat-analyses.aspx 참조)

저자 주

1. 3장에서는 공공장소에 그려진 벽화를 통해 미적 즐거움을 제공하는 그라피티(graffiti) 아티스트들과 악성코드 개발자들을 비교한 내용들이 생략됨. 그라피티는 예술작품으로 간주되기도 하며 일부 그라피티 아티스트들은 자신들의 작품으로 인해 유명 인사가 된 경우도 있음.

제4장

신원
도용과
사기

**사례
연구**
　스티븐은 디어드리에게 해외여행 중 지갑을 잃어버려 현금 500파운
드를 빌려달라는 편지를 보냈다. 물론 빌린 돈은 귀국하는 대로 돌려
주겠다고 약속했다. 디어드리는 스티븐과 딱히 친한 건 아니지만 곤란한 상황에 처한
친구를 도와주기 위해 돈을 송금했다. 일주일 후 귀국할 때가 지났는데에도 아무런
연락이 없어 전화를 하자, 스티븐은 그런 이메일을 보낸 적이 없다고 하지 않는가?
그때서야 디어드리는 자신이 사기를 당했다는 사실을 깨달았다. 스티븐의 이메일을
해킹한 누군가가 주소록에 있는 모든 사람들에게 돈을 빌려달라는 이메일을 발송한
것이었다.

　제임스는 즐겨 이용하는 온라인 쇼핑몰 고객센터에서 자신의 계정 상태가 위험하
다는 이메일을 받았다. 상황을 확인하기 위해서는 즉시 해당 쇼핑몰에 접속해야 했기
때문에 스티븐은 다급한 마음으로 쇼핑몰 고객센터에서 보낸 이메일 링크를 통해 온
라인 쇼핑몰에 접속했다. 마우스를 클릭하자마자 처음 보는 오류 메시지가 떴고 잠시
후 다시 시도하라는 팝업창이 연속해서 화면에 나타났다. 이상한 느낌이 든 제임스는
해당 온라인 쇼핑몰에 문의 이메일을 보냈는데 잠시 후 쇼핑몰에서 신원 도용 위험이
있으니 신용 카드를 정지하라는 답장을 받았다. 제임스가 다급한 마음에 개인 정보를
입력했던 웹 사이트는 제임스의 계정 정보를 도용하기 위한 가짜 쇼핑몰 웹 사이트였
던 것이다.

개관

    과거에도 다양한 수법의 사기 범죄들이 지속적으로 발생해 왔기 때문에 사기 범죄를 신종 범죄로 볼 수 없다. 인터넷에서 발생하는 신원 도용과 사기 범죄들은 대부분 오프라인에서 발생하는 전통적 사기 범죄가 사이버 공간에서 발생했거나 인터넷을 범죄 수단으로 이용하는 방식을 취하고 있다. 따라서 인터넷 신원 도용과 사기 행동을 이해하기 위해서는 먼저 기존 전통적 사기 수법들과의 차이는 무엇인지, 공통점이 무엇인지 비교해 볼 필요가 있다. 인터넷 사용 인구의 급증은 사기 범죄자 입장에서 그만큼 범행 대상이 늘어났으며 범행이 더욱 수월해졌다는 점을 의미한다. 온라인 공간에는 많은 사람들이 드나들기 때문에 설령 누군가가 사기에 걸려들지 않는다고 불필요한 노력을 기울일 필요도 없다(다른 사람을 대상으로 다시 사기를 치면 된다). 또한 인터넷 익명성으로 인해 신원이 노출될 위험이 낮아, 그만큼 검거 위험성도 적다. 이와 같은 온라인 신원 도용 및 사기 범죄를 이해하기 위해서는 먼저 해당 범죄의 정확한 개념 정의와 함께 실제 얼마나 발생하고 있는지를 살펴볼 필요가 있다. 또한 주로 발생하는 사기 수법들은 무엇인지, 기존 오프라인에서 발생하던 수법 중 온라인 공간으로 확장된 사기 수법들에는 어떤 것들이 있는지 숙지해야 할 것이다. 이에 따라 먼저 오프라인 사기 범죄 특성에 대해 살펴본 후 최근 유행하는 온라인 사기 수법 및 신원 도용 방법들을 소개하고, 사기 범죄 예방을 위해 피해자가 될 가능성이 높은 사람들의 심리적 특성에 대한 연구 결과들을 토대로 대응 방안에 대해 논의해 보도록 하겠다.

정의와 발생률

신원 도용과 사기는 동일인에 의해, 동일 범죄에서 함께 발생할 수 있지만 그 특성은 서로 다르다. 사기는 경제적 이익을 목적으로 타인을 기만하는 행위이며, 신원 도용 역시 경제적 이익 추구라는 목적은 동일하나 타인의 개인 정보 혹은 서류를 허가 없이 몰래 이용한다는 점에서 사기 범죄와 구분된다. 신원 도용 범죄는 시시각각으로 온라인 공간에서 발생하고 있는데, 가령 지금 이 순간에도 이 책을 읽고 있는 여러분의 SNS에 사기범이 글을 올리고 있을 수 있다. 게시된 글의 내용에 따라 장난으로 가볍게 여길 수도 있지만 경우에 따라서는 사이버 괴롭힘(cyberbullying) 행위로도 볼 수도 있다. 사이버 괴롭힘(cyberbullying)의 경우 실제 경제적 피해가 발생하지는 않기 때문에 이 장에서 다루지 않고, 6장에서 구체적으로 설명될 것이다.

온라인 사기 범죄 또한 매우 다양한 행태로 발생하고 있는데 가장 흔한 수법은 인터넷에서 허위 제품이나 서비스를 판매하겠다고 사람들을 유인하는 방식이다. 이와 같은 미끼 제품 판매 수법은 주로 온라인 경매 사기에서 사용되고 있다. 이외에도 복권이 당첨되었으니, 제반 비용을 선입금하라는 선금입금 사기와 포털 웹 사이트에 게시된 특정 광고 배너를 집중 클릭함으로써 광고 수익을 얻기 위한 클릭 사기(click-fraud)[1] 등이 대표적인 온라인 사기 수법들이다.

[그림 4-1] 신원 도용

경제적 목적 등으로 타인의 개인 정보를 무단으로 사용하는 행위를 신원 도용 혹은 절도라 한다. 이외에도 다양한 형태의 신원 도용 범죄가 인터네상에서 기승을 부리고 있다.

---

1) 사용자 클릭 수를 높이기 위해 웹 광고를 할 때 발생하는 사기 행위. 수동 혹은 자동 프로그램을 이용하여 특정 광고를 집중 클릭하게 하는 방법으로, 주로 개인의 광고 수입을 올리기 위한 목적 혹은 경쟁사의 광고 비용을 높이기 위한 수단으로 기업이 자행하는 경우로 구분됨(역자 주)

신원 도용은 '개인 정보나 금융 계좌 정보를 빼낸 후 타인 명의로 재화와 서비스를 불법으로 사용하기 위한 행위'(McQuade, 2006, p. 69)로 정의할 수 있다. 신원 도용 역시 신종 범죄 수법은 아니지만 인터넷 등 최신 정보 기술의 발달로 인해 발생률이 급속히 증가하는 추세이다(Smith, 2010). 불법적으로 개인 정보에 접근하고 타인의 서류를 위조하는 신원 도용 행위 역시 정보 기술의 발달로 인해 더욱 증가하고 있다.

마셜과 스티븐스(Marshall & Stephens, 2008)는 온·오프라인에서 특정인의 신원이나 자격 유무를 심사하는 방법들에 대해 다음과 같이 설명하고 있다. 오프라인 공간에서는 신분증, 여권, 신용 카드를 통해 개인 신원 인증이 이루어지지만 온라인 공간에서는 신원 확인 서류를 스캔해서 제출하는 경우를 제외하고는 물리적으로 신원 및 자격을 검증할 수 있는 방법이 없다. 현재까지는 비밀번호, 공인 인증서 이외에 별도 신원 확인 방법이 없는 실정이다. 온라인 사기 범죄자들이나 신원 도용범들은 불특정 다수에게 출처를 알 수 없는 이메일을 발송하거나, 특정 사이트에 접속한 인터넷 이용자들에게 필요 이상의 개인 정보를 요구하는 수법을 주로 사용하고 있다. 이메일 계정에 접속하기 위해서는 이메일 주소와 비밀번호가 필요하며, 온라인 뱅킹 서비스를 이용하기 위해서는 통상적으로 계좌번호, 생년월일, 비밀번호 등 3~4가지 이상의 개인 정보가 필요하다. 온라인 신용 거래 시에도 카드 번호, 소유자 이름, 카드 유효기간, 유효성 코드(Card Code Verification: CCV) 등의 신용 카드 정보가 필요하지만, 정보 보안 강화를 위해 카드 소유자 주소나 인증 비밀번호 등을 별도로 요구되는 경우도 있다. 신원 도용 범죄자들은 개인 정보들을 필요 이상으로 과도하게 요구하는 경향이 있기 때문에 마셜과 스티븐스((Marshall & Stephens)에 의하면 신원 도용 범죄는 일종의 '사용 권한 사기' 범죄로 볼 수 있다고 제안하고 있다.

Activity 4-1　　개인 정보와 온라인 보안

> 은행, 쇼핑, 이메일, SNS 등 여러분의 개인 계정 목록을 작성해 보자. 계정에 로그인하기 위해 가장 많이 사용하는 개인 정보 및 신뢰 증표는 무엇인가? 앞서 제시된 온라인 서비스들 중 개인 정보 및 신뢰 증표를 가장 많이 요구하는 서비스와 가장 적게 요구하는 서비스들은 각각 무엇인가? 여러분들이 서비스 인증 시 필요한 정보들의 수와 누군가 여러분 계정에 허가 없이 무단 접속할 가능성과의 관계는? 보다 안전한 온라인 서비스 이용을 위해서는 어떤 방법을 사용해야 할까?

　　온라인 사기 및 신원 도용 범죄 또한 다른 사이버 범죄들처럼 정확한 발생률을 추정하기 매우 어려운 범죄로 볼 수 있다. 인터넷을 사용하는 사람들이라면 한 번쯤 사기 이메일을 받아 본 경험이 있을 것이며 자신도 모르게 개인 정보가 유출된 적이 있을 수 있다. 온라인 사기 피해 및 신원 도용 방지를 위한 각종 첨단 보안 방법들이 지속적으로 등장할 만큼 온라인 사기범들과 신원 도용범들은 도처에서 인터넷 사용자들을 노리고 있다 (Archer et al., 2012; Collins, 2006; Lininger & Vines, 2005; Mintz, 2012).

　　이처럼 온라인 사기와 신원 도용 범죄의 심각성이 갈수록 증가하는 추세지만 우리는 이러한 범죄가 우리 주변에서 얼마나 발생하고 있는지 정확히 알지 못한 채 부지불식간에 범죄 피해를 당할 수 있다. 온라인 사기 및 신원 도용 범죄의 정확한 발생률을 파악하기 어려운 이유에 대해 스미스(Smith, 2010)는 다음과 같이 설명하고 있다.

- 온라인 사기, 신원 도용 범죄에 대한 명확한 정의 부재
- 신고 시 공범으로 의심받을 수 있다는 두려움(특히 자금 세탁을 위한 선금 사기 피해자들의 경우)
- 2차 피해에 대한 두려움, 즉 조심하지 못했다는 비난을 받을 수 있다는 두려움

야(Yar, 2006)에 따르면 범죄 발생률 추정이 어려운 이유는 피해자들이 피해 사실 신고를 꺼려 하기 때문이라고 한다.

- 대부분 소액 피해를 당하는 경우가 많아 적극적으로 신고하지 않음
- 범죄의 심각성보다는 신고 자체가 귀찮을 수 있음
- 피해자들 스스로가 속았다는 사실에 당황함
- 어디에 신고해야 할지 모름
- 피해액을 돌려받을 가능성이 희박하다고 생각, 신고 자체가 무의미 하다고 여김

레비(Levi, 2001)에 의하면 신원 도용 및 온라인 사기를 당한 피해자들 대부분이 자신의 피해 사실을 정확히 인지하지 못하는 경우가 많으며, 피해 사실을 알게 된 후에도 범죄 피해에 적극적인 관심을 가지는 경우가 드물어 범죄 피해의 심각성이 축소되는 경향이 있다고 한다. 또한 특별한 금전 피해 없이 단지 사기 이메일을 수신하기만 한 경우라면 더더욱 피해 사실을 신고하지 않는 경향이 있다.

이러한 이유로 인해 온라인 사기 및 신원 도용 범죄 발생 건수를 정확히 추정하기 어렵다. 관계 당국에서는 직간접 피해 사례들을 바탕으로 개괄적인 피해 규모를 추정하고 있는 실정인데, 영국 국립 사기 범죄국(The UK National Fraud Authority: NFA)에서 발간한 보고서에 따르면 2012년 기준 온·오프라인상에서 발생한 영국 내 연간 신원 도용 및 사기 범죄 피해 규모 액수는 730억 파운드 이상이라고 한다. 이 중 민간 부문 피해 액수는 약 455억 파운드, 공공 부문 약 203억 파운드, 개인 및 비영리 기관의 경우 각각 61억 파운드와 11억 파운드로 추산되고 있다. 2011년 12월 NFA 조사에 참여한 응답자들 중 10%가 최근 2년 내 사기 범죄 피해를 당한 경험이 있었으며 2011년에만 온라인 뱅킹 사기 범죄로 약 350억 파운드의

피해가 발생한 것으로 보고된 바 있는데, 피해액만 놓고 보면 이는 전체적으로 감소된 결과이다. 감소 원인은 영국 내 금융 기관들과 인터넷 뱅킹 사용자들의 온라인 보안 향상 노력에 기인한 결과로 판단된다.

신원 도용 범죄에 대한 기존 연구 결과들을 분석한 스미스(Smith, 2010)에 따르면 전 세계 주요 국가에서 발생한 신원 도용 관련 범죄 피해 규모는 연간 10억 파운드 이상이라고 한다. 미국 연방 통상 위원회(US Federal Trade Commission)에서 발간한 보고서에서는 2007년 미국 내 신원 도용 피해자 수를 약 830만 명으로 추정하고 있으며, 신용 조사 기관인 엑스페리온(Experion)은 동일 기간 영국 내 신원 도용 범죄가 약 69% 증가했다고 보고한 바 있다(Jewkes, 2010).

'피싱(phishing)'은 신원 도용 및 온라인 사기 범죄의 대표적인 수법이다(피싱 수법에 대해서는 뒷부분에서 다시 설명하겠다). 피싱 및 신원 도용 사기 범죄 대응을 위해 창립된 안티 피싱 전문가 그룹(Anti-Phishing Working Group)에서 발간한 2011년 전반기 피싱 동향 보고서에 따르면 월 20,000건 이상의 신종 피싱 이메일이 출현하고 있으며, 매월 새롭게 출현하는 신종 피싱 웹 사이트만 30,000여 개에 달한다고 한다. 또한 매월 새롭게 출현하고 있는 신종 피싱 웹 사이트 중 1% 이상이 유명 웹 사이트를 도용한 형태인 것으로 나타났다. 이들 피싱 웹 사이트들 대부분이 미국 내에서 서버를 운용하고 있으며, 약 70%가 URL 명칭에 특정 유명 브랜드 이름을 포함하고 있다고 한다(Anti-Phishing Working Group, 2011).

앞서 설명한 바와 같이 온라인 사기와 신원 도용 범죄의 정확한 발생률을 추정하기는 어렵지만 직간접적 범죄 발생 통계 수치만 감안하더라도 이미 온라인 사기와 신원 도용 범죄는 매우 심각한 단계에 이르렀다고 볼 수 있다. 하지만 분명한 점은 신원 도용 및 사기 범죄는 신종 범죄 수법으로 볼 수 없는, 예전부터 지속적으로 발생해 오던 범죄이다.

오프라인 공간에서 발생하는 사기와 신원 도용 범죄

온라인 사기는 최근 들어 급증하고 있는 범죄이지만 그 수법들은 과거 지속적으로 발생해 오던 오프라인 사기 수법에서 유래되었다. 과거 우리 주변에서 흔히 볼 수 있었던 약장수 사기를 예로 들어 설명하면, 물약을 만병통치약으로 속여 판매하는 사기꾼들은 대부분 바람잡이 역할을 하는 공범들과 함께 사람들이 속아 넘어가도록 일종의 연극을 꾸미곤 했다. 바람잡이들은 사람들이 약을 사고 싶도록 유인하며, 사기꾼 일당이 다른 마을로 도망간 후에야 가짜 약을 구매한 피해자들은 속았다는 사실을 깨닫기 마련이다. 이러한 사기 수법은 온라인 '제약 사기' 수법과 유사하다.

가장 빈번하게 발생하는 오프라인 사기 수법은 폰지(Ponzi)[2] 혹은 피라미드(pyramid) 사기이다. 이 수법은 신규 투자자들을 지속적으로 모집, 이들에게 편취한 투자금 중 일부를 기존 투자자들의 이익으로 배당하는 사기 방식을 취한다. 초기 투자자들은 일정기간 이익을 볼 수 있을지 몰라도 신규 투자자들을 모집하지 못하면 투자금을 모두 잃을 수밖에 없다.

재택근무를 통해 많은 돈을 벌 수 있다고 유인하는 고용 사기 수법은 주로 사회 취약 계층을 표적으로 하는데, 대부분 제품 생산을 위한 원료비 구입이나 장비 사용료 명목으로 피해자들에게 선금 입금을 요구한 후 약속한 월급을 지불하지 않는 방식을 취하고 있다. 설사 월급이 지불되었다 해도 대부분 위조 수표이거나 사기 계좌에서 인출된 경우가 허다하다. 이들 고용 사기 피해자들은 대부분 인터넷을 통해 모집되고 있다.

복권 사기의 경우 주로 오프라인에서 발생하는 특징이 있는데 사기범들이 발행한 사기 복권에 당첨된 피해자들이 당첨금을 받기 위해서는 복권에 기재된 전화번호로 상담원들과 유료 통화를 해야만 한다. 복권 사기는 이 과정에서 발생하는 통화료를 편취하는 형태이다. 피해자들은 사기범들과 통화하면서 자신들이 수령할 복권 당첨액수가 지나치게 소액이거나 상품 역시 모조 귀금속이라는 사실을 뒤늦게 깨닫고, 수령을 거부하는 경우가 많지만 사기범들은 이 과정에서 통화료를 편취, 이익을 취하게 된다. 온라인에서도 이와 유사한 복권 사기들이 빈번하게 발생하고 있다. 온라인 복권 사기들은 당첨금 수령을 위해 필요한 피해자 개인 정보를 요구하거나 당첨금이나 상품 수령을 위한 제반 비용을 요구하는 형태이다. 피해자들이 사기범이 요구하는 개인 정보를 제공하거나, 제반 비용을 지불했다 해도 약속한 당첨금이나 상품이 배송되는 경우는 거의 없다.

---

2) 신규 투자 금액으로 기존 투자자에게 이자 혹은 배당금을 지급하는 다단계 금융사기 방식으로 1920년대 미국 찰스 폰지(Charles Ponzi)의 사기 수법에서 유래(역자 주)

지금까지 오프라인 사기 수법 내용들에 대해 소개했다. 이외에도 다양한 오프라인 사기 수법들이 존재하지만 지금부터는 온라인에서 주로 발생하는 사기 수법들에 대해 중점적으로 설명하도록 하겠다.

Summary Box 4-2   오프라인 사기 수법

- 온라인 사기 범죄는 비교적 최근에 발생한 사기 수법이지만 오프라인 공간에서도 이와 유사한 사기 범죄들이 지속되어 왔다.
- 오프라인 사기범들은 가짜 약 판매, 피라미드 사기, 고용 사기, 복권 사기 등 다양한 수법으로 사기를 저지르고 있다.

온라인 사기 수법

남을 잘 믿거나 욕심이 많은 사람들을 노리는 사기범들에게 인터넷 환경은 그야말로 천국일 수밖에 없으며(Clough, 2010, p. 183), 신원 도용 또한 온라인 환경에서 범죄를 벌이는 것이 훨씬 유리하다(Jaishkankar, 2008).

즉, 온라인 공간에서는 전 세계 인터넷 사용자들을 표적으로 다양한 사기 및 신원 도용 범행을 저지를 수 있다. 간혹 특정인을 표적으로 온라인에 공개된 정보들을 수집, 범행을 저지르기도 하지만 대부분 불특정 다수를 대상으로 하는 경우가 많다. 또한 사회 공학적 범행 수법으로 피해자를 속인 후 금품이나 개인 정보를 빼내는 경우도 있다. <표 4-1>에는 사이버 사기 및 신원 도용 범죄자들이 주로 사용하는 수법들이 요약되어 있다.

<표 4-1> 온라인 사기와 신원 도용 방법

SNS 사기	세부 수법은 다양함. 대체로 피해자들을 사기 웹 사이트로 유인, 해킹 응용 프로그램이 설치되는 링크를 클릭하도록 유도
온라인 데이트 사기	범죄자들이 가명으로 온라인 데이트 사이트에 가입한 후 피해자를 물색, 데이트 명목으로 금전을 요구
콘퍼런스 사기	거짓으로 국제 행사에 초청하면서 참석비를 선입금 시킬 것을 요구
파싱(Phishing)	비밀번호, 계정 정보 등의 개인 정보를 편취할 목적으로 피해자들에게 이메일 발송
선금 요구 사기	먼저 소액을 지불하면 추후 거액의 보상금을 수령할 수 있다고 피해자를 속임
키로거 (Keyloggers)	피해자들이 키보드에 입력하는 내용을 모니터링, 비밀번호, 사용자명, 기타 보안 정보 등을 빼내 신원 도용 범죄자들에게 전달
휴지통 뒤지기	비밀번호, 은행 계좌 등의 보안 정보 절취를 목적으로 개인 사용자 혹은 기관 사용자의 PC 내 휴지통을 검색. PC 휴지통을 직접 뒤져야 하므로 피해자가 주변에 있어야 하며 가치 있는 개인 정보 수집이 어렵고, 많은 시간이 소요됨(Wall, 2007). 또한 원하는 정보를 획득한다는 보장이 없음. 따라서 가치 있고 다양한 정보를 빼낼 수 있을 만한 사람을 표적으로 범행이 이루어짐
헬프 데스크 공격	신원 도용 피해자를 가장하여 고객센터에 전화를 걸어 타인의 개인 정보를 수집함. 고객과 고객센터 직원 간의 상담 통화 내용을 엿듣는 경우도 있음. 이외에도 사기범이 고객에게 전화 PC 혹은 사용자 계정에 문제가 있다고 속여 허위 고객 지원 유도를 통해 개인 정보를 요구하거나 고객 PC 원격 접속을 요청하여 자판 입력을 모니터링할 수 있는 키로거(keylogger)를 설치
인터넷 경매 사기	결제한 상품이 배송되지 않거나 도난 제품 혹은 주문한 상품이 아닌 미끼 상품이 배송됨. 광고되는 제품이 모조품이거나 유명 상표만을 허위로 부착하고 있는 경우도 있음. 경매가를 올리기 위해 허위 입찰하는 경우도 있음. 경매 사이트에서는 이와 같은 사기를 방지하기 위해 다양한 보안 방법을 적용 중임
복권 사기	복권 당첨 확률이 높다는 웹 광고를 게시하거나 이메일을 통해 홍보. 사기범에게 세부 개인 정보를 제공하여 신원 정보가 유출되거나 상품,

복권 사기	상금 수령을 위한 제반 비용을 지불할 것을 요구받음. 복권 당첨금 혹은 상품을 받는다 해도 저가 제품이거나 가치가 떨어지는 제품을 받게 됨
의약품 사기	온라인 의약품 광고 사기. 앞서 기술된 전통적인 오프라인 의약품 사기와 유사한 수법으로 이루어지며, 발모제부터 성기능 질환 치료제까지 놀랄 만한 효능을 지녔다고 광고되는 약에 대해 피해자들은 구매 충동을 느끼게 됨. 결제 후에는 제품이 배송되지 않거나 효능이 없는 가짜 약 혹은 비인가 약품이 배송됨
자선기부 사기	재난 구조, 자선 사업 관련 기부 내용을 담은 이메일 혹은 웹 사이트를 활용한 사기 수법. 대부분 지진, 허리케인 등 최근 발생한 자연 재해 피해를 당한 이재민들을 위한 기부를 요청하면서 피해자의 개인 신용 카드 정보를 요구. 피해자들은 기부금을 편취당하거나, 신용 카드 계정이 불법 도용당하는 피해를 입음

📶 SNS 사기

소셜 네트워킹 서비스(SNS)는 친구, 가족 등 지인들과 커뮤니케이션하는 데 사용되는 가장 인기 있는 온라인 서비스다. SNS 사용자들은 개인 정보가 포함된 프로필을 SNS 사이트에 공개하고 있다. SNS 공개 프로필에 사용자 개인 정보가 노출되기 때문에 스토킹, 사이버 아동 성범죄를 포함한 다양한 사이버 범죄의 표적이 될 수 있다. 개인 정보가 과도하게 공개되어 있을 경우 신원 도용 범죄의 표적이 될 수 있으며, 아이디 및 패스워드 분실 시 신원 확인용 정보로 이용되는 생년월일, 전화번호, 어머니 이름 등 역시 SNS 공개 프로필에서 빈번하게 노출되는 정보들이기 때문에 ID, 비밀번호가 해킹당할 위험성이 높다. SNS를 통해서 신원 도용뿐 아니라 사기 범죄 역시 빈번하게 발생하고 있는데 누군가가 SNS에 게시한 글에 포함된 링크를 클릭하면 사기성 미끼 사이트에 접속되어 피해자 컴퓨터나 스마트폰에 해킹 프로그램이 자동으로 설치되는 경우도 있다. 또 다른 사기 수법으로는 SNS에 게시된 사기성 글을 클릭할 경우 개인 정보를 입력하라는 메시지가 뜨거나, 사기범에게 SNS 계정 관리 권한이 자동 부여되기도 한다. 이외에도 SNS 사용자 컴퓨터에 악성코드를 설치, 해당 컴퓨터가 '봇넷(botnet)[3]상의 좀비 PC로 만들어 또 다른 사이버 범죄에 악용되는 경우도 있다. 이처럼 사기범들은 다양한 수법을 사용, 피해자들의 개인 정보를 요구하며 신원 정보를 도용하고 있다.

최근 들어서는 사회적으로 이슈가 되는 사건들을 악용한 온라인 사기 범죄가 기승을 부리고 있다[2011. 10. 스티브 잡스(Steve Jobs) 사망 사실이 발표된 지 1시간 후 스티브 잡스의 사망을 애도하는 의미로 아이패드를 무료로 제공하겠다는 사기 광고가 페이스북에 게시된 바 있다]. 이와 같은 온라인 사기 수법들은 사람들의 공포심, 욕심, 죄책감, 연민감을 악용한다고 볼 수 있는데, 예를 들어 특정 응용 프로그램을 설치하면 자신의 SNS 프로필을 보고 있는 사람이 누구인지 알 수 있다고 사람들의 호기심을 자극함으로써 개인 정보를 절취하는 응용 프로그램을 실행시키게 하는 수법이 이에 해당된다. 또 다른 변형 사기 수법으로는 악성코드를 유포시킬 목적으로 SNS 사용자 포토 앨범에 사진을 올리는 수법이 있다. 사기범이 특정인의 SNS에 악성코드가 포함된 사진을 게시하고, SNS 친구들이 그 사진을 공유하게 되면 자동으로 악성코드가 유포되는 결과가 초래된다. 이외에도 SNS에 유명 동영상을 링크시킨 후 사람들이 이를 클릭하면 자동으로 사기 웹 사이트에 접속되어 동영상은 나오지 않고 "이미 시청이 완료되었으며 다른 사용자들과 공유되고 있습니다"라는 메시지만 뜨는 경우도 가장 흔하게 발생하는 사기 수법 중 하나이다. 피해자들은 자신도 모르는 상태에서 응용 프로그램을 설치한 꼴이고, 설치된 응용 프로그램이 피해자의 SNS 프로필을 자

---

3) 해커에 의해 조종되는 컴퓨터 네트워크로, 특정 웹 사이트 혹은 시스템 공격 등을 위한 용도로 사용됨(역자 주)

동으로 수정한 후 SNS 친구들에게 공개되기도 한다. 이는 곧 사기를 당한 SNS 사용자가 친구들에게 악성코드가 포함된 응용 프로그램의 신뢰성을 보증한 것으로, 자신의 프로필이 바뀌었다는 사실을 누군가 알려 주기 전까지는 그 사실을 전혀 모르고 있을 수도 있다.

📶 온라인 데이트 사기

SNS 사기 수법처럼, 타인의 개인 정보를 수집할 목적으로 온라인 데이트 사이트에 거짓 프로필을 올리고 사용자들을 유인하는 사기 범죄가 종종 발생하고 있다(Finch, 2007). 수집된 개인 정보들은 결국 신원 도용 목적으로 악용되기 때문에, 매력적인 이성과 만날 수 있다는 기대에 부푼 피해자들은 자신이 사기를 당했다는 사실을 알게 된 후 엄청난 심리적인 충격을 받게 된다.

2008년에 발생한 온라인 데이트 사기 사건들을 조사한 휘티와 뷰캐넌(Whitty & Buchanan, 2012)은 '온라인 애정 사기 범죄'를 '온라인 데이트 사이트에서 이성 교제를 원하는 회원으로 위장, 관심을 표하는 피해자들에게 다량의 금전을 편취하는'(p. 81) 사기 수법으로 정의하고 있다. 레게(Rege, 2009)에 따르면 온라인 데이트 사이트 사기범들은 대부분 신용 사기를 목적으로 피해자들에게 접근하는데, 일단 피해자가 데이트를 수락하면 일정 기간 동안은 상대의 신뢰를 얻기 위해 달콤한 말들과 피해자를 현혹시키는 메시지를 보내며 관계를 유지하다가 자신을 믿는다고 생각되면 어느 시점에 병원비 등 급전이 필요하다며 돈을 빌리는 수법으로 사기를 저지른다고 한다. 일부 사례들에서는 처음에는 소액을 요구하다가 피해자가 돈을 빌려주기 시작하면 점점 더 요구 금액이 증가하는 경우도 있다. 휘티와 뷰캐넌(Whitty & Buchanan, 2012)의 조사 결과에 따르면 영국 내 데이트 사기 피해자 수는 약 230,000명에 달하며 피해자들은 금전적 피해뿐 아니라 호감을 가지고 있었던 이성에게 속았다는 사실에 극심한 심리적 충격을 호소하고 있다고 한다.

📶 콘퍼런스 사기

콘퍼런스 사기는 피해자들을 국제 행사에 초청한 후 제반 비용을 선입금하라고 속이는 신용 사기 수법이다. 대부분 학술 콘퍼런스, 국제 영화제에 초청하는 이메일을 발송, 피해자들을 유인하는 수법이 사용된다. [Box 4-1]은 영화제 초청을 미끼로 선금을 입금하라는 내용의 콘퍼런스 사기 사례다.

Box 4-1

콘퍼런스 사기 이메일 예시

안녕하십니까?

당신은 2012년 7월 20일에 개최되는 두바이 국제 영화제 초청 관객으로 선정되셨습니다. 영화제 초청뿐 아니라 이천사백만 달러에 달하는 상금의 주인공으로 당첨되셔서 당일 행사 시작 전이나 행사 중에 상금을 수령하실 수 있습니다. 귀하의 성함과 전화번호를 기재하여 답장을 보내주시면, 세부 사항을 안내해 드리겠습니다.

두바이 영화제 이벤트에 선정되신 것을 다시 한번 축하드립니다!

콘퍼런스 사기 내용은 매우 다양하지만 대부분 호텔 예약비 등을 선입금하라고 한 후 해당 금액을 가로채는 수법을 피해자의 금전을 편취하곤 한다([Box 4-2] 예제 참조).

Box
4-2

호텔 예약비 편취 목적의 콘퍼런스 사기 이메일 사례

(실제 사건에서는 유명 호텔 체인 명이 사용되었으나 예시에서는 '슬리피 호텔'이라는 가상 명칭을 사용)

글로벌 금융 경제 위기 상황 극복을 위한 유엔 월드 콘퍼런스

콘퍼런스 참석자 및 비영리 기구/NGO 소속 임직원 여러분 귀하

UN 과학기술 위원회와 콘퍼런스 조직 운영 위원회에서는 유명 경제학자, 교육학자, 행정 전문가, 기업인, 연구자 및 NGO, 종교 지도자, 지역 사회 지도자 등 공공, 민간 전문가들을 UN 국제 콘퍼런스에 초청합니다. 4일간에 걸쳐 개최되는 국제 콘퍼런스는 대공황 이후 최악의 경제 위기 상황 극복을 위해 각 분야의 최고의 전문가들이 모여 다양한 견해를 논의하는 자리입니다. 세계 모든 국가의 요구 및 관심 사항을 고려하여, 국제 금융 시스템 개편에 대해 여러분의 의견을 청취하고자 기획되었습니다.

본 회의 참석자로 선정되신 분들의 경우 참가 등록비, 왕복 항공권 등이 전액 무료로 지원됩니다. 참석자 분들께서는 초청장에 기재된 등록 번호 UN/WFEC/002761/2012/UK를 등록 양식에 기입해 주시기 바랍니다. 호텔 투숙비 및 식대는 직접 지불하셔야 하므로 공식 호텔로 지정된 슬리피 호텔에 사전 예약하시기 바랍니다.

-서류 제출 기한-
발표 논문 및 제안서 제출-즉시
참석 등록 및 슬리피 호텔 숙박 증명서 제출-즉시
등록 마감일-유엔에서 결정

지금 등록하세요!

Summary Box 4-3 SNS 사기, 온라인 데이트 사기, 콘퍼런스 사기

• 다양한 수법의 SNS 사기가 발생하고 있다.

• 신원 도용 사기범들은 인터넷에 공개된 프로필을 통해 개인 정보를 수집한다.

• 사기범들이 SNS에 게시한 응용 프로그램을 설치하면 사기범들은 해당 계정을 마음 대로 변경시킬 수 있다.

• 사기범들은 SNS 사용자들에게 몇 가지 개인 정보만 입력하면 누가 자신의 SNS 프로필, 게시글을 보고 있는지 실시간 확인이 가능한 응용 프로그램을 제공하겠다는 사기 이메일을 보내기도 한다.

• 대부분의 SNS 사기는 피해자 SNS에 악성코드가 포함된 게시글을 올리거나, 미끼 사이트로 연결되는 링크를 게시하는 것에서부터 시작된다.

• 온라인 데이트 사기의 경우 처음에는 피해자와 이성 관계를 맺는 척하다가 나중에 금전을 요구한다.

• 콘퍼런스 사기는 피해자들에게 중요 행사 및 이벤트 알림 메일을 발송한 후 호텔 예약비를 입금하면 행사에 무료로 참석할 수 있다고 피해자들을 속이는 사기 수법이다.

🛜 피싱

계정 비밀번호, 계좌 번호 등 중요 개인 정보들을 절취한 목적으로 불특정 다수에게 이메일을 발송하는 사기수법을 피싱(Phishing)이라고 한다. 피싱 사기범들은 주로 온라인 쇼핑몰, 경매 사이트, 온라인 결제 시스템, 은행 혹은 금융 기관 등 개인 정보 접근 권한이 있는 공신력이 있는 기관을 사칭, 불특정 다수에게 이메일을 대량 발송하는 수법을 사용하고 있다. 기관 사칭 피싱 이메일들에는 기업 로고가 도용되기도 하고, 이메일 주소 역시 해당 기관 도메인이 위조된 경우가 많다. 피싱 이메일을 수신한 피해자들은 지시하는 대로 따르지 않으면 경제적인 피해를 당할 수 있다는 공포를 경험할 수 있고, 혹은 생각지도 못한 경제적 이익을 얻을 수 있다는 욕심이 생길 수도 있다.

피싱 수법들 대부분은 피해자들을 대상으로 걱정, 당혹스러운 감정을

촉발시키거나 경제적 피해를 입을 수 있다고 암시, 피해자들의 공포 심리를 자극하는 방식들을 주로 사용한다. 대개 세금 징수 기관, 금융 기관, 온라인 결제 기관 등을 사칭, 메일 수신자들에게 개인 계좌 정보가 유출되었거나 유출 위험에 처해 있으니 피해 방지를 위해서 자신들이 사칭한 기관에 직접 연락을 취해 조치해야 한다는 사기 메시지를 불특정 다수에게 발송하는 수법이 주로 사용된다. 피싱 이메일 수신자들은 사기범들이 보낸 이메일에 따라서, 서두르지 않으면 막대한 경제적 피해를 입을지도 모른다는 불안감에 휩싸여 사기범들의 지시에 따라 그들이 정교하게 위조한 가짜 웹 사이트 접속하게 된다. 이처럼 피싱 이메일을 통해서 피해자들을 가짜 웹 사이트에 접속시킨 후 개인 정보, 계좌 인출 정보 등을 입력하게 유인하는 수법을 '파밍(pharming)'이라 한다. 피해자들은 사기범들이 조작한 가짜 웹 사이트가 진짜 웹 사이트인지 확인할 겨를도 없이 개인 정보를 입력하라는 독촉을 받게 되는데, 이들 파밍 사이트들은 외형적으로 정교하게 위조되어 있는 것처럼 보이지만 실제로는 정상적으로 작동되지 않는 메뉴들이 많다. 다음은 금융 기관을 사칭한 피싱 메일 사례다.

> **Box 4–3 은행을 가장한 피싱 이메일**
>
> 중요 이메일 경보가 1건 도착했습니다!
> 계좌 정보를 변경하고 보안 취약점을 개선해야 합니다.
> 여기를 클릭한 후 진행하시기 바랍니다.
> 위 지침에 따라 계좌 정보를 변경하지 않으시면 계좌가 정지됩니다.
> 협조해 주셔서 감사합니다.

　간혹 피해자가 거래하지도 않는 금융 기관을 사칭한 피싱 이메일이 발송되는 경우도 있다. 이러한 이메일을 받은 사람들은 해당 메일이 사기라는 사실을 쉽게 알아차릴 수 있지만, 피싱 사기범들 입장에서는 어차피 불특정 다수를 대상으로 대량의 피싱 이메일을 발송하는 것이기 때문에 메일 수신 자들 중에는 실제 금융 기관 고객이 포함되어 있을 수 있다. 즉, 피싱 메일 수신자들 중 사칭된 금융 기관 고객들은 사기범들의 거짓 메시지에 속아, 금융 피해를 당하지 않기 위해 사기범들의 지시에 따를 가능성이 높다.

앞서 설명한 바와 같이 피싱 사기 수법은 사람들이 경제적 손실을 당할까 두려워하는 공포 심리를 이용하는 신용 사기 수법이다. 하지만 모든 신용 사기 수법들이 공포심 유발만을 노리지는 않는다. 가령 구매한 제품이나 서비스에 결함이 있으니 환불이나 보상을 제안하는 수법으로 피해자들을 유인하는 경우도 있다. 다음 [Box 4-4]에서는 온라인 쇼핑몰을 사칭, 환불 방법을 안내하는 피싱 이메일 예시다.

Box 4-4 온라인 쇼핑몰을 사칭한 피싱 이메일 사례

고객 여러분께

본사 시스템 오류로 판매 정가보다 높은 가격으로 제품이 판매되었습니다. 본사의 실수로 인해 고객님께 불편을 드려 대단히 죄송합니다. 추가 지불하신 금액은 즉시 환불 처리토록 하겠습니다.

제품 구매시 입력하신 계좌 정보의 오류로 자동 환불이 진행되지 않고 있사오니 신속한 환불 처리를 위해 아래 로그온(log-on) 버튼을 클릭하시기 바랍니다.

환불 금액은 영업일 기준 3일 내 입금될 예정이오니 이 점 양지하시기 바랍니다.

로그온(Log-on)

기타 문의 사항은 고객센터로 전화 주시기 바랍니다. 본사 고객센터는 연중무휴로 이용하실 수 있습니다.

이메일 피싱 사기는 전 세계적으로 가장 많이 발생하고 있는 사기 수법이지만 이외에도 문자 메시지를 이용하는 '스미싱(smishing)', 음성 전화 통화를 통해 피해자들을 유인하는 '비싱(vishing)' 사기 역시 지속적으로 발생하고 있다.

피싱 사기 수법들은 대부분 동일 정보를 불특정 다수에게 무작위로 발송하지만, 간혹 특정 계층을 표적으로 피싱 메일을 발송하는 경우도 있다. 이처럼 특정인들을 노리는 수법을 '스피어-피싱(spear-phishing)'이라 한다. 스피어-피싱(spear-phishing) 사기범들은 범행 전 표적으로 하는 피해 대상 및 이들 주변인 정보를 꼼꼼히 수집한 후 사기 이메일을 발송하고 있다. 한편 특정 기관에 소속된 고위 임직원들의 컴퓨터에 침입해서 고급 기밀 정보를 절취하는 수법을 '웨일링(whaling)'이라 하는데 이 역시 스피어-피싱 수법 중 하나이다.

최근 들어서는 더욱 다양한 형태의 변종 피싱 수법들이 지속적으로 출현하고 있다. 예를 들어, 중요 개인 정보를 수집하기 위해 이메일 서비스 업체를 사칭하거나 키로거(keyloggers) 수법을 사용하는 등 피싱 수법들은 한층 다양해지고 있다. 최근 발생한 변종 피싱 수법들 중에는 특정인의 개인 이메일 계정 정보를 해킹한 후, 이메일 주소록에 있는 지인들에게 해킹한 피해자를 사칭하여 외국 체류 중 긴급한 상황이 발생했으니 돈을 송금해달라는 사기 이메일 사례도 있다. [Box 4-5]에서는 메일 계정 소유자를 사칭한 후 외국 체류 중 갑작스럽게 건강이 위급해져 급전이 필요하다는 사기 이메일 내용을 다루고 있다. 이와 같은 수법을 사용하는 사기범들은 일단 상대가 답장을 보내면 돈을 송금할 때까지 지속적으로 이메일을 발송한다.

Box 4-5 해킹된 이메일 계정 및 주소록을 사용한 피싱 이메일

안녕, 잘 지내지? 지금 건강이 좋지 않은 사촌 동생을 돌보기 위해 런던에 와 있어. 사촌 동생은 이곳에서 학교를 다니던 중이었는데, 지금 자궁 섬유종으로 건강이 위급한 상태라서 자궁 절제 수술을 받아야 해. 떠나기 전에 미리 연락 못해 정말 미안해. 동생이 아프다는 소식에 경황없이 급하게 런던에 오게 됐어. 지금 동생을 돌볼 가족이 필요한 상황이어서 내 곤란한 사정을 이해해 주었으면 해.

이곳 수술비가 너무 비싸서 귀국 후에 수술을 해야 할 것 같아. 혹시 나를 도와줄 수 있는지 궁금해. 귀국 준비에 천 달러 정도가 필요하거든. 너무 예상치 못한 일이라 소식을 듣자마자 급하게 오느라 현금을 많이 가져오지 못했어. 귀국하게 되면 돈은 꼭 갚도록 할게. 지금도 동생이 너무 힘들어하고 있어. 의사가 종양을 빨리 제거해야 한다는데 빨리 집으로 돌아가야 할 것 같아. 돌아가면 꼭 갚도록 할게.

Summary Box 4-4 피싱

• 피싱 사기는 비밀번호, 계좌 정보 등의 중요 개인 정보 수집을 목적으로 불특정 다수를 대상으로 이메일을 보내는 수법이다.
• 피싱 사기 수법들은 해당 메시지를 받은 피해자들의 잠재적 공포 혹은 욕심을 역이용하고 있다.
• 문자 메시지가 사용되는 피싱 수법을 '스미싱(smishing)'이라 한다.
• 음성 통화를 이용하는 피싱 수법은 '비싱(vishing)'이라 한다.
• 피싱 이메일에 걸려든 피해자들이 특정 링크를 클릭하게 되면 허위 웹 사이트에 접속되는데 이와 같은 수법은 '파밍(pharming)'이라 한다.
• '스피어-피싱(spear-phishing)' 수법은 특정 계층 피해자를 표적으로 한다.
• '웨일링(whaling)' 피싱은 기업의 최고위급 임원을 표적으로 하여 기밀 정보를 빼내는 것이 목적이다.

📶 선금 사기

선금을 요구하는 사기 수법(혹은 419 수법[4])은 소액을 먼저 입금하면 거액을 수령할 수 있다고 속이는 온라인 사기 수법이다. 최근 들어 부유한 나이지리아 사람을 사칭한 선금 요구 사기 수법들이 지속적으로 발생하고 있어 '나이지리아 신용 사기(Nigerian scams)'라 불리기도 한다. 다음 [Box 4-6]은 부유한 스코틀랜드인 미망인을 사칭, 소액을 미리 보내주면 거액의 유산을 상속하겠다고 속이고 있는 사기 이메일 내용 중 일부이다.

> ### Box 4-6 선급금 사기 사례
>
> 존경하는 지인의 추천과 웹 사이트에 등록된 선생님 존함에서 느껴지는 신뢰감으로 초면임에도 불구하고 연락드립니다. 저는 영국 서부 해안 광산 회사 사장이었던 고 헨리 W. 닌머 씨의 아내입니다. 남편과 사별 후 저 역시 폐암과 유섬유종으로 투병 중입니다. 남편이 생전에 서부 해안 광산 회사 사장으로 재직하면서 모은 50억 파운드의 재산을 영국 글래스고에 위치한 금융 기관에 예탁한 상태였으며 남편이 사망한 후에는 제가 그 돈을 상속받았습니다.
>
> 제가 선생님께 연락을 취한 이유는 최근 주치의에게서 한 달을 넘기지 못할 것이라는 시한부 판정을 받고 전 재산을 어떻게 처리해야 할지 걱정이 들어서입니다. 저는 모든 재산을 고아, 장애인, 영세민 등 도움을 필요로 한 분들을 위해 사용하고 싶습니다. 이러한 저의 뜻에 따라 전 재산을 맡아 사용해 주실 헌신적이며, 신앙심이 깊은 분을 찾고 있습니다. 당신이라면 저의 뜻에 따라 저의 재산을 사용해 주시리라 믿습니다. 당신의 나라에 믿을 만한 자선 기관이나 고아원에 전 재산을 기부해 주세요. 이런 결정을 내리게 된 것은 유산을 전해 줄 자식도 없고 유일한 친척인 시댁 식구들은 신앙심이 깊지 못하며 믿을 만한 사람들

---

4) 나이지리아 법령 제419조에 명시된 선금 요구 사기를 의미. 주로 발신지가 나이지리아로 되어 있으며 메일 수신자들을 대상으로 나이지리아 정변으로 동결된 거액의 재산 회복을 위한 비용을 빌려주면 보상금을 지불하겠다고 속이는 사기 수법(역자 주)

이 아니기 때문입니다. 따라서 저는 전 재산을 기부하려는 저의 뜻을 그분들에게 전하고 싶지 않았습니다.

　이런 대담한 결정을 내리게 되어 외국인인 당신에게 개인적으로 연락을 취하게 되었습니다. 예금 증서를 포함한 모든 서류들을 목사님께 맡겨 놓았습니다. 목사님께서 저의 모든 재산이 예치되어 있는 금융기관을 알려드릴 것이며 선생님께서는 저의 재산을 전달받으실 수 있을 것입니다. 제 병은 회복될 가능성이 없다고 합니다. 이곳에서는 제 뜻을 받아 줄 사람이 없습니다. 부디 선생님께서 신의 뜻에 따라 이 돈을 사용해 주시기 바랍니다. 대본 모건 목사님께 연락하시면 그분께서 돈이 예치된 은행으로 선생님을 모시고 가서 모든 내용을 설명해 주실 겁니다. 부디 선생님과 선생님의 가족들이 항상 저의 쾌유를 빌어 주시길 바라며, 하나님의 뜻에 따라 정직하고 신실한 일생을 보내시길 기원합니다.

　하나님께서는 형제들을 위해 이 일을 돕고 계십니다. 대본 모건 목사님에게 연락하셔서 필요한 사안들에 대하여 도움을 받으시기 바랍니다.

　그럼 이만 줄이겠습니다.

어밀리아 렘케 닌머 드림

　앞서 소개한 사례 이외에도 다양한 형태의 선금 요구 사기 사건들이 지속적으로 발생하고 있는데, 실제 은행 계좌 정보를 요구하는 사기 이메일을 받고 계좌 정보를 입력했던 피해자는 자신의 계좌가 불법 돈세탁에 이용됐다는 사실을 경찰 통보를 통해 알게 됐다고 한다. 또한 거액의 유산을 상속받은 어린 친척의 법적 보호자가 되어달라고 부탁받는 경우도 있다. 에델슨(Edelson, 2003)에 따르면 사망한 고객 금융 계좌를 폐쇄하기 위해 도움을 요청하는 은행원을 사칭하거나, 사망한 고위급 장성이나 유명 정치인 등을 사칭하는 수법들이 가장 빈번하게 발생하는 선금 요구 사기 수법들이라고 한다.

　인터넷 사용 경험이 풍부한 사람들의 경우 선금을 요구하는 이메일 내용을 보면 바로 신용 사기 이메일이라는 것을 쉽게 알아차릴 수 있지만,

피싱 이메일과 마찬가지로 선금 요구 이메일들 역시 불특정 다수에게 대량으로 발송되기 때문에 사기범 입장에서는 한 명이라도 걸려들면 범행에 성공하는 셈이다. 따라서 자신들이 보낸 신용 사기 메일에 많은 사람들이 응답하지 않을 수 있다는 상황을 전혀 개의치 않는다. 아이러니하게도 정신과 의사들처럼 교육 수준이 높은 사회 지도층 인사들 중에서도 선금 요구 사기에 걸려들어 금융사기, 불법 돈세탁, 위조 수표 혐의로 체포된 사례도 있다(Zuckoff, 2006).

Activity 4-2   온라인 사기 수법 구분하기

여러분이 수신한 이메일 중에서 사기성 메일들을 체크해 보자(스팸 메일 수신함을 확인할 것). 사기성 이메일들을 본문에서 제시한 유형에 따라 나누고 온라인 사기 수법에 따라 구분해 보자.

Summary Box 4-5   선금 요구 사기

- 선금 요구 사기는 '419 신용 사기' 혹은 '나이지리아 신용 사기'라 불린다.
- 이와 같은 선금 요구 신용 사기들은 피해자들을 대상으로 거액의 돈을 받을 수 있다고 속여 일정 금액을 선불로 납부하도록 유인하고 있다.
- 이메일을 이용한 다양한 변종 선금 요구 사기 사건들이 발생하고 있다.

온라인 사기와 신원 도용 범죄에 쉽게 당하는 이유

인터넷 사용 경험이 풍부한 사람들은 앞서 설명한 온라인 사기 수법들이 크게 낯설지 않을 수 있다. 사기범 입장에서는 어떤 수법을 사용하든지 간에 단 몇 명이라도 사기에 걸려들면 큰 이익을 챙길 수 있기 때문에

온라인 신용 사기는 손쉽게 타인의 재물을 절취할 수 있는 방법이다. 만약 특정 온라인 신용 사기 수법이 실패 확률이 높을 경우 사기범들은 그 수법을 잘 사용하지 않을 것이다. 이처럼 이미 알고 있고, 익숙한 사기 수법에 사람들이 걸려드는 이유는 사기 수법들이 사람들의 의사 결정 과정상 허점을 노리고 있기 때문이다.

정교하게 제작된 가짜 웹 사이트들의 경우 해당 사이트 외형만 놓고 보면 진짜 웹 사이트로 착각할 수 있다. 파밍(pharming) 사기 수법의 한 예로 진짜 웹 사이트와 유사하게 제작된 가짜 웹 사이트들에 대한 태도를 측정한 다미자 등(Dhamija et al., 2006)의 연구에서는 대부분의 피험자들이 가짜 웹 사이트를 진짜로 인식하는 결과가 나타났다. 더욱 흥미로운 사실은 진짜라고 인식한 사람들 중 약 25%가 웹 사이트의 신뢰 증표(정확한 웹 사이트 주소, 보안 지표 등)를 제대로 확인하지도 않은 채 가짜 웹 사이트를 맹목적으로 신뢰하는 태도를 보였다는 점이다. 이러한 결과는 가짜 웹 사이트를 지각하고, 의사 결정하는 과정에서 자극에 대한 이해 처리가 결여된 결과로 해석할 수 있다. 일반적으로 지각하는 단서의 두드러짐, 즉 주의를 끄는 속성들이 지나치게 부각될 경우 주의 집중 정도와 자극에 대한 중요도 인식에 큰 영향을 미칠 수 있는데(Payne, 1980), 파밍 수법에 사용되는 가짜 웹 사이트들에 대해 사람들은 로고 크기나 마치 피해자 개인의 상황인 것처럼 묘사된 메시지 내용에 더욱 주목하는 경향이 있어 사기성 메시지들에 대한 신뢰, 확신 태도를 형성하게 된다고 볼 수 있다.

사기성 이메일의 논조, 즉 글이 작성된 형식 또한 메시지 태도에 영향을 미칠 수 있다. 지원자들의 추천서와 자기 소개서에 대한 평가 과정 시 발생하는 인사 담당자들의 판단 오류에 대한 연구들에서도 인사 담당자들은 지원자들이 제출한 글의 객관적 신뢰도보다는 추천서와 자기 소개서가 작성된 논조나 지원자의 열정을 더욱 중요하게 평가하는 경향이 높다(Griffin & Tversky, 1992). 마찬가지로 사기 이메일을 평가하는 피해자들 역시 포함된 정보에 대한 객관적 신뢰성보다는 부각되는 정보나 로고, 논조 등 주변 단서들에 더욱 관심을 가지고 해당 이메일의 내용을 평가할 가능성이 높다.

사칭된 기관의 권위 또한 해당 이메일 내용에 대한 신뢰도에 영향을 미칠 수 있다. 사람들은 주관적 경험을 통해 형성된 이미지 및 태도를 맹목적으로 신뢰하는 경향이 있기 때문에 자신의 생각에 부합하는 정보들이 주어졌을 때 해당 메시지를 수용할 가능성은 더욱 증가한다(Marshall & Stephens, 2008; Yar, 2006). 예를 들어, 주거래 은행에서 발송한 이메일을 수신한 경험이 있는 사람들이라면 해당 은행 이메일과 로고나 형식이 유사한 사기성 이메일들을 더욱 신뢰할 가능성인 높다. 이처럼 불완전한 정보를 정확하다고 판단하는 고정관념으로 인해 의사 결정 시 판단 오류를 보일 가능성이 높다. 이에 대해 트버스키와 카너먼(Tversky & Kahneman, 1974)은 사람들은 의사 결정 과정에서 장기 기억에 보관 중인 정보와 주어진 정보 간의 유사성을 토대로 주관적인 판단을 내리는 경향(대표성 휴리스틱; representativeness heuristic)이 있어 판단 오류를 범할 가능성이 높다고 설명하고 있다. 즉 사기성 이메일 내용에 거래 중인 은행 로고가 포함되어 있고, 피해자 자신의 이름까지 정확히 표기되어 있는 경우라면 해당 이메일이 신뢰로운지 객관적으로 판단하지 않고 해당 메일을 맹목적으로 받게될 가능성이 존재한다.

사칭된 기관에 '투사된 권위' 또한 의사 결정 과정에 영향을 미치는 요인 중 하나이다. 은행, 세무서 등 공식 기관에서 발송된 이메일을 받은 사람들은, 권고 사항을 준수하지 않으면 경제적, 법률적 피해를 당할 수 있다는 암묵적 위협감을 느낄 수 있다(Marshall & Stephens, 2008). 즉 사기 피해자들은 이메일에서 권고하는 내용들을 이행하지 않을 경우, 큰 피해를 당할 수 있다는 생각이 들었을 것이다.

의사 결정 과정에 영향을 미치는 또 다른 요인은 사기 이메일에서 지시하는 내용들을 신속하게 이행해야 한다는 암묵적 메시지이다. 대부분의 피싱 이메일들에는 피해를 최소화하기 위해 지시하는 내용들을 빠르게 이행해야 한다고 적시되어 있다. 시간적 압박은 의사 결정에 매우 중요한 영향을 미칠 수 있는데(Svenson & Maule, 1993) 이처럼 신속한 조치를 요구받는 상황에서는 해당 정보가 다소 의심스럽다 해도 이를 간과할 가능성이 존재한다.

선금 입금을 요구하는 사기 이메일이 작성된 형태 역시 사람들을 온라인 사기에 취약하게 만드는 요인 중 하나이다. 약 400편 이상의 사기 이메일들을 분석한 홀트와 그레이브스(Holt & Graves, 2007)는 대부분의 사기 이메일들은 피해자들의 즉각적인 반응을 유도하기 위해 매우 복합적이고, 정교하게 작성되었다는 사실을 발견하였다. 예를 들어, 메일 제목에 '긴급', '주의' 혹은 '지불 대행 필요' 등의 단어가 포함되어 있어, 메일 수신자 입장에서는 해당 메일이 매우 중요하고, 심각한 내용이 포함되었을 것이라는 암시를 받을 수 있다. 이외에도 수신자들이 정서적으로 친숙한 느낌이 들도록 '안녕! 친구'와 같은 다정한 인사말들이 제목으로 사용되기도 한다. 400여 편의 사기 이메일 중 75%가 피해자에게 메일이 발송된 이유에 대한 특별한 언급이 없었으며 다만 일부 이메일들에서만 '인터넷 검색을 통해 단지 당신 이름이 믿을 만해서 메일을 보내게 됐다고' 설명할 뿐이다. 또한 개인 정보 및 금융 계좌 정보를 요구하는 사기 이메일들의 경우 50% 이상이 '보안을 위해 신속한 대응'이 필요하다는 내용들이 포함되어 있었다. 일부 이메일들은 단지 도움을 줄 수 있는지 여부만 간단하게 묻는 경우도 있었다. 간단하게 도움을 줄 수 있는지 의사 타진만 하는 이메일들의 경우 일종의 '문간에 발들이기(foot in the door)' 전략을 사용했다고 볼 수 있는데, 일단 메일 수신자들이 사기 이메일에서 지시하는 대로 이행할 경우, 계속해서 이메일을 보내면서 처음에는 큰 부담이 없는 개인 정보를 요구하다가 점차 중요 정보까지 요구하는 치밀한 수법이 사용되고 있다.

특히 자동 수신된 스팸 사기 이메일들에서 문간의 발들이기 전략이 사용되는 경우가 많다. 이들 스팸 이메일들은 처음부터 민감한 개인 정보를 직접적으로 요구하기보다는 점진적인 관계 형성 유도 전략을 사용하곤 한다(Nhan et al., 2009). 이러한 전략을 사용하는 신용 사기범들을 피해자들에게 처음부터 은행 계좌나 주민등록번호 등을 요구하지 않고 금융 기관을 사칭한 후 피해자 금융 계좌에 문제가 있을 수 있다는 메시지를 전달함으로써 피해자와 점진적 관계를 형성하는 방법을 사용하고 있다. 일부 스팸 사기 이메일들에서는 메일 수신자들의 의심을 불식시키기 위해, 자신들이 주장하는 금융 피해 위험 내용이 보도된 뉴스 기사들을 링크시키기는 경우도 있다. 어떤 경우에는 메일 수신자들의 정서적인 반응 유도를 위해 종교적 수사 어구가 사용되기도 한다. 재미있는 점은 400여 편 이상의 사기 이메일 중 80% 이상의 메일에서 오탈자, 맞춤법 오류 등 문법이 맞지 않는 경우가 발견되었다고 한다. 이는 메일 발신자가 외국인이라는 인상을 주기 위한 사기범의 고의적 행동으로 볼 수 있다.

하지만 피해자들은 곧 자신이 사기를 당했다는 깨닫게 되는데, 이들은 인지 부조화 상태(Festinger, 1957)를 경험하면서 사기당한 줄 알면서도 사기범들의 지시에 따르는 경향이 있다. 인지 부조화란 일종의 회피 동기 상태로 두 가지 이상의 모순되는 사고를 경험할 때 나타나는 인지적 불균형 상태를 뜻한다. 예를 들어, 선금 입금 사기에 걸려들어 돈을 송금한 후에도 자신의 실수를 인정할 경우 받을 수 있는 심리적 고통으로 돈을 돌려받을 수 있다는 기대를 저버리지 않는 경우가 인지 부조화 상태에 해당된다. 즉 인지적 갈등을 해소함으로써 심리적 안정감을 유지하기 위해 모순되는 사고 중 하나를 선택함으로써 스스로 위안을 얻게 되는데, 온라인 신용 사기를 당해 사기범들에게 이미 많은 돈을 투자한 상태라면 자신의 행위를 합리화시키기 위해 머지않아 이익 배당금이 송금될 것이라는 막연한 기대를 가짐으로써 피해 사실을 부인하게 되는 것이다. 이처럼 인지

부조화 이론을 통해 사기 피해자들이 자신의 피해 사실을 부인하고 사기범이 약속한 대로 돈을 돌려받을 수 있을 것이라고 믿는 이유를 설명할 수 있다.

일단 사기 이메일이 진짜라고 믿게 되면 기존의 태도는 변화시키기 더욱 어려워진다. 아인혼과 호가스(Einhorn & Hogarth, 1978)에 의하면 자신의 가설이나 신념에 자신감이 부족할 때 사람들은 객관적인 정보나 합리적 단서들보다는 오직 자신의 신념에 부합하는 정보나 단서를 사용하는 경향이 높다고 한다. 아인혼과 호가스(Einhorn & Hogarth)는 이러한 의사 결정 태도를 '확증 편향'이라고 명명하였다. 따라서 사기성 이메일을 접하는 사람들 역시 기재된 모호한 정보들을 자신의 생각과 신념에 부합하는 방향으로 해석할 수 있다. 다시 말하면 사기성 이메일 메시지 내용 중 자신의 신념에 부합하는 정보들만을 사용하고 대치되는 정보를 무시하는 확증 편향 오류를 범할 가능성이 높다. 최악의 상황은 정확한 주변 단서나 정보들을 사용할 수 있음에도 불구하고 해당 정보들을 활용하지 않고 오직 자신의 주관적 지식과 신념에 의존하는 경우이다(Bremmer et al., 1996). 즉 사기성 이메일에서 주장하는 내용들이 자신의 지식과 신념에 부합, 해당 내용들을 사실이라고 판단할 경우 사람들은 정확한 사실 관계를 파악하지 않고 사기범이 지시하는 대로 행동할 가능성이 증가한다.

사람들이 피싱 사기에 쉽게 속아 넘어가는 심리학적 메커니즘에 대해 연구한 비슈와나트 등(Vishwanath et al., 2011)은 사람들이 이메일 피싱 사기에 취약한 이유에 대해 피싱 사기 피해자들 대부분은 사기 이메일의 작성 형태 및 메시지 내용을 고려하지 않고, 포함된 정보만을 지엽적으로 처리하는 경향이 있기 때문에 복잡한 단서보다는 단순한 정보들 위주로 주어진 정보를 처리하며, 주의를 집중시키는 두드러지는 정보 단서에 더욱 큰 영향을 받게 된다고 설명하고 있다. 덧붙여 마치 긴급 상황인 것처럼 묘사된 메시지를 접하게 되면 시간적으로 급하다는 인식, 즉 시간에 민감한 반응을 보이게 되어 정확한 판단 과정을 거치지 않고 사기성 메시지를 수용할 가능성이 증가한다고 한다.

온라인 신용 사기 피해 가능성이 높은 사람들의 인구사회학적 특성을 조사한 생 등(Sheng et al., 2010)은 피싱 사기에 가장 취약한 연령대는 18∼25세 사이이며, 성별의 경우 여성들이 상대적으로 피싱 사기에 취약하다고 제안한 바 있다. 재가틱 등(Jagatic et al., 2006) 또한 여성들이 스피어 피싱[5] 사기 수법에 더욱 취약하다고 한다.

Activity 4-3 사기 이메일 수법 구분하기

[Activity 4-2]에서 분류한 이메일들을 앞서 설명한 사기 수법들로 구분해 보자. 두 가지 이상의 사기 수법이 함께 사용된 이메일들에는 어떤 것들이 있는가?

Summary Box 4-6 온라인 사기와 신원 도용 범죄에 취약한 이유

- 사람들이 사기성 이메일인지 알면서도 사기 피해를 당하는 이유는 의사 결정 과정에서 나타나는 심리적 반응 특성에 기인한다.
- 공식 기관 로고 등을 도용한 기관 사칭 사기 이메일에 대해 사람들은 해당 메일이 공신력 있는 기관으로부터 발송됐다고 믿는 경향이 있다.
- 사람들은 사기성 이메일에서 지시하는 대로 이행하지 않을 경우 자신이 큰 피해를 당할지도 모른다는 위기감을 느끼는 경향이 있다. 이는 사칭 기관에 투영된 권위가 피해자들의 의사 결정에 영향을 미친 결과이다.
- 선금 요구 사기범들은 피해자들을 유인하기 위해 진지한 논조, 다정한 인사, 오타, 문간에 발들이기 기법 등과 같은 다양한 책략을 사용하고 있다.
- 인지 부조화는 갈등 상황에서 심리적 부담을 감소시키기 위해 대립되는 조건 중 하나를 선택해야 하는 경우에 발생한다. 인지 부조화 이론은 사기를 당해 금전적 피해를 당한 사람들이 지속적으로 사기범의 지시에 따르는 이유를 설명하는 데 적절하다.

---

5) 불특정 피해자들을 대상으로 행해지는 피싱과 달리 특정 대상의 정보를 빼내기 위한 피싱 공격. 표적 어류를 대상으로 하는 작살 낚시(spearing)에 비유한 표현(역자 주)

- 확증 편향은 자신의 신념이나 지식에 부합하는 정보들만 가지고 의사 결정하는 판단 오류를 뜻한다. 이처럼 사람들은 충분한 정보가 부족한 상황에서 편향된 믿음이나 신념에 더욱 집중하는 경향이 있다.

피해자에게 미치는 영향

온라인 사기나 신원 도용 범죄를 당한 피해자들은 사기를 당했다는 사실로 인해 극심한 심리적 고통에 시달리는 경우가 많다. 대다수의 피해자들은 스스로 사기당했다는 사실에 좌절하고 사후 피해 처리 과정이 너무나 복잡하고 어려워 불쾌한 감정을 느끼는 경우가 많다(Winterdyk & Thompson, 2008 참조). 신원 도용을 당한 경우에는 해당 금융 기관에서 피해 보상을 해 주는 경우가 많아 피해자들의 심리적 충격이 심하지 않지만 사기 피해를 당한 경우에는 금전적 피해 보상이 어렵고, 경찰 등 수사기관에 피해 사실을 직접 입증해야 하는 경우가 많아 심리적으로 더욱 힘들 수밖에 없다.

특히 피싱 사기 피해를 등한 사람들의 경우 사이버 스토킹, 온라인 아동 학대 피해자들과 마찬가지로 좌절, 우울 등의 증상을 수반하는 외상 후 스트레스 장애(PTSD) 발병 가능성이 높다(Carey, 2009). 신원 도용 피해자 37명을 대상으로 표적 집단 면접(FGI) 및 설문 조사를 실시한 샤프 등(Sharp et al., 2004)에 따르면 대부분의 피해자들이 일상생활에서 심리적, 신체적으로 부적응적 태도를 보이고 있었으며, 특히 심리적 고통으로 인한 신체화 증상이 빈번하게 나타나는 경향이 있다고 한다. 이와 같은 피해자들의 심리적 고통은 사건이 아직 해결되지 않은 단계에서 더욱 심각하다고 한다.

일부 피해자들은 신원 도용이나 사기 피해 사실을 가족, 친구 등의 주변인뿐 아니라 수사 기관, 상담센터 등에 알리는 것을 두려워하는 경향이 있다. 이는 자신이 미리 조심하지 못한 사실에 대해 비난받을까 봐 걱정하기 때문으로, 이와 같은 2차 범죄 피해는 온라인 신용 사기뿐 아니라 다른 대부분의 범죄 피해자들에게서 공통적으로 나타나는 현상이다(Amir, 1971; Grubb & Harrower, 2008; Klinger, 2001).

Summary Box 4-7   피해자에게 미치는 영향

- 신원 도용, 온라인 사기 피해자들은 경제적 피해 및 심리적 고통을 당하고 있다
- 은행과 신용 기관 등에서 신원 도용으로 인해 발생하는 손실을 보상해 주는 경우도 있다.
- 관련 연구에서는 피싱과 신원 도용 범죄가 피해자들에게 좌절감, 우울, 심리적 부적응 및 신체화 증상 등과 같은 심리적 고통을 야기시킬 수 있다고 한다.
- 일부 피해자들은 주변의 비난과 같은 2차 범죄 피해를 당하고 있다.

대응 방법

온라인 사기 및 신원 도용 범죄에 대한 대처 방법이 전혀 없는 것은 아니다. 문제는 인터넷 이용 행동이 다양해질수록 범죄 수법 역시 다양하게 진화하고 있다는 점이다. 인터넷에서 타인의 출생 기록, 생활 요금 청구서 등 중요 개인 정보가 담긴 파일들을 구하는 것은 이제 그리 어려운 일이 아니다. 또한 인터넷 뱅킹, 온라인 쇼핑몰을 통한 신용 거래가 활발해지면서 인터넷에서 신용 카드를 사용하는 것 역시 이미 생활의 일부가 되었다.

신원 도용 등 온라인 범죄 예방을 연구하는 연구자들은 효과적인 대응책으로 개인 보안 의식 강화를 위한 체계적 교육이 중요하다고 강조하고

있다. 마셜과 스티븐스(Marshall & Stephens, 2008)는 인터넷 사용자들이 개인 정보에 대해 투철한 보안 의식을 지니게 되면, 신원 도용 범죄의 심각성을 스스로 지각하게 되고 피해 예방을 위해 자발적 노력을 기울이게 될 것이라고 제안한 바 있다. 다른 연구자들 또한 앞서 언급한 과정을 통해 온라인 사기 및 신원 도용 범죄가 감소될 수 있다는 점에 동의하고 있다. 특히 핀치(Finch, 2007)는 범죄 예방을 위해서는 피해 위험이 가장 심각한 금융 정보뿐 아니라 모든 종류의 개인 정보를 스스로 보호할 수 있는 체계적 교육이 필요하다고 강조하고 있다. 신원 도용 및 개인 정보 유출 방지를 위해서는 인터넷 사용자들의 주기적 비밀번호 변경 및 보안이 강력한 비밀번호 사용이 권장되고 있지만 대부분의 사람들은 사용이 불편하다는 이유로 인해 비밀번호 설정 및 관리를 소홀히 하는 경향이 있다(Tam et al., 2009). 물론 인터넷 사용자 입장에서는 인터넷 계정 각각에 서로 다른 복잡한 비밀번호를 설정하는 것보다는 기억하기 쉬운 비밀번호 하나로 모든 계정을 사용하는 것이 더욱 편리할 것이다.

또 다른 연구들에서는 인터넷 사용자 스스로가 신원 도용 수법 및 피해 사실을 확인할 수 있도록 홍보 자료 및 안내 웹 사이트를 개설할 필요가 있다고 제안하고 있다(Wang et al., 2006). 관련 기관이나 기업들 역시 고객을 대상으로 신원 도용 피해 위험을 강조하며 온라인 사기범들이 지시하는 내용이 실제 공식적으로 통용되지 않는 방법이라

[그림 4-2] 강력한 비밀번호 사용

비밀번호 보안 강도는 신원 도용과 사기 예방을 위해 매우 중요하다. 하지만 인터넷 사용자들은 비밀번호 관리에 크게 신경을 쓰지 않고 있다.

는 점을 주지시킬 필요가 있다(예를 들어, 이메일을 통해서는 고객 개인 정보를 요구하지 않는다는 금융 기관의 홍보 노력 등). 형사 사법 기관에서는 신원 도용

범죄자들의 형량을 강화하고 기업 내 개인 정보 담당자들의 신원 조사를 강화함으로써 내부 정보 유출을 억제시켜야 할 것이다. 최근 들어서는 개인 정보 보안 강화를 위해 스마트 카드, 지문, 홍채 등 최신 정보 기술을 적용시키고 있다(Wang et al., 2006). 하지만 지문, 홍채 등 생체 정보를 사용한 기술적 보안 강화에 대해서는 인권 침해 등 사회적 논란을 불러일으킬 여지가 있어 신중한 검토가 필요하다(Smith, 2007).

'안티-피싱 필(Anti-Phishing Phil)'은 온라인 안전 행동을 위한 대표적인 인터넷 사용자 프로그램 중 하나이다. 이 프로그램은 건강 심리학 분야의 건강 행동 증진 모델을 응용한 7일간의 교육과정으로, 데이빈슨과 실렌스(Davinson & Sillence, 2010)는 이 프로그램의 효과 검증 연구를 진행한 바 있다. 연구 결과, 교육을 통해 관련 정보를 숙지하기보다는 보안 경고 메시지를 직접 접촉해 본 경험이 온라인 보안 의지 강화에 더욱 효과적이라는 점이 발견되었다. 이러한 결과는 온라인 보안에 대한 태도 및 인터넷 사용 행동 변화를 위해서는 복잡한 개입 전략이 반드시 필요한 것만은 아니라는 점을 시사한다.

Activity 4-4 예방 대책

신원 도용 범죄 및 온라인 사기 범죄 예방 캠페인을 기획해 보자. 인터넷 사용자들이 숙지해야 하는 필수 정보들을 어떤 방식으로 전달할 것인가? 웹 사이트, 이메일, 포스터, 홍보전단, 광고 등 다양한 매체를 활용한 정보 확산 방법에 대해 고민해 보자.

Summary Box 4-8 예방 대책

- 인터넷 사용 인구의 증가, 이용 방식의 다양화 등으로 온라인 사기와 신원 도용 범죄 역시 급증하고 있다.
- 관련 연구들에서 제안하는 범죄 예방 전략은 다음과 같다.

- 보안 위험성 인식 강화
- 금융 정보 보호 독려
- 보안에 강한 비밀번호 사용 장려
- 고객 대상 보안 위험성을 경고하는 기업 활동 강화
- 범죄자 대상 처벌 강화
- 생체 정보와 같은 신기술을 활용한 신원 확인 방법 활용

결론

온라인 공간에서 발생하는 신원 도용 및 신용 사기 범죄는 더욱 다양해지고 지능화되고 있다. 인터넷 사용에 익숙한 사람들의 경우에는 온라인 신용 사기 및 신원 도용 수법을 쉽게 알아차릴 수 있겠지만 여전히 많은 사람들이 사기인 줄 알면서도 사기범들의 수법에 걸려들고 있다. 온라인 사기범들이 사용하는 수법은 갈수록 다양해지고 있으며, 정교한 심리학적 메커니즘을 응용하여 피해자들을 유인하는 치밀한 사기 수법을 사용하고 있다. 신원 도용이나 온라인 사기 범죄 피해자들은 경제적 피해뿐 아니라 심리적 고통을 경험할 수 있기 때문에 피해 예방을 위한 효과적 대응책이 빠른 시일 안에 마련되어야 할 것이다.

연구문제

1. 가장 빈번하게 발생하고 있는 온라인 사기 범죄 유형을 제시한 후 사회 공학적 관점으로 개별 유형별 범죄 수법을 설명해 보자.
2. 일반 사람들이 온라인 사기와 신원 도용 범죄에 취약한 이유는 무엇인가? 인지 심리학적 이론을 통해 설명해 보자.

참고문헌

문헌 및 논문

다음 논문들은 다양한 형태의 사기와 신용도용 범죄들에 대한 심리학적, 범죄학
적 이해 폭을 넓힐 수 있을 것이다.

Holt, T. J. and Graves, D. C. (2007). A qualitative analysis of advance fee fraud e-mai
l schemes. *International Journal of Cyber Criminology*, 1(1). Retrieved from
www.cybercrimejournal.com/thomas&danielleijcc.htm

Jaishkankar, K. (2008). Identity related crime in cyberspace: examining phishing and
its impact. *International Journal of Cyber Criminology*, 2, 10-15.

Li, S. H., Yen, D. C., Lu, W. H. and Wang, C. (2012). Identifying the signs of fraudulent
accounts using data mining techniques. *Computers in Human Behaviour*, 28,
1, 2-13.

Nhan, J., Kinkade, P. and Burns, R. (2009). Finding a pot of gold at the end of an internet
rainbow: further examination of fraudulent email solicitation. *International
Journal of Cyber Criminology*, 3, 452-475.

Whitty, M.T. and Buchanan, T. (2012). The online romance scam: a serious
cybercrime. Cyberpsychology, *Behavior and social Networking*, 15, 181-183.

Winterdyk, J. and Thompson, N. (2008). Student and non-student perceptions and
awareness of identity theft. *Canadian Journal of Criminology and Criminal*

Justice, **50**, 153-186.

웹 사이트

영국 국립 사기 범죄국(The UK National Fraud Authority: NFA) 웹 사이트에서 영국 내 사기 범죄 보고서 및 통계를 확인할 수 있다. (www.homeoff ice. gov.uk/agencies-public -bodies/nfa)

www.actionfraud.police.uk를 통해 영국 내 사기와 인터넷 범죄와 관련된 보고서들을 열람할 수 있다.

안티 피싱 워킹 그룹(Anti-Phishing Working Group: APWG) 웹 사이트에서는 피싱(phishing)과 스캠(scam)에 대한 유용한 정보뿐 아니라 기타 관련 자료 등을 제공하고 있다. (www.antiphifhing.org)

기업, 비영리 기관, 정보기관 등에서 공동 개설한 'Stop, Think, Connect' 웹 사이트는 인터넷 사용자의 안전한 온라인 행동을 돕기 위해 만들어졌다. 이 웹 사이트는 각종 연구 및 조사 자료뿐 아니라, 인터넷 사용자를 위한 온라인 안전 수칙 등을 제공하고 있다. (www.stopthinkconnect.org)

미국 연방범죄수사국(The US Federal Bureau of Investigation: FBI) 웹 사이트에는 사기 범죄 예방에 대한 실용적 조언들이 제시되어 있다. (www.fbi.gov/scams-safety/fraud/ internet_fraud/internet_fraud)

인터넷 범죄 신고 센터(The Internet Crime Complaint Centre: ICS)는 범죄 피해 신고를 접수하는 미국 정부 웹 사이트이다. (www.ic3.gov/default.aspx)

제5장

온라인
아동 학대와
아동
포르노그래피

**사례
연구**

13세 소녀인 에밀리는 인기 SNS 사이트에 가입했다. 주변 친구들은 오랫동안 이 사이트를 사용해 왔지만 에밀리는 프로필을 만든 지 얼마 안 됐기 때문에 마음이 몹시 들떠 있었다. SNS를 통해 친구들을 검색해서 메시지를 보내니 몇몇 답장이 도착했는데 이 중 그레이엄이라는 친구는 에밀리가 잘 모르는 사람이었다. 그레이엄은 에밀리의 동급생 행세를 하며 메시지를 보냈다. 그레이엄은 에밀리와 메시지를 주고받으면서 그녀가 올린 사진을 칭찬하고 좋아하는 밴드와 TV 프로그램에 대하여 채팅으로 대화를 나누었다. 그레이엄은 자신을 16세 소년이라고 소개했고, 에밀리는 그레이엄에게 잘 보이기 위해 노력했다. SNS로 연락을 주고받은 지 얼마 되지 않아 그레이엄은 에밀리에게 자신의 집에 놀러 오라는 제안을 했다. 에밀리는 지금까지 남자친구를 사귀어 본 적이 없어서 조금 당혹스러웠지만 제안을 거절해서 그레이엄을 실망시키고 싶지 않았다. 게다가 그레이엄은 귀엽고 재미있기까지 했으며 이제까지 그 누구보다 에밀리에게 많은 관심을 보인 남자였다. 하지만 에밀리는 선뜻 그레이엄의 집에 가기 망설여져 친구와 동행하기로 결심했다. 그레이엄의 집 앞에 도착해서 그를 마주친 순간 에밀리는 소스라치게 놀라고 말았다. 그레이엄이라고 소개한 남자는 SNS에서 게시된 사진과는 다른 인물이었고 최소 다섯 살은 많아 보였기 때문이다. 에밀리와 함께 간 친구는 그 길로 줄행랑을 쳤지만, 누구에게도 이 일을 말할 수 없었다.

7세 소녀인 데보라는 삼촌 가족과 함께 여름휴가를 보내고 있었다. 사촌들과 함께 즐거운 시간을 보내고 있는 도중에 삼촌이 자신을 만지려 들어 마음이 불편했다. 하지만 삼촌의 이러한 행동이 괜찮은 것인지 아닌지 몹시 헷갈렸다. 삼촌은 자신이 데보라를 만지는 것이 괜찮다고 말하며 컴퓨터 모니터에서 다른 어린 소녀를 만지고 있는 삼촌의 사진을 보여 주었다. 컴퓨터 모니터에 보인 많은 사진들에서 삼촌과 함께 있는 소녀들이 환하게 웃고 있는 모습을 보고 데보라는 삼촌의 행동이 이상한 것이 아니라는 생각을 갖게 되었다.

개관

앞서 소개한 가상 사례들은 실제로 발생한 온라인 아동 약취 사례를 재구성한 것이다. 대다수의 부모들은 인터넷상에 만연해 있는 아동 포르노물 및 아동을 유인, 약취하려는 범죄들에 대한 두려움 때문에 아이들의 인터넷 사용에 민감하게 반응하는 경향이 있다. 아동 성범죄자들에 대한 이해 및 개입, 교화 전략에 대한 많은 연구들을 포함하여 아동 성범죄에 대한 폭넓은 연구가 진행되고 있다. 관련 연구들을 살펴보면 가해자가 여성인 경우도 있지만 대부분의 아동 성범죄자는 남성인 것으로 나타나고 있다. 이 장에서도 아동 성범죄자 중 대다수를 차지하는 남성 가해자를 중심으로 온라인 공간에서 발생하는 아동 성범죄에 대해 심층적으로 살펴볼 것이다.

이 장의 내용 구성은 먼저 소아성애(paedophilia) 관련 이론들을 검토한 후 소아성애자들의 본질적인 특성들에 대해 살펴볼 것이다. 특히 많은 연구자들이 아동 성범죄자들의 공통적인 특질 요인으로 꼽고 있는 '인지 왜곡'[1]

---

1) 범행 후 자신의 행위를 부인, 최소화, 합리화시키는 아동 성범죄자들의 신념과 태도(Murphy, 1990; Blumenthal et al., 1999, p. 129 인용)

개념을 중심으로 아동 성범죄자들의 특질에 대해 설명하겠다. 다음으로 온라인 아동 약취 및 포르노물 발생 현황 및 범죄자 및 피해자의 심리 특성에 대해 살펴본 후 아동과 청소년들이 안전하게 인터넷을 사용할 수 있는 방법에 대한 제언으로 이 장을 마치도록 하겠다.

소아성애

미국 정신의학회(the American Psychiatric Association, 2000)에서 발간한 『정신질환 진단 및 통계 편람(Diagnostic and Statistical Manual of Mental Disorders: DSM)』에서는 '아동 혹은 사춘기 소년, 소녀들에게 반복적이고 강렬한 성적 환상이 6개월 이상 지속되거나 실제 성적 욕구 혹은 행동이 나타나는 증상을 소아성애'로 정의하고 있다. 또한 DSM에서는 16세 이상의 가해자가 자신보다 최소 5세 이하의 아동을 피해 대상으로 삼는 경우를 소아성애로 규정하고 있으며 소아성애자들은 주로 사회 혹은 직업 기능이 손상된 경우가 많다고 한다. 임상 심리학자들은 DSM에서 제시된 소아성애자 판단 기준들 중 이들의 사고 분열 및 정신적 고통 요인에 대해 비판을 제기해 왔으며(Blanchard, 2009 참조), 또한 블랜차드(Blanchard)에 의하면 성적으로 미성숙한 사춘기 청소년에 매력을 느끼는 '청소년성애자(hebephiles)' 또한 DSM에서 보다 포괄적으로 다룰 필요가 있다고 주장하였다.

많은 연구자들이 소아성애의 원인을 알아내기 위해 소아성애자들의 심리 특성에 대한 연구를 꾸준히 진행해 왔다. 셸던과 호윗(Sheldon & Howitt, 2007)에 의하면 많은 사례들에서 소아성애자들은 어린 시절부터 자신의 성적 태도가 아동 지향적이라는 사실을 이미 인식하고 있었다고 한다. 이처럼 소아성애자들에 대한 연구 대부분이 이들의 아동기 발달 특성에 초점을 맞추고 있다. 소아성애를 설명하는 대표적인 모델로는 핀켈러(Finkelhor, 1984, 1986)의 '소아성애 전조 모델(four preconditions model of paedophilia)', 홀과 허슈만(Hall & Hirschman, 1991)의 '4분위 모델(quadripartite model)', 워드와 지게르트(Ward & Siegert, 2002)의 '경로 모델(pathways model)' 등을 들 수 있다. 모델들의 공통점은 인지 왜곡 개념으로 소아 성애자들을 설명하고 있다는 점이다. 따라서 개별 모델을 설명하기에 앞서 인지 왜곡 개념에 대해 먼저 살펴보도록 하겠다.

📶 인지 왜곡

법과학(forensic science) 관점에서 인지 왜곡은 '범죄자들이 자신의 범죄 행동을 합리화시키고 변명하는 태도와 함께 범행 과정에 대한 인지적 처리 과정 및 범죄 행동에 대한 지지적 태도'를 의미한다(Maruna & Mann, 2006, p. 155). 본질적으로 인지 왜곡은 범죄 행위를 정당화시키기 위한 변명과 합리화로 볼 수 있다. 사회적 시각으로 볼 때 이와 같은 범죄자들의 태도는 정당화될 수 없다. 하지만 성범죄자들뿐 아니라 범죄자들 모두에게서 이와 같은 인지 왜곡 현상이 빈번하게 나타나고 있으며 이는 일반인들 또한 마찬가지이다.

아동을 대상으로 직접적으로 성적 학대를 가하는 아동 성범죄자들뿐 아니라 아동 포르노물을 수집, 감상하는 이들에게서도 이와 같은 인지적 왜곡 현상이 나타날 수 있다. 이들에게서 공통적으로 나타나는 인지적 왜곡 내용은 다음과 같다(Burgess & Hartman, 1987; Quayle & Taylor, 2002; Sheldon & Howitt, 2007; Taylor & Quayle, 2003; Ward & Siegert, 2002).

- 아동들 또한 자신들과의 성적 행위를 즐긴다는 믿음
- 아동이 성행위를 하는 것이 전혀 이상하지 않음
- 아동이 포르노 영상 촬영에 자발적으로 참여하고 있다는 믿음
- 성행위(성적 학대)를 통해 아동들이 적절한 성행동 지식 및 방법을 배울 수 있다는 믿음
- 아동 포르노물은 이미 만연해 있기 때문에 단지 이를 보기만 하는 행위는 사회적으로 아무런 해가 되지 않는다는 믿음
- 직접 아동 학대 행위를 가하지 않았거나 아동 포르노물을 직접 구입한 것이 아니라면 그 누구한테도 피해를 주지 않았다는 믿음
- 나이와 상관없이 아동 또한 신체적으로 매력을 느끼는 사람과 자연스럽게 성관계를 할 수 있다는 믿음
- 스스로 자신의 행동을 통제할 수 없다고 생각함
- 성인들과 성관계하는 것은 위험할 수도 있지만 아동과 성관계를 하는 것은 자신에게 아무런 위협이 되지 않음
- 성관계에 동의할 수 있는 나이가 규정된 것은 최근 현상이며 과거에는 미성년자와의 성관계가 평범한 현상이었다고 믿음

이러한 범죄자들의 인지 왜곡 신념은 논리적으로 쉽게 반박할 수 있다. 예를 들어, 테일러와 퀘일(Taylor & Quayle, 2003)에 따르면 아동 포르노물 촬영을 당한 피해자들의 정신적 외상(trauma)은 치유되기 매우 어려우며 자신이 찍힌 포르노물이 사라지지 않는 한 심리적 고통이 지속될 수 있다고 한다. 즉 자신이 등장하는 포르노물들이 온라인 공간에 떠도는 한 피해자들의 심리적 고통은 더욱 악화될 것이며, 이미 수없이 복사되고 배포됐기 때문에 해당 포르노물을 완전히 제거하기란 현실적으로 불가능하다.

Activity 5-1 　아동 성범죄자들의 인지적 왜곡에 대한 비판

　앞서 제시한 아동 성범죄자들이 자신의 범행에 대해 지니고 있는 인지 왜곡 내용들을 검토하고 소아성애자와 아동 포르노물 수집가들에게서 나타날 수 있는 또 다른 인지 왜곡 신념에는 어떤 것들이 있을 수 있는지 생각해 보자. 인지적 왜곡 신념이 논리적으로 부적절한 이유에 대해서도 설명해 보자.

Summary Box 5-1 　소아성애와 인지적 왜곡

• 미국 정신의학회에서 발간한 『정신질환 진단 및 통계 편람(DSM)』에서는 소아성애를 최소 6개월 이상 아동 및 사춘기 청소년들에 대한 강렬한 성적 환상이 반복적으로 지속되었거나 실제 성적 행동이 나타난 경우로 정의하고 있다.

• 일부 연구자들은 DSM에서의 소아성애에 대한 정의가 불충분하다고 지적하고 있다.

• 청소년성애(Hebephilia)란 성적으로 미성숙한 사춘기에 접어든 청소년들에게 성적 매력을 느끼는 증상을 의미한다.

• 인지 왜곡은 범죄자들이 자신의 행위를 정당화하기 위해 변명하거나 합리화시키는 태도이다.

• 인지 왜곡은 아동들과 직접 접촉해서 성적 학대를 가하는 성범죄자들과 아동 포르노물을 수집, 감상하기는 하지만 직접적인 가해 행위를 하지 않은 범죄자들에게서 모두 나타날 수 있다.

• 아동 성범죄자들의 인지 왜곡 신념은 논리적 허점으로 인해 쉽게 반박이 가능하다.

핀켈러의 전조 모델

　핀켈러(Finkelhor, 1984, 1986)는 아동 성범죄가 발생하기 위한 4가지 전제 조건을 설명하는 '소아성애 전조 모델'을 제시하였다.

● 범행 촉발 동기: 다른 사람들과 접촉할 기회가 없어서 아동을 성적 대상으로 선택하거나 혹은 아동만이 자신을 성적으로 만족시킬 수 있다는 믿음. 아동을 유일한 성적 만족 대상으로 인식

- 내적 억제 욕구의 극복: 핀켈러(Finkelhor)는 소아성애자들 또한 일반인들과 마찬가지로 아동에게 성적으로 접근하는 것이 사회적으로 용인되지 않는 옳지 않은 행동이라는 인식을 지니고 있으며 이러한 사회적 태도에 공감하고 있음. 이러한 억제 심리를 극복하기 위해 약물, 알코올을 섭취한 상태에서 범행하거나 자신의 행위를 정당화시키는 인지 왜곡 기제를 사용함

- 외적 방해 요인 극복: 소아성애자들이 아동을 유인, 성적 공격을 가하기 위해서는 가족, 보모 등 보호자들을 따돌려야 함. 특히 성적으로 유아를 선호하는 소아성애자들은 부모, 보모 등과 같은 늘 아이들 옆에 있는 보호자들을 따돌리고, 접근하기 어렵기 때문에 아무런 의심 없이 접근할 수 있는 가족, 친척들 중 피해자를 선택하는 경우가 많음. 아이들이 자라면서 점차 가족 이외 사람들과 독립적으로 접촉하는 빈도가 늘면서 이와 같은 아이들에게 대한 보호 장치 또한 느슨해짐. 이는 곧 소아성애자 입장에서 극복해야 할 외적 방해 요인이 감소한다고 볼 수 있음

- 피해자 저항 극복: 소아성애의 4가지 전조 모델의 마지막 단계. 아동에게 접근할 때 발생할 수 있는 저항을 극복해야 함. 이를 위해 표적 아동을 선물로 유인하거나 위협을 가할 수 있음. 때로는 단순히 아이들의 관심을 끌기 위한 행동을 취하기도 함. 일단 관심을 끄는 데 성공하게 되면 성적 행위로 유인하기 위해 아동 포르노물을 보여 주며 성인과의 성적 접촉이 자연스러운 행위라고 인식시킴

핀켈러(Finkelhor)의 모델은 아동 성범죄 발생 과정을 이해하기에는 유용하다. 하지만 아동 성범죄자들이 아동에게 성적 매력을 느끼는 이유를 충분히 설명하지 못하는 단점이 있다(Ward et al., 2006). 따라서 아동 성범죄의 원인 및 발생 기제에 대한 이해를 위해서는 이들이 아동에게 성적 매력을 느끼는 이유에 대한 충분한 설명이 필요하다.

📶 홀과 허슈만의 4분위 모델

홀과 허슈만(Hall & Hirschman, 1991)은 아동 성범죄자들의 특성을 4가지 요인으로 구분한 후 아동 성범죄자들에게서 나타나는 요인별 특성에 따라 이들 아동 성범죄자들의 특성이 상이하다고 가정하고 있다. 홀과 허슈만이 제안한 4가지 요인은 다음과 같다.

- 정서 통제 질환: 정서 식별 및 관리 능력 부재. 정서 통제 질환이 있는 아동 성범죄자들은 아동들에게 성적 매력을 느낄 경우 아동들이 곁에 있으면 외로움이 감소된다는 정서적 혼돈감을 경험할 수 있음
- 애착 형성의 어려움 등 성격 문제: 아동기 초기 부모 및 성인과의 관계 경험에서 비롯됨
- 생리적 성적 각성: 이는 대부분의 아동 성범죄 관련 연구에서 언급되는 요인임
- 인지적 왜곡의 출현: (앞서 설명됨)

이 모델에 의하면 소아성애자들이 경험할 수 있는 이상 증상은 서로 다를 수 있기 때문에 치료를 위해서는 특정 아동 성범죄자에게 우세하게 나타나는 요인을 중점적으로 고려할 필요가 있다고 한다(Ward, 2001).

📶 워드와 지게르트의 경로 모델

워드와 지게르트(Ward & Siegert, 2002)는 아동 성범죄자에 대한 과거 모델들에서는 성적 공격 행동을 충분히 설명하지 못하고 있다는 문제점을 지적하며 과거 모델들에서 유의미한 요인들을 추출한 새로운 모델을 제시하

였다. 이 모델에서는 성범죄 행동이 유발되기 위해서는 아동 성범죄자들의 발달 경험 및 환경적 요인이 복합적으로 작용한다는 점에 주안점을 두고 소아성애자들의 4가지 발달 경로에 따른 유형 구분을 시도하였다.

- 인지적 왜곡의 사용
- 일탈적 성 의식의 출현: 보통 사람들은 사회적으로 허용 가능한 성관계 형태 및 성적 행동에 대해 보편적인 인식을 지니고 있음. 이러한 보편적 성 인식은 대부분 사회화 과정을 통해 형성되지만 이에 반해 일탈적이며 비정상적인 성적 각본(script)이 내재화된 성 의식을 지니게 되는 경우도 있음. 일탈적 성 의식은 성적 태도의 미성숙함과 더불어 이성 간의 친밀감과 성적 관계를 구분하는 능력이 결여된 상태에서 나타남
- 친밀감 결핍: 정상적인 관계 형성, 유지의 어려움 및 이로 인한 불만족감에 기인하며 애착 관계 형성의 어려움으로 사회적 고립감을 경험함
- 정서 조절 문제: 아동 학대는 분노 표출 및 상대방에 대한 처벌의 한 종류로 볼 수 있음. 소아성애자들은 기분을 진정시키기 위해 아동을 대상으로 성적 행위 방법을 사용함

이 4가지 경로 이외에 워드와 지게르트(Ward & Siegert, 2002)는 최종적으로 다양한 영역에 걸쳐 역기능들이 수반된 50가지 경로를 제시하였다. 홀과 허슈만(Hall & Hirschman)의 모델에서처럼 소아성애자들에 대한 치료적 접근은 소아성애자들이 어떤 인지 경로 경로를 사용하느냐에 따라 달라질 수 있다. 워드와 지게르트(Ward & Siegert)의 경로 모델을 적용, 인터넷에서 아동 포르노물을 수집하는 이들을 대상으로 연구를 수행한 미들턴 등(Middleton et al., 2006)은 약 40%의 연구 참여자들에게서 다양한 요인이 복합적으로 작용하고 있다는 사실을 발견하였으며 특히 친밀감 결핍 및 정서 조절 문제가 아동 포르노물 수집에 영향을 미치는 주된 요인이라는 점

또한 발견하였다. 물론 미들턴 등(Middleton et al.)의 연구 결과 역시 한계는 있다(Elliott et al., 2009). 하지만 연구자들은 미들턴(Middleton et al.) 등의 연구에 대해 인터넷으로 범죄 대상을 구하고 실제 범행을 자행하는 가해자들이 특정 발달 경로에 의거한 분류 기준으로 구분하기 어렵고(Byrce, 2010), '모두가 그런 것은 아니지만 인터넷을 통해 포르노물에 접근하는 범죄자들은 대체로 자신의 정서적 문제를 회피하거나 극복하기 위한 목적에 기인한 경우가 많다(Quayle et al., 2006, p.10)'는 점을 들어 지지하고 있다.

Summary Box 5-2 소아성애 모델

- 소아성애자의 원인 규명을 위해 꾸준한 연구가 진행되고 있다.
- 소아성애 원인과 관련된 연구들은 대부분 소아성애자들의 유년기에 초점을 맞춰져 있다.
- 소아성애를 설명하는 주요 모델들은 다음과 같다.
  - 핀켈러(Finkelhor, 1984, 1986)의 '소아성애 전조 모델'
    - ※ 아동 성범죄의 원인 및 성적 가해 행동 발생 시 충족되는 4가지 전제 조건에 대한 가정
    - 범행 촉발 동기
    - 내적 억제 욕구 극복
    - 외적 방해 요인 극복
    - 피해자 저항 극복
  - 홀과 허슈만(Hall & Hirschman, 1991)의 '4분위 모델'에서도 성범죄 행동을 4가지 요인으로 구분하고 있으며 개별 요인의 상대적 영향력에 따라 범죄자들 간 개인차가 있을 수가 있다고 제안하였다.
    - 정서 통제 질환
    - 성격 문제
    - 생리적 성적 각성
    - 인지적 왜곡의 출현
  - 워드와 지게르트(Ward & Siegert)의 '경로 모델'에서는 소아성애 성향은 4가지 발달 경로를 통해 발전하며 개별 발달 경로에 따라 소아성애자들을 4가지 유형으로 구분된다고 가정하고 있다.

- 인지적 왜곡의 사용
- 일탈적 성 의식 출현
- 친밀감 결핍
- 정서 조절 문제
- 다양한 영역에서 역기능적 요인을 수반한 50가지 복합 경로 제시

온라인 아동 학대

대부분의 부모는 자녀들이 인터넷에 중독될까 걱정하고 있지만 실제 온라인 성폭력 피해자들 대다수는 청소년들이다. 청소년들이 호감이 가는 이성 친구에게 잘 보이고 싶어 치장을 하는 것은 지극히 자연스러운 일이며 성적으로 매력적인 이성과 교제하고 싶은 욕구 또한 당연한 것이다. 온라인 성폭력 사례들 대부분은 소아성애자들의 가해 행동이라기보다는 미성년자들을 대상으로 한 강간 행위와 유사하며(Wolak et al., 2008) 가해자들은 피해 아동 및 청소년들에게 성적 관심을 솔직히 표현하는 경향이 있다. 언론 및 대중매체에서는 인터넷 공간에서 발생하는 아동 대상 성범죄에 대해 심각한 우려를 표시하고 있지만 아동을 대상으로 하는 성범죄는 갑자기 생겨난 신종 범죄가 아니다(Wolak et al., 2008). 하지만 온라인 성폭력 가해자들에게 인터넷 공간이 아동 및 청소년 피해자들을 더욱 쉽게 물색하고, 접촉할 수 있는 수단이라는 점은 분명하다.

월락 등(Wolak et al., 2006)은 아동, 청소년 인터넷 사용자 7명 중 1명은 인터넷상에서 익명의 인물로부터 원하지 않는 성적 유혹을 받아 본 경험이 있다고 보고하고 있다. 하지만 오프라인 공간에서의 직접 접촉을 목적으로 적극적이며 공격적인 유혹을 경험한 아동 및 청소년들은 전체 인터넷 사용 인구의 4%에 불과한데 실제 브라이스(Bryce, 2010)의 연구에서도

아동, 청소년 대상 온라인 성범죄 발생 건수가 오프라인 성범죄 발생 건수 대비 상대적으로 적다는 결과가 나타났다(p. 322). 부모와 아이들 입장에서는 인터넷 공간에서 성적 유린 행위를 당할지도 모른다는 사실에 두려워하고 있지만 실제 발생 위험성은 오프라인 아동 성범죄 발생에 비해 현저히 낮은 수준이다.

📶 아동, 청소년들에 대한 온라인 성적 가해 절차

온라인 공간에서 피해자를 선별하고 의사소통하기 위해 가해자들은 다양한 커뮤니케이션 기법을 활용하고 있다. 마레스키(Malesky, 2007)에 의하면 성적 목적으로 인터넷상에서 미성년자에게 접촉을 시도하는 남성들 중 약 75%가 피해자 물색 단계에서 인터넷 채팅룸에 진행되는 대화를 관찰한다고 한다. 또한 이들 중 약 50% 이상은 피해자들의 온라인 프로필을 직접 확인하는 것으로 나타났다. 미첼(Mitchell et al., 2010) 역시 온라인 성범죄자들은 공통적으로 인터넷을 통해 피해자 정보를 수집한 후 피해자 사진을 다운로드 받고 이들과 직접적인 커뮤니케이션을 시도하는 경향을 보인다고 한다. 심지어는 자신들이 점찍은 피해 아동 친구들과 SNS로 소통하는 경우도 있다. 온라인 성범죄자들은 SNS뿐 아니라 온라인 게임 및 데이트 사이트에서 피해 아동이나 청소년을 물색하는 경우도 있다(Wolak, 2006).

온라인에서 발생하는 아동 및 청소년 대상 성적 공격 유형은 크게 2가지 형태로 구분된다(Yar, 2006).

● 온라인 커뮤니케이션을 통한 '가상적' 성적 학대: 성적 가해자들은 온라인 공간에서 아동, 청소년들과 자위 등 성행위에 대한 대화를 나눔. 음란하고 선정적인 사진이나 동영상을 웹캠으로 촬영, 서로 교환하는 경

우도 있음. 이들이 실제 오프라인에서 만난 적이 없더라도 아동을 성적으로 학대하거나 성을 목적으로 이용하는 행위는 불법으로 가해자를 처벌할 수 있음

● 오프라인 성 접촉 상대를 구하기 위해 온라인 공간에서 커뮤니케이션을 시도하는 유형: 이들은 온라인 공간에서 성폭력 대상 아동을 물색함. 대부분 앞서 제시한 수법들을 공통적으로 사용하며 자신에게 관심을 보이는 아동이나 청소년들에게 실제 만나자고 제안함. 월락 등(Wolak et al., 2006)은 이러한 수법을 '공격적 유혹' 행위로 규정

온라인 공간에서 성적 대상이 될 만한 피해 아동을 물색하는 행동들은 단계적으로 이루어진다. 에드거-네빌(Edgar-Nevill, 2008)이 제시한 온라인 공간에서의 피해 아동 물색 절차는 다음과 같다.

일단 아동 성범죄자들이 인터넷을 통해 피해 아동을 선정하게 되면 이들을 유인하기 위해 먼저 가짜 온라인 프로필을 작성한다. 프로필 상에 제시된 나이가 진짜일 수도 있고 거짓인 경우도 있다.[2] 프로필 작성 후에는 피해 아동을 개인 채팅룸으로 유인해서 말을 걸기 시작한다(인스턴트 메신저를 사용하거나 SNS 프로필을 변경한 후 커뮤니케이션을 시도하기도 한다). 사적 메시지를 보내는 빈도가 잦아지며 피해 아동의 신뢰 및 동의를 구하기 위한 대화가 이어진다. 피해 아동이나 청소년들이 자신들과의 대화 내용에 관심을 보인다고 판단되면 이들은 웹캠을 사용한 화상 채팅을 요구하거나 오프라인 공간에서 직접 만나자고 제안하는데 이 경우 오프라인 상에서 가해자와 직접 만나는 아동이나 청소년들 역시 성관계를 기대할 수 있다(Wolak et al., 2008). 돔브로스키 등(Dombrowski et al., 2004)이 제안한

---

2) 월락 등(Wolak et al., 2004)에 따르면 온라인 아동 성범죄자들의 약 5% 정도가 청소년을 가장해서 아이들에게 접근하는 수법을 사용한다고 한다.

피해 아동 및 청소년들이 온라인 성적 가해자들에게 관심을 보이게 되는 과정 역시 에드거-네빌(Edgar-Nevill)이 제시한 단계와 유사하다. 피해 아동 및 청소년들은 주로 아동 성범죄자들과 일반적인 대화로 시작해서 이후 선물을 받거나 사진을 주고받으면서 상대에 대해 호감을 갖게 되며 점차 노골적인 성적 대화를 나누게 된다. 아동 성범죄자들은 피해 아동, 청소년들이 성적 대화를 거부감 없이 받아들일 수 있도록 음란 영상을 보여 주기도 하고 성적 대화에 관심을 보이지 않는 아이들에게는 부모에게 대화 내용을 폭로하겠다고 위협하기도 한다. 이 경우 아이들은 부모에게 꾸지람을 듣고 더 이상 인터넷을 사용하지 못할 수도 있다는 생각에 지레 겁을 먹을 수 있다. 이미 아동 성범죄자의 꼬임에 넘어가 호감을 가지고 있는 경우라면 이들을 다시 만나지 못할까 두려워할 수도 있다.

또한 아동 성범죄자들은 온라인 공간에서 만난 아이들과 직접 만남을 시도하는 단계에서(혹은 지속적으로 온라인 공간에서 성적 학대를 가하기 위해) 아이들에게 자신과의 관계에 대해 혹시 부모가 의심하고 있지 않은지 물어본 후 자신의 정체가 드러날 것 같으면 오프라인 공간에서 성적 접촉이 있기 전 아이들과의 관계를 정리하는 경우가 많다고 한다(O' Connell, 2003).

Activity 5-2 온라인 공간에서 아동, 청소년 보호

앞서 설명한 온라인 아동 성범죄자들의 수법 및 이들이 선호하는 피해자 연령대 등을 토대로 아동, 청소년 및 부모에게 온라인 성범죄의 위험성을 인식시킬 수 있는 방법에 대해 토론해 보자. 논의된 결과를 바탕으로 인터넷 사용을 제한하지 않고도 아이들이 안전하게 인터넷을 사용할 수 있는 방법과 스스로 안전하다고 느낄 수 있는 방법들을 제시해 보자.

📶 오프라인 성범죄와 비교

온라인 성범죄자들과 기존 오프라인 성범죄자들이 사용하는 범행 수법은 분명히 다르다. 가장 큰 차이는 피해자와의 관계다. 즉 사전에 알고 지내는 사이인지 아니면 전혀 모르는 사람이인지 여부가 온라인과 오프라인 성범죄를 구분 짓는 가장 큰 차이라고 볼 수 있다. 소아 성애에 대한 많은 연구들에서 오프라인 아동 성범죄는 주로 어린아이들을 대상으로 발생되는 반면 온라인 아동 성범죄자들은 주로 청소년들을 표적으로 한다는 점이 발견된 바 있다.

즉 오프라인 아동 성범죄의 경우 가정 내 등과 같은 사적 공간에서 범죄가 발생할 위험성이 높으며 가해자와 피해 아동은 이전부터 잘 알고 지내는 사이로 피해 아동이 가해자를 신뢰할 만한 사람이라고 여겼던 경우가 많다(Elliott et al., 1995). 반면 온라인 아동, 청소년 성범죄의 경우 가해자와 피해자가 서로 알고 지내던 사이일 가능성은 희박하다.[3]

하지만 온라인 아동 성범죄자들과 오프라인 성범죄자들 모두 피해 아동 및 청소년들을 유인하는 과정에서 직접적인 폭력은 전혀 행사하지 않고 피해 아동 스스로 가치 있다는 느낌이 들도록 이들을 현혹시키는 수법을 사용한다는 공통점이 있다.

인터넷 사용 인구의 급속한 증가는 결국 온라인 성범죄자들이 피해 아동을 물색하고 접근할 기회 역시 많아졌다는 것을 의미한다. 온라인 공간에서는 과거 오프라인 공간보다 더욱 쉽게 피해자를 물색할 수 있게 되었고 그들 단둘만이 폐쇄된 공간에 있을 기회 역시 제공하고 있다(Wolak et al., 2008). 이처럼 온라인 공간에서 즉석 만남 및 은밀한 사적 대화를 나누

---

3) 월락 등(Wolak et al., 2006)에 의하면 아동, 청소년들을 대상으로 발생하는 온라인 성범죄에서 가해자와 피해자가 안면이 있는 경우는 약 14%에 불과하다고 한다.

기가 더욱 용이해졌기 때문에 성범죄를 시도하는 가해자 입장에서는 범행을 저지르기 더욱 쉬워졌다. 또한 아동이나 청소년들은 오프라인 면대면 상황보다 비대면 온라인 공간에서 낯선 사람들과 사적인 대화를 더욱 쉽게 나누는 경향이 있다. 즉 온라인 커뮤니케이션이 일정 기간 지속되게 되면 친밀감 수준은 급속도로 높아지고 성적 내용을 포함한 민감한 대화 역시 더욱 빠르게 진행될 수 있다(Wolak et al., 2008).

Summary Box 5-3　온라인상에서의 성적 가해 절차

- 온라인 성범죄 피해자들은 아동들보다는 청소년들이 더욱 많다.
- 대부분의 청소년들은 이성 친구와의 만남을 위해 외모에 많은 신경을 쓰고 있다.
- 또한 청소년들은 성적 매력이 있는 이성과 교제하고 싶은 욕구가 있다.
- 온라인 성범죄자들은 피해자 물색 및 접촉을 위해 다양한 온라인 수단 및 커뮤니케이션 방법들을 사용하고 있다.
- 온라인 아동 성범죄자들은 피해 아동 및 청소년들과의 공감대 및 신뢰 관계 형성을 위한 커뮤니케이션을 시도하는데 이 과정에서 피해 아동 및 청소년들은 자신이 주목받고 있다는 사실에 즐거워한다.
- 온라인 아동 성범죄자들은 상대 아동이 성과 관련된 대화를 쉽게 수용할 수 있도록 음란물을 보여 주는 등 거부감을 느끼는 피해 아동을 유인하기 위해 다양한 방법을 사용하고 있다.
- 온라인과 오프라인 성범죄 수법은 상이한데 이러한 차이는 주로 사전에 가해자와 피해자가 알고 지내던 관계 여부에 기인한다고 볼 수 있다.
- 청소년들은 면대면 상황보다는 온라인 공간에서 낯선 사람들과 사적 문제에 대해 스스럼없이 대화하는 경향이 있으며 대화 내용은 성행위와 같은 민감한 주제로 연결될 가능성이 높다.

📶 온라인 아동 성범죄자들의 심리 특성

아동들 중에서도 비교적 나이가 어린아이들은 주로 접속하는 사이트가 많지 않거나 부모가 직접 인터넷 사용을 엄격히 통제하고 있을 수 있기 때문에 인터넷 사용이 제한적일 수밖에 없다. 따라서 온라인 아동 성범죄자들은 너무 나이가 어린 아동들보다는 상대적으로 인터넷 사용이 자유로운 아동들을 표적으로 삼을 가능성이 높다. 즉 온라인 아동 성범죄자들이 선호하는 피해자 연령대는 소아보다는 어린이, 청소년층일 가능성이 높기 때문에 이들에게 소아성애자 설명 모델을 적용하는 것이 부적할 수 있다. 어찌 보면 온라인 성범죄자들은 소아성애적 특성보다는 성적으로 미성숙한 사춘기 청소년들에게 매력을 느끼는 청소년성애자들의 특성에 더욱 부합한다고 볼 수 있다. 청소년성애자들에 의한 성범죄가 온라인 공간에서만 발생하는 것은 아니지만 온라인 아동 성범죄 전담 경찰관이나 교정 실무자들 입장에서 이러한 차이는 매우 중요한 의미가 있다.

하인스와 핀켈러(Hines & Finkelhor, 2007)의 연구에서는 오프라인 공간에서 성적으로 미성숙한 사춘기 소녀들에게 성적인 접근을 시도하는 성인 남성 대부분은 교육 수준이 낮으며 전과자인 경우가 많다는 점이 발견되었다. 또한 이들은 심리사회적으로 미성숙하며 발달 수준이 특정 연령대에 고착되었을 가능성이 높아 성인기 이후에도 사회 부적응 증상을 경험하는 경우가 많다고 한다. 하지만 청소년성애적 특성을 지닌 이들이라 해도 온라인에서 범행을 시도하는 사람들과 오프라인 공간에서 범행을 시도하는 사람들 간에는 분명한 차이가 있을 수 있다. 청소년성애를 보이는 원인에 대해 라닝(Lanning, 2001a)은 충동성, 분노, 호기심 및 권력 욕구 등 다양한 개인 특성이 복합적으로 작용한 결과라고 보는 데 반해 누네즈(Nunez, 2003)는 단지 청소년기 경험을 재현하고 싶거나 피해자들로부터 존경받고 싶은 권력 욕구가 작용한 결과로 해석하고 있다.

하지만 월락 등(Wolak et al., 2008)은 온라인에서 성적 목적으로 아동, 청소년들을 유인하는 성범죄자들에게서는 충동성, 폭력성, 가학적 성향 등이 나타나지 않고 있으며 직접 아동이나 청소년들을 납치하는 경우 역시 찾아볼 수 없다고 한다. 요약하면 온라인 성범죄자들은 아동 및 청소년들이 자신을 신뢰할 때까지 기다릴 수 있는 인내심과 더불어 먼저 만나자고 말할 정도로 피해자를 현혹시킬 카리스마를 지닌 인물들이라 할 수 있다.

📶 온라인 아동 성범죄 피해자들의 심리 특성

기존 아동 성범죄 연구자들은 자존감 수준이 낮거나, 외모가 출중한 아동들이 성범죄 피해 대상이 될 가능성이 높다고 한 데 반해(Elliott et al., 1995) 온라인 아동 성범죄의 경우 결손 및 빈곤 가정 아동(Kenny & McEachern, 2000)들이 범죄 피해를 당할 가능성이 높다고 제안하고 있다. 온라인 성범죄 피해 아동들 대부분은 여아 및 소녀들이지만 남성 가해자들에 의해 소년들이 성적 유혹을 당하는 경우도 있다(Wolak et al., 2004, 2006). 월락 등(Wolak et al., 2006)은 일반적으로 온라인 아동 성범죄 피해 연령층을 14세 이상(80% 이상)으로 보고 있으며 피해자 나이가 10대 후반에 가까울수록 공격적이며 가학적인 구애 방식이 나타난다고 제안하고 있다.

미첼 등(Mitchell et al., 2007)은 피해 아동들이 온라인 공간에서 처음 만난 낯선 사람에게 자신의 세세한 개인 정보를 전달하거나 직접적으로 성적 대화를 나눈 경우 공격적인 성적 유혹을 당할 가능성이 높은 것으로 보고 있다. 월락 등(Wolak et al., 2008)은 신체 학대나 성적 학대 경험이 있거나, 일상생활에서 규칙을 잘 어기며, 우울 성향이 높고, 사회적 상호작용 능력이 결핍된 아동 및 청소년들이 특히 온라인 성범죄 피해 가능성이 높다고 주장한 바 있다.

미성년 자녀들이 개인 정보를 온라인에 공개함으로써 혹여나 범죄 피해를 당하지 않을까 많은 부모들이 걱정하고 있다. 하지만 월락 등(Wolak et al., 2008)에 따르면 단지 개인 정보를 온라인 공간에 공개적으로 게시했다고 해서 범죄 피해를 당할 위험성이 높다기보다는 처음 보는 낯선 사람과 섹스와 관련된 대화를 나누는 것과 같은 가해자들과의 상호작용이 더욱 위험하다고 한다. 성범죄 피해 위험이 높은 온라인 활동으로는 처음 보는 사람과의 상호작용, 모르는 사람들과 SNS 친구 맺기, 인터넷에서 포르노물을 수집하는 행위, 저속하고 지저분한 용어를 사용하는 행위 등을 들 수 있다(Wolak et al., 2008).

아동 및 청소년들 중 약 66%가 온라인 성범죄 상황에서 해당 웹 사이트를 종료시키거나 컴퓨터 전원을 끔으로써 가해자와의 접촉을 차단하고 있어 많은 아이들이 온라인 공간에서의 성범죄 위험에 비교적 적절하게 대처하고 있다고 볼 수 있다(Wolak et al. 2006). 온라인 위험 상황을 예방할 수 있는 또 다른 방법으로는 상대방을 무시하거나 직접 경고를 가하는 방법이 있다. 아이들 대부분이 처음 보는 낯선 사람이 성적으로 유혹하게 되면 놀랍긴 하지만 특별히 기분은 나쁘지 않다고 한다. 하지만 직접 만나자는 이야기를 듣게 되면 불안, 당혹감, 짜증 등과 같은 정서 반응이 나타날 수 있으며 이러한 상황에 대해 스트레스를 경험할 수 있다. 또한 해당 웹 사이트 및 인터넷 프로그램을 사용하지 않게 되고 이러한 일들이 비일비재하다는 편견을 가질 수 있다.

무엇보다 가장 심리적 충격이 큰 경우는 직접적인 신체 성폭력을 당한 경우로 볼 수 있다. 온라인을 통해 접촉한 아동 성범죄자들에게 직접적인 신체 성폭력을 당한 피해 아동들을 대상으로 한 실증 연구 결과는 현재까지 발표된 바 없지만 피해 아동들이 경험할 수 있는 심리적 충격은 일생 동안 지속될 가능성이 높으며(Dombrowski et al., 2004) 일반적인 성적 학대를 당한 아동들에게서 나타나는 '비행, 우울, 약물 남용, 죄책감, 외상 후 스트레스 장애(PTSD)' 등이 나타날 가능성이 높다고 추정해 볼 수 있다(Bryce, 2010, p. 335).

Summary Box 5-4 온라인 아동 성범죄 가해자와 피해자의 심리 특성

- 온라인 아동 성범죄자들은 주로 청소년층을 선호하는 경향이 있기 때문에 소아성애를 설명하는 심리학적 모델로 이들의 특성을 설명하는 것은 부적합하다.
- 성적 만족을 위해 온라인 공간에서 아동 및 청소년을 유인하는 가해자들은 사회 부적응, 심리사회적 발달 수준의 고착, 낮은 교육 수준, 다양한 범죄 경력, 충동성(충동성 요인에 대해서는 연구자별 이견이 있음), 분노, 호기심, 권력 욕구, 청소년 시절 경험을 재현하고 싶은 욕구, 피해자 존중, 인내심 등과 같은 특질을 지니고 있다.
- 아동 성범죄 피해자들은 대부분 여아 및 소녀들이지만 남성 가해자에 의해 남아가 성폭력 피해를 당하는 경우도 있다.
- 온라인 아동 성범죄 피해자들의 연령은 대부분 14세 이상이다.
- 온라인 공간에서 처음 보는 낯선 사람에게 세세한 개인 정보를 전달하거나 성적 행위와 관련된 대화를 나눈 경험이 있는 아동 및 청소년들은 가해자에게 공격적인 성적 유혹을 당할 가능성이 있다.
- 인터넷을 사용하고 있는 대부분의 아동 및 청소년들은 온라인 성폭력 위험 상황에 비교적 적절히 대처하고 있으나 직접적인 성적 피해를 당할 경우에는 매우 심각한 수준의 심리적 고통을 경험할 수 있다.

📶 온라인 안전성 향상

아동, 청소년들의 온라인 안전 증진 방법으로는 인터넷 안전 사용 방법 교육, 아동, 청소년들의 온라인 사용 행태를 모니터링한 후 위해 요인들을 기술적으로 차단시키는 방법, 온라인 성범죄자 용의자들 및 범죄 의심자들에 대한 언어적 증후를 파악, 범행을 억제하는 수사 기법, 범죄자 교화 프로그램을 통한 재범 억제 방법 등을 들 수 있다.

인터넷 안전 교육 시행 시 가장 중요한 점은 누구한테 초점을 맞춰 교육

을 시킬 것인가를 결정하는 것이다. 온라인 성범죄 피해 가능성이 높은 연령대 집단이 교육 내용에 관심을 보일 가능성이 높기 때문에 피해 위험성이 높은 청소년층을 대상으로 온라인 안전 교육이 이루어져야 할 것이다. 또한 부모나 보호자들을 대상으로 하기보다는 실제 인터넷을 사용하고 범죄 위험 상황에 직면할 가능성이 높은 아이들을 교육 집단으로 선정할 필요가 있다(Wolak et al., 2008). 또한 단순히 인터넷에 개인 정보를 게시하는 행동이 위험하다고 인식시키기보다는 처음 보는 낯선 사람과의 상호작용 위험을 강조하는 교육이 이루어져야 할 것이다. 청소년들은 위험하다는 사실을 알면서도 위험 행동에 빠져들 수 있기 때문에 온라인 행동이 초래할 부정적 결과들을 반복적으로 강조할 필요가 있다(Bryce, 2010). 예방 측면에서는 특정 행동보다는 전반적인 인터넷 이용 행동에 초점을 맞춰 관련 지식을 습득할 수 있도록 교육 내용을 구성하는 것이 바람직하다(Mitchell et al., 2010). 하지만 교육을 통해 온라인 위험 상황 관련 지식이 풍부해질 수 있지만 아이들은 여전히 위험 행동에 관여할 가능성이 존재한다(Mishna et al., 2011).

온라인 성범죄자들과 인터넷을 사용하는 아이들은 온라인 위해 요인을 차단하는 기술적 조치를 충분히 피해나갈 수 있다. 따라서 기술적 조치를 적용할 때에는 아동 및 청소년 대상 교육을 병행해야만 예방 효과를 극대화시킬 수 있다(Dombrowski et al., 2004). 예를 들어, 아동 유해 차단 프로그램을 적용함과 동시에 인터넷 사용 시간, 접속 허용 웹 사이트 목록, 온라인 공간에서 피해야 할 사람들의 특성들을 아이들에게 충분히 숙지시키는 것 등을 들 수 있다.

적극적인 경찰 활동 또한 온라인 안전 강화 방법 중 하나이다. 미성년자 대상 인터넷 성범죄 사범 중 25%가 청소년으로 위장한 경찰 수사 활동에 의해 검거된 것으로 보고된 바 있다(Mitchell et al., 2005). 이러한 위장 수사에 걸려드는 성범죄자들과 교묘히 빠져나가는 성범죄자들은 분명 차이가 있다. 미첼 등(Mitchell et al., 2005)은 인터넷 성범죄 초범자들이 경찰 위장 수사에 걸려들 가능성이 높으며, 이들의 인구통계학적 특성 역시 상습범들과는 차이가 있을 것으로 추정하였다.

맥기 등(McGhee et al., 2011)은 커뮤니케이션 이론에 컴퓨터 공학 알고리즘을 적용시킨 온라인 성적 가해 행동 탐지 프로그램을 개발했다. 프로그램 예측 정확도는 약 68%로 완벽하지는 않지만 그동안 놓쳐 왔던 온라인 성범죄자들을 확인할 기회가 생겼다는 점에 매우 의미가 있다.

온라인 아동 성범죄자들에게는 화학적 거세, 약물 치료, 인지 행동 치료 등과 같은 다양한 교정 치료 프로그램 명령이 이루어지고 있다. 일반적으로 아동 성범죄자들에 대한 치료적 개입 효과는 매우 큰 것으로 알려져 있다(Schmucker & Lösel, 2008). 일부 교정 치료 프로그램들의 경우에는 인지적 왜곡 태도를 교정하는 데 초점을 맞추어 진행되고 있으며 그밖에도 정서조절 질환, 사회 기술 결핍 등을 수정하는 치료 프로그램들도 진행되고 있다. 온라인 성범죄자 유형은 매우 다양하지만 앞서 제시된 모든 치료 프로그램들을 공통적으로 적용 가능하다고 한다(Wolak et al., 2008).

아동, 청소년들을 온라인 공간에서 안전하게 보호하는 것도 중요하지만 그렇다고 해서 인터넷의 긍정적 교육 효과 또한 무시해서는 안 된다. 이에 대해 리빙스턴(Livingstone, 2009)은 "온라인 위해 요인들 때문에 아이들이 도덕적 공황을 경험하는 것은 아니기 때문에 인터넷을 통해 얻을 수 있는 긍정적 요인들까지 포기하면서 인터넷 사용을 엄격히 통제하는 것이 아이들의 안전을 보호하는 유일한 방법은 아니다"(p. 178)라고 지적하고 있다. 즉 불필요하게 아이들의 인터넷 사용을 엄격히 제한한다고 해서 안전이 보장된다고 볼 수 없으며, 오히려 인터넷 사용 경험이 미숙한 아이들이 온라인 성범죄 위험 상황에 적절히 대처할 만한 능력이 부족할 수 있다. 하지만 변하지 않는 점은 지금 이 순간에도 많은 아이들이 끔찍한 성적 학대를 당하고 있으며 이러한 장면이 담긴 사진, 동영상이 인터넷에 다량으로 유포되고 있다는 사실이다.

Activity 5-3 아이들의 인터넷 사용 수칙 작성

13~14세 아이들에게 적합한 인터넷 사용 지침을 만들어 보자. 여러분이 작성한 사용 수칙을 적용했을 경우 안전하게 보호될 수 있는 내용은 무엇인가? 일일 적정 인터넷 사용 시간 또한 추가하고 9~10세 아동 및 16~17세 청소년들에게 적용해도 적합할지 고려해 보자.

Summary Box 5-5 온라인 안전성 향상

• 온라인 안전 교육 프로그램은 어린 아동들보다는 청소년들을 대상으로 이루어지는 것이 효과적이다. 또한 부모보다는 직접적인 피해 대상이 될 가능성이 높은 아이들을 대상으로 교육이 이루어질 필요가 있다.

• 사전 예방을 위해서는 일부 위해 사이트에 초점을 맞춰 교육을 진행하기보다는 아이들의 행동 변화에 초점을 맞춰 진행되어야 한다.

• 온라인 공간에서 아이들을 보호하기 위한 기술적 조치 방법의 경우 아이들과 성범죄자 모두 피해나갈 가능성이 있기 때문에 효율성이 떨어진다.

• 아동이나 청소년을 위장, 온라인 공간에서 잠재적 성범죄 위험자들에게 접근하는 경찰 위장 수사를 통해 이들을 검거할 수 있을지는 몰라도 검거된 아동 성범죄자들이 온라인에서 활동하는 모든 아동 성범죄자들을 대표하는 것은 아니다.

• 다양한 교화 프로그램이 성범죄자들에게 적용되고 있다. 이 중 많은 프로그램들이 온라인 아동 성범죄자 교화에 적용 가능하다.

• 온라인 안전 대책들은 온라인 활동을 통해 아이들이 얻을 수 있는 순기능을 침해하지는 않는 선에서 시행되어야 한다.

온라인 아동 포르노그래피

인터넷 아동 포르노 관련 범죄는 유죄 판결 비중이 가장 높은 인터넷 성범죄 중 하나이다(Sheldon & Howitt, 2007). 아동 포르노 관련 범죄들 역시 최근 들어 새롭게 등장한 신종 범죄는 아니지만 분명한 점은 웹캠, 디지털 카메

라, 스마트폰, 사진 편집 소프트웨어 등의 첨단 디지털 도구들의 급속한 발전 및 SNS, 파일 공유 사이트(프로그램) 등 다양한 유통 수단이 등장하면서 아동 포르노 관련 범죄자들이 범행을 저지르기 용이한 환경이 도래했다. 인터넷이 대중화되기 전에는 음란 동영상 제작 및 배포를 위해 전문 장비가 필요했기 때문에(Wortley & Smallbone, 2006) 아동 포르노물을 제작하고 배포하는 데에는 한계가 있었다. 최근 들어 저렴하고 간소한 장비로 누구나 쉽게 고품질 영상을 제작하는 것이 가능해지면서 영상 파일을 복사하고 배포하기가 용이해졌다. 또한 과거에 비해 누구라도 쉽고 빠르게 인터넷에서 아동 포르노물을 구할 수 있으며 비용 또한 저렴해졌다. 특히 인터넷 특성상 익명성을 보장받을 수도 있다(Quayle et al., 2006). 하지만 온라인 범죄 용의자들의 신원을 특정할 수 있는 경찰 수사 능력 역시 비약적으로 발전하고 있어 온라인 공간의 익명성 효과는 점차 무력화되고 있는 상황이다.

📶 아동 포르노물 등급

다양한 형태의 성인 포르노물들이 있는 것처럼 아동 포르노물 역시 그 종류 및 형태가 다양하다. 아동 포르노물의 내용을 평가한 대표 사례로는 아일랜드 코크 대학(University College Cork)에서 진행된 코핀 프로젝트(소아성애 방지를 위한 유럽 내 정보 네트워크(the Combating Paedophile Information Networks in Europe: COPINE)가 있다(Taylor et al., 2001). 코핀 프로젝트에서는 아동 포르노물을 10등급으로 구분하고 있는데(<표 5-1>) 이 중 상대적으로 등급이 낮은 아동 포르노물들의 경우 기소될 가능성이 낮다(Jones, 2003).

<표 5-1> 코핀(COPINE) 프로젝트에서 발표된 아동 포르노물 등급

Level 1: 연상	아동의 수영복 사진. 직접적으로 성적인 느낌을 주지는 않으며 쉽게 구할 수 있음
Level 2: 나체	아이들이 옷을 입지 않고 목욕하는 상황 등 나체 상태
Level 3: 에로틱	나체의 아동을 은밀한 느낌이 들도록 촬영한 사진
Level 4: 포즈	나체 상태의 아동에게 의도적인 자세를 취하도록 한 후 촬영된 사진
Level 5: 에로틱 포즈	나체 상태에서 도발적이고 성적 느낌을 연상시킬 수 있도록 촬영된 사진
Level 6: 노골적 에로틱 포즈	아동의 성기 부위에 초점을 맞춘 사진
Level 7: 노골적 성행위	아동에게 애무, 자위, 구강성교 등을 시도하는 사진
Level 8: 폭행	손가락으로 아동의 성기 부위를 자극하는 사진
Level 9: 무자비한 폭행	성인과 아동이 서로 구강 성교, 삽입 성교 혹은 자위하는 사진
Level 10: 가학적/수간	동물과 수간하는 아동 및 고통스러워하는 모습을 담은 사진

영국 평결 자문 위원회(the UK's Sentencing Advisory Panel: SAP)에서도 법적 판단을 목적으로 아동 포르노물 등급을 5단계로 구분하고 있다.

<표 5-2> 영국 '평결 자문 위원회(SAP)' 평정 가이드라인(Sentencing Guidelines Council, 2007, p. 109)

Level 1	직접적인 성행위는 없지만 에로틱한 자세의 사진
Level 2	아동이 혼자 자위하거나 아이들끼리 성적인 행위를 하는 장면(삽입 성교 제외)
Level 3	성인과 아동의 성적인 행위(삽입 성교 제외)
Level 4	성인과 아동이 삽입 성교
Level 5	수간 및 가학적 행위

Summary Box 5-6 아동 포르노물의 등급 평가

- 아동 포르노물은 신종 범죄는 아니다. 최근 들어 디지털 기술의 급속한 발전으로 아동 포르노물 제작 및 유포가 더욱 활발하게 이루어지고 있다.
- 범죄자들은 온라인 공간에서 익명성이 보장될 것이라는 그릇된 신념을 지니고 있다.
- 코핀 프로젝트(Taylor et al., 2001)에서는 아동 포르노물을 10등급으로 구분하고 있다.
- 영국 평결 자문 위원회(SAP)에서는 법적 판단을 목적으로 5등급으로 구분한 아동 포르노물 평정 기준을 사용하고 있다.

📶 아동 포르노물 범죄자 프로파일링

아동 포르노물 범죄자들의 심리 특성을 이해하기 위해서는 먼저 아동 포르노물 범죄자 유형에 대한 이해가 선행될 필요가 있다. 아동 포르노물 범죄자들은 일반적으로 단순 관여형, 직접 제작 및 유포시키는 유형, 수집만 하는 유형 등으로 구분된다. 물론 유형화된 범죄자 집단별로 행동 특성과 동기가 다를 수 있는데 아동 포르노물 수집을 목적으로 유포시키

는 이들도 있을 수 있고, 경제적 이익을 위해 판매 목적으로 유포시키는 이들도 있을 수 있다. 크론(Krone, 2004)은 이와 같은 아동 포르노물 관련 범죄자들의 동기와 행동의 복잡성을 고려한 범죄자 유형 분류 체계를 개발하였다(<표 5-3>). 크론(Krone)이 제안한 분류 체계의 경우 개별 유형들을 상호 독립적으로 볼 수 없기 때문에 특정 범죄자가 한 가지 이상의 유형에 속할 수도 있다.

<표 5-3> Krone(2004)의 인터넷 아동 포르노물 범죄자 유형 분류 체계

브라우저 (Browsers)	다양한 아동 포르노물을 수집, 보유하고 있으나 아동 포르노물 범죄자들과의 접촉 및 교류는 없음
트롤러 (Trawlers)	아동 포르노물 수집에 적극적이며 범죄자들과의 교류 관계를 유지
안전형 수집가 (Secure collectors)	강박적으로 아동 포르노물을 수집하는 이들로 자신의 행위를 철저히 숨김. 비밀 모임에 참여하고 있을 수 있음
비안전형 수집가 (Non-secure collectors)	아동 포르노물 수집 시 보안 수준이 낮은 정보출처를 이용하며 수집한 음란물을 인터넷상에 공개. 범죄자들과 활발한 교류 관계를 유지하고 있지만 특별한 보안 대책을 사용하지는 않음
신체 학대자 (Physical abusers)	다양한 아동 포르노물을 수집하면서 직접 아동을 성적으로 학대하는 장면을 촬영하기도 함
제작자(Producers)	아동 포르노물을 배포할 목적으로 직접 제작하는 유형
배포자 (Distributers)	아동을 성적으로 학대하는 장면을 촬영 후 유포시키는 유형. 경제적 이익을 목적으로 행하는 경우도 있음
사적 환상가 (Private fantasisers)	개인적 성적 만족을 목적으로 다양한 디지털 기기를 이용해서 아동 포르노물을 제작
교제 목적 (Groomers)	직접 성관계를 위해 인터넷에서 아동을 유인. 유인 시 아동 포르노물을 아이들에게 전송함

크론(Krone)의 분류 체계는 아동 성범죄자 유형 구분 용도로는 유용하나 유형별 심리 특성 및 다른 유형으로 변화될 가능성 등에 대한 설명이 충분치 못한 한계가 있다. 최근 들어 연구자들은 크론(Krone) 분류 체계의 부족한 점을 보완하기 위해 아동 포르노물 수집에 몰두하는 이들이 실제 아동 성범죄를 저지를 가능성에 대해 활발한 연구를 진행하고 있다.

인터넷 아동 포르노물 이용자 특성에 대한 연구들에서는 아동 포르노 이용자들은 대부분 남성이나(Frei et al., 2005a; Seto & Eke, 2005; Webb et al. 2007) 여성들 중에서도 아동 음란물을 이용하는 경우가 상당수 존재한다고 보고되고 있다(Siegfried et al., 2008). 이용자들의 연령대는 26~40세 사이가 가장 많으며(Wortley & Smallbone, 2006), 35세 이하가 약 80% 정도라고 한다(Siegfried et al., 2008). 관련 연구들에서 제시하고 있는 인터넷 아동 포르노물 이용자들의 일반적 특성은 다음과 같다.

● 백인 비중이 높음(Babchishin et al., 2011; Wortley & Smallbone, 2006)
● 결혼 경력이 없는 독신자일 가능성이 높음(Siegfried et al., 2008)
● 인터넷 중독 증상을 경험(Blundell et al., 2002; Schneider, 2000)
● 대체로 교육 수준이 높으며 직업이 있음(Burke et al., 2002; Frei et al., 2005; O' Brien & Webster, 2007; Riegel, 2004; Siegfried et al., 2008; Wolak et al., 2005)

인터넷 아동 포르노 관련 범죄자들 중에는 과거 아동 음란물을 한 번도 접해 본 적이 없는 이들이 있을 수 있다. 따라서 앞서 제시된 인터넷 아동 포르노물 범죄자 프로파일에 해당하는 사람들 중에서 실제 아동 포르노물을 한 번도 경험해 본 적이 없는 사람들도 있을 수 있다. 반대로 아동 포르노물 관련 범죄자들 중에서 위와 같은 특성에 부합하지 않는 이들도 있을 수 있다. 위와 같은 특성, 즉 프로파일링 결과가 모든 아동 포르노물 관런 범죄자들의 특성을 완벽히 대표하는 것은 아니기 때문에 연구들에서 제시된 아동 포르노물 범죄자 프로파일이 실제 수사 활동에서 항상 도움이 되는 것은 아니다.

아동 포르노물을 이용하는 사람들마다 아동 음란물에 대한 선호 경향은 서로 다르다(Quayle & Taylor, 2002; Steel, 2009). 음란물 선호 경향이 다른 이유는 개개인별로 잠재적인 성적 환상이 다르기 때문에 아동 포르노물 제작자들은 고객들의 선호 경향에 맞춰 아동 음란물을 제작하고 있다 (Lanning, 2001b).

지크프리트 등(Siegfried et al., 2008)의 연구에서는 인터넷 아동 포르노물 이용자들이 비도덕성, 비정직성, 타인 조종 태도 등을 측정하는 EMAD (exploitive manipulative amoral dishonesty) 척도 점수들이 상대적으로 높은 반면 내재적 도덕 선택(internal moral choice) 척도 점수는 낮은 것으로 나타났다. 이러한 결과는 인터넷 아동 포르노물을 이용하는 이들 역시 자신의 행위가 사회적으로 허용되지 않는 범법 행위라는 점을 인정하면서도, 도덕적이지 못한 비윤리적 행동으로 인식하지 못한다는 점을 시사한다. 한편 라울릭 등(Laulik et al., 2007)의 연구 결과에서는 인터넷 아동 포르노물을 시청하면서 시간을 보내는 행동과 조현병, 경계선적 성향, 우울증 등과 상관이 높을 수 있다는 점을 제시하며 아마도 이들은 대인 관계 문제와 정서 기능 결핍 질환을 지니고 있을 것이라고 추정하고 있다. 하지만 월 등(Wall et al., 2011)은 라울릭 등(Laulik et al., 2007)의 연구 결과를 반박하며 인터넷 성범죄자들에게 특별한 정서 회피 특성은 나타나지 않는다고 주장하였다.

이외에도 인터넷 성범죄자들과 오프라인 성범죄자들 간의 특성 차이에 대한 연구들이 꾸준히 진행되고 있다(Webb et al., 2007). 이와 관련해서 레이넨 등(Reijnen et al., 2009)은 아동 포르노물 관련 범죄자들의 경우 다른 범죄자들과 구별되는 뚜렷한 심리적 특질이 존재하지 않는다는 연구 결과를 발표하였다. 하지만 오프라인 성범죄자 집단과 비교 분석 결과 엘리엇 등(Elliott et al., 2009)은 오프라인 성범죄자들의 경우 충동성 및 인지적 왜곡 수준이 높은 데 반해 인터넷 성범죄자들은 성적 환상 및 자기주장 성향 척도 점수가 상대적으로 높다는 사실을 발견하였다. 또한 베이츠와 멧커프(Bates & Metcalf, 2007)의 연구에서는 인터넷 성범죄자들이 오프라인 성범죄자들보다 사회적 바람직성 태도를 보일 가능성이 높지만 아동에 대한 성적 태도 점수는 낮다는 점이 발견되었다. 지능 차이와 관련해서는 버크 등(Burke et al., 2002)의 연구와 오브라이언과 웹스터(O' Brien & Webster, 2007)의 연구 모두에서 인터넷 범죄자들이 오프라인 범죄자들보다 지능 수준이 높다고 한다. 한편 바브치신 등(Babchishin et al., 2011)은 온라인 성범죄자들이 오프라인 성범죄자들에 비해 피해자에 대한 공감 수준 및 성적 도착 수준은 높은 반면 인상 관리 능력은 떨어진다는 점을 발견하였다. 온라인 성범죄자와 오프라인 성범죄 집단을 비교 분석한 연구 결과들을 종합하면 이들 집단 간에는 질적인 성격 차이가 존재한다는 사실을 확인할 수 있다.

Summary Box 5-7 아동 포르노물 범죄자

- 아동 포르노물 관련 범죄자는 수집자, 제작자, 배포자 등 서로 다른 유형으로 구분된다.
- 크론(Krone, 2004)은 아동 포르노물 범죄자들을 9가지 형태로 구분한 분류 체계를 제안하였다.
- 관련 연구들에서는 아동 포르노물 이용자들의 일반적 특성으로 남성, 백인, 독신, 결혼 경력 없음, 인터넷 중독 경험, 높은 학력, 직업 보유 등을 들고 있다.
- 지속된 성적 환상으로 인해 범죄자들은 아동 포르노물 이미지 및 동영상 등에 대한 특정 선호 경향이 존재한다.
- 인터넷 아동 포르노물 범죄자와 오프라인 범죄자 간에는 심리적 특성 차이가 존재한다는 연구 결과가 지속적으로 발표되고 있다.

📶 피해자 심리

범죄 피해 아동이 겪을 수 있는 심리적 고통은 인터넷 아동 포르노물 범죄에서 매우 중요한 문제다. 성적 학대를 경험한 아동들의 심리적 트라우마와 관련해서는 많은 문헌들에서 상세히 설명되어 있기 때문에 (Hillberg et al., 2011; Maikovich et al., 2009; Maniglio, 2009 참조) 이 장에서는 아동 포르노물 파일들이 삭제되지 않고 지속적으로 유통되는 온라인 환경이 피해 아동에게 미치는 심리적 트라우마에 초점을 맞춰 관련 연구 결과들을 살펴보도록 하겠다.

실버트(Silbert, 1989)에 따르면 아동 포르노물을 촬영당한 피해 아동들의 심리적 고통은 시간이 지나도 잘 사라지지 않는다고 한다. 이는 동영상이나 이미지로 존재하는 성적 학대 기록이 지속적으로 남아 있기 때문인데(Calcetas-Santos, 2001), 테일러와 퀘일(Taylor & Quayle, 2003) 역시 포르노물 동영상이나 이미지가 사라지지 않는 한 피해자들의 고통 역시 지속될 수 있다는 점에 동의하고 있다. 특히 대부분의 아동 포르노물이 인터넷을 통해 유포되면서 과거에 비해 복사가 용이해졌으며, 전파 속도 역시 빨라져 전 세계에 급속도로 퍼져나갈 수 있기 때문에 아동 음란물을 완전히 제거하기란 거의 불가능하다. 따라서 피해 아동들은 어른이 되어서도 항상 자신의 성적 학대 장면이 담긴 영상물이나 이미지가 어딘가에 남아 있을 수 있다는 불안감에 사로잡혀 있을 수밖에 없다. 즉 피해 아동들은 신체적 · 성적 학대로 인한 심리적 트라우마와 함께 자신의 모습이 담긴 포르노물이 평생 남아 있을 수 있다는 불안감을 이중으로 경험하게 된다. 실버트(Silbert, 1989)에 의하면 성적 학대를 당한 직후 피해자들이 느끼는 수치심과 불안감은 시간이 지나면서 더욱 심해지고 이와 함께 극심한 절망감, 무가치함, 좌절 등을 경험할 수 있다고 한다. 아동 포르노물 피해 아동들은 성인이 된 후에도 성에 대한 왜곡된 인식으로 인해 정상적인 이성 관계를 형성하는 데 어려움을 겪을 수도 있다.

테일러와 퀘일(Taylor & Quayle, 2003)에 따르면 장기적인 관점으로 인터넷 아동 포르노 피해 아동의 범죄 피해 효과를 조사한 종단 연구는 현재로서는 찾아볼 수 없다고 한다. 또한 관련 연구들 역시 아동 포르노물 관련 범죄자에 초점을 맞춰 진행되는 경향이 있기 때문에 피해자 대상 연구는 극히 소수에 불과하다. 레너드(Leonard, 2010)는 피해 아동들이 포르노물 제작 단계에서 가해자들의 지시에 복종했다는 이유만으로도 정신적 혼동을 경험할 수 있다고 제안하고 있다. 아동 포르노물 피해 아동에 대한 심리적 피해 효과뿐 아니라 인구 통계적 특성 역시 피해자 정보를 수집하기 어렵기 때문에 연구가 거의 이루어지지 않고 있다. 이들의 인구 통계적 특성에 대한 거의 유일한 연구인 퀘일과 존스(Quayle & Jones, 2011)의 연구에서는 아동 포르노물 피해 아동들의 경우 여아가 남아에 비해 정확히 4배가 많으며 백인 아동이 유색 인종 아동들보다 10배 더 많다는 점이 발견되었다.

Summary Box 5-8 온라인 아동 포르노물 피해자

- 신체적 성적 학대만 경험한 아동과 학대 장면이 촬영되어 배포된 아동들이 경험할 수 있는 심리적 트라우마는 서로 다를 수 있다.
- 이러한 심리적 반응 차이는 성적 학대 장면이 담긴 영상이나 이미지가 인터넷에 배포되어 영원히 제거할 수 없다는 불안 심리에 기인한다고 볼 수 있다.
- 아동 포르노 피해 아동들의 심리적 스트레스는 직접적인 성적 학대 이외에도 다양한 요인에 기인한다.
- 아동 포르노물 촬영 시 겪은 성적 학대 경험이 피해 아동에게 미치는 효과에 대한 연구 결과는 극소수에 불과하다.

📶 아동 포르노물 범죄자 처벌과 교정

아동 포르노물을 수집, 배포, 제작하는 이들로 인한 폐해와 관련 범죄의 심각성을 고려할 때 아동 포르노물 관련 범죄자들에 대한 교화 작업은 매우 중요하다.

아동 포르노물 범죄자 처벌 및 교화 전략 수립에 앞서 과연 이들이 처벌을 받은 후에도 지속적으로 범죄를 저지를 가능성이 있는가의 문제, 즉 재범 가능성에 대한 검토가 먼저 이루어질 필요가 있다. 인터넷 아동 포르노물 범죄자 집단을 6년간 추적 조사한 엔드라스 등(Endrass et al., 2009)에 의하면 이들 집단의 폭력 혹은 성범죄 재범률은 약 3% 정도였으며, 온라인 공간 등 피해자와 비접촉 상황에서 아동 포르노물 관련 동종 범죄를 저지른 경우는 약 4% 수준이었다고 한다. 엔드라스 등(Endrass et al.)은 조사 결과를 바탕으로 인터넷 아동 포르노물 관련 범죄자들의 재범률이 다른 범죄자들에 비해 높지 않기 때문에 이들을 대상으로 한 교화 프로그램 개발에 교정 예산을 활용하는 것이 효율적이지 못하다고 제언하였다. 사법 당국에 등록된 아동 포르노 관련 범죄자들을 대상으로 평균 4.1년 동안 추적조사를 실시한 에케 등(Eke et al., 2011) 역시 이들 집단의 재범률이 높지 않다는 연구 결과를 발표하였다. 에케 등(Eke et al.)에 따르면 출소한 아동 포르노물 관련 범죄자들 중 약 32% 정도가 범죄 혐의로 체포되었는데 이 중 과거 저질렀던 범죄와 다른 형태의 아동 포르노물 관련 혐의로 기소된 비율이 7%, 오프라인상에서 직접 성범죄를 저지른 경우가 4%, 과거 범죄와 동종 죄명으로 기소된 비중은 약 2% 수준이었다고 한다. 하지만 아동 포르노물 관련 범죄자들의 재범률이 낮다고 해서 이들이 동종 범죄를 저지를 가능성이 낮다고 판단할 수는 없다. 교도소에서 나온 후에 과거와 유사한 범죄를 저질렀지만 과거와는 다른 방법, 즉 최신 기술 및 장비를 이용해서 온라인 아동 포르노물 관련 범죄를 저지를 가능성을 배제할 수 없기 때문이다.

Activity 5-4　　아동 포르노물 범죄자 교정(치료)를 위한 예산 투자

아동 포르노물 범죄자들의 재범률이 높지 않음에도 불구하고 관련 예산과 재원을 이들의 치료 및 교정을 위해 투자할 필요가 있는가?

　　처벌의 목적이 전적으로 재범의 억제는 아니다. 사람들에게 범죄의 심각성을 각인시키는 것 역시 처벌의 주요 목적으로 볼 수 있다. 아동 포르노물 범죄에 대한 대학생 인식 경향을 조사한 람 등(Lam et al., 2010)의 연구를 살펴보면 아동 포르노물에 등장하는 피해 아동의 나이가 어릴수록 대학생들은 아동 포르노물 범죄를 심각하게 인식하는 경향이 있으며 이들 범죄자들의 재범 위험성이 매우 높을 것이라고 여기는 경향이 나타났다. 또한 일반 사람들은 성범죄자들이 적극적인 치료가 필요하다고 생각하고 있다(Mears et al., 2008). 이와는 대조적으로 베를린과 소이어(Berlin & Sawyer, 2012)는 단지 아동 포르노물을 수집, 관람만 한 경우 이들로 인한 사회적 위험성이 높다고 볼 수만은 없기 때문에 중형 처벌을 재고할 필요가 있다는 견해를 제시하기도 하였다.

　　성범죄자들을 어떤 방식으로 교화, 치료할 것이냐는 매우 중요한 문제이다. 하지만 최근까지도 인터넷 아동 성범죄자들에게 적용되는 평가 및 치료 프로그램들은 기존 성범죄자 치료 프로그램을 그대로 적용, 활용하고 있는 상황이다. 인터넷 성범죄자들과 오프라인 성범죄자들 간에 구분되는 특질이 존재한다는 점이 이미 널리 알려진 사실이지만 범행 유발 요인 중 많은 부분이 중첩되기 때문에 유사한 평가 도구를 적용하는 것 역시 가능하다는 견해가 지배적이다(Middleton, 2004, 2009). 인터넷 성범죄자 치료 프로그램(internet sex offender treatment programme: i-SOTP)은 인터넷 성범죄자에 특화된 대표적인 교정 프로그램 중 하나인데(Middleton, 2008) 이 프로그램에서는 20~30회기의 치료 과정을 통해 인터넷 음란물 시청 행위와 오프라인 성범죄 행위 모두를 억제시키기 위한 목적으로 개발되

었다. SOTP는 잉글랜드 및 웨일스 국립 보호관찰소에 의해 지역 내 성범죄자 대상 치료 방법으로 사용 인증을 받았으며 성범죄자들의 사회 정서기능 향상 및 범행 전 각성된 태도를 진정시키는 데 효과적인 것으로 알려져 있다(Middleton et al., 2009).

Summary Box 5-9 아동 포르노물 범죄자에 대한 처벌과 교정

- 인터넷 아동 포르노물 범죄자들의 재범 가능성은 비교적 낮은 수준이다.
- 이에 따라 인터넷 아동 포르노물 범죄자들을 대상으로 한 치료 프로그램에 관련 예산과 재원을 전량 투입하는 것은 문제가 있다는 비판이 제기되고 있다.
- 최근까지 인터넷 아동 성범죄자 평가, 치료 시에 일반 성범죄자용 프로그램을 적용하고 있다.
- 하지만 오프라인 성범죄자와 인터넷 성범죄자 간에는 분명 구분되는 차이가 있으므로 이들 두 집단에 동일한 프로그램을 사용하는 것은 적합하지 않다.
- 미들턴 등(Middleton et al.)에 의해 개발된 인터넷 성범죄자 치료 프로그램(i-SOTP)은 인터넷 음란물 시청 행동과 오프라인 성범죄 모두에 대한 치료 목적으로 사용되고 있으며 그 효과성 역시 입증되었다.

결론

아동을 대상으로 하는 온라인 성범죄는 매우 심각한 사회문제 중 하나로 최근까지 많은 연구가 이루어지고 있다. 하지만 안타깝게도 범죄 피해를 경험한 아동에게 나타는 부작용 및 안전한 온라인 행동 교육 전략 등과 관련된 연구 결과들은 현실과 괴리되는 부분이 존재한다. 최근까지 발표된 연구 결과들을 검토해 보면 인터넷 아동 성범죄자들은 기존 아동 성범죄자들과 차이가 있기 때문에 인터넷 아동 성범죄 문제에 더욱 효율적

인 대응 전략을 수립하기 위해서는 먼저 인터넷 아동 성범죄자들의 특성에 대한 구체적인 이해가 필요하다.

연구문제

[1] 소아성애를 설명하는 이론들이 온라인 아동 포르노물과 온라인 아동약취 행위를 이해하는 데 얼마나 적합한지 평가해 보자.

[2] 온라인 성범죄자들로부터 아동과 청소년들을 보호하기 위해서는 기술을 활용한 예방책보다는 교육이 더욱 효과적일 수 있다는 주장에 대해 토론해 보자.

[3] 온라인 아동 포르노물 수집가들은 오프라인 성범죄자들과 구별되는 차이가 있다는 점에 대해 토론해 보자.

참고문헌

문헌 및 논문

다양한 자료들을 통해 온라인 아동 학대자와 아동 포르노물에 대한 부가적인 정보를 얻을 수 있다.

월락, 핀켈러, 미첼 등(Wolak, Finkelhor, Mitchell et al.)은 온라인 아동 범죄자들을 대상으로 많은 연구를 진행해 왔으며, 다음 논문은 이들의 연구 중 하나이다.

Wolak, J., Finkelhor, D., Mitchell, K. and Ybarra, M. (2008). Online 'predators' and their victims: myths, realities, and implications for prevention and treatment. *American Psychologist, 63*, 111-128.

이와 유사한 논문인 지크프리트, 러블리, 로저스(Siegfried, Lovely and Rogers)의 연구에서는 온라인 아동 포르노물 행동에 대한 심리학적 분석 결과를 제시하고 있다. Siefried, K. C., Lovely, R. W. and Rogers, M. K. (2008). Self-reported online child pornography behaviour: a psychological analysis. *International Journal of Cyber Criminology*, 2, 286-297.

셀던과 호윗(Sheldon and Howitt)의 저서, 『성범죄자와 인터넷(Sex Offenders and the Internet)』(2007년 Wiley 발간)에서는 아동 포르노물 범죄자, 소아 성애 등 다양한 형태의 온라인 성범죄자들을 설명하고 있다.

마지막으로, 리빙스턴(Livingstone)의 저서, 『아이들과 인터넷: 큰 기대와 도전받는 현실(Children and the internet: Great Expectations, Challenging Realities)』(2009년 Polity 출간)에서는 온라인 환경이 아동에게 미치는 긍정적, 부정적 요인에 대해 설명하고 있다.

웹 사이트

국립 실종, 약취 아동 센터(The National Centre for Missing and Exploited Children)에서는 '넷스마츠(NetSmartz)' 웹 사이트(www.netsmartz.org)를 운영하고 있다. 이 사이트에서는 아동, 청소년, 교사, 부모, 보호자를 위한 안전한 온라인 사용 정보 및 각종 관련 자료를 제공하고 있다. SNS, 섹스팅(sexting), 파일 공유 및 유해 콘텐츠, 성범죄자 등에 대한 다양한 이슈 정보들을 확인할 수 있다.

영국 중요 조직 범죄국(the Serious Organised Crime Agency: SOCA)은 아동 약취 및 온라인 보호 센터(the Child Exploitation and Online Protection Centre: CEOP)(www.ceop.police.uk)와 제휴, 다양한 연령대의 아동 및 부모들에게 도움이 되는 정보 및 조언을 제공하고 있다.

미국 연방수사국(The Federal Bureau of Investigation)에서는 부모에게 도움이 되는 정보들을 제공하고 있다. (www.fbi.gov/stats-services/publications/ parent-guide)

제6장

사이버
괴롭힘과
사이버
스토킹

엠마가 전학 오기 전까지 크리스티나는 행복한 학교생활을 보내고 있
었다. 엠마는 아이들과 곧 친해졌고 반에서 가장 인기 있는 여학생이
되었다. 하지만 같은 반 친구인 크리스티나가 마음에 들지 않았던 엠마는 크리스티나
를 따돌리며 괴롭히기 시작했다. 아무 이유 없이 크리스티나의 이름을 반복해서 부르
며 모멸감을 주자, 크리스티나는 이제는 같은 반 친구들이 자신과는 더 이상 어울리지
않을 것이라는 생각을 갖게 되었다. 혼자 보내는 시간은 늘었지만 SNS상에는 여전히
같은 반 친구들이 '친구' 등록되어 있는 상태였다. 친구들이 크리스티나의 SNS에 심술
궂은 댓글을 남기고 괴롭힐 목적으로 악의적 메시지를 보내기 시작했고, 특히 가장 친
하게 지내던 친구들마저 함께 주고받았던 비밀 이야기를 SNS에 공개적으로 게시하는
것을 보고 큰 실망을 하게 되었다. 급기야는 그녀를 헐뜯고 괴롭히는 내용의 문자가 익
명으로 오기까지 하였다. 크리스티나는 아무렇지도 않은 듯 밝은 모습을 보이려 애를
써봤지만 점점 우울해지고, 내성적으로 변해가고 있다는 사실을 깨닫게 되었다.

알렉스는 대학교 1학년 때 세라와 3개월간 교제하다 헤어졌다. 알렉스는 세라와 친
구 사이로 지낼 수 있다고 생각했지만 어느 순간 그녀가 자신을 스토킹하고 있다는
사실을 깨닫게 되었다. 그녀는 알렉스가 SNS에 남긴 모든 글에 댓글을 달았으며 다
시 사귀자는 내용의 이메일과 문자를 지속적으로 보냈다. 또한 자신이 참석하는 파티
마다 어김없이 와 있는 그녀를 보고 이상히 여긴 알렉스는 그녀가 자신의 SNS 캘린

더를 이용하여 자신이 언제 어디에 있는지를 감시하고 있다는 사실을 알게 되었다. 뿐만 아니라 온라인 프로필을 통해 알렉스의 수강과목을 알아낸 세라는 수업 전후에 강의실 밖에 어슬렁거리기까지 하였다. 또한 그녀는 알렉스의 스마트폰의 위치를 추적하여 알렉스가 있는 곳 근처에 자주 모습을 드러냈다. 결국 알렉스는 자신의 SNS에서 그녀를 차단시키고 핸드폰 번호를 바꿔버렸다.

개관

뉴스, 신문 기사 등에서 매우 심각한 수준의 사이버 괴롭힘(cyberbullying) 사례들을 쉽게 찾아볼 수 있다. 사이버 공간에서 괴롭힘을 당하던 피해자들이 자살을 선택할 만큼 사이버 괴롭힘은 갈수록 심각한 사회현상으로 자리잡고 있다. 한편 사이버 스토킹(cyberstalking) 현상의 경우 대중매체나 학계의 관심은 비교적 덜하지만 피해자들의 정신적 고통은 매우 크다. 모든 사이버 괴롭힘과 사이버 스토킹 행위를 범죄로 볼 수는 없지만 피해자들이 직접적 위협 상황에 직면할 수 있기 때문에 범죄적 요소를 수반하는 범법 행위로 볼 수 있다. 이 장에서는 사이버 공간에서 발생하는 괴롭힘과 스토킹 현상에 대한 정의 및 구체적인 가해 방식, 오프라인 유사 행위와의 비교, 가해자 특성, 피해자에게 미치는 영향, 대응 방안 등에 대해 살펴볼 것이다.

사이버 괴롭힘

사이버 괴롭힘(cyberbullying)은 최근 들어 학계에서 가장 주목받는 현상

중 하나이다. 앞서 언급한 바와 같이 사이버 공간에서 발생하는 모든 괴롭힘 현상들을 범죄 행위로 규정지을 수는 없지만 제케스(Jewkes, 2010)가 지적한 바처럼 사이버 괴롭힘 현상은 "발생 지역 혹은 국가별 법률 정책에 따라 범법 행위로 보는 경우도 있고 단지 사회적 위험 행동으로 간주되는 경우도 있어 법률적 관점에서의 사이버 괴롭힘 현상은 다소 모호한 측면이 있다"(p. 526).

📶 정의, 발생률

사이버 괴롭힘에 대한 정의는 매우 다양하다. 힌두자와 패트친(Hinduja & Patchin, 2009)은 사이버 괴롭힘 행위를 '컴퓨터, 핸드폰 및 각종 디지털 기기를 활용, 고의적이고 반복적으로 위협을 가하는 행위'로 정의하고 있으며(p. 5), 윌러드(Willard, 2007, p. 1)는 '인터넷 혹은 다양한 디지털 기술을 이용하여 개인에게 피해가 되는 내용을 게시, 전송하거나 사회적 공격을 가하는 행위'로 사이버 괴롭힘을 정의한 바 있다. 반면에 샤리프와 고인(Shariff & Gouin, 2005)은 자신들의 저서에 사이버 괴롭힘을 '전자 매체를 통해 전달되는 은밀하고, 심리적인 괴롭힘'으로 정의하였다(p. 3). 바트(Bhat, 2008)는 괴롭힘의 결과로 인해 피해자들이 신체적, 언어적, 사회적, 정서적 피해를 경험하게 되며, 이러한 괴롭힘 행위가 지속적으로 반복되고, 피해자-가해자 간 힘의 불균형 상태가 지속되는 경우가 괴롭힘에 해당한다는 하즐러(Hazler, 1996)의 정의를 인용, 사이버 괴롭힘 행위를 '정보통신기술(ICT)을 이용, 집단 혹은 특정 개인을 위협하고 괴롭히며 따돌리는 행위'로 정의하고 있다. 란고스(Langos, 2012)는 '반복성, 힘의 불균형, 의도, 공격성 등 기존 면대면(face to face) 상황의 괴롭힘을 정의하는 필수 요소들이(p. 285)' 사이버 괴롭힘을 정의하는 데에 있어서도 중요하게 고려되어야 할 점이라는 견해를 제시한 바 있다.

확실한 점은 외재적이건, 내재적이건 가해자의 고의적 의도가 괴롭힘의 필수 구성 요소로 정의되고 있다는 점이다. 물론 피해자와 관찰자 입장에서 괴롭힘이라고 생각할 수 있지만 실제 가해자 입장에서는 위해를 가할 의도가 전혀 없었을 수도 있다. 온라인 공개 게시판, 포럼 등에서 상대에게 인식공격을 가하거나 욕설을 퍼붓는, 즉 적대적이고 공격적인 인터넷 커뮤니케이션 현상에 대해 연구한 오설리번과 플라나진(O' Sullivan & Flanagin, 2003)은 메시지 발신자의 의도와 수신자, 관찰자의 해석 방식에 따라 온라인 커뮤니케이션 행위를 유형화시킬 수 있다고 제안한 바 있다. 만약 누군가가 공격적인 의도가 명확한 적대적 메시지를 보냈다면, 수신자 및 관찰자들은 발신자의 공격적 의도를 알아차릴 수 있을 것이다. 하지만 메시지 내용이 모호하거나, 특정 집단만이 이해할 수 있는 내용들이라면 수신자들은 이를 자신을 공격하는 메시지로 인식하지 못할 수 있다. 이와 유사하게 공격적 의도는 없었지만, 메시지 상의 부정확한 언어(논조), 비꼬는 어투 및 문화적 규범에서 벗어났다고 인식되는 경우에 수신자들은 이를 자신을 괴롭히는 적대적 메시지로 해석할 수 있다. 오설리번과 플라나진(O' Sullivan & Flanagin, 2003)의 연구 결과를 사이버 괴롭힘 행위에 적용시켜 설명하면 메시지 발신자가 특정인에게 위해를 가할 목적이 있었을 수도 있고 그렇지 않을 수도 있다. 또한 메시지 수신자와 주변 관찰자들이 발신자의 의도를 정확히 인지했을 수도 있고 그렇지 않을 수도 있다. 사이버 괴롭힘의 경우에도 수신자가 메시지에 담긴 공격적 의도를 전혀 인지하지 못할 수도 있고, 피해를 가할 의도가 없이 보낸 메시지를 괴롭힘으로 오인할 수도 있다. 오설리번과 플라나진(O' Sullivan & Flanagin)은 자신들의 연구 결과를 토대로 온라인 공간에서 타인을 괴롭히는 행위 등 부정적 온라인 행동에 대한 분석이 가능하다고 한다. 이들의 견해는 사이버 괴롭힘 뿐 아니라 사이버 스토킹 사례에도 적용할 수 있다.

오설리번과 플라나진(O' Sullivan & Flanagin)에 의하면 사이버 괴롭힘 현상에 대한 연구가 힘든 이유는 정확한 사이버 괴롭힘 발생 건수를 확인할 수 없기 때문이라고 한다. 또한 어떤 연구 방법을 선택하느냐에 따라 관련 통계 수치가 달라질 수 있다. 만약 조사 대상자에게 사이버 괴롭힘 피해 경험을 질문한다면 온라인에서 이루어진 상호작용에 대해 가해자(bully) 입장과는 다르게 자신들이 사이버상에서 괴롭힘을 당한 적이 있다고 응답할 수 있다. 중요한 점은 가해자(bully)가 고의적 의도를 지니고 있지 않은 경우라 해도 피해자가 경험하는 고통이 감소되는 것은 아니라는 점이다. 즉 고의적 의도가 수반되지 않은 행위라 할지라도 피해자들에게는 상처로 남을 수 있다.

따라서 온라인 상호작용을 연구하는 연구자들 역시 괴롭힘이 아닌 행위를 괴롭힘으로 인식할 수도 있고, 혹은 미묘한 형태의 괴롭힘 상호작용을 제대로 포착하지 못할 수 있다. 따라서 사이버 괴롭힘과 사이버 스토킹의 발생률을 해석할 때는 세심한 주의를 기울일 필요하다.

Activity 6-1　온라인 커뮤니케이션 해석 방식

여러분이 보낸 온라인 메시지 내용을 수신자가 오해한 경우를 생각해 보자. 어떤 내용이 잘못된 커뮤니케이션을 유발시킨 것인가? 만약 또 다른 사람이 그 메시지를 보았다면, 그들은 당신이 메시지를 보낸 의도를 이해할 수 있을까? 아니면 오해할 수도 있다고 여길 것인가? 이와 같은 경험이나 사례가 있다면 잘못된 커뮤니케이션이 발생한 원인을 찾아보자. 여러분이 보낸 메시지뿐 아니라 받은 메시지 중에서도 잘못 이해했던 경우를 떠올려 보자.

이외에도 다양한 이유로 인해 사이버 범죄 발생률을 정확히 파악하기 어렵다. 첫 번째로 피해자들은 사이버 괴롭힘 피해 사실을 신고하기 꺼리는 경향이 있다. 피해자 입장에서는 자신이 괴롭힘 대상이 됐다는 사실에 당혹감과 수치심을 느낄 수 있고, 신고할 경우 가해자와 직면하게 되는 상황을 두려워하며, 부모에게 핸드폰을 압수당하거나 인터넷 사용이 금지될 수도 있다는 사실에 겁먹을 수도 있다. 피해 사실 축소 및 신고 지연에도 불구하고 관련 연구들에서는 최근 들어 사이버 괴롭힘 발생률이 우려스러울 정도로 증가하고 있다는 결과를 제시하고 있다. 스미스 등(Smith et al., 2006)의 연구에서는 조사 대상자의 22%가 사이버 괴롭힘을 당한 적이 있다고 응답하고 있으며, 국제 언론 연합(United Press International, 2008)이 미국 내 10대 청소년을 대상으로 실시한 조사에서는 40% 이상이 사이버 괴롭힘 피해를 당한 적이 있는 것으로 나타났다. 코왈스키와 림버(Kowalski & Limber, 2007)의 연구에서는 최근 2달간 사이버 괴롭힘을 경험한 학생이 조사 대상자의 11%로 나타났으며 포 인터넷(Pew Internet)과 미국 라이프 프로젝트(American Life Project; Lenhart, 2007)의 조사에서는 10대 청소년 중 32%가 위협적 메시지 혹은 당혹스러운 사진을 수신한 경험 등을 포함하여 온라인상에서 괴롭힘을 당한 적이 있는 것으로 나타났다. 힌두자와 패트친(Hinduja & Patchin, 2010b)은 10대 청소년 중 대략 20% 정도를 사이버 괴롭힘 피해자로 보고 있으며, 데휴 등(Dehue et al., 2008)은 전체 아동들 중 16%가 사이버 괴롭힘 행위에 직간접적으로 연루되어 있으며 23%는 직접적인 피해 경험이 있다는 점을 발견하였다.

사이버 괴롭힘의 개념을 연구자들마다 다르게 정의하고 있다는 점 역시 정확한 발생률 파악이 어려운 이유 중 하나이다. 예를 들어, 월락 등(Wolak et al., 2007)은 10~17세 아동, 청소년들 중 9%가 지속적으로 온라인 괴롭힘을 당하고 있다는 연구 결과를 제시한 바 있는데, 월락 등(Wolak et al., 2007)의 연구에서는 가해자와 피해자들이 상호작용 속에서 공격적 태도가 부족하거나, 괴롭힘 행위가 반복적으로 지속되지 않고, 힘의 불균형이 존재하는 않는 사례들은 사이버 괴롭힘 행위로 분류하지 않았으며 이러한 행위들은 '온라인 조롱(online harassment)(p. S51)'이라는 표현으로 칭하는 것이 적합하다고 제안한 바 있다.

사이버 괴롭힘 현상 발생률 관련 연구들의 경우 주로 초등학교 이상에 재학 중인 아동과 청소년 집단에서 나타나는 사이버 괴롭힘 현상에 초점을 맞추고 있다. 하지만 성인들 사이에서도 사이버 괴롭힘 가해, 피해 현상이 나타날 수 있다. 성인층에서 나타나는 사이버 괴롭힘의 특성과 발생률을 다루는 연구는 많지 않지만, 프리비테라와 캠벨(Privitera & Campbell, 2009)의 연구에서는 직장인 중 34%가 면대면 상황에서 괴롭힘을 당한 경험이 있으며, 10.7%는 사이버 괴롭힘 피해 경험이 있는 것으로 보고되고 있다. 더불어 사이버 공간에서 괴롭힘, 왕따 등을 당한 적이 있는 성인 피해자들은 대부분 오프라인 상황에서도 유사한 피해 경험이 있는 것으로 나타났다.

Summary Box 6-1 사이버 괴롭힘의 정의, 발생률

- 사이버 괴롭힘에 대한 정의들은 매우 다양하다.
- 일부 정의들에서는 괴롭힘 행위에는 외현적 혹은 내재적인 가해자의 의도가 명확히 반영되어 있다고 보고 있다. 설령 가해자가 위해를 가할 의도가 없었다 해도 피해자는 가해자의 괴롭힘 행위로 인해 상처를 받을 수 있다.
- 온라인 댓글들의 경우 읽는 사람들이 글의 의도나 의미를 오해석할 여지가 있다. 이러한 부분들이 사이버 괴롭힘의 정확한 발생 현황을 파악하는 데 영향을 미칠 수 있다.
- 피해자들은 자신이 괴롭힘의 대상이 되었다는 수치심 및 당혹감 때문에 신고를 주저할 수 있다. 또한 신고 후 미칠 수 있는 부정적 효과 때문에 신고하지 않을 수 있다.
- 관련 연구들에서 추정하고 있는 사이버 괴롭힘 발생률 역시 편차가 크다.
- 성인층에서도 사이버 괴롭힘은 충분히 발생할 수 있다. 하지만 현재까지 발표된 대부분의 연구들은 아동과 청소년층을 대상으로 이루어지고 있다.

🛜 사이버 괴롭힘과 오프라인 괴롭힘의 차이

인터넷 서비스 초창기에는 소수 몇몇 사람들만이 극히 제한적으로 인터넷에 접속할 수 있었기 때문에 지금처럼 누구나 자유롭게 인터넷을 사

용할 수 없었다. 따라서 현실적으로 사이버 괴롭힘 행위가 발생하는 것 자체가 어려웠다. 하지만 최근 들어서는 모든 사람들이 자유롭게 인터넷을 사용할 수 있게 되었으며, 특히 핸드폰, SNS 사이트, 동영상 공유 사이트, 이메일, 인스턴트 메시지, 위치 확인, 블로그, 웹 편집 소프트웨어 등 인터넷 기기 및 기술을 누구나 자유롭게 사용할 수 있게 되어 사이버 괴롭힘 가해자들은 다양한 방법으로 동급생, 친구, 가족, 동료 및 특정인을 괴롭힐 수 있는 콘텐츠를 제작, 유포시킬 수 있게 되었다. 또한 젊은 층에서 가장 많이 사용하는 의사소통 도구인 SNS가 다양한 형태의 온라인 커뮤니케이션을 지원하게 되면서(개인 혹은 단체 메시지를 발송할 수 있을 뿐 아니라, 사진 및 동영상 공유 등), SNS를 활용한 다양한 사이버 괴롭힘 행동 역시 가능해졌다. 지금부터는 어떤 종류의 온라인 기술들이 사이버 괴롭힘에 사용되고 있으며 과거 오프라인 공간에서 이루어졌던 괴롭힘 방식과의 차이는 무엇인지에 대해 구체적으로 살펴보도록 하겠다.

바트(Bhat, 2008), 데휴 등(Dehue et al., 2008), 힌두자와 패트친(Hinduja & Patchin, 2009), 제케스(Jewkes, 2010), 코왈스키와 림버(Kowalski & Limber, 2007), 렌하트(Lenhart, 2007), 미첼과 핀켈러(Mitchell & Finkelhor, 2007), 스미스 등(Smith et al., 2006), 월락 등(Wolak et al., 2007)과 같은 많은 연구자들이 제시한 사이버 괴롭힘 방식들은 〈표 6-1〉과 같다.

<표 6-1> 사이버 괴롭힘 방식

사회적 외면 (Social ostracism)	그룹 활동에서 배제시키는 것. 주로 SNS 상에서 발생. 피해자는 친구들에게 무시당하며 배척되거나 혹은 SNS에서 차단됨
공개적인 폄하 댓글 (Disparaging public comments)	SNS 프로필 혹은 웹페이지, 포럼, 게시판, 채팅방 등과 같은 온라인 상황에서 이루어짐. SNS 등에 피해자를 폄하하는 댓글을 공개적으로 게시함으로써 피해자와 연결된 모든 사람이 이 댓글을 볼 수 있게 함. 피해자는 이로 인해 수치심과 굴욕감을 느낄 수 있음
상처/당혹감을 주는 콘텐츠 제작 (Creation of hurtful/embarrassing content)	특정 피해자를 표적으로 하는 웹 사이트 혹은 SNS 페이지를 제작. 의도적으로 피해자를 당혹스럽게 하고 상처를 줄 수 있는 사진 혹은 동영상을 제작, 공개함. 거의 모든 핸드폰에 카메라 기능이 있기 때문에 몰래 피해자의 사진 혹은 동영상을 촬영할 수 있으며, 스마트폰이 있다면 이를 즉시 SNS에 올림. 피해자를 더욱 창피하게 만들기 위해서 SNS에 올리기 전에 사진이나 동영상을 변형시키기도 함
비밀스러운 정보 공유 (Sharing of confidential information)	과거 피해자와 절친했던 인물이 피해자의 비밀을 다른 이들과 공유하거나 공개적으로 온라인에 게시하는 행위. 다른 사람들과 나체 사진 및 노골적인 성애 사진을 공유하는 소위 '섹스팅(sexting)' 자료 유포도 이에 해당됨
다른 사람을 가장 (Impersonation)	피해자의 SNS 계정을 해킹, 온라인에서 피해자를 가장하여 당혹스럽게 하는 메시지 및 부적절한 사진이나 동영상을 올리는 행위. 이러한 피해자 가장 행위는 상대를 괴롭힐 의도 없이 단순한 장난으로 이루어지기도 하지만 악의적인 목적으로 이루어질 수도 있음. 실제 SNS 계정 소유자가 콘텐츠를 삭제하지 못하도록 가해자가 비밀번호를 변경하는 경우도 있음
커뮤니케이션을 통한 괴롭힘 (Sending harassing communications)	문자 메시지, 그림 메시지, 음성 메일 남기기, 통화, 인스턴트 메시지, 이메일, 기타 다양한 형태의 동시적, 비동시적 온라인 커뮤니케이션을 이용
욕설, 조롱, 수다, 악의적 소문 퍼트리기(Name calling, ridiculing, gossiping, spreading of rumours)	다양한 형태의 사적, 공적 온라인 상황에서 이러한 행위가 나타날 수 있음

투표 혹은 평가 웹 사이트 (Voting or rating websites)	방문자들이 특정인에 대한 호감을 평가하는 웹 사이트에 피해자 정보 및 사진을 게시. 사람들의 비호감 평가는 피해자들에게 정서적인 충격을 줄 수 있음
온라인 게임과 가상 세계 (Online gaming and virtual worlds)	온라인 게임 및 가상 세계에서 피해자 소유 아바타가 반복적으로 괴롭힘을 당하거나 배척당함. 예를 들어, 일인칭 온라인 슈팅 게임상에서 가해자들이 피해자의 캐릭터에게 지속적으로 총격을 가해, 살해하는 방식으로 피해자를 괴롭힘. 가상 세계에서 일어나는 범죄에 대해서는 9장에서 다시 소개됨
괴롭힘을 지켜보는 즐거움 (Happy-slapping)	신체적인 괴롭힘을 당하는 장면을 녹화, 동영상 공유 사이트나 SNS를 통해 유포하는 행위

사이버 괴롭힘과 전통적(혹은 오프라인) 괴롭힘은 비슷하면서도 다른 면이 있다. 가해자들의 특성 차이가 존재한다는 연구 결과도 있지만 일련의 사례들을 보면 사이버 괴롭힘은 단지 상대를 괴롭히는 방법이나 수법이 사이버 공간으로 확장된 형태라는 점을 확인할 수 있다. 예를 들어, 라스카우스카스와 스톨츠(Raskauskas & Stoltz, 2007)에 따르면 학교 내에서 발생한 괴롭힘에서 가해 및 피해 학생들의 역할이 사이버 괴롭힘 상황에서도 유사하다고 한다.

사이버 괴롭힘과 전통적 괴롭힘의 가장 큰 차이는 익명성(anonymity)과 탈억제성(disinhibition)이다. 사이버 공간에서는 익명성으로 인해 괴롭힘 행위에 더욱 쉽게 동참할 수 있으며 가해자가 누구인지 확인하기 어렵기 때문에 사이버 괴롭힘 사건의 가해자 피해자 관계 및 피해 사실을 조사하기 어렵다(Kowalsk & Limber, 2007; Li, 2007). 또한 피해자들 역시 자신을 괴롭히는 가해자가 누구인지 확인하기 어렵고 신뢰할 수 있는 사람이 누구인지도 확인할 수 없어 고통은 더욱 가중될 수밖에 없다(Shariff, 2005).

온라인 탈억제란 오프라인에서 할 수 없었던 억제된 행동들을 온라인 공간에서 거리낌 없이 자행하는 심리 기제이다. 이로 인해 온라인 이타 행동과 치료 상황에서 자신에 대한 이야기들을 솔직히 할 수 있는 점과 같은 긍정적인 요인도 존재한다. 하지만 오프라인 면대면 괴롭힘 상황에서는 피해자의 정서적, 심리적, 신체적 고통을 가해자들이 즉각적으로 인식할 수 있지만 사이버 공간에서는 가해자가 괴롭힘을 당하는 피해자들이 느끼는 고통에 영향을 받을 가능성은 희박하다(Hinduja & Patchin, 2009, p. 22). 이처럼 사이버 괴롭힘 가해자들은 피해자들의 고통에 대한 심리적 부담이 덜하기 때문에 상대에게 상처를 주는 말이나 행동을 더욱 쉽게 할 수 있다. 피해자의 고통을 직접 목격할 때 느낄 수 있는 죄책감을 사이버 괴롭힘 가해자들은 느끼지 못할 수 있기 때문에 괴롭힘 행위가 지속될 수 있는 것이다. 바트(Bhat, 2008)에 의하면 사이버 괴롭힘 가해자들은 자신의 행위가 피해자에게 어떠한 심각한 영향을 미치는지 잘 인식하지 못하며, 자신의 행위를 장난 정도로 여길 가능성이 있다고 한다. 만약 오프라인 면대면 상황에서 비슷한 장난을 했다면 피해자 얼굴에 남은 상처가 증거로 남아 괴롭힘 행동을 멈췄을 수도 있다. 윌러드(Willard, 2007) 또한 온라인 탈억제를 사이버 괴롭힘 행동의 주요 원인으로 지목하고 있다. 이처럼 온라인 공간의 익명성과 탈억제 특성은 오프라인 상황에서 타인을 괴롭혔던 경험이 없었던 사람들이 사이버 괴롭힘 행동에 참여하는 이유를 설명할 수 있는 요인들이다. 예를 들어, 트와이먼 등(Twyman et al., 2009)에 따르면 사이버 괴롭힘 가해자와 피해자들 중 약 2/3 정도는 오프라인 괴롭힘 가해 혹은 피해 경험이 있는 이들이었으나, 일부 가해자들은 과거에 오프라인상에서 괴롭힘 행위를 가한 적이 전혀 없어 온라인 탈억제성이 이들의 괴롭힘 행위의 주된 원인으로 작용했을 가능성이 높다고 한다.

기존 전통적 괴롭힘과 사이버 괴롭힘의 차이는 괴롭힘을 지켜보는 관중 크기가 다르다는 점이다. 온라인 공간에서는 면대면 오프라인 환경보다 더욱 많은 사람들이 사이버 괴롭힘을 지켜볼 수 있다(Kowalski & Limber, 2007; Shariff, 2005). 또한 사이버 괴롭힘 내용들이 인터넷을 통해 급속도로 유포될 수도 있다(Hinduja & Patchin, 2009; Lenhart, 2007). 물론 신체적 괴롭힘이나 학대 장면이 녹화되고 동영상 공유 사이트나 SNS를 통해 전파되어, 가해 장면을 지켜보는 재미의 경우, 전통적 괴롭힘과 사이버 괴롭힘 모두에서 나타날 수는 있다.

마지막 차이는 사이버 공간에서는 다양한 방법으로 가해자가 피해자에 게 접촉할 수 있기 때문에 언제 어디서라도 괴롭힘 행위가 발생할 수 있 다는 점이다(Hinduja & Patchin, 2009). 오프라인 괴롭힘 장면에서는 누군가 가 학교에서 괴롭힘을 당하고 있다면 피해 학생들은 최소한 가정 혹은 또 다른 사회환경에서 괴롭힘에서 벗어나 보호를 받을 수 있었다. 하지만 최 근에는 대부분의 청소년 및 아동들이 핸드폰을 가지고 있기 때문에 시간, 장소 구분 없이 사이버 괴롭힘을 당할 수도 있다. 즉 피해자와 가해자 간 에 지속적인 연결 고리가 존재한다고 볼 수 있다.

Summary Box 6-2 사이버 괴롭힘과 기존 오프라인 괴롭힘 방식 비교

- 다양한 온라인 기술들의 발전으로 사이버 괴롭힘 가해자들은 피해자에게 더욱 쉽게 접근할 수 있게 되었다.
- 모바일 폰, 소셜 네트워킹 사이트, 동영상 및 파일 공유 사이트, 이메일, 인스턴트 메 시지, 위치 확인, 블로그 웹 사이트 및 모바일 블로그, 웹 편집 소프트웨어 등이 사이 버 괴롭힘에 사용되고 있다.
- 일반적인 사이버 괴롭힘 방법
  - 사회적 외면
  - 공개적 폄하 댓글
  - 상처/당혹감을 주는 콘텐츠 제작
  - 비밀스러운 정보 공유
  - 다른 사람을 가장
  - 커뮤니케이션을 통한 괴롭힘
  - 욕설, 조롱, 수다, 악의적 소문 퍼트리기
  - 투표 혹은 평가 웹 사이트

- 온라인 게임과 가상 세계
- 괴롭힘을 지켜보는 즐거움
• 사이버 괴롭힘과 오프라인 괴롭힘 방식의 차이
- 지각된 혹은 사실상의 익명성
- 온라인 탈억제성
- 얼마나 많은 사람들이 괴롭힘 과정을 지켜볼 수 있는지 여부
- 피해자와 가해자 간 접촉 범위가 넓음

📶 사이버 괴롭힘 가해자 특성

사이버 괴롭힘 가해 동기와 가해자 특성에 대한 연구들을 살펴보면 뎀프시 등(Dempsey et al., 2011)은 인터넷이 단지 괴롭힘을 위한 새로운 도구일 뿐으로 기존 오프라인 괴롭힘 가해자들과 사이버 괴롭힘 가해자들의 특성 및 동기에는 차이가 없다고 한다.

연구들에서는 사이버 괴롭힘과 기존 오프라인 가해자 특성의 가장 큰 차이로 성별을 꼽고 있다. 코왈스키와 림버(Kowalski & Limber, 2007)에 의하면 전통적인 괴롭힘 가해자들은 주로 남자 아이들이였는데 온라인 공간에서는 오히려 여자 아이들이 괴롭힘 행동에 관여하는 경우가 많다고 한다. 리(Li, 2007) 또한 사이버 괴롭힘 가해자들 중 절반 이상이 남성들이긴 하지만 여성들의 경우 타인을 괴롭히거나 따돌릴 때 특히 온라인 커뮤니케이션 방식을 선호하는 경향이 높다고 한다. 이와는 반대로 힌두자와 패트친(Hinduja & Patchin, 2008)에 의하면 성별 및 인종 특성은 사이버 괴롭힘 가해자 및 피해자를 결정짓는 데 유의미한 차이가 없다고 하며, 이바라와 미첼(Ybarra & Mitchell, 2004) 역시 사이버 괴롭힘 가해자들의 성차는 미미하다고 한다.

한편 오프라인 공간에서의 괴롭힘 피해자들이 추후 사이버 괴롭힘 가해자가 될 가능성이 상대적으로 높다고 한다(Ybarra & Mitchell, 2004). 컴퓨

터 활용 숙련도, 온라인 사용 시간, 학교생활에서의 문제 행동, 약물 남용 등이 사이버 괴롭힘 행동과 정적 상관이 있으며(Hinduja & Patchin, 2008), 트와이먼(Twyman et al., 2009)에 따르면 사이버 괴롭힘 가해자, 피해자 모두 인터넷, 인스턴트 메시징, 소셜 네트워킹, 이메일 등을 사용하는 시간이 상대적으로 길다고 한다.

사이버 괴롭힘 가해자들은 대체로 충동적이고, 화를 쉽게 내며, 타인의 행동에 대한 적개심 수준이 높고, 고집이 세고, 공감 능력이 결여되어 있으며, 자아 이미지 보호를 위해 공격적 행동을 보일 가능성이 높은 것으로 밝혀졌다(Bhat, 2008). 특히 지속적으로 인터넷에 접속해서 실제 혹은 가상의 공격 행동을 가할 수 있다는 점 때문에 사이버 괴롭힘 가해자 특질 중 충동성 요인 가장 중요하다고 볼 수 있다(Bhat, 2008). 또한 스트레스 또한 사이버 및 오프라인 괴롭힘 행동 모두의 예측 요인으로 볼 수 있다(Patchin & Hinduja, 2011). 스텝젠(Steffgen et al., 2011)에 의하면 사이버 괴롭힘 가해자들의 경우 피해자들에 비해 공감 능력이 떨어지며 가해자들은 자신이 혹시 사이버 괴롭힘 피해자가 될까 봐 더욱 두려워하는 경향이 있다고 한다.

마지막으로 가해 동기와 관련해서 스트롬과 스트롬(Strom & Strom, 2005)은 사이버 괴롭힘의 목적은 피해자들을 위협함으로써 굴욕감을 주거나 위해를 가하는 것뿐만 아니라 공포와 무력감을 주기 위함이라고 하며, 바트(Bhat)는 오프라인 괴롭힘 행위와 마찬가지로 '피해자를 당혹스럽게 하고, 위협하고, 부끄럽게 하며 상처를 주고, 또래 집단에서 배제시키기 위한 목적'(2008, p. 58)이 사이버 괴롭힘의 주된 동기라고 주장하고 있다. 즉 사이버 괴롭힘 가해자들은 '다른 사람을 학대함으로써 내재적 혹은 외재적인 즐거움 혹은 이익을 추구'하는 경향을 지니고 있으며(Hinduja & Patchin, 2009, p. 17), 소수 집단에 박해를 가하는 이들처럼 편협한 사고 패턴을 지니고 있을 가능성이 높다(Lenhart, 2007).

- 여성들이 사이버 괴롭힘 행동에 관여할 가능성이 높다고 하나 모든 연구에서 동일한 결과가 발견된 것은 아니다.
- 사이버 괴롭힘 가해자들의 일반적 특성
  - 오프라인상에서의 괴롭힘 피해 경험
  - 인터넷 등 최신 기술 및 기기 사용에 많은 시간을 할애함
  - 학교에서의 문제 행동, 약물 남용 등 오프라인상 문제
- 충동성, 적개심, 고집, 공감 능력의 결여, 높은 공격성 수준 등의 특징들
- 사이버 및 오프라인 괴롭힘의 동기는 많은 부분 유사한 특성을 공유하고 있다.

사이버 괴롭힘 피해자

피해자 관련 연구들은 주로 사이버 괴롭힘 피해자들의 특성 및 피해자들이 경험할 수 있는 심리적 고통에 초점을 맞추고 있다.

일부 연구자들은 소녀들이 사이버 괴롭힘 피해자가 될 가능성이 높다고 가정하고 있다(Kowalski & Limber, 2007; Lenhart, 2007; Li, 2007; Smith et al., 2006). 렌하트(Lenhart, 2007)에 의하면 SNS와 인터넷을 일상적으로 사용하는 10대들의 경우 온라인 공간에서 자신들의 가치관 및 정체성을 거리낌 없이 표현하는 경향이 있기 때문에 사이버 괴롭힘의 표적이 될 가능성이 높다고 한다. 하지만 렌하트(Lenhart)의 연구 결과가 발표된 후로도 인터넷 사용 인구는 전 연령대에서 비약적으로 증가하고 있기 때문에 10대들의 인터넷 이용 특성만을 사이버 괴롭힘 행동의 예측 요인으로 보기는 어렵다. 한편 코왈스키와 림버(Kowalski & Limber, 2007)는 사이버 괴롭힘 피해자 중 과반수 이상이 사이버 공간에서 자신을 괴롭히고 있는 가해자가 정확히 누구인지 모르고 있다고 지적하고 있는데, 이는 앞서 제시된 바와 같이 인터넷 공간의 익명성 특성이 영향을 미친 결과로 해석할 수 있다.

사이버 괴롭힘으로 인한 피해 결과는 매우 심각하다. 사이버 괴롭힘 피

해자들은 심리적, 정서적, 사회적 고통을 경험할 수 있으며 이러한 고통이 수년간 지속될 수도 있다(Patchin & Hinduja, 2006). 피해자뿐 아니라 가해자들까지도 자살 사고 경향이 높으며 실제 자살로 이어질 가능성이 높다고 한다(Hinduja & Patchin, 2010a). 또한 피해자들은 분노, 상처감, 걱정, 슬픔, 공포 등과 같은 정서 반응을 경험할 수 있으며(Beran & Li, 2005), 온라인 활동의 긍정적 부분까지 무시해버리는 경우가 많다고 한다(Burgess-Proctor et al., 2009). 이와 같은 사이버 괴롭힘 피해의 심각성이 학술 연구를 촉발시키는 계기가 되고 있다고 베르얀과 리(Beran & Li, 2005)는 전하고 있다.

사이버 괴롭힘 패턴에 따라 피해자가 받는 영향 역시 달라질 수 있다. 스미스 등(Smith et al., 2006)의 연구에서는 채팅방, 인스턴트 메시지, 이메일을 통한 괴롭힘보다 사진, 동영상, 음성 통화를 통한 괴롭힘이 피해자에게 더욱 심각한 영향을 미치는 것으로 나타났다. 이는 매우 흥미로운 발견점이라 볼 수 있으나 SNS처럼 최근 들어 급속도로 사용량이 증가하고 있는, 새로운 형태의 커뮤니케이션 도구들이 괴롭힘 행동 및 피해자에게 미치는 영향에 대한 연구도 필요하다. 한편 멘에시니 등(Menesini et al., 2011)은 전화를 건 후 아무 말도 하지 않는 행위나 장난 전화 및 인스턴트 메시지로 상대에게 모욕감을 주는 괴롭힘 행위들은 비교적 심각성 수준이 낮은 사이버 괴롭힘으로 볼 수 있으며, 웹 사이트에 불쾌한 이미지를 게시하거나 은밀하거나 폭력적인 장면을 묘사하는 글을 게시하는 행위는 매우 심각한 괴롭힘 행위로 볼 수 있다고 제안하였다. 볼턴 등(Boulton et al., 2012)에 따르면 대학생들의 경우 면대면 상황에서 발생하는 언어적 괴롭힘보다 사이버 괴롭힘이 더욱 심각하다고 생각하고는 있지만 신체적 괴롭힘보다는 덜 심각하다고 여기는 경향이 있다고 한다.

- 일부 연구에서는 여성이 남성에 비해 사이버 괴롭힘 피해를 당할 가능성이 더욱 높은 것으로 나타났다.
- 사이버 괴롭힘은 심각한 결과를 초래할 수 있다.
- 사이버 괴롭힘 피해자들은 심리적, 정서적, 사회적 고통을 경험할 수 있다.
- 일부 사이버 괴롭힘 사례들에서 피해자들의 자살 시도 가능성이 매우 높게 나타났다.
- 사이버 괴롭힘 형태에 따라 피해자가 받는 영향 역시 다를 수 있다.

📶 사이버 괴롭힘 대책

사이버 괴롭힘의 대책으로는 해당 사건의 적절한 처리와 사전 예방 노력이 거론되고 있다. 경찰 혹은 학교 당국에서 사이버 괴롭힘 문제에 공식적으로 개입하는 경우도 있지만 대부분 피해자 혹은 피해자 부모들에 의해 비공식적으로 처리되고 있다.

바트(Bhat, 2008), 브라운 등(Brown et al., 2006), 데휴 등(Dehue et al., 2008), 힌두자와 패트친(Hinduja & Patchin, 2009, 2010b), 코왈스키와 림버(Kowalski & Limber, 2007), 리(Li, 2007), 메시(Mesch, 2009), 마이크로소프트(Microsoft, 2009), 국제언론연합(United Press International, 2008), 윌러드(Willard, 2007) 등이 제안한 사이버 괴롭힘 대응 및 예방책을 정리하면 다음과 같다.

① 아이들의 인터넷 사용에 대한 적절한 모니터링
② 사이버 괴롭힘으로 인한 피해 사실 교육
③ 아동용 적절한 사이버/인터넷 사용 지침 제공
④ 인터넷 컴퓨터를 집 중앙에 설치
⑤ 아이들과 온라인 활동에 대해 토론
⑥ 괴롭힘이 있을 경우 부모에게 편하게 털어놓을 수 있도록 함

⑦ 적절한 온라인 행동들과 부적절한 온라인 행동들에 대해 아이들에게
  이야기해 줌
⑧ 적절한 인터넷, 핸드폰 사용 규칙이 명시된 서약서 작성
⑨ 특히 나이가 어린아이들의 온라인 활동을 엄격히 제한할 것
⑩ 어느 정도 나이가 든 아이들에게는 온라인 커뮤니케이션 상대는 가상
  의 인물이 아니라 실제 사람들이며 괴롭힘을 받게 되면 정서적으로
  큰 상처를 받을 수 있다는 사실을 주지시킴
⑪ 학교의 사이버 괴롭힘 예방 및 근절 노력
⑫ 공감 능력 개발, 사회 기술 훈련
⑬ 학교, 집 안 컴퓨터 주변에 허용 가능한 온라인 행동을 적어, 보이는
  위치에 게시함
⑭ 괴롭힘 행동에 대한 학교 지침을 검토
⑮ 아이들이 학교 및 지역사회의 괴롭힘 방지/예방 정책 수립에 참여시킴
⑯ 괴롭힘 예방, 근절 목표와 관련된 정책 평가
⑰ 사이버 괴롭힘 행위에 직간접적으로 연루된 아이들에게는 자신의 행
  행동이 초래할 수 있는 결과에 대해 구체적으로 설명
⑱ 사이버 괴롭힘이 발생할 경우 가해 아동들과의 커뮤니케이션을 차단
⑲ 가해/피해 아동들의 부모, 교사, 경찰, 학교 책임자, 인터넷 서비스 업
  체, 해당 온라인 사이트 책임자 등에게 현재 발생하고 있는 사이버
  괴롭힘 사례들에 대해 논의함
⑳ 사이버 괴롭힘 행위가 발견되었을 때 이를 추적하거나 관련 정보들을
  차단할 수 있는 소프트웨어 사용 권장
㉑ 가해 학생의 인터넷 접속 제한

  앞서 제시된 사이버 괴롭힘 예방 및 대응책들은 이론적으로는 적합할
지 몰라도 스마트폰 사용자들이 급속도로 증가하고 있는 현 상황에서 인

터넷 사용 제한과 같은 조치는 큰 의미가 없어 보인다. 장기적으로 아이들을 대상으로 올바른 온라인 사용 방법을 교육시키고 온라인 경험을 자유롭게 소통할 수 있는 분위기를 조성하는 것이 현재로선 최선의 노력일 수밖에 없다.

Activity 6-2 학교에서의 사이버 괴롭힘 대응

여러분이 13~14세 사이의 학생들을 담당한 교사라고 가정해 보자. 사이버 괴롭힘이 증가하는 상황에서 앞서 제시된 대응 방안들로 해결 대책을 수립해 보자. 계획 실행을 위해서는 어떤 사람들을 동참시켜야 하는가?

Summary Box 6-5 사이버 괴롭힘 대책

- 사이버 괴롭힘 대책은 이미 발생한 문제를 처리하는 것과 사전 예방하는 방식들이 대부분이다.
- 아동의 인터넷 접속 차단, 사용 시간 줄이기 등이 대표적인 대책으로 제시되고 있지만 스마트폰 등 인터넷 사용이 가능한 다양한 디지털 기기가 출현하면서 실효성은 없어 보인다.
- 또 다른 대응 방안으로는 사이버 괴롭힘에 대한 대응력 강화 및 올바른 온라인 사용 방법을 숙지시킬 수 있는 교육이 있다.

사이버 스토킹

괴롭힘(Bullying)과 마찬가지로 스토킹(Stalking) 또한 반복적으로 상대를 위협하거나 괴롭히는 행위이다(Ashcroft, 2001). 사이버 괴롭힘과 비교해서 사이버 스토킹(cyberstalking) 관련 연구들이 많지 않기 때문에 사이버 스토커(stalker)들을 이해하기 위해서는 기존 오프라인 스토커들에 대한 연구

결과들을 참조할 수밖에 없다. 따라서 이 책에서는 오프라인 스토킹 현상을 온라인 공간에서의 스토킹 현상에 적용할 수 있는지에 주안점을 두고 있다. 로버트(Roberts, 2008) 등과 같은 일부 연구자들에 의하면 대체로 사이버 스토킹 행동은 기존 오프라인 스토킹 형태와 매우 흡사하며 대부분의 스토킹 범죄자들은 특정 수법만을 고집하기보다는 다양한 수법을 혼합, 사용하는 특성을 지니고 있다고 한다.

📶 정의와 발생률

사이버 스토킹의 개념을 한마디로 정의하기는 어렵다. 설령 '사이버'라는 접두사가 붙지 않은 일반적인 스토킹 행위라 할지라도 모든 연구자들이 동의하는 공통적 정의를 찾아보기는 힘들다. 스토킹은 '강박적 희롱', '강박적 추종'이라는 용어로 표현되기도 하고 '강박적으로 관계를 침해하는 행위'로 정의되기도 한다(Häkkänen-Nyholm, 2010).

사이버 스토킹 개념을 처음으로 제시한 연구자들 중 한 명인 애슈크로프트(Ashcroft, 2001)는 사이버 스토킹을 '인터넷, 이메일 혹은 또 다른 전자적 커뮤니케이션 기기로 제3자를 스토킹 하는 행위'로 정의한 바 있다(p. 1). 한편 래터 및 미슈라와 미슈라(Later, Mishra, & Mishra, 2008)는 사이버 스토킹을 '누군가 온라인 공간에서 특정 피해자를 쫓아다닐 경우 모든 행동이 포착될 수 있기 때문에 사생활 침해의 우려가 있는 괴롭힘 행위로 피해자 일상에 심각한 지장을 초래할 수 있으며 극도의 불안감을 줄 수 있는 행위' (p. 216)로 정의하고 있다. 다른 연구자들 역시 사이버 스토킹을 '특정 개인을 표적으로 이메일 등 전자 커뮤니케이션 방식을 통해 지속적으로 상대를 괴롭히는 행위' (Yar, 2006, p. 122), '1명 이상의 피해자를 괴롭히기 위해 정보 커뮤니케이션 기술(Information and communication technology: ICT)을 사용하는 행위'

(Bocij, 2006, p. 160) 등으로 정의하고 있다. 특히 보치(Bocij)는 스토킹 가해자의 의도를 중심으로 사이버 스토킹을 정의한 바 있다. 보치(Bocij)는 여타 사이버 괴롭힘들에 대한 정의들과는 다르게 설령 스토킹 가해자가 고의적이지 않았다 하더라도 가해자의 스토킹 행위로 인해 피해자가 고통을 당했다면 이는 명백한 스토킹 행위에 해당된다는 관점을 지니고 있다.

사이버 스토킹의 정확한 발생 건수를 파악하기 어려운 가장 큰 이유는 피해자들 스스로가 자신이 스토킹을 당하고 있는지 인식하지 못하기 때문이다. 스토킹 가해자에 대한 피해자 인식 역시 스토킹을 어떻게 정의하느냐에 따라 달려 있다. 스토킹 행위를 단지 괴롭힘으로 보게 되면 아마 대부분의 피해자들이 가해자의 행위를 쉽게 알아차릴 수 있을 것이다. 하지만 피해자를 몰래 지켜보고 감시하는 행동들까지 스토킹 범주 안에 포함된다면 피해자들은 자신이 당하고 있는 상황을 제대로 인식하지 못할 수도 있다. 누군가 온라인에서 지인들과 공유하는 사진은 무엇인지, 스마트폰으로 확인하는 장소는 어디인지, 자주 접촉하는 사람들은 누구인지, 지켜보고 있다는 사실을 피해자들은 전혀 모르고 있을 수도 있다. 이처럼 사이버 스토킹의 정의가 다양하다는 사실이 스토킹 사례 발생률을 계량화시키기 어려운 이유이다.

설사 스토킹 가해자를 알고 있다 해도 신고를 꺼릴 수 있다. 애슈크로프트(Ashcroft, 2001)에 의하면 피해자가 가해자를 아는 경우에도 스토킹 행위를 범죄로 인식하지 못하거나, 신고한다 해도 경찰이 해당 행위를 중대하게 받아들이지 않을 것으로 여겨 피해자들이 신고를 꺼리는 경향이 있다고 한다. 조지프(Joseph, 2003) 역시 일부 피해자들은 자신이 당하고 있는 스토킹 행위가 자신에게 큰 위험이 되지 않는다고 생각하는 것 같고, 이 때문에 신고를 하지 않을 수 있다고 한다.

정확한 사이버 스토킹 발생 현황을 파악하기란 이처럼 어려운 일이지만 일부 연구들에서는 꾸준히 발생률 산정을 위해 노력하고 있다. 스피츠버그와 후블러(Spitzberg & Hoobler, 2002)에 따르면 전체 대학생의 1/3 이상이 피해 정도는 미미하나 분명 괴롭힘 행위의 일종으로 볼 수 있는 사이버 추적을 당해 본 경험이 있다고 한다. 한편 온라인 오남용 방지 단체(Working to Halt Online Abuse: WHOA, 2012)에서는 온라인 괴롭힘 및 사이버 스토킹 피해 접수 건수가 주당 약 50~75건에 달한다고 한다. 또한 레인스 등(Reyns et al., 2012)에 따르면 대학생 중 40.8%가 사이버 스토킹 피해 경험이 있으며, 가해 경험은 4.9%라고 한다.

파슨스-폴러드와 모리아티(Parsons-Pollard & Moriarty, 2009) 역시 신고가 제대로 이루어지 않아 정확한 사이버 스토킹 발생률을 산정하기는 어렵지만 확실한 점은 사이버 스토킹 사례들은 시간이 지날수록 점진적으로 증가하고 있다고 주장하였다. 피해자들이 신고를 꺼리는 이유는 다양한데 레인스와 엥겔브레히트(Reyns & Englebrecht, 2010)는 사이버 스토킹 행위의 심각성 정도, 가해자의 범죄 경력, 스토킹 사건들에 대한 사전 인지 여부, 두려움을 느끼는 정도가 신고 가능성을 증가시키는 핵심 요인이라고 한다.

린던 등(Lyndon et al., 2011)은 대학생 411명을 대상으로 이성 친구와 이별한 후의 페이스북(Facebook) 사용 행태를 조사한 바 있다. 연구 결과, 응답자의 50% 이상이 새로 만난 이성 친구와 함께 과거 이성 친구의 사진을 검색하는 것으로 나타났으며, 58.6%는 헤어진 과거 이성 친구가 다시 돌아오길 바라는 심정으로 과거 함께 했던 시, 노래 가사 등을 게시하고 있는 것으로 나타났다. 약 1/3은 헤어진 연인의 질투를 유발시킬 목적으로 페이스북에 자신이 더욱 멋지게 보이도록 업데이트 했으며, 30% 이상은 과거 이성 친구를 조롱하거나 상처를 주기 위한 목적으로 시, 노래 가사 등을 게시하는 것으로 나타났다. 이별한 과거 이성 친구에 대해 거짓 프로필을 만들어 게시하거나(3.6%), 페이스북으로 과거 이성 친구에 대한 악의적인 소문을 퍼트린다든지(3.6%), 곤혹스러운 사진을 올리는 경우(4.2%) 등처럼 상대방을 괴롭히거나 희롱하는 행위는 상대적으로 적은 편이었다. 하지만 14.6%는 자신의 친구 게시판에 헤어진 이성 친구를 폄하하는 글을 남긴 경험이 있었으며, 7.5%는 과거 이성 친구가 게시한 사진에 악의적인 댓글을 남긴 것으로 나타났다.

린지와 크리시크(Lindsay & Krysik, 2012)는 대학생들의 사이버 조롱이 시간이 지나면서 어떻게 변화하는지 조사하기 위해 핀(Finn, 2004)의 연구를 반복, 실시하였다. 그 결과, 과거 핀(Finn)의 연구에서는 인터넷 상에서 괴롭힘을 당한 경험이 16%인 데 반해 43%가 괴롭힘을 당한 경험이 있다고 응답함으로써 과거에 비해 크게 증가한 것으로 나타났다.

Summary Box 6-6 사이버 스토킹 정의와 발생률

- 사이버 스토킹 관련 연구는 많지 않다.
- 사이버 스토킹에 대한 정의는 다양하다. 일부 연구자들은 희롱이나 조롱(harassment) 상황에서 나타나는 피해자 반응을 기준으로 정의하고 있으며, 스토킹 행위에 초점을 맞춰 정의하는 경우도 있다. 또한 관련 정의에서 스토킹 가해 의도가 차지하는 의미 역시 다양하다.
- 사이버 스토킹 피해자들은 자신에게 스토킹이 이루어지고 있다는 사실 자체를 인식하지 못하거나, 설사 인식한다 해도 그리 심각하게 여기지 않거나, 사법 기관에서 스토킹 자체를 중대하게 다루지 않을 것이라는 생각에 피해 사실을 신고하지 않을 수 있다.

📶 사이버 스토킹 방식

사이버 스토킹은 크게 2가지 방식으로 구분된다. 첫 번째는 오프라인 스토킹을 위해 온라인 기술을 이용하는 것이며(예를 들어, 피해자 소유 계정의 SNS 등에 접속하는 장소, 시간을 추적하여 실제 위치를 알아내는 것 등), 두 번째는 컴퓨터 기반 커뮤니케이션을 통해 사이버상에서 피해자의 움직임을 감시하거나 의사소통하는 방식이다. 사이버 스토킹 가해자들이 오프라인 공간에서 피해자에게 선물을 주거나 메시지를 보낼 수는 있지만 실제 오

프라인 접촉이 이루어지는 경우는 극히 제한적이다.

미슈라와 미슈라(Mishra & Mishra, 2008)은 사이버 스토킹 형태를 '직접적 (direct) 방식'과 '간접적(indirect) 방식'으로 구분하였다. 직접적 방식은 텍스트 메시지, 이메일, 음성 통화 등을 통해 피해자와 접촉을 시도하는 형태이며, 간접적 방식은 웹페이지 혹은 SNS 사이트에 공개적으로 메시지를 남기는 경우이다.

<표 6-2>에는 다양한 사이버 스토킹 방식이 제시되어 있다(Bocij, 2006; Clough, 2010; Finn & Atkinson, 2009; Lyndon et al., 2011; McQuade, 2006; Mishra & Mishra, 2008; Philips & Morrissey, 2004; Pittaro, 2007, 2011; WHOA, 2012; Wykes, 2007).

<표 6-2> 일반적인 사이버 스토킹 방법

모욕적인 내용의 메시지를 온라인에 공개적으로 배포	소셜 네트워킹 사이트, 포럼, 웹 사이트, 기타 온라인 매체 등
파일 혹은 인터넷 기기에 피해를 줌	엄청난 양의 스팸 혹은 악성코드 발송
신체적 폭력	일반적으로는 매우 드문 형태
위협	피해자에 대한 위해 위협 혹은 자살하겠다는 자해 위협 등
피해자에 대한 거짓 비난	피해자에 대한 거짓 광고 게시. 온라인 포럼 등에 피해자가 매춘 행위를 하고 있다고 알린 후 집, 직장 주소 등 피해자 개인 정보를 게시하는 경우를 예로 들 수 있음
모욕적 메시지 전송	음란하고 외설적인 혹은 폭력적이고 모욕적인 메시지 전송
피해자 정보 수집	키로거(keyloggers)(2, 3장 참고) 등을 이용 피해자 개인 정보 수집 및 이메일 계정 해킹
다른 사람들이 피해자를 괴롭히도록 유도	피해자 성격이 좋지 않다는 내용의 콘텐츠를 온라인에 유포시켜 사람들이 피해자를 괴롭히도록 유도

주문한 물건, 서비스 등을 피해자에게 배송	피해자가 굴욕감을 느낄 만한 물건을 피해자 직장에 배송시킴으로써 난처한 상황에 처하게 함
만남 시도	피해자가 있을 만한 장소에 불쑥 나타남 금전 혹은 개인적 이익을 목적으로 온라인에서 피해자를 사칭
신원 도용, 사칭	할 수 있는 정보를 수집, 피해자를 사칭하며 피해자 명의로 계정을 만들거나 해킹을 시도. 재물 목적의 신원 절도와 관련해서는 4장 참조
복수, 보복을 위해 특정 사이트를 이용	익명성이 보장되는 사이트를 이용
정보 중개 사이트를 이용	정보 중개 사이트를 이용, 직장, 생년월일, 주민등록번호 등 피해자 개인 정보 수집

Activity 6-3 우리는 사이버 스토킹에 얼마나 취약한 상태인가?

당신을 괴롭힐 목적으로 인터넷에서 쉽게 수집 가능한 정보는 무엇인가? SNS뿐 아니라 기타 사이버 공간에서 수집 가능한 개인 정보들을 떠올려 보자. 주변 사람들이 당신을 스토킹할 수도 있다는 사실을 명심하고 <표 6-2>에 제시된 방법들에 따라 사이버 공간에서 수집할 수 있는 당신의 정보는 어떤 것들이 있는지 생각해 보자.

사이버 스토킹 피해 사례는 갈수록 증가하고 있다(WHOA, 2012). 일부 연구자들은 실생활에서 자신의 파트너를 대상으로 폭력을 행사하던 사람들이 상대의 행동과 커뮤니케이션 내역을 감시하기 위해 인터넷을 이용하는 행동과 사이버 스토킹과의 관계에 대해 주목하고 있다(Finn & Atkinson, 2009 참조).

사이버 괴롭힘을 유발하는 인터넷 공간의 특성이 사이버 스토커들에게도 동일하게 작용한다고 볼 수 있다. 예를 들어, 애슈크로프(Ashcroft, 2001), 필립스와 모리시(Philips & Morrissey, 2004), 윅스(Wykes, 2007)는 사이버 스토킹을 유발시키는 핵심 요인으로 인터넷 공간의 익명성(anonymity)을 꼽고 있으며, 동일한 맥락에서 탈억제 현상(disinhibition phenomenon) 역시 사이버 스토킹 행동에 영향을 미칠 수 있다고 한다. 따라서 스토킹 가해자들은 오프라인에서 직접 표현하지 못했던 억제된 욕구와 감정들을 피해자들에게 분출함으로써 심리적 안정감을 느끼는 것으로 보인다(Meloy, 1998).

또한 인터넷을 매개로 하는 사이버 스토킹 특성상 원거리에 주거하는 가해자, 피해자 간에도 사이버 스토킹이 발생할 수 있다(Philips & Morrissey, 2004). 즉 가해자, 피해자 간의 물리적 거리가 존재할 가능성이 높기 때문에(Yar, 2006, p. 129), 일상생활 공간에서 직접 조우할 가능성은 희박하다고 볼 수 있고, 이러한 이유로 피해자들은 자신이 실제 공격당할 위험성이 크지 않다고 생각할 수 있다. 하지만 일부 연구자들은 사이버 스토킹 상황에서 가해자와 피해자 상호 간 물리적 거리가 존재한다고 해도 신체적 공격 가능성이 있는 오프라인 스토킹으로 발전할 가능성이 희박하다고 보기는 어렵다고 한다.

사이버 스토킹에 영향을 미치는 온라인 커뮤니케이션의 또 다른 특징으로는 '전자적 근접성(electronic propinquity)'을 들 수 있다. 이는 '온라인 커뮤니케이션을 반복하다 보면 원거리에 있는 상대 역시 가까운 거리에 근접해 있다고 느끼는 경향(p. 248)'을 뜻한다(Finn & Banach, 2000). 한편 사이버 스토커가 될 가능성이 높은 사람들은 상대의 메시지를 자기 생각대로 오해석할 가능성이 존재하는데 이러한 특징은 컴퓨터 매개 커뮤니케이션 과정에서 발생할 수 있는 '개인 초월 커뮤니케이션(hyperpersonal communication)' 개념으로 설명할 수 있다. 즉 인터넷 커뮤니케이션에 익숙하고, 빈번하게 사용하는 사람들은 오프라인보다 온라인에서 접촉하는 상대에게 더욱 정서적 유대감을 느낄 수 있다(Henderson & Gilding, 2004; Walther, 1996, 2007 참조).

- 사이버 스토킹은 온라인 공간을 매개로 발생하지만 오프라인 스토킹 전략의 일환으로 사용되기도 한다.
- 사이버 스토킹 가해자들은 피해자에게 직접적 혹은 간접적 방식으로 메시지를 전달한다(Mishra & Mishra, 2008).
- 사이버 스토킹 가해자의 행동
  - 모욕적인 내용의 온라인 메시지를 온라인에 공개적으로 배포
  - 파일 혹은 인터넷 기기에 피해를 줌
  - 신체적 폭력
  - 위협
  - 피해자에 대한 거짓 비난
  - 모욕적 메시지 전송
  - 피해자 정보 수집
  - 다른 사람들이 피해자를 괴롭히도록 유도
  - 주문한 물건, 서비스 등을 피해자에게 배송
  - 만남 시도
  - 신원 도용, 사칭
  - 복수, 보복을 위해 특정 사이트를 이용
  - 정보 중개 사이트를 이용
- 사이버 스토킹 행위는 날로 증가하는 추세이며 오프라인에서 알고 지내던 지인들을 상대로 사이버 스토킹을 가할 수도 있다.
- 익명성(혹은 지각된 익명성)이 사이버 스토킹을 촉진시킬 수 있다.
- 가해자와 피해자가 원거리에 위치한 경우에도 사이버 스토킹이 발생할 수 있다.
- '전자적 근접성(electronic propinquity)'과 '개인 초월 커뮤니케이션(hyperpersonal communication)'은 피해자와의 관계 유지에 집착하는 사이버 스토커의 지각에 영향을 미칠 수 있다.

📶 사이버 스토킹 가해자 특성

사이버 스토킹 가해자들의 특성을 확인할 수 있는 자료들은 극히 제한적이다. 사이버 스토커들과 오프라인 스토커들 간의 유사성 분석을 위해서는 오프라인 스토킹 가해자들의 특성을 먼저 이해할 필요가 있다.

조지프(Joseph, 2003)는 오프라인 스토킹 가해자들과 사이버 스토킹 가해자들은 "피해자를 통제하려는 공통적인 욕구가 존재하며 목적 달성을 위해 보이는 행동 역시 유사하다."(p. 106)고 제안한 바 있다. 애슈크로프트(Ashcroft, 2001)는 조지프(Joseph, 2003)의 주장을 지지하면서, 온라인에서든 오프라인에서든 스토커들의 핵심 동기가 통제 욕구라는 점을 거듭 강조하고 있다.

연인에게 이별 통보를 받은 후 사이버 스토킹을 시작하는 경우가 많다는 애슈크로프트(Ashcroft, 2001)의 연구 결과를 토대로 볼 때 스토킹 가해자와 피해자는 과거 알고 지내던 사이였을 가능성이 높으며 때로는 특별한 관계를 유지해 오던 사이였을 가능성이 높다는 점은 관련 연구들을 통해 확인된 사실 중 하나이다(Diamond et al., 2011; Joseph, 2003; WHOA, 2012 참조). 하지만 모든 사이버 스토킹 현상이 이별한 연인 사이에서 발생하는 것은 아니며 때로는 전혀 모르는 사람 직접 만난 적은 없지만 온라인 공간에서 알고 지내던 사람 혹은 가족, 이웃, 직장동료, 친구들 간에도 스토킹은 발생할 수 있다(WHOA, 2012). 어떤 경우에는 현재 특별한 관계에 있는 인물, 즉 배우자나 파트너들 사이에서도 사이버 스토킹이 발생할 수 있다(Burke et al., 2011; Melander, 2010). 또한 객관적 자료들에서는 사이버 스토커들 중 대다수가 남성이라고 한다(Joseph, 2003; WHOA, 2012; Yar, 2006 참조).

오프라인 스토킹 가해자 분류 체계 중 조나 등(Zona et al., 1993)이 제시한 유형은 다음과 같다.

- 연애 망상(erotomanics): 가해자는 피해자와 아무런 관계가 없음에도 서로 사랑하는 사이라고 생각하고 있음. 유명인을 표적으로 하는 여성 스토커들이 대다수임
- 강박적 사랑(love obsessional): (항상 그런 것은 아니지만) '강박적 사랑' 유형에 해당하는 스토커들은 정신 질환에서 비롯된 망상적 사고로, 피해자와 서로 사랑하는 사이라고 믿고 있음. 남성 스토커들이 대부분임

● 단순 강박(simple obsessional): 스토킹 가해자들과 피해자들은 애정관계가 아닌 직장 동료 혹은 단순 사적 관계로 알고 지내던 사이임. 스토킹 가해자들의 성비는 비슷함

조나 등(Zona et al., 1993)에 따르면 대부분의 스토커들은 '강박적 사랑' 혹은 '단순 강박' 유형에 해당하며 '연애 망상' 형은 극히 소수에 불과하다고 한다. 멜로이(Meloy, 2002) 역시 대부분의 스토커들은 '단순 강박' 형에 해당하며 '강박적 사랑'에 해당하는 경우를 약 25% 수준으로 추정하고 있으며 '연애 망상' 형은 극히 일부일 뿐이라고 전하고 있다.

멀런 등(Mullen et al., 1999)이 제시한 5가지 스토커 유형은 다음과 같다.

● 거부당한 스토커(rejected stalker): 친밀한 관계에 있던 사람들을 대상으로 복수 혹은 관계 회복 목적으로 스토킹 행위를 함
● 친밀감 추구 스토커(intimacy-seeking stalker): 피해자와 자신들이 운명적 연인 관계라는 신념을 지님
● 무능한 스토거(incompetent stalker): 연인 관계가 아닌 단순한 관계 형성을 시도
● 분노형 스토거(resentful stalker): 복수를 목적으로, 피해자가 두려워하기를 원함
● 약탈형 스토거(predatory stalker): 성폭행을 목적으로 하며 전 단계에서 스토킹 행위를 보임

5가지 유형 중 '친밀감 추구(intimacy-seeking)'형 스토커들이 특히 망상 질환을 지닌 경우가 많다고 한다.

한편 미슈라와 미슈라(Mishra & Mishra, 2008)는 사이버 스토킹 가해자를 다음과 같이 3가지 유형으로 구분하고 있다.

- 일반 강박형 사이버 스토커(common obsessional cyberstalker): 피해자와 이전부터 특별한 관계를 유지하고 있으며, 관계 단절을 두려워하며 거부하는 유형
- 망상형 사이버 스토커(delusional cyberstalker): 대부분 정신 질환자들로 피해자와 자신들이 연인 관계라는 망상을 보임. 피해자들은 주로 유명인들이거나 과거 가해자에게 전문적인 도움을 주었던 사람들임(의사, 선생님 등)
- 복수형 스토커(vengeful stalker): 피해자에 대해 분노 감정을 지님. 피해자가 자신을 홀대하고, 무시한다고 생각함

맥팔레인과 보치(McFarlane & Bocij, 2003)는 사이버 스토킹 가해자를 4가지 유형으로 구분하고 있다.

- 보복형 사이버 스토커(vindictive cyberstalkers): 악의적 의도로 피해자를 위협하고 괴롭히는 유형으로 파괴적인 악성코드 등 첨단 기술을 스토킹에 이용함
- 침착형 사이버 스토커(composed cyberstalkers): 침착하고 차분하게 피해자를 물색하고 다양한 위협적 행동을 통해 피해자의 심리적 고통을 가중시킴
- 친밀형 사이버 스토커(intimate cyberstalkers): 과거부터 피해자와 개인적 관계가 있었을 수도 있고, 아니면 전혀 모르는 사이일 수도 있음. 피해자에게 빠져들어 관계를 형성하고자 하는 목적을 지님
- 집단형 사이버 스토커(collective cyberstalkers): 다수의 스토커가 동일 피해자를 목표로 하는 형태

스토킹 가해자들은 극단적 정서조절 장애, 약물남용, 우울증 병력 등이 있

을 가능성이 높다. 또한 질투 및 분노 수준이 높으며 부모와의 정서적 애착 수준이 낮은 특성을 지니고 있다고 한다(Douglas & Dutton, 2001). 알렉시 등 (Alexy et al., 2005)에 따르면 사이버 스토킹 가해자들의 경우 피해자가 자신에 게 미안한 마음이 들게 할 목적으로 자살 시도를 보일 가능성이 높다고 한다. 가해자들의 심리적, 정신적 특성과 관련해서 하카넨-나이홀름(Häkkänen-Nyholm, 2010)은 스토킹 가해자들에 대한 임상적, 법과학적 연구 결과들을 검 토, 이들이 약물 남용, 기분 장애, 성격 장애를 포함한 다양한 형태의 정신 질 환을 지니고 있을 가능성이 높은 유형이라는 사실을 발견하였다.

Summary Box 6-8 　사이버 스토킹 가해자 특성

- 발표된 연구 결과들만을 토대로 사이버 스토킹 가해자 특성을 일반화하기에는 무리 가 있지만 분명한 점은 기존 오프라인 스토커들과 마찬가지로 피해자 통제 욕구에 의해 스토킹 행위가 촉발되었을 가능성이 존재한다.
- 과거 연인 관계에 있던 인물에게 사이버 스토킹을 시도하는 경우가 많다.
- 대부분의 사이버 스토킹 가해자는 남성이다.
- 스토킹 가해자 분류 유형
  - 조나 등(Zona et al., 1993): '연애 망상(erotomanics)', '강박적 사랑(love obsessional)', '단순 강박(simple obsessional)' 유형
  - 멀런 등(Mullen et al., 1999): '거부당한 스토커(rejected stalkers)', '친밀감 추구 스토커 (intimacy-seeking stalkers)', '무능한 스토커(incompetent stalkers)', '분노형 스토커 (resentful stalkers)', '약탈형 스토커(predatory stalkers)' 유형
  - 미슈라와 미슈라(Mishra & Mishra, 2008): '일반 강박형(common-obessionals)', '망상형 (delusional)', '복수형(vengeful)' 유형
  - 맥팔레인과 보치(McFarlane & Bocij, 2003): '보복형(vindictive)', '침착형(composed)', '친밀형(intimate)', '집단형(collective)' 유형
- 스토킹 가해자들은 정서 조절 장애를 포함한 다양한 심리사회적 문제를 경험하고 있 는 것으로 보인다.

📶 사이버 스토킹 피해자

사이버 스토킹 피해자 특성 및 스토킹 피해 경험이 피해자들에게 미치는 영향과 관련된 연구 결과들을 살펴보면 다음과 같다.

관련 연구들에서는 여성들이 스토킹 피해를 당하는 경우가 대다수라고 한다(Bocij, 2006; Joseph, 2003; Moriarty & Freiberger, 2008; Reyns et al., 2012; WHOA, 2012; Yar, 2006). 하지만 이는 오프라인 스토킹 사례들을 대상으로 연구한 결과로 이와 같은 피해자 성별 차이가 사이버 스토킹 피해자 특성에도 적용되는지는 아직 확인되지 않고 있다. 오히려 이별한 과거 연인 사이에 발생한 사이버 스토킹의 경우 피해자가 남성인 경우가 더욱 많다고 한다(Alexy et al., 2005).

WHOA(2012)의 조사에 따르면 사이버 스토킹 피해자 중 백인이 80% 이상이었으며 독신자 비중이 53%로 나타났다. 보치(Bocij, 2006)의 연구에서는 피해자 1/3 이상이 기혼자 혹은 이성과 동거 중인 사람들로 나타났으며, 약 40% 이상이 자신을 괴롭히는 스토커가 누구인지 전혀 모르고 있었다고 한다. 한편 레인스 등(Reyns et al., 2012)의 연구에서는 유색 인종, 동성애자, 비독신자 비율이 더욱 높게 나타났다. 또한 핀과 바나흐(Finn & Banach, 2000)에 의하면 온라인 공간에서 다른 사람들에게 조언을 구하거나, 도움을 요청하는 이들은 이미 스스로 많은 개인 정보를 노출시켰기 때문에 사이버 스토킹 위험에 처할 가능성이 더욱 높다고 한다.

일상 활동 이론(routine activities theory)(1장 참조)을 적용, 사이버 스토킹 피해 가능성을 연구한 레인스 등(Reyns et al., 2011)은 974명의 대학생들의 온라인 이용 행동과 사이버 스토킹 피해 가능성과의 관계를 분석하였다. 연구 결과, '온라인 위험 상황 노출, 온라인 공간에서 스토킹 의도를 지닌 사람들과의 근접성, 피해자를 지켜줄 수 있는 사람이 있는지 여부, 피해자 매력도, 온라인 일탈 등'(p. 1149) 모든 일상 활동적 범죄 요인이 사이버 스토킹 피해 가능성을 예측하는 유의미한 요인으로 나타났다. 레인스 등 (Reyns et al., 2011) 등에 따르면 '낯선 사람을 친구 추가(가상공간에서 상호 접 근성을 강화하는 행동)', '사이버 공간에서 타인을 괴롭히는 일탈 행동', '일탈 행동 집단과 어울리는 행위' 등이 특히 사이버 스토킹 피해 위험을 예측할 수 있는 중요 요인이 될 수 있다고 한다. 또한, 린지와 크리시크 (Lindsay & Krysik, 2012)가 대학생들을 대상으로 진행한 연구에서는 'SNS 사용 시간', '언제나 인터넷 접속이 가능한 모바일 단말기 보유 여부', '섹스팅(sexting) 메시지 전송 경험' 등이 사이버 공간에서 조롱이나 희롱을 당할 가능성을 예측하는 데 유의미한 요인으로 나타났다.

사이버 스토킹 피해자들의 경우 가해자와 직접 만난 적이 없어도, 피해 경험으로 인한 심리적 고통을 경험할 수 있으며, 오프라인 스토킹 피해자 들이 공통적으로 경험하는 불안, 공포, 일상생활 부적응 문제 역시 나타 날 수 있다(Yar, 2006). 더불어 사이버 스토킹 사건이 발생한 것에 대해 자 신에게 책임이 있다고 여길 수 있으며, 짜증, 괴로움, 후유증 및 심지어 일 상생활에 대한 두려움 등을 경험할 수 있다(Philips & Morrissey, 2004). 앞서 제시한 바처럼 사이버 스토킹 가해자들이 자살하겠다고 위협하는 상황에 서는 오히려 피해자들이 극심한 죄책감을 느낄 수도 있다. 하카넨-나이 홀름(Häkkänen-Nyholm, 2010)에 의하면 '일상생활의 방해, 정서적, 사회 적, 인지적, 신체적 건강 저하 및 행동 질환, 스토킹 피해 후 회복 가능성' 등이 주요 사이버 스토킹 피해 요인이라고 한다. 이에 반해 셰리든과 그 랜트(Sheridan & Grant, 2007)에 따르면 사이버 스토킹 피해 경험이 피해자 들에게 심리적, 의학적으로 심각한 영향을 미치지 않는다는 연구 결과를 제시한 바 있다. 즉 사이버 스토킹 피해 기간, 가해자 행위 특성 등에 따라 피해자가 경험하는 2차 피해 내용은 다양하다고 볼 수 있다.

┌───┐
│ **Summary Box 6-9** 사이버 스토킹 피해자 │
└───┘

- 사이버 스토킹 범죄 피해자 대부분이 여성들에게 집중되어 있지만 오프라인 스토킹 피해자 대비 남성 비중이 높은 편이다. 일부 연구에서는 사이버 스토킹 피해자 대부분이 남성이라는 결과도 있다.
- 피해자 결혼 유무는 관련 연구들마다 차이가 있다.
- 특히, 온라인에서 조언 및 도움을 구하는 이들의 경우 온라인상에서 공개적으로 노출되는 정보가 많기 때문에 사이버 스토킹 피해 위험성이 더욱 높다.
- 사이버 스토킹 피해자들은 다양한 형태의 정서적 고통을 경험하고 있다. 하지만 일부 연구자들에 의하면 이러한 피해 효과는 극히 일부 피해자들에게 국한될 뿐이라고 한다.

📶 대응 방안

사이버 스토킹 위협 상황에 적절히 대처하기 위해서는 부적절한 내용들이 포함된 이메일을 삭제하고 가해자가 보내는 이메일을 차단할 필요가 있다고 한다(Joseph, 2003). 하지만 필립스와 모리시(Philips & Morrissey, 2004)는 경찰이나 법원에 스토킹 피해사실을 입증하기 위해서는 스토킹이 의심되는 메시지 전체를 보관할 필요가 있다고 주장하고 있어 조지프(Joseph)와는 상반된 견해를 제시하고 있다. 애슈크로프트(Ashcroft, 2001) 또한 스토커에 의한 직접적 위협이 가해질 수 있다는 점을 피해자와 경찰이 인지할 필요가 있기 때문에 스토커와의 커뮤니케이션을 유지할 필요가 있다고 한다. 그 밖에 연구자들이 제안한 사이버 스토킹 대처 방법들은 다음과 같다(Joseph, 2003; Philips & Morrissey, 2004; Pittaro, 2007, 2011).

- 스토커와의 직접적인 대응을 피하면서 관계는 유지할 것 – 피해자의 이러한 반응은 가해자에게 일종의 보상이 될 수 있음
- 가해자에게 지속적인 커뮤니케이션을 원하지 않으니, 그만할 것을 요

청할 것
- ● 사이버 스토킹이 발생한 웹 사이트 및 해당 서비스 관리자에게 신고할 것
- ● 증거 자료 확보를 위해 가해자와의 커뮤니케이션 내용을 저장할 것
- ● 공개 프로필에 개인 정보 공개 시 신중을 기할 것
- ● 온라인에서 접촉한 사람들과의 오프라인 만남에 신중을 기할 것
- ● 온라인 커뮤니케이션 시 적대적 상황이 의심되면 로그오프할 것
- ● 경찰에 신고할 것

하카넨-나이홀름(Häkkänen-Nyholm, 2010)은 쿠파츠와 스피츠버그(Cupach & Spitzberg, 2004)가 제안한 사이버 스토킹 대처법을 5가지 유형으로 재구성하였다.

- ● '함께 움직일 것(moving with)': 스토커와 협상을 시도
- ● '대항할 것(moving against)': 스토커를 위협
- ● '떠날 것(moving away)': 이메일, 물리적 주소와 일반적 습관 등을 바꿀 것
- ● '안으로 들어갈 것(moving inward)': 부인/부정 혹은 물질 남용 등
- ● '밖으로 나갈 것(moving outward)': 고발 혹은 금지 명령 등

이 중 '떠날 것(moving away)' 전략이 가장 효과적인 조치로 평가받고 있다. 반면에 '함께 움직일 것(moving with)'은 실패 가능성이 높고, '대항할 것(moving against)'은 오히려 상호작용을 강화시킬 가능성이 있다.

경찰과 피해 지원 기관 그리고 인터넷 서비스 업체들 또한 사이버 스토킹 피해자 지원을 위해 구체적 역할을 설정할 필요가 있다. 먼저 경찰 등

형사사법 기관들에서는 사이버 스토킹 피해가 미치는 파급 효과를 고려, 더욱 적극적으로 대처할 필요가 있으며 이를 위해서는 사건 처리 절차 및 방법을 숙지, 전문성 있는 업무 처리가 이루어져야 할 것이다(Ashcroft, 2001). 파슨스-폴러드와 모리야티(Parsons-Pollard & Moriarty, 2009) 역시 '형사사법 기관 종사자들이 사이버 스토킹 사건 처리 분야에 전문성이 떨어지는 점'을 지적한 바 있다(p. 435). 더불어 인터넷 서비스 관련 업체들 또한 사이버 스토킹 피해자 지원 방안을 강구할 필요가 있으며(Ashcroft, 2001), 개별 상황별 다양한 예방 전략을 수립, 적용시키는 것이 사이버 스토킹 범죄 예방에 효과적일 수 있다는 견해들 역시 제시되고 있다(Reyns, 2010). 한편 피타로(Pittaro, 2007, 2011)는 스토커들이 스토킹 행위가 처벌 받을 수 있는 범법 행위로 인식한다면 이성적 선택 이론(rational choice theory)에서 설명하는 바처럼 스토킹 행동을 하지 않을 수 있지만, 대부분의 스토킹 행위들이 사전에 감지될 가능성이 적고, 피해자 스스로 신고할 가능성 역시 미미하기 때문에 가해자들의 자발적 억제 가능성은 낮다고 제안하고 있다. 앞서 연구자들이 제시한 대응책들의 경우 현재까지 그 효과 여부가 명확하지 않아 이들의 주장을 전적으로 신뢰하기는 어렵다. 또한 사이버 스토킹 가해자들의 경우 스스로 법을 위반하고 있다는 인식이 없을 수 있고, 이로 인해 자신이 경찰에 체포되거나 고발될 수 있다고 생각하지 않을 것이다.

셰리든과 데이비스(Sheridan & Davies, 2004)에 따르면 경찰 개입에 대해 스토킹 가해자들은 상이한 태도를 보이고 있다고 한다. 즉 "일부 스토커들은 자신들의 범법 행위를 자각하고 스토킹를 멈추는 데 반해, 일부는 경찰 개입 상황을 피해자를 통제해 나가는 과정에서 자신들이 극복해야 할 또 다른 과제로 인식하기도 한다"(p. 206).

일단 체포된 후에는 대부분의 스토킹 가해자들이 비슷한 처벌과 교화 가정을 거치겠지만 재범 감소를 위해서는 이들 스토커들의 심리 특성을 고려한 교화 전략을 세우는 것이 중요하다.

Activity 6-4   사이버 스토킹에 대한 반응

사이버 스토킹을 당하고 있다는 사실을 알게 된다면 어떻게 이 상황에 대처할 것인가? 단계별 대응 방안을 도표로 그려 보자. 사이버 스토킹은 경찰 및 해당 서비스 업체에 신고해야 하는 심각한 사안이다. 사람들에게 이를 인식시키기 위해서는 어떤 방법을 사용해야 할 것인가? 그리고 자신이 사이버 스토킹을 당하고 있다는 사실을 알게 된 후 사람들은 어떻게 대처할까? 이에 대해 생각해 보자.

Summary Box 6-10   사이버 스토킹 대응

- 사이버 스토킹 피해자들이 스토킹 상황에 대응할 수 있는 방법으로는 일단 가해자와 커뮤니케이션을 유지하는 상태에서 가급적 보복을 피하고, 지속적인 커뮤니케이션을 원하지 않는다는 의사 표현을 명확히 해야 할 것이다. 또한 개인 정보가 공개 프로필상에 노출되지 않도록 주의하고, 위급한 상황이라고 여겨지면 인터넷 계정이나 SNS를 로그오프 상태로 유지해야 할 것이다. 더불어 위협 상황에 대해 경찰에 신고하는 방법 또한 고려해야 한다.
- 경찰 등 형사 사법 기관과 인터넷 서비스 제공 업체의 역할 또한 사이버 스토킹 사건을 처리하는 데 매우 중요하다.
- 경찰 개입 시 스토커들이 다양한 반응을 보일 수 있기 때문에 상황에 따라 적절한 대응을 취할 수 있어야 한다.

결론

인터넷 및 SNS 사용 증가, 최신 스마트폰에 탑재된 다양한 기능 등으로 인해 사이버 괴롭힘(cyberbulling)과 사이버 스토킹(cyberstalking) 문제가 증가하고 있다. 이에 따라 사이버 공간에서의 괴롭힘 및 스토킹 문제에 대한 다양한 개입 방안 및 예방책 도출을 위한 전문가들의 관심과 연구가 필요하다. 직장 내에서 어떤 형태의 사이버 괴롭힘과 사이버 스토킹이 발생하고 있는지에 대한 경험적 연구 또한 필요하다. 오프라인에서 특정 인물을 괴롭히고

스토킹하기 위해 온라인 도구들이 사용되기도 하지만, 오프라인에서 타인을 괴롭히거나 스토킹을 해 본 적이 없는 사람들도 사이버 괴롭힘 및 스토킹 행위에 참여할 수 있다. 사이버 공간에서의 괴롭힘 및 스토킹 가해 행동이 상대적으로 부담이 덜한 이유는 온라인 공간이 지니는 익명성 및 탈억제적 특성에 기인하는데, 이처럼 온라인 공간의 특성으로 인해 쉽게 사이버 괴롭힘과 사이버 스토킹 행위에 관여하는 사람들의 특성 규명 또한 연구자들이 접근해 볼 만한 흥미로운 주제 중 하나이다.

연구문제

1 사이버 괴롭힘은 새롭게 등장한 괴롭힘 형태인가, 아니면 기존 오프라인 괴롭힘이 확장된 형태인가?

2 SNS에 공개된 개인 정보들을 수집, 특정인을 표적으로 하는 사이버 스토킹이 가능해졌다. 이러한 문제에 대해 토론해 보자.

3 온라인 탈억제 현상이 사이버 괴롭힘 혹은 사이버 스토킹 발생에 어떤 영향을 미치는가?

4 핀과 바나흐(Finn & Banach, 2000)가 제시한 바처럼, 온라인 커뮤니케이션의 특성들로 인해 사이버 스토커가 보낸 메시지를 피해자들이 오인할 수 있는가?

5 사이버 괴롭힘 혹은 사이버 스토킹 개념을 정의할 때 가해자 범행 의도의 중요성은?

참고문헌

문헌 및 논문

패트친과 힌두자(Patchin & Hinduja)는 『사이버 괴롭힘(cyberbullying) 예방과 대응: 전문가 관점에서(Cyberbullying Prevention and Response: Expert Perspectives)』라는 책을 출간하였다(2012년 Routledge 출판사). 이 책에서는 법률적, 사회적, 교육적 관점

으로 사이버 괴롭힘(cyberbullying)에 대한 다양한 전문가 의견을 종합, 예방 및 대응 방안들이 기술되어 있다.

레인스와 헨슨, 피셔(Reyns, Henson, & Fisher)는 사이버 스토킹(cyberstalking)을 일상 활동 이론(routine activities theory)으로 설명하고 있다.

Reyns, B. W., Henson, B. and Fisher, B. S. (2011). Being pursed online: applying cyberlifestyle-routine activities theory to cyberstalking victimisation. *Criminal Justice and Behaviour*, **38**, 1, 149-169.

머나드와 핑커스(Menard & Pincus)는 사이버 스토킹(cyberstalking) 행위를 예측할 수 있는 요인들을 분석한 논문을 발표하였다.

Menard, K. S. and Pincus, A. L. (2012). Predicting overt and cyber stalking perpetration by male and female college students. *Journal of Interpersonal Violence*, **27**(11), 2, 183-207. (http://jiv.sagepub. com/content/27/11/2183 참조)

토쿠나가(Tokunaga)는 사이버 괴롭힘(cyberbullying) 현상에 대한 기존 연구 자료를 분석한 개관 논문을 발표한 바 있다.

Tokunaga, R. S. (2010). Following you home from school: a critical review and synthesis of research on cyberbullying victimization. *Computers in Human Behaviour*, **26**, 277-287.

웹 사이트

사이버 괴롭힘 연구 센터에서는 사이버 괴롭힘 대응 및 예방을 위한 유용한 자료 및 학술 연구 논문들을 제공하고 있다. (www.cyberbullying.us/)

온라인 오남용 방지 단체(Working to Halt Online Abuse: WHOA) 웹 사이트(www. haltabuse.org)에서는 사이버 괴롭힘과 스토킹 피해자 지원 및 보호를 위한 각종 참고 자료를 제공하고 있다.

국제 실종, 학대 아동 센터(The National Centre for Missing and Exploited Children)에서 운영하는 '넷스마츠(NetSmartz)' 웹 사이트에서는 아동들 사이에서 발생하는 각종 사이버 괴롭힘 관련 정보들을 찾아볼 수 있다. (www. netsmartz.org/Cyberbullying)

제7장

디지털
불법
복제와
저작권
침해

제7장
디지털
불법
복제와
저작권
침해

브렌다는 인터넷으로 아마추어 밴드 음악을 즐겨 듣고 있다. 밴드가 마음에 들면 해당 밴드의 SNS 사이트에 가입하고 밴드 사진을 다운로드 받아 핸드폰과 노트북 배경화면으로 사용하기도 한다. 또한 밴드 음악에 대한 후기를 작성, 블로그에 올리는 경우도 있다. 하지만 유료로 MP3를 다운로드 받거나 CD를 구매하지는 않고 대부분 파일 공유 사이트에서 무료로 음원을 다운받고 있다. 음원을 공짜로 다운로드 받는 행위가 불법이라는 것은 알지만 블로그를 통해 아마추어 밴드를 소개함으로써 많은 팬들이 생기면 밴드 입장에서는 장기적으로 이득일 것이라 생각하며 자신의 불법 다운로드 행위를 정당화시키고 있다.

그레그는 인터넷에서 최신 영화와 TV 프로그램 콘텐츠들을 공짜로 다운로드 받아 시청하고 있다. TV 방송국에 시청료를 내거나 유선방송 셋톱 박스를 설치하지 않고 다운로드 받는 행위가 불법이라는 사실을 잘 알지만 적발될 가능성은 희박하다고 여기고 있으며, 만약 잘못되더라도 자신뿐 아니라 주변 친구들 대부분도 불법 다운로드 받고 있기 때문에 처벌받을 가능성은 적다고 여기고 있다. 방영 직후 실시간으로 광고가 없는 프로그램들을 인터넷에서 다운로드 받을 수 있기 때문에 돈을 지불하면서 광고가 포함된 프로그램들을 보는 사람들이 오히려 어리석다고 생각하고 있다.

개관

누구나 한 번쯤은 범법 행위를 저지른 경험이 있을 것이다. 과속 운전을 할 수도 있고, 사무실 비품을 집으로 가져올 수도 있으며, 미성년자들에게 금지된 음주, 흡연 행위를 할 수도 있고, 법적으로 금지된 규제 약물을 복용하는 경우도 있다. 이러한 범법 행위들은 직접적인 피해자가 누구인지 특정하기 어렵기 때문에 대개 피해자가 없는 범죄로 인식되고 있다. 물론 비품을 절취당한 회사를 피해자로 볼 수도 있고, 누군가의 범법 행위 때문에 건강 및 안전에 위협을 느낀 사람들이 있을 수 있기 때문에 피해자가 전혀 없다고 볼 수만은 없다. 사람들은 직접적인 피해자가 없는 위와 같은 범법 행위들은 다른 사람들에게 아무런 피해를 주지 않는다고 여기는 경향이 있다.

마찬가지로 대부분의 인터넷 이용자들이 무단 복제된 음악, 영화, 텔레비전 프로그램, 책, 소프트웨어를 사용한 경험이 한 번쯤은 있을 것이다. 하지만 해킹 시도를 한 적도 없고, 악성코드를 개발한 적도 없으며, 온라인에서 아동을 대상으로 범죄를 저지르거나 사기를 친 적도 없기 때문에 스스로를 사이버 범죄자라고 생각하는 인터넷 이용자는 많지 않다. 최근 들어 불법 파일 공유를 통한 저작권 침해 행위들이 빈번해지자 '카자(Kazaa)', '냅스터(Napster)', '더 파이러트 베이(The Pirate Bay)', '림와이어(Limewire)' 등과 같은 세간의 주목을 끌고 있는 파일 공유 서비스들이 주요 언론에 단골 기사로 등장하고 있다(David, 2010; Jewkes, 2010; Yar, 2007).

이 장의 주제는 온라인 저작권 침해 행위이다. 특히 불법 음악, 동영상, 소프트웨어 파일 공유를 중심으로 먼저 핵심적인 용어들을 정의하고, 시대별 저작권 침해 방법의 변화에 따라 나타난 다양한 불법 파일 공유 및 무단 복제 방법들이 나타난 배경에 대한 설명이 이어질 것이다. 다음에는 온라인 저작권 침해 행위와 관련된 사람들의 인구통계학적 특성, 이용 동기, 일반적 심리 특성과 함께 자신의 범법 행위를 정당화시키는 심리 기제에 대해 살펴볼 것이다. 마지막에는 디지털 불법 복제 행위 억제 및 대응 방법, 범법 행위자들에 대한 효과적인 처벌 방법들을 소개하겠다.

정의

저작권 자료가 불법 유포되는 현상을 정의하는 방식은 매우 다양하다. 브라이언트(Bryant, 2008)는 저작권 음원들이 CD, DVD와 같은 물리적 디스크로 복제되는 현상을 '상업 음원 불법 복제(commercial music piracy)'로, 불법으로 파일이 전달되는 현상을 '불법 파일 공유(illegal file-sharing)' 행위로 정의한 바 있다. 힐(Hill, 2007)은 디지털 불법 복제를 '특정인에게 저작권이 보장된 정품보다 저렴한 위조품을 구매하거나, 개인 컴퓨터 간 네트워크인 P2P(peer to peer)를 통해 정품 자료들을 불법적으로 공유하는 행위'로 정의하고 있어 불법 파일 공유와 물리적 복제의 차이를 엄격히 구분하고 있지는 않다.

한편 지적 재산 관련 법률 및 보호 규정에서는 디지털 불법 복제 및 저작권 침해 행위를 법률적, 경제적으로 정의하기 위해 '디지털 해적 행위(digital privacy)'라는 용어를 사용하고 있다(Yar, 2006, p. 65). 지적 재산권은 '발명품, 디자인, 소프트웨어, 음악, 영화, 도서 등 창의적 작업물을 제작한 원저작자에게 우선적으로 귀속되는 권리'(Stephens, 2008, p. 121)로서 저작권자의 허가 없이 지적 재산권 자료를 무단 복제하는 행위는 관련 법률에 의해 금지되어 있다(Stephens, 2008). 지적 재산권 보호 조치에 대해 일부 소비자들은 콘텐츠 '공정 사용(fair use)' 권리를 주장하는 경우도 있지만(Stephens, 2008), 공정 사용 권리란 해석하기 나름이다. 시내에 위치한 정식 음반 매장에서 음악 CD를 구매한 소비자들을 예로 들어 설명하면 CD를 구매한 사람은 집에서뿐 아니라 운전 시에도 음악을 듣기 위해 복제한 음악 CD를 차량에 보관하고 있을 수 있다. 또한 MP3 파일로 변환해서 휴대용 MP3 플레이어로 음악을 감상하기를 원할 수도 있고, MP3 파일을 지원하지 않는 플레이어를 가지고 있다면 음악 CD를 또 다른 형태의 디지털 음원 파일로 복제하려고 할 수도 있다. CD 음원을 핸드폰 벨소리로 사용하려고 하면 디지털 음원 파일로 변환시켜야 한다. 아무리 음악 CD를 정식으로 구입했다 할지라도 합법적인 방법으로 음원을 이용하기 위해서는 앞서 예로든 4가지 형태의 음원 복제 파일 각각에 돈을 지불해야 한다. 최근 들어 관련 기업들에서는 소비자들이 구입한 음원 및 영화 파일을 다양한 형태의 파일로 소유하기를 원한다는 사실을 깨닫고 별도의 파일 변환 과정 없이 컴퓨터 혹은 휴대용 플레이어에서 재생할 수 있는 다양한 버전의 영화, TV 프로그램 DVD들을 출시하고 있다.

[그림 7-1] 불법 복제 피해 비용

불법 복제로 인한 경제적 손실 비용을 정확히 추정하기는 어렵다. 음원 자료를 불법으로 다운로드 받아 이용하는 사람들 중 일부는 디지털 불법 복제 및 유포 행위가 궁극적으로 해당 음원을 제작한 제작자와 음악가에게 이득을 줄 수 있다고 생각하기도 한다.

저작권 보호 단체들에서는 저작권 침해 행위 발생 건수 및 피해 액수를 정기적으로 공표하고 있다. 저작권 침해 문제의 심각성에 대해 가장 우려를 표하고 있는 기관들은 산업 및 비즈니스 조직들인데(Bryant, 2008, p. 23), 이는 곧 기업의 수익 감소로 연결되어 고용 및 조직원 복지 문제에 영향을 미칠 수 있기 때문이다. 디지털 불법 복제 행위가 이미 인터넷 이용자들 사이에 만연해 있다는 사실에는 의심의 여지가 없지만(Yar, 2007), 관련 피해 액수를 정확히 산정하기에는 현실적인 제약이 있다(Yar, 2006). 사법 기관들에서는 불법 복제 적발 건수 및 유죄 선고 비율을 토대로 불법 복제 발생률을 추정하고 있는데 이러한 추정 방식은 곧 관련 사법 활동이 불법 복제 발생률을 좌우할 수 있다는 점을 의미한다. 즉 사법 기관에서 추정하는 불법 복제 발생 건수는 단속 효과가 반영된 결과이지 실제 발생 건수가 늘었다고 보기는 어렵다. 발생률 추정이 어려운 또 다른 이유는 저작권을 도용당한 기업들이 해당 저작물의 '유통 가격'을 기준으로 피해 액수를 산정하기 때문이다. 기업 입장에서는 시중에 유통되는 불법 복제물 각각에 대해 소비자 가격 기준으로 피해액을 산정하는 경향이 있는데 이와 같은 피해 금액 산정 방식 역시 문제의 소지가 존재한다. 즉 불법 복제된 영화 동영상을 다운로드 받아 시청한 사람들 모두가 해당 영화를 보기 위해 영화관에 가거나, DVD 및 Blue-Ray를 구매한다고 보기는 어렵기 때문이다. 불법 다운로더들은 단지 공짜로 영화를 볼 수 있기 때문에 파일을 내려 받은 것이지 정가를 지불해야 하는 상황이라면 영화를 관람하지 않을 수도 있다. 따라서 모든 불법 다운로드가 실제 구매 행위를 대체한다고 볼 수는 없다. 덧붙여 제품 가치의 하락도 저작권 침해 문제에서 중요하게 고려되어야 할 점 중 하나이다(Wall & Yar, 2010). 만약 누구나 제한 없이 사용할 수 있는 제품이라면 복제 및 공유에 제한이 있는 제품들보다 재화 가치가 낮을 수밖에 없다.

Activity 7-1 저작권 침해 통계

저작권 침해와 관련된 최신 통계를 인터넷에서 검색해 보자. 저작권 침해 관련 기관 홈페이지들에서는 다음에 소개된 보고서를 정기적으로 제공하고 있다.
- 영국 음반 산업 협회(British Phonographic industry) (www.bpi.co.uk)
- 영국 소프트웨어 연합회(British Software Alliance) (www.bas.org)
- 국제 음반 산업 연합회(International Federation of Phonographic Industries) (www.ifpi.org)
- 국제 지적 재산권 연합회(International Intellectual Property Alliance) (www.iipa.com)
- 미국 영화 협회(Motion Pictures Association of America) (www.mpaa.org)

디지털 음원 불법 다운로드가 저작권자의 음원 판매 및 수익에 항상 부정적인 영향을 미친다고 볼 수는 없다. 페이츠와 벨브로크(Peitz & Waelbroeck, 2006)에 따르면 불법 음원 다운로더들의 경우 자신의 취향에 맞는 음악가 및 음원을 찾기 위해 무작위로 음원을 다운로드 받는 경향이 있어, 마음에 드는 음원 콘텐츠를 발견하게 되면 유료 음원을 다운로드 받을 의향 역시 존재한다고 한다. 즉 무작위로 다운로드 받은 음원 콘텐츠 중에서 마음에 드는 콘텐츠가 있으면 유료 구매로 전환할 가능성 역시 존재한다. 하지만 모든 사람들이 무료로 불법 콘텐츠를 사용하다가 유료 구매로 전환할 것이라고 확신할 수 없기 때문에 대부분의 공식 디지털 음원 판매 사이트들에서는 구매 전 음원 트랙 일부에 대해 미리 듣기 서비스를 제공함으로써 유료 구매 욕구를 자극하고 있다.

한편 야(Yar, 2008)는 디지털 음원이 온라인상에 광범위하게 유포되면 저작권을 소유한 음악가들의 공연 티켓 판매량이 크게 증가할 가능성이 높다고 보고 있다. 이들의 음반 판매량은 감소할지 몰라도 해당 음원 저작권을 소유한 음악가들은 더욱 큰 수익을 기대할 수도 있다. 따라서 일부 음악가들은 의도적으로 공연 티켓 판매량 증대를 위해 자신이 제작한 음원을 인터넷에 무료로 공개하는 경우도 있다. 하지만 대부분의 음반 제작사들에서는 음원 판매 수익으로 신인 가수 발굴 및 육성, 음반 제작 비용(인건비 등) 등을 충당하고 있기 때문에 디지털 음원 불법 다운로드 행위는 음반 산업 전체에 큰 타격을 줄 수밖에 없다.

월과 야(Wall & Yar, 2010)는 불법 음원 다운로드가 증가함에도 불구하고 전체 음반 산업에서 CD 판매량의 변동은 거의 없었으며 오히려 판매량이 증가하는 현상에 대해, 불법 다운로드가 출시된 지 오래된 과거 앨범 판매량에 영향을 미치는 것으로 해석하고 있다. 아이러니하게도 불법 다운로드 행위의 증가가 음반 시장의 외형적 확대 및 음악 문화 활성화에 기여하는 효과가 있다고 볼 수 있다. 라로즈와 킴(LaRose & Kim, 2007) 역시 월과

야(Wall & Yar, 2010)의 견해를 지지하며 소비자들의 불법 다운로드 의향이 CD 및 디지털 음원 판매 의도에 특별한 영향을 미치지 못하는 것 같다고 주장하고 있다. 오베르홀저-지와 스트럼프(Oberholzer-Gee & Strumpf, 2007) 또한 음원 불법 다운로드가 실제 유료 판매량에 미치는 영향이 크지 않다는 연구 결과를 제시한 바 있지만 아직까지 대부분의 연구자들은 개인 간 파일 공유시스템(P2P) 등과 같은 불법 파일 공유 행위와 공식 음원 판매량 간에는 부적 상관관계가 존재한다는 점에 동의하고 있다(Liebowitz, 2006; Zentner, 2004).

Summary Box 7-1 　정의

- 디지털 불법 복제 행위는 저작권 침해, 불법 파일 공유 등 다양한 용어와 혼용되고 있다.
- 힐(Hill, 2007)은 디지털 불법 복제 행위를 '개인 간 파일 공유시스템(P2P), 컴퓨터 네트워크를 통해 저작권 자료를 불법적으로 공유하거나 정상 제품보다 저렴한 위조품을 구매하는 행위'로 정의하고 있다(p. 9).
- 이 장에서는 음악, 영화, 소프트웨어 불법 복제 행위를 중심으로 디지털 해적 행위를 설명하고 있지만 디지털 불법 복제에는 텍스트 및 디자인 저작권 침해 행위도 포함된다.
- 네티즌들이 주장하는 콘텐츠 '공정 사용(fair use)'의 범위에 대해서는 논란의 여지가 크다. 소비자들은 자신이 합법적으로 구매한 콘텐츠를 복제, 다양한 상황에서 서로 다른 디지털 기기를 통해 이용하고 싶어 하지만 엄밀히 볼 때 이는 일종의 불법 복제 행위로 볼 수 있다.
- 관련 기관들에서 디지털 불법 복제 건수 및 추정 피해 액수가 정기적으로 발표되고는 있지만 정확한 수치는 알 수 없다.
- 불법 음원 다운로드 행위가 해당 음악가의 공연 티켓 구매량, 과거 발표되었던 앨범 판매량 증대 등으로 연결되어 음반 시장 활성화에 도움을 준다는 주장도 있다.
- 하지만 아직까지 대부분의 연구들에서는 디지털 불법 복제와 합법적인 판매량 간에는 부적 관계가 존재한다는 점에 동의하고 있다.

저작권 침해 방식

저작권 침해 행위는 아주 오래전부터 우리 주변에서 흔히 일어나고 있었다. 데이비드(David, 2010)는 1781년 헨리 푸에슬리(Henry Fuesli)가 〈더 나이트메어(The Nightmare)〉라는 작품을 공식 출판한 직후 불법 복제물이 유통된 사례를 예로 들고 있으며, 심지어 찰스 디킨스(Charles Dickens)의 소설 작품들조차 영국에서 공식 출간되자마자 전보 형태로 전해진 불법 복제물이 미국 내에서 유통되었다고 한다(Jewkes & Yar, 2010, p. 3). 요즘에야 전자책 형태의 찰스 디킨스(Charles Dickens) 작품들이 무료로 배포되고 있지만 최근 출판된 유명 도서들 또한 버젓이 불법 복제되어 시중에 유통되고 있는 현실이다. 더불어 불법 복제 방식 및 복제물 형태가 다양해지면서 대량 복제 또한 가능해졌다(Bryant, 2008).

1980년대 더블 데크 형태의 카세트 레코더가 출시되면서 음악 카세트 테이프 및 소프트웨어 복제물이 급격히 증가하였다. 당시 가정용 컴퓨터를 보유한 사람들 대부분은 복제 소프트웨어를 사용했다 해도 과언이 아니다. 1980년대 초 영국 음반 산업 협회에서는 "개인의 음악 테이프 복제 행위가 음악 산업을 말살시키고 있다"는 캠페인을 진행하기도 했다(Bryant, 2008). 'VHS' 형태의 비디오테이프 역시 비슷한 방식으로 복제되었는데 대부분은 비디어 플레이어를 병렬로 연결시켜 영화를 복제하거나 당시에는 흔하지 않던 더블 데크 형태의 비디오 플레이어로 원본 영화 비디오테이프를 복제하곤 했다. 아날로그 방식의 테이프들은 복제를 거듭할수록 음질 및 화질이 저하되기 마련인데(Bryant, 2008), 그나마 테이프 원본을 복제한 경우는 어느 정도의 화질 및 음질이 유지되었으나 복제본을 다시 복제한 경우에는 거의 시청하기 어려울 정도로 질이 나빠졌다. 또한 과거의 아날로그 테이프 복제 방식은 원본 테이프 재생 시간만큼 복제하는 데 시간이 걸린다는 한계가 있었다.

CD나 DVD 등과 같은 디지털 저장 매체들이 대중화되면서 불법 복제본의 화질 및 음질 또한 월등히 좋아졌으며 불법 복제에 걸리는 시간 역시 단축되었다. CD 복제 방식은 1990년대 들어 대중화됐지만 당시 CD를 복제하는 이유는 대부분 가족, 친구에게 자신이 복제한 음악 CD를 선물하거나 컴퓨터 하드 드라이브에 저장된 음악을 백업할 목적으로 이루어졌다(Bryant, 2008). 드문 경우이긴 했지만 판매 목적으로 불법 복제 CD를 대량으로 제작하는 경우도 있었다. 영화 등 영상물의 경우 음원 CD보다 불법 복제가 이루어진 시기가 조금 늦었는데 이는 DVD가 본격적으로 대중화된 시기가 CD보다 늦었으며 공식 유통되고 있던 상업용 DVD와 비교할 때 일반 소비자들이 구매할 수 있는 녹화용 DVD의 용량이 작았기 때문이다(그 당시에는 CD에 비해 개인이 상업용 DVD를 복제하기 어려웠다). 또한 대부분의 영화 DVD에는 복제 보호 방지 소프트웨어가 설치되어 있어 일반인들이 DVD 복제를 위해서는 복제 방지 소프트웨어를 무력화시켜야만 했다.

앞서 설명한 봐와 같이 카세트 테이프에 기록된 컴퓨터 게임과 소프트웨어들은 더블 데크 레코더를 통해 손쉽게 복제할 수 있었다. 이후 출시된 플로피 디스크 형태의 소프트웨어들 역시 개인 PC에 장착된 CD-ROM으로 복제가 가능했다(Stephens, 2008). 당시 소프트웨어 개발사들에서는 불법 복제 방지를 위해 소프트웨어를 설치할 때 고유 제품 번호를 입력하도록

[그림 7-2] 아날로그 미디어

디지털 미디어에 비해 아날로그 미디어는 복제하는 데 시간이 오래 걸리고 화질 및 음질이 좋지 않았다.

하는 조치를 취했는데 주로 문자와 숫자 조합 형태의 제품 시리얼 번호가 정식 구매한 소프트웨어 패키지 내에 기재되어 있거나, 제조업체에 직접 문의하는 방식이었다. 하지만 초창기에는 제품 시리얼 번호 하나로 서로 다른 컴퓨터에 소프트웨어를 반복 설치하는 것이 가능했기 때문에 제품 시리얼 번호까지 복제한 불법 복제 소프트웨어가 시중에 유통되었다. 이후 소프트웨어 제품 하나당 고유의 제품 시리얼 번호가 지정된 경우에도 불법 복제자들은 '키젠(keygens)'이라는 제품 시리얼 번호 생성기를 개발, 불법 복제 소프트웨어를 제작, 유통시켰다. 이외에도 일정 기간이 지나면 소프트웨어의 정상 작동이 중단되는 체험판 소프트웨어를 설치한 후 사용 기간을 무한대로 지정하는 프로그램 코드를 덮어쓰는 방식으로 불법 소프트웨어를 사용하는 사람들도 있었다.

지금까지 소개된 내용들은 과거에 오프라인 공간에서 주로 이루어졌던 저작권 침해 사례들이다. 인터넷 기술 및 사용 인구가 급격히 증가하면서 음원, 동영상, 소프트웨어, 도서 등을 불법 복제하고 유포시키는 방식 역시 획기적으로 변화되었다. 기존 오프라인 방식과의 가장 큰 차이는 시간, 공간적 제약 없이 불법 복제물을 대량으로 유통시킬 수 있게 되었다는 점이다(Yar, 2007). 인터넷과 디지털 콘텐츠가 대중화되기 이전에는 불법 복제물 거래는 주로 오프라인 공간의 거래 장터에서 이루어졌으며, 개인이 유통시키는 경우는 주로 친구, 가족, 지인들로 한정되어 있었다. 하지만 인터넷이 대중화되면서 개인 이용자들의 인적 네트워크 또한 급속도로 팽창되었고 이는 곧 개개인이 접근할 수 있는 정보 자원량 또한 기하급수적으로 확장되는 결과를 초래하였다. 즉 과거에는 좋아하는 가수의 신규 앨범을 복제판으로 구하고 싶으면 친구가 해당 앨범을 구매하길 기다리든지, 복제 앨범 판매상을 찾아가야만 했지만 요즘은 익명의 누군가 신규 앨범을 복제해서 파일 공유 네트워크에 업로드를 시켜 놨다면 누구라도 언제 어디서나 자유롭게 불법 복제물을 다운받을 수 있게 되었다.

인터넷이 불법 복제 행위를 촉진시키는 이유는 다음과 같다(Yar, 2006).

● 복제 비용 감소(디스크나 테이프를 별도로 구매할 필요가 없음)
● 파일 형태의 복제물은 디스크 형태로 된 불법 복제물보다 빠르게 배포
  될 수 있음
● 하나의 파일을 무제한으로 복제할 수 있음
● CD에 복제된 콘텐츠를 배포할 때 생길 수 있는 문제를 피할 수 있음
  (압수, 통관 문제 등)
● 배포자가 누구인지 알 수 없기 때문에(익명성) 단속에 걸릴 위험이 적음
  (최소한 배포자들은 자신의 신원이 밝혀질 위험이 적다고 인식)
● 법률적으로 저작권 침해 행위에 대해 엄격한 처벌이 적용되지 않는
  국가에서 불법 복제물을 인터넷을 통해 배포함으로써 체포 및 기소
  가능성을 최소화시킬 수 있음

초고속 인터넷 서비스 역시 저작권을 침해한 불법 복제물 유포에 영향을 미쳤다(Bryant, 2008). 업로드 및 다운로드 속도의 증가 및 파일 압축 기술의 발전으로 복제된 파일 용량을 축소시킬 수 있게 되었다. 예를 들어, 음악 CD에 기록된 음원 파일을 MP3 파일로 변환시키면 파일 용량이 축소되어 더욱 빠르고 쉽게 파일을 주고받을 수 있다. 음원 파일뿐 아니라 영화, TV 영상물 등 파일 용량이 큰 동영상 파일 역시 용량을 축소시킨 후 파일 공유 시스템에 업로드하거나 다운로드 받을 수 있다. 최근에는 미개봉작을 포함한 최신 영화 파일 또한 인터넷에서 쉽게 다운로드 받을 수 있을 정도로 불법 복제된 온라인 콘텐츠 규모가 비약적으로 방대해졌는데 이로 인해 과거에 비해 국가 간 영화 개봉일자 및 최신 TV 프로그램 방영 시기의 차이가 줄어드는 현상이 나타났다. 이는 국내에 미개봉한 최신 영화나 TV 프로그램을 인터넷에서 불법 다운로드 받지 않아도 실시간으

로 시청하기를 기대하는 사람들의 희망 사항 중 하나였다.

Summary Box 7-2 │ 저작권 침해 방식

- 저작권 침해 행위는 신종 범죄로 볼 수 없다. 과거에도 다양한 유형의 저작권 자료에 대한 불법 복제 행위가 이루어져 왔다.
- 과거에는 주로 오디오, 비디오 카세트테이프를 불법 복제하는 경우가 많았는데 이러한 복제 방법은 실제 녹음, 녹화된 시간만큼의 복제 시간이 필요하고 재복제할 경우 화질, 음질이 저하되는 단점이 있었다.
- CD와 DVD의 등장으로 인해 복제 소요 시간은 상당히 단축되었으며 음질 및 화질 역시 향상되었다. 하지만 녹화용 DVD의 용량 문제 및 디스크에 설치된 불법 복제 방지 보안 태그를 극복해야 하는 어려움이 여전히 남아 있었다.
- CD-ROM 형태로 판매되는 소프트웨어들 역시 복제가 가능했다. 다양한 기술적 조치들을 적용, 불법 복제 방지를 시도해 왔지만 불법 복제자들은 '키젠(keygens)' 혹은 또 다른 프로그램 코딩 방식을 적용시켜 개발사의 복제 방지 지술을 무력화시켜 왔다.
- 온라인 디지털 불법 복제는 결과적으로 콘텐츠 유포 방식의 확대와 소비자들이 이용 가능한 콘텐츠의 양을 비약적으로 확장시키는 결과를 초래했다.
- 인터넷의 등장은 저작권 침해 사범들에게 다양한 편익을 주고 있다. 대표적인 편익으로는 물리 매체(디스크, 테이프 등)를 사용할 필요가 없음, 빠른 배포가 가능해짐, 압수 및 출입국 통관 시 적발 위험성의 감소, 파일 크기를 축소시킬 수 있음, 단속 위험성의 감소 등을 들 수 있다.

범죄자 심리 특성

인터넷상에서 불법 복제 파일 다운로드 및 유포와 관련된 저작권 침해 행위는 누구나 한 번쯤 경험해 봤을 사이버 범죄다. 많은 사람들이 직간접적으로 저작권 침해 행위에 연루되었을 가능성이 높기 때문에 연구 대상을 모집하기는 용이하다. 대체로 불법 복제 콘텐츠를 파일 공유 사이트에 업로드, 유포시키는 경우보다는 다운로드 받는 경우가 많다. 이와 같은 디지털 저작권 침해 사범들의 특성 이해를 위해, 이 장에서는 이들의 인구 통계학적 특성, 범행 동기, 성격 특질(특히 자아-통제 성향 관련), 사회적 요인(사회 학습 이론 등) 등에 대해 살펴볼 것이다. 이후 사람들이 자신의 불법 복제 행동을 합리화시키기 위해 사용하는 정당화 기제 및 디지털 불법 복제 행위와 관련된 의사 결정 및 행동 이론들을 소개하겠다.

📶 인구통계학적 특성

피케로(Piquero, 2005)는 관련 연구들을 검토한 후 지적 재산권 침해 사범들 간에는 성차가 존재하지 않는다는 점을 발견했다. 물론 일부 연구들에서 남성들이 주로 저작권 침해 행위를 저지른다는 결과들이 발표된 바 있으나 대부분의 연구들에서는 유의미한 성별 차이는 존재하지 않는다고 결론짓고 있다. 연령의 경우 나이가 어릴수록 불법 복제 행위에 연루되는 경우가 많으나 대학생 집단만 놓고 보면 나이가 많을수록 불법 복제를 자행하는 경우가 많다고 한다(Piquero, 2005). 야(Yar, 2007) 또한 다양한 사람들이 불법 복제 행위를 자행하고는 있지만 전반적으로 나이가 어릴수록 불법 복제물을 이용하거나 유포시키는 경향이 높다는 주장을 지지하고 있다.

대학생들을 대상으로 한 크로난 등(Cronan et al., 2006)의 연구에서는 약 1/3 이상이 불법 복제 소프트웨어 및 기타 디지털 불법 복제물을 사용한 경험이 있는 것으로 나타났으며, 이들은 주로 컴퓨터를 일상적으로 사용하거나 컴퓨터 활용 수업을 수강한 학생들이었다고 한다. 피케로(Piquero)의 연구 결과와 마찬가지로 크로난 등(Cronan et al., 2006)의 연구 결과에서도 역시 고학년일수록 불법 소프트웨어 남용 및 오사용 비율이 상대적으로 높은 것으로 나타났다.

🛜 동기

디지털 불법 복제 관련 범죄에 테러 집단이 연루되었을 가능성이 지속적으로 제기되고 있으나 얼마나 많은 테러 조직이 정확히 어떤 방식으로 연루되었는지에 대해서는 아직 밝혀진 바가 없다(Yar, 2007). 또한 직간접적으로 불법 복제 파일을 공유한 경험이 있는 사람들 모두가 테러 조직과 관련 있다고 보기 어렵다(사이버 테러와 관련된 이론 및 연구 결과들에 대해서는 8장을 참조할 것).

확실한 점은 인터넷 이용자들의 동기 특성이 불법 다운로드 행위에 영향을 미친다는 것인데(Higgins, 2007), 브라이언트(Bryant, 2008)는 원하는 디지털 콘텐츠를 빠르고 신속하게 무료로 구할 수 있다는 점을 주된 다운로드 동기로 지목하고 있다(pp. 2-4). 아이러니하게도 불법 복제된 음악 파일들이 인터넷에서 큰 인기를 끌던 시절에 유료 음원 파일 구매 의향자들이 합법적으로 디지털 음원 파일을 구매할 방법은 많지 않았다. 아이튠즈(iTunes)와 아마존(Amazon) 쇼핑몰에서 유료 MP3 파일 판매 서비스를 시작하면서부터 이러한 상황이 조금씩 바뀌게 시작했지만 무료로 사용하던 음원 파일을 돈을 지불하고 구매해야 한다는 심리적 부담감으로 인해 불법 복제 행위가 줄어들지는 않았다. 대만 사람들을 대상으로 정품 소프트웨어 구매 의향을 조사한 슈와 시우에(Hsu & Shiue, 2008)의 연구 결과를 살펴보면 실제 정품보다 불법 복제된 해적판 소프트웨어 구매 의향이 더욱 높다고 한다. 사회적 규범 준수, 정보 출처를 신뢰할 수 있다는 점, 기술 지원이 가능한 점 등이 정품 소프트웨어 구매 의향에 영향을 미치는 요인으로 나타났으나, 불법 복제 소프트웨어 사용으로 인한 법률적 처벌 위험은 구매 의도에 특별한 영향을 미치지는 않았다. 하지만 랴오 등(Liao et al., 2009)의 연구에서는 처벌 위험성이 불법 복제 소프트웨어 사용 의향에 영향을 미치는 것으로 나타났다. 요약하면 처벌 위험성이 정품 소프트웨어 구매 의도에 영향을 미치지는 않지만 불법 복제 소프트웨어 사용에는 영향을 미친다고 볼 수 있다.

원하는 콘텐츠를 무료로 쉽게 구할 수 있다는 점을 불법 복제물 다운로드 동기로 추정해 볼 수 있지만, 이는 다운로드를 받는 사람들의 동기이지 업로드 시키는 사람들의 동기로 보기는 어렵다(Becker & Clement, 2006). 일부 파일 공유 사이트들에서는 원하는 콘텐츠를 다운로드 받기 위해서 의무적으로 파일을 업로드 시켜야 하는 경우도 있지만 대다수의 공유 사이트들에서는 파일을 업로드 시키지 않아도 원하는 파일을 다운로드 받을 수 있게 되어 있다. 베이커와 클레멘트(Becker & Clement, 2006)에 따르면 사람들은 파일 공유를 통해 얻은 이익만큼 다른 사람들에게도 자신이 받은 이익을 돌려줘야 한다고 생각하는 경향이 있는데, 파일 공유에 대한 이러한 인식이 불법 복제 파일 업로드 동기로 작용할 가능성이 크다고 한다. 즉 파일 공유자들 간의 사회적 상호작용 효과가 업로드 행위의 동기로 작용할 수도 있지만 파일 공유 서비스 이용자들 중에는 자신의 하드에 저장된 디지털 콘텐츠 파일을 전혀 공유하지 않는 경우가 많다.

앞서 설명한 바처럼 피해자가 불명확한 범죄의 경우, 범법 행위를 저지른 이들 스스로 자신을 범죄자로 인식하는 경우가 드물다. 브라이와 루터(Bryce & Rutter, 2005)의 연구 결과에서도 인터넷 사용자 대부분이 불법 복제 행위를 비도덕적 행위로 간주하지 않고 단지 돈을 절약할 수 있는 방법으로 인식하는 경향이 있었다. 브라이스와 루터(Bryce & Rutter, 2005)의 연구에 참여한 이들 중 조사 시행 전년에 불법 복제 음원을 다운로드 받은 경험은 27%로 나타났으며, 앨범 전체를 다운로드 받은 경우는 18%였다. 신용카드가 있어야만 유료 음원을 구매할 수 있다는 점 역시 합법적인 디지털 음원 구매를 저해하는 방해 요인 중 하나로 볼 수 있다. 따라서 개인 신용 카드를 발급받을 수 없는 아동 및 청소년들이 불법 다운로드 행위를 자행할 가능성이 높을 수 있다. 불법 다운로드 동기로는 다양한 음원을 선택할 수 있으며, 무료 다운로드가 가능하고, 외국에서만 유통되는 최신 음원들을 쉽게 다운로드 받을 수 있다는 점 등으로 나타나 불법 복제된 디지털 음원을 다운로드 받는 이유는 다양했다. 불법 파일 다운로드 위험성의 경우 다운로드 파일이 재생되지 않을 수 있는 점, 악성코드에 감염될 가능성이 있다는 점 이외에 특별히 위험하다고 생각하고 있지는 않았다. 합법적으로 유료 음원을 다운로드 받는 사람들은 자신들이 불법 복제된 음원 파일을 다운로드 받지 않는 이유에 대해, 음질이 좋지 않으며 음반 회사로부터 음원 품질을 공식적으로 보장받을 수 없다는 점 및 자칫 조직적인 범법 행위에 연루될 가능성이 높다는 점 등을 꼽고 있었으며, 이러한 이유로 합법적으로 유통되는 정식 버전을 선호한다고 응답했다.

사이버 범죄 행위를 저지르는 이들은 온라인 공간의 익명성과 탈억제 특성으로 인해 자의식이 명확하지 않은 상태에서 자신의 행위에 대한 책임감을 덜 느끼는 점 등이 범죄 촉발 요인으로 작용하는 경향이 있는데 이러한 요인들은 소프트웨어 불법 복제 행위에는 특별한 영향을 미치지 않는다고 한다(Hinduja, 2007). 이러한 주장이 매우 흥미로운 것은 사실이지만 소프트웨어 이외에 음악, 영화 동영상 파일 불법 복제 행위에도 동일한 효과가 나타나는지에 대해서는 다시 한번 확인해 볼 필요가 있다.

Summary Box 7-3 인구통계학적 특성, 범행 동기

- 나이가 어릴수록 저작권 침해 행위 경험이 많을 것으로 예상된다. 하지만 대학생들은 연령대가 높을수록 저작권 침해 행위를 저지른 경우가 더욱 많았다.
- 컴퓨터에 익숙한 사람들일수록 관련 범법 행위를 저지를 가능성이 높다고 볼수 있다.
- 디지털 불법 복제 행위는 비용(무료 이용 가능)과 이용 편리성(즉각적 파일 접근 가능)이 복합적으로 작용한 결과이다. 최근 들어 원하는 디지털 콘텐츠에 대한 합법적 유료 구매 경로가 다양해졌지만, 여전히 불법 복제 콘텐츠 이용률이 감소하지 않는 것을 볼 때 비용적인 측면이 주된 동기로 작용한다고 볼 수 있다.

- 베커와 클레멘트(Becker & Clement, 2006)에 따르면 불법 복제 콘텐츠 업로드 행위는 다운로드 받은 사람들이 자신이 얻은 편익을 다른 사람들에게 돌려줘야 한다는 상호 교환 의무에 의해 동기화될 수 있다고 한다. 하지만 불법 다운로드를 받은 이들 중 많은 사람들이 파일 업로드에 관심이 없기 때문에 베커와 클레멘트의 주장은 업로드 동기를 설명하는 데 적합하지 않다.
- 불법 복제 콘텐츠 이유를 설명하는 또 다른 동기 요인들로는 동일 콘텐츠에도 다양한 복제 파일이 존재해 선택의 범위가 넓다는 점, 합법적인 콘텐츠 이용 시에는 결제를 위한 신용카드가 반드시 필요한 점, 이용 편리성, 공식 사이트에서 다운로드 받을 수 없는 다양한 콘텐츠들을 이용할 수 있다는 점 등을 들 수 있다.
- 사이버 공간의 익명성과 소프트웨어 불법 복제 행동과의 관련성을 의미한다.

🛜 자아 통제 이론과 사회 학습 이론

다른 유형의 범죄 행동들과 마찬가지로 디지털 불법 다운로드 역시 다양한 동기 요인들이 복합적으로 작용된 결과로 볼 수 있다. 히긴스 등(Higgins et al., 2006)에 의하면 자아 통제력 수준이 낮을수록 디지털 불법 복제 행위에 관여할 가능성이 높다고 한다. 하지만 자아 통제력 수준이 낮다고 해도 불법 복제와 관련된 범법 행위를 자행하기 위해서는 다른 사람들의 불법 복제 행위를 관찰하고 학습해야 하는 경험이 필요하다. 따라서 디지털 불법 복제 행위가 발생하는 이유를 설명하기 위해서는 먼저 자아 통제 이론(Self-control theory)과 사회 학습 이론(Social learning theory)을 이해할 필요가 있다.

자아 통제력은 일생 동안 안정적으로 유지되는 개인 특질로 범죄 행동과 밀접한 관련이 있는 개인 특질 중 하나이다(Gottfredson & Hirschi, 1990). 히긴스 등(Higgins et al., 2006)에 의하면 자아 통제력 수준이 낮은 사람들은 충동적이며 자극에 무감각하고 위험 추구 성향이 높아 자신들의 행동이 유발하는 장기적 결과를 고려하지 않는 경향이 있다고 한다. 히긴스 등은 후속 연구에서 자아 통제력 수준이 낮은 사람들이 불법 다운로드 행위를 보일 가능성이 높다는 점을 발견하였고(Higgins et al., 2012), 말린과 포워즈(Malin & Fowers, 2009) 역시 자아 통제력 수준이 청소년들의 인터넷 불법 복제 행위 태도에 영향을 미칠 수 있다고 제안한 바 있으며 라로즈 등 (LaRose et al., 2005) 또한 불법 복제물 다운로드 행동을 보이는 이들은 자기-조절 능력이 결핍되었을 가능성이 높다는 견해를 제시하고 있다.

즉 자아 통제력 수준이 낮은 사람들이 주변 사람들의 공격적인 일탈 행동을 학습할 경우 범죄를 저지르거나 범죄 행위에 관여할 가능성이 증가하는 경향을 보일 수 있다. 사람들이 디지털 불법 복제물을 사용하는 이유와 그러한 행동들을 비도적적 행위로 간주하지 않는 이유는 그들의 행동들 또한 주변인들을 관찰하고 학습한 결과이기 때문이다. 따라서 디지털 불법 복제 행위를 이해하는 데 있어 사회 학습 이론은 매우 유용하다(Morris & Higgins, 2010). 모리스와 히긴스(Morris & Higgins, 2010) 이전에도 다스토스 등(D' Astous et al., 2005)은 친밀한 관계에 있는 주변인들이 디지털 불법 복제물을 사용하기 원한다는 생각과 함께 그들 또한 자신과 동일한 생각을 가지고 있다는 믿음이 온라인 음악 공유 의향에 영향을 미친다는 사실을 발견한 바 있다. 즉 온라인 음악 공유 의향에 영향을 미치는 2가지 요인 모두 결국 사회 학습 이론과 연결시켜 설명할 수 있다. 말린과 포워즈(Malin & Fowers, 2009) 또한 인터넷상에서 이루어지는 불법 복제 행위에 대한 태도는 일탈 행동을 보이는 또래 집단과의 유대 수준과 밀접한 관련성을 보인다는 견해를 제시하였다.

Summary Box 7-4 자아 통제 수준과 사회 학습 이론

- 자아 통제력 수준은 일생 동안 변하지 않는 안정적 성격 특질 중 하나로 범죄 행위와의 관련성이 높은 것으로 알려져 있다. 자아 통제력 수준이 낮은 사람들은 충동적이며 무감각하고 위험 추구 성향이 높으며 장기적인 행위의 결과를 고려하지 않는 경향이 있다.
- 일부 연구자들은 낮은 수준의 자아 통제력과 디지털 불법 복제 행위와 관련성이 높다는 점을 발견하였다.
- 일탈 행동은 또래 집단에 의해 학습될 가능성이 높다. 이와 같은 가설은 범죄 행위에

대한 도덕성 인식 수준이 낮은 이유를 설명하는 데 유용하다.

• 사회 학습 이론을 통해 주변인들 역시 범법 행위를 비도덕적으로 인식하지 않을 것이라는 믿음이 관련 범죄를 예측하는 데 중요한 요인으로 작용한다고 볼 수 있다.

📶 중화 현상과 윤리적 입장

1장에서 소개한 범죄자들의 중화(Neutralizations) 과정, 즉 자기 정당화 태도와 5장에 소개된 인지적 왜곡은 유사한 사고 과정으로 볼 수 있다. 중화, 즉 자기 정당화란 범죄자들이 자신의 행위에 대한 죄책감을 감소시키고자 사용하는 일종의 방어 기제이다. 최초로 범죄자들의 자기 정당화 방식을 유형화시킨 사이크스와 마트자(Sykes & Matza, 1957)는 범행 후 나타나는 범죄자들의 합리화 태도를 다음과 같이 5가지 형태로 구분하고 있다.

● 책임 부정: 통제할 수 없는 상황에서 범죄가 벌어졌기 때문에 자신에게 전적인 책임이 없다고 회피하는 태도
● 피해 사실 부정: 피해자들이 직접적인 신체 피해를 당하지 않았고, 경제적 손실 역시 그들이 감당할 만한 미미한 수준이라고 주장
● 피해자 부인: 가해자들은 피해자들 역시 범죄와 같은 일종의 처벌을 당할 만한 행동을 보인 사람들이고 여김
● 역비난: 피해자들 역시 자신이 착한 척하는 위선적인 태도를 보이고 있음
● 책임감 분산: 다른 사람들 또한 자신과 비슷한 상황이었다면 범죄를 저질렀을 것이라고 주장하며 범죄 행위를 정당화

이후 콜먼(Coleman, 1994)은 앞서 5가지 자기 정당화 유형에 '다른 사람들 또한 이미 유사한 범죄 행위를 저질렀을 것(나뿐만이 아니다)'이라는 정

당화 기제를 추가시켰다.

　학생들을 대상으로 불법 파일 공유 행동에 대한 자기 정당화 방식에 대해 연구한 무어와 맥물런(Moore & McMullan, 2009)에 따르면 피험자들이 최소 1가지 이상의 자기 정당화 기제를 사용하고 있었지만, 2가지 이상을 복합적으로 사용하지는 않았다고 한다. 가장 일반적으로 사용되는 자기 정당화 기제로는 '피해 사실 부정' 및 '다른 사람들 또한 이미 불법 복제와 관련된 범법 행위를 자행하고 있다'로 나타났다. 무어와 맥물런(Moore & McMullan)은 온라인 공간의 익명성으로 인해 불법 복제된 디지털 음원 파일을 사용하는 이들이 저작권자의 피해 손실을 정확히 인식하지 못하고 있으며, 오히려 자신들이 음원 파일을 공유하고 있기 때문에 많은 사람들이 무료로 음악을 감상할 수 있고 이는 곧 저작권을 보유한 음악가들에게 이익이 될 것이라고 생각하는 경향을 발견하였다.

　불법 파일 공유자들을 대상으로 연구를 진행한 잉그럼과 힌두자(Ingram & Hinduja, 2008)는 이들이 책임 부인, 피해자 부인, 책임감 분산 등의 자기 정당화 기제를 사용해서 행위를 합리화시키는 경향을 발견(p. 334), 이러한 자기 정당화 태도를 법적 규범보다는 집단 규범을 더욱 중요시하는 대학 환경의 산물로 해석하고 있다. 한편 시포넨 등(Siponen et al., 2010)은 '책임감 분산', '역비난' 등과 같은 자기 정당화 기제가 소프트웨어 불법 복제물 사용 의도를 유의미하게 예측한다는 연구 결과를 제시하였으며, 모리스와 히긴스(Morris & Higgins, 2009) 역시 사회 학습 이론과 자기 정당화 이론이 음악, 소프트웨어, 영화 다운로드 행위를 설명하는 데 유용하다는 점에 동의하고 있다. 이와는 대조적으로 힌두자(Hinduja, 2007)를 포함한 일부 연구자들은 자기 정당화 태도와 소프트웨어 불법 복제 행위는 관련성이 없다고 주장하였다.

　그렇다면 디지털 불법 복제 파일 공유자들의 윤리 의식 수준이 결여되어 자기 정당화 태도를 보이는 것인가? 이와 관련된 연구들을 검토한 야(Yar,

2010)는 불법 복제 파일을 공유하는 이들이 복제 파일을 다운로드 받는 행위를 사회적으로 용인 가능한 행위로 인식하는 경향이 있다고 결론 내렸으며, 피케로(Piquero)는 이들이 불법 복제 행위 자체를 윤리적 문제로 결부시켜 생각할 의지도, 의향도 없는 것 같다는 견해를 제시한 바 있다. 연구자들에 의하면 개인의 윤리적 태도가 디지털 불법 복제 행위에 특별한 영향을 미치지는 않으며(Gopal et al., 2004) 오히려 불법 복제 행위를 통해 도덕적 해방감을 경험하는 이들도 있다고 한다(Garbharran & Thatcher, 2011). 또 다른 연구에서는 불법 다운로더들의 경우 자신의 불법 복제물 공유 행위를 감추려하지 않으며 스스로가 법과 규칙을 준수하는 준법 시민이라고 생각하는 경향이 있다고 한다(Yar, 2007). 한편 브라이스와 루터(Bryce & Rutter, 2005)에 따르면 불법 디지털 음원 공유자들은 스스로 범법 행위를 저지르고 있다는 사실은 인지하고 있지만 자신뿐 아니라 다른 사람들 역시 불법 복제된 음원 파일을 공유하고 있으며 저작권자에 아무런 이익을 주지 못하고 판매자들의 이익만 늘려주는 복제 음반 구매 행위보다 오히려 디지털 음원 파일 공유가 '덜 잘못된 행위'라고 인식하는 경향이 있다고 한다. 불법 복제 PC 게임을 공유하는 이들 역시 음원을 공유하는 이들의 인식 및 태도와 크게 다르지 않다고 한다(Bryce & Rutter, 2005). 윈그로브 등(Wingrove et al., 2011)의 연구에서는 사람들이 불법 음원 파일 공유와 오프라인 음반 매장에서 음악 CD를 훔치는 것을 별개의 행위로 인식하는 경향이 있었으며, 로버트슨 등(Robertson et al., 2012)의 연구에서는 디지털 음원 불법 다운로더들은 관련 법률이나 규칙에는 관심이 없으며 적발 위험만 적다면 오프라인 음반 매장에서 CD를 훔칠 가능성이 높다는 점이 발견되었다. 위와 같은 연구 결과들을 종합하면 사람들의 디지털 불법 복제 행위에 대한 위법성 인식 수준이 실제 공유 행동에 미치는 영향은 미미하다고 볼 수 있다.

한편 보너와 오히긴(Bonner & O' Higgin, 2010)의 연구에서는 불법 복제된 음원을 공유하는 이들의 경우 죄책감 감소 및 사회적 비난 회피를 위해 자신들의 불법 복제 음원 이용 행동과 이에 따른 윤리적 책임을 별개로 생각하는 경향이 높다는 사실이 발견되었다(p. 1,341). 즉 보너와 오히긴 (Bonner & O' Higgin, 2010)의 연구에 참여한 이들은 불법 다운로드를 윤리적 책임이 뒤따르는 행위로 여기기보다는 '누구나 한 번쯤은 경험할 수 있는', '주변에서 흔히 있을 수 있는 일'로 간주함으로써 자신의 행위를 합리화시키는 태도를 보였다(Bonner & O' Higgin, 2010). 한편 장봉과 스메타나 (Jambon & Smetana, 2012)의 연구에 참여한 대학생들은 불법 음원 다운로드를 도덕성과 결부된 복합적인 문제로 간주하고 있어 불법 파일 공유 행위에 대해 비교적 건전한 도덕적 사고를 지니고는 있었지만, 법률적 문제로 연결시켜 생각하지는 않았다. 이처럼 인터넷 사용자들이 불법 복제물 이용, 유통 행위 등을 윤리적 문제로 인식하지 못하고 있다는 사실은 대부분의 연구들에서 나타나는 일반적 현상이다. 하지만 관련 연구 대부분에서 대학생을 대상으로 조사가 진행되어 이러한 인식을 전체 인터넷 이용자들의 태도로 일반화시킬 수는 없다. 대표적인 예로 인도 내 소프트웨어 산업 종사자들을 대상으로 디지털 불법 복제에 대한 태도를 조사한 발과 리카 (Bhal & Leekha, 2008)의 연구를 들 수 있다. 이 연구에 참여한 소프트웨어 산업 종사자들은 소프트웨어 불법 복제 행위를 비윤리적 행위로 인식하고 있었으며, 윤리적으로 허용 가능하다고 응답한 이들만이 응답 이유를 묻는 질문에 자기 합리화 논리를 사용하는 것으로 나타났다.

Activity 7-2 　불법 복제 콘텐츠 이용자들의 자기 정당화

　　디지털 콘텐츠 불법 다운로드 이용자들이 주로 사용하는 자기 정당화 방법들에는 어떤 것들이 있는지 생각해 보자. 또한 주로 다운로드를 받는 이들과 주로 업로드시키는 사람들 간의 자기 정당화 방식의 차이 및 음악, 영화, TV 프로그램, 소프트웨어, e-book 등 디지털 콘텐츠 종류에 따라서는 자기 정당화 방식의 차이가 어떻게 달라질 수 있는지 생각해 보자.

🛜 합리적 행위 이론, 계획적 행동 이론, 낙관 편견 이론

난데드카르와 미드하(Nandedkar & Midha, 2012)는 '합리적 행위 이론(theory of reasoned action: TRA)'과 '낙관 편견(optimism bias)' 이론을 통해 디지털 불법 복제 행동을 설명하고 있다. 피시바인과 아젠(Fishbein & Ajzen, 1975)이 제안한 합리적 행위 이론에서는 사람들이 의사 결정을 위해 주어진 정보를 체계적으로 조합시켜 사용하는 경향이 있다고 가정하고 있으며, 바인스타인(Weinstein, 1980)의 낙관 편견 이론에서는 사람들은 자신들이 타인에 비해 이혼, 중병 등 부정적 사건이 발생할 가능성은 적고, 복권 당첨 등 긍정적인 사건이 일어날 가능성은 더욱 크다고 지각하는 경향을 지니고 있다고 설명하고 있다. 두 가지 이론 모두 의사 결정 과정에서 나타나는 사람들의 심리 패턴 및 경제 행동을 설명하는 데 폭넓게 사용되고 있다. 난데드카르와 미드하(Nandedkar & Midha, 2012)에 의하면 불법 복제 파일을 다운로드 받는 사람들은 자신이 불량 콘텐츠를 다운로드 받을 가능성이나 법적 처벌 혹은 주변인의 비난과 같은 부정적 결과가 발생할 가능성은 미미할 것으로 기대하는 경향이 높다고 한다(낙관 편견). 이처럼 불법 복제 파일 다운로더들이 낙관 편견 경향을 지니고 있기 때문에 불법 복제 행위를 억제시키기 위해서는 엄격한 처벌보다는 태도 변화 전략이 더욱 효과적일 수 있다(Nandedkar & Midha, 2012).

아젠(Ajzen, 1988)의 '계획된 행동 이론(theory of planned behaviour: TPB)'은 합리적 행위 이론이 확장된 형태로, 의사 결정 과정에서 사람들은 자신에게 주어진 정보를 합리적으로 활용할 수 있다고 스스로 믿고 있을 뿐 아니라 행위의 기회, 자원, 능력 또한 스스로 통제할 수 있다는 신념을 가지고 있다고 가정하고 있다. 계획된 행동 이론은 디지털 불법 복제 행위 연구에 광범위하게 적용되고 있는데 비디오 게임기 구매 선택 과정을 연구한 구드와 카르타스(Goode & Kartas, 2012)에 따르면 불법 복제 게임 소프트웨어를 구할 수 있는 능력이 구매 선택에 유의미한 영향을 미치는 경향이 있으며, 또 다른 연구들에서는 친구들과 음악, 동영상 파일을 주고받는 행동 역시 계획된 행동 이론으로 설명 가능하다고 한다(Blake & Kyper, 미발표). 계획된 행동 이론은 다른 어떤 심리학적 이론보다도 불법 복제 행위를 설명하는 데 적합한 것으로 보인다(Yoon, 2012).

이처럼 디지털 불법 복제 행위를 근절하기 위해서는 불법 복제 행위자들의 심리 특성 및 범죄 행동 수법에 대한 충분한 이해가 필요하다. 지금부터는 불법 다운로드 행위 억제를 위한 효과적 처벌 방법들에 대해 살펴보겠다.

Summary Box 7-6 합리적 행위 이론, 계획된 행동 이론, 낙관 편견 이론

- 합리적 행위 이론, 계획된 행동 이론, 낙관 편견 이론은 디지털 불법 복제 행위를 설명하는 대표적인 이론들이다.
- 피시바인과 아젠(Fishbeinn & Ajzen, 1975)의 합리적 행위 이론에서는 사람들이 의사

결정 상황에서 주어진 정보를 합리적으로 활용한다고 가정하고 있다.
- 바인스타인(Weinstein, 1980)의 낙관 편견 이론은 다른 사람들보다 부정적인 사건(이혼, 중병 등) 발생 가능성은 낮게, 긍정적인 사건(복권 당첨, 장수 등)의 발생 가능성은 크다고 믿는 편향된 태도 경향성이다.
- 계획된 행동 이론은 합리적 행위 이론에 지각된 행동 통제 개념이 조합된 것으로 의사 결정 상황에서 합리적으로 정보를 활용한다는 신념뿐 아니라 스스로 의사 결정에 필요한 능력, 기회, 자원이 풍부하다고 믿는 경향을 뜻한다.
- 디지털 불법 복제 행위를 설명하는 데 가장 적합한 이론은 계획된 행동 이론이다.

처벌, 해결 방안

가장 이상적인 디지털 불법 복제 행위 근절 대책은 처음부터 불법 복제 행위를 하지 않게 만드는 것이다. 즉 예방을 위해 인터넷 이용자들을 대상으로 저작권 침해 행위에 대한 올바른 인식을 강화를 위한 공공 캠페인 및 효과적 교육 대책 수립, 불법 복제 방지를 위한 기술적 보안 조치가 적용될 필요가 있다.

📶 억제

억제 이론(Deterrence theory)에서는 사람들이 자신의 행위가 처벌받을 수 있다는 인식을 가지는 것만으로 범죄가 억제될 수 있다고 제안하고 있다. 관련 연구로는 지적 재산 범죄 억제를 위해 관련 이론들을 고찰한 피케로(Piquero, 2005)의 연구를 들 수 있다. 또한 처벌 범죄의 심각성(severity)과 확실성(certainty)에 따라 달라진다고 볼 수 있다. 일반적으로 전 세계 모든 국가들에서는 중범죄자들에게 상대적으로 엄격한 처벌을 가하고 있는

데, 중범죄자들이 경미한 처벌을 받거나 혹은 죄질에 비해 심한 처벌을 받을 경우 사람들은 이를 불공정한 처벌이라고 인식하기 마련이다. 처벌의 확실성 또한 범죄 억제 측면에서 볼 때 매우 중요하다고 볼 수 있다. 가령 범죄를 저지른 사람이 체포된 이후 아무런 처벌도 받지 않는다면 향후에 지속적으로 범죄를 저지를 가능성이 증가할 것이다. 이와 반대로 사소한 범법 행위를 저지른 경우라도 반드시 처벌을 받게 되면, 사람들이 범죄를 저지를 가능성은 감소할 것이다. 이러한 이유로 일부 범죄자들이 중형을 받는 것보다는 사소한 범법 행위라도 법률을 위반한 모든 사람들에게 처벌이 가해지는 것이 사회적 범죄 억제에 더욱 효과적이라 할 수 있다.

범죄 억제는 크게 일반적(general) 억제와 구체적(specific) 억제로 구분된다. 일반적 억제는 사회 학습 이론을 토대로 하는데, 중형을 선고받은 범죄자들을 목격하는 것만으로 범죄를 저지를 가능성이 높은 사람들의 범죄 의도가 감소할 수 있다고 보는 개념이다. 한편 구체적 억제 이론에서 사소한 범법 행위라도 법률을 위반하면 반드시 처벌받게 된다는 인식을 강화시키면 그 자체로 잠재적 범죄 의향자들의 범행 의지가 감소될 수 있다고 가정하고 있다. 저작권 침해 행위 근절 대책 수립에서는 앞서 설명한 일반적, 구체적 억제 방법 모두가 적용되고 있다.

형사 사법 기관들에서는 불법 파일 공유 행위 근절을 위해 일반적 억제 방법을 주로 사용하고 있다. 즉 불법 파일 공유자들에게 중형을 선고함으로써 사람들의 불법 파일 공유 의도를 억제하는 전략이 주로 사용되고 있다(McQuade, 2006, pp. 144-145). 일례로 2007년 미국 음반 산업 협회(Recording industry of America: RIAA)에서는 2천 개 이상의 디지털 음원 파일을 복제한 토머스-라셋(Thomas-Rasset)을 고발한 바 있는데, 그의 복제 행위로 인해 실제 경제적 타격을 입은 음원은 단지 24개에 불과했다고 한다(BBC News Online, 2010년 1월 25일자 참고). 하지만 토머스-라셋은 검찰에 기소되어 일심에서 200,000달러의 벌금이 구형되었으며, 2009년 재심에서는 벌금이

1,920,000달러로 가중되었다(이후 항소심을 통해 최종 벌금은 54,000달러로 확정됨). 토머스-라셋(Thomas-Rasset) 사건 이후 이와 유사한 사건들이 지속적으로 발생하자 토머스-라셋 사건은 뒤늦게 언론에 집중적으로 보도되었다.

하지만 불법 복제 파일 공유자 모두를 처벌한다는 것은 현실적으로 불가능하기 때문에 불법 복제 파일을 공유하고 있는 사람들은 지금도 자신이 처벌받을 가능성은 희박하다고 느낄 수 있다. 라로즈 등(LaRose et al., 2005) 역시 일반적 억제 방식에 의해 처벌에 대한 공포가 확산된다고 해도 불법 복제 행위를 완전히 근절시키는 것은 현실적으로 불가능하다고 보고 있다. 또한 불법 복제 파일을 다운로드 받은 횟수가 적은 이들은 자신들의 행위가 불법 복제 파일을 대량으로 배포한 이들에 비해 행위의 심각성이 떨어진다고 생각하는 경향이 있어 설사 사법 당국에 적발된다 해도 기소 가능성은 희박하다는 인식을 지니고 있다(McQuade, 2006). 이처럼 일반적 억제 방식이 불법 파일 공유자들의 행동 의도에 큰 영향을 미치지 못한다는 주장이 받아들여짐으로써 일반적 억제 방식은 단순 불법 파일 공유자들보다는 불법 파일 공유 서비스를 제공하는 이들을 대상으로 적용되고 있다. 즉 개인적인 목적으로 불법 파일을 다운로드 받은 사람들의 경우 일반적 억제보다는 구체적 억제 방식이 더욱 효과적일 수 있다.

국가별 형사 정책의 차이는 있지만 전 세계 공통적으로 불법 파일 공유자들에게는 구체적 억제 형태의 처벌이 적용되고 있다. 즉 불법 복제 파일 공유 행위가 의심되는 사람들에게 경고장을 발송한 후 접속 사이트 제한, 인터넷 서비스 차단 및 속도 제한을 두는 조치가 이루어지고 있다(BCC News Online, 2010년 8월 12일; BBC News online 2012년 6월 26일자 참고). 하지만 인터넷 서비스 제한 방법은 서비스 제공 업체의 반발이 있을 수도 있다(BCC News Online, 2010년 9월 20일자 참조). 구체적 억제 방법은 불법 파일 공유 행위에 연루된 모든 사람을 기소하는 것보다는 훨씬 실용적이고, 시행이 용이한 장점은 있지만 단점도 존재한다. 가령 다수가 공동으로 특정

IP 주소에 연결된 인터넷 서비스를 사용하는 경우나 불법 파일 공유가 의심되는 IP가 실소유자가 아닌 누군가에 의해 해킹된 경우라면 인터넷 서비스 차단과 같은 구체적 억제 방식의 처벌은 아무런 효과가 없다. 하지만 일부 연구들에서 밝혀진 것처럼 사람들은 자신이 처벌받을 수 있다고 자각하는 것만으로 불법 복제 소프트웨어 사용 의도는 감소할 수 있고 (Liao et al., 2010), 처벌받을 수도 있다는 인식이 강화됨으로써 불법 파일 공유 행위를 억제하는 데 긍정적인 효과를 거둘 수 있다.

억제 효과를 설명하는 또 다른 심리학적 이론에는 학습 이론이 있다. 1장에서 소개된 바와 같이 학습 이론에서는 사람들이 특정 행위에 대한 보상과 처벌을 경험함으로써 행동을 학습하게 된다고 설명하고 있다. 지적 재산 범죄에 대해 학습 이론을 적용시킨 피케로(Piquero, 2005)에 따르면 다양한 종류의 음악, 소프트웨어, 영화, TV 프로그램 등을 무료로 이용할 수 있다는 점은 불법 복제 파일 공유자들에게 보상으로 작용할 수 있다고 한다. 재미있는 사실은 불법 파일 공유 사이트에서 불량 콘텐츠를 다운로드 받게 되면 이를 보상이라고 지각하지 않기 때문에 불법 복제 파일 다운로드 행동이 감소한다고 한다(LaRose et al., 2005). 하지만 2005년 라로즈 등 (LaRose et al.)의 연구가 진행된 시점과 요즘은 인터넷 다운로드 속도 및 복제 콘텐츠 품질이 다르기 때문에 과거와는 다른 결과가 나타날 수도 있다. 일반적으로 불법 복제 파일 이용자들이 적발될 경우, 벌금형에 처해지거나(일반적 억제), 인터넷 접속 제한 조치(구체적 억제) 명령이 떨어질 수 있다. 처벌에 대한 두려움은 불법 파일 공유 행동에 영향을 미칠 것이며 (Wingrove et al., 2011), 악성코드가 포함된 불법 복제 파일을 다운로드 받을 수 있다는 걱정 역시 불법 파일 이용 의도에 영향을 줄 수 있다(Wolfe et al., 2008). 즉 함부로 불법 복제 파일을 다운로드 받게 되면 다운로드 받은 컴퓨터 및 모바일 기기가 치명적인 손상을 입을 수도 있다는 위험 인식이 불법 복제 콘텐츠 소유 욕구를 감소시킬 수 있다. 학습 이론 관점에서 범죄 행동이 나타나는 경우는 처벌 가능성이 적고, 보상 가능성이 많은 상황으로, 특히 범죄 행동이 어렵지 않고 쉽고 빠르게 범죄를 저지를 수 있는 경우 행동 실행 가능성은 더욱 증가한다고 볼 수 있다.

또한 불법 복제 파일 공유가 부정적 결과를 유발시킬 수 있다는 인식이 정서적으로 영향을 미칠 수도 있다. 대학생들의 파일 불법 다운로드 행위에 대해 연구한 왕과 매클렁(Wang & McClung, 2012)에 의하면 죄책감 수준이 높을수록 불법 다운로드 가능성은 감소하나 자신의 행위를 사회적으로 용인되는 행동으로 간주할 경우 다시 불법 다운로드 가능성이 증가한다고 한다. 즉 불법 파일 다운로드 행위는 개인의 죄책감 수준 및 주변인들의 태도에 영향을 받는다고 볼 수 있다.

Activity 7-3 학습 이론과 억제

디지털 불법 복제 행위 근절을 위해 학습 이론을 적용시킨 대책을 수립해 보자. 이익(보상)을 감소시킬 수 있는 방법, 처벌 인식을 강화시킬 수 있는 방법 및 학습 이론 관점에서 범죄 억제를 위한 효과적 커뮤니케이션 방법에 대해 생각해 보자.

Summary Box 7-7 억제

• 억제 이론에서는 범죄를 저지를 가능성이 높은 사람들을 대상으로 처벌받을 수 있다는 인식을 강화시키면 범죄를 억제할 수 있다고 제안하고 있다.

• 처벌의 종류는 처벌의 심각성(severity)과 확실성(certainty)에 따라 구분된다.

• 중형보다는 범죄를 저지를 경우 반드시 합당한 처벌을 받을 수 있다는 확실성이 범죄 억제에 더욱 효과적이다.

• 억제는 '일반적 억제'와 '구체적 억제'로 구분되며 두 가지 방식 모두 디지털 불법 복제 행위를 근절하는 데 적용되고 있다.

• 일반적 억제는 사회 학습 이론에 기반하고 있다. 즉 실제로 처벌받는 장면을 관찰하는 것만으로 범죄 의도가 감소될 수 있다고 가정하고 있다.

• 구체적 억제에서는 범죄를 저지르게 되면 그에 합당한 처벌을 받을 수 있다는 인식으로 인해 범죄 의도가 억제된다고 설명하고 있다.

- 불법 복제 파일 공유 행위에 대한 심각성 인식이 높지 않기 때문에 단지 처벌받는 장면을 목격하는 것만으로는 억제 효과가 크지 않다. 즉 불법 파일 공유 행위자들에게는 일반적 억제 방식이 그리 효과적이지 않다.
- 학습 이론에서는 행위에 대한 보상과 처벌이 특정 행위를 강화시킨다고 설명하고 있다. 특히 범죄 행동에서는 범죄를 통해 얻을 수 있는 보상이 처벌보다 크다면 범죄 실행 가능성이 증가한다고 볼 수 있다. 불법 복제 공유 행위에서 보상은 무료로 콘텐츠를 획득할 수 있다는 점이며 처벌은 적발, 기소되어 벌금형에 처해지거나 다운로드 받은 파일로 인해 악성코드에 감염되는 경우 등을 들 수 있다. 최근에는 죄책감 등 정서적 지각 역시 불법 파일 공유 의도에 영향을 미친다는 점이 발견되었다.

예방

억제가 사람들의 불법 복제 의도를 감소시키는 것이라면 예방은 복제 자체를 어렵게 하거나 불법 복제를 통해 얻을 수 있는 보상을 최소화시키는 것이다(Piquero, 2005). 불법 복제 예방 대책에는 다양한 방법들이 적용되고 있으며 그 효과 역시 다양하다. 대표적인 예방 대책으로는 디지털 음원 및 동영상, 소프트웨어 등을 암호화시키거나(Higgins, 2007), 개인 컴퓨터에서는 디지털 음원 및 동영상이 재생되지 않도록 CD나 DVD를 제작함으로써 사전 복제 가능성을 기술적으로 차단시키는 방법(Jewkes, 2010)과 소프트웨어 설치 시 자동으로 제작사 서버에 연결되어 정품 여부가 확인되어야만 설치가 실행되는 방법 등이 있다(Stephens, 2008). 이외에도 정품 소프트웨어 구매 시 포함된 설치 코드를 입력해야만 프로그램 설치가 가능하거나 프로그램 설치 시 구매자 정보를 필수적으로 입력하게 함으로써 불법 복제물 유포 출처를 관리하는 방법도 있다(Stephens, 2008).

기술적 예방 조치들은 분명 불법 복제 행위 예방에 효과적이긴 하지만 최근 들어 불법 복제 기술력 또한 비약적으로 발전하고 있어, 기술적 예방 조치가 무력화되는 경우가 많다. 하지만 불법 복제 방지 기술이 적용되면 해당 콘텐츠를 다운로드 받았다 해도 정상적인 이용이 불가능하기 때문에 분명 예방 효과는 존재한다(Higgins, 2007). 우려스러운 점은 대학, 기업 등 대규모 공공 기관 컴퓨터 관리 수칙에 불법 복제 방지를 위한 기술적 예방 조치가 필수적으로 적용되지 않고 있다는 사실이다. 크로난 등(Cronan et al., 2006)에 의하면 컴퓨터 오남용 방지를 위해 관리 정책을 필수적으로 적용하고 있는 공공 기관은 극소수에 불과하다고 한다. 대학교 캠퍼스 전산실 등 다수가 이용하는 공공 컴퓨터를 사용하는 대학생들 중 사용 수칙을 제대로 숙지하고 이용하는 학생들은 극히 일부이며, 더욱 심각한 점은 불법 복제 파일 공유 및 사용 금지가 된 사실을 알면서도 버젓이 관리 수칙을 어기는 학생들이 많다는 사실이다. 이들은 자신들의 불법 복제 콘텐츠 사용 행동이 교내 컴퓨터 사용 수칙에 위반된다는 사실을 알고 있으면서도 단지 적발되면 어떤 처벌을 받는지 확인할 목적으로 컴퓨터 사용 수칙을 미리 찾아봤을 가능성이 높다.

📶 그 외 디지털 불법 복제 방지 전략

저작권 침해 행위 근절을 위한 또 다른 방법으로는 올바른 컴퓨터 사용 인식 증진을 위한 공익 홍보 캠페인이 있다. 대다수 공익 캠페인들에서 주로 불법 다운로드 가능성이 높은 젊은 층만을 대상으로 디지털 불법 복제 행위는 타인의 물건을 절취하는 절도 행위와 다를 바가 없다는 메시지를 전달하고 있다(Wall & Yar, 2010). 하지만 캠페인 메시지가 주요 표적 집단에 제대로 전파될 가능성은 미미하다. 또한 이미 불법 복제 행위가 습관화된 사람들은 자신의 행동을 합리화시키는 태도를 지니고 있기 때문에 캠페인 메시지만으로 이들의 태도가 변화될 가능성 역시 희박하다 (Wall & Yar, 2010, p. 267). 더불어 디지털 음원 불법 복제 행동이 저작권자에게 막대한 경제적 손실을 초래할 수 있으며 불법 복제 음원 사용이 비윤리적 행동이라는 메시지들 또한 실제 불법 복제 행위 근절에 큰 효과가 없는 것으로 나타나고 있다(D'Atous et al., 2005).

히긴스 등(Higgins et al., 2006)은 불법 복제 행위를 하지 않는 또래 친구들과의 접촉 기회를 장려하는 것만으로 긍정적 사회 학습 효과가 유발될 수 있다는 주장을 제기하였다. 덧붙여 히긴스 등(Higgins et al., 2006)은 캠페인 효과를 극대화시키기 위해서는 사전에 구체적인 전략을 수립한 후 캠페인이 진행되어야 하며 사후 평가 역시 반드시 이루어질 필요가 있다고 한다. 그밖에도 일부 연구자들은 자아 통제력이 낮은 사람들이 불법 복제 행위를 보일 가능성이 높기 때문에 인터넷 이용자들의 자아 통제력을 높일 수 있는 커뮤니케이션 메시지 구성이 필요하다고 주장하고 있다(Malin & Fowers, 2009).

코크릴과 구드(Cockrill & Goode, 2012)는 불법 복제 행위 관여 유형별, 즉 불법 복제 DVD 제작, 유통, 판매, 사용 과정별로 관여하는 사람들의 특성은 서로 다르다는 가정하에 연구를 진행하였고, 심각한 불법 복제자, 기회주의자, 단순 사용자, 아무 관련이 없는 자 등의 4가지 유형으로 불법 복제 DVD 사용자들의 특성을 구분하였으며, 이들의 특성 및 영향 요인이 서로 다르기 때문에 예방, 근절을 위해서도 각 집단 특성에 부합하는 전략을 수립할 필요가 있다고 제안하였다. 덧붙여 DVD 불법 복제 문제에 있어서는 영화사들의 적극적인 문제 제기 및 이슈화를 통한 대중 인식 및 태도 개선이 무엇보다 중요한데 이는 특히 '기회주의자' 유형에 속하는 불법 복제 DVD 이용자들의 태도 변화에 효과적이라고 한다(Cockrill & Goode, 2012).

히긴스 등(Higgins et al., 2008)은 디지털 불법 복제 행위를 한 번이라도 경험한 적 있는 대학생들에게 자신의 행동을 기록하게 한 후 4주 후 불법 복제 행위의 증가, 감소 경향을 분석하였다. 연구 결과, 4주 동안 자신의 행위를 기록한 실험 집단에서는 디지털 불법 복제 행위 및 불법 복제에 대한 합리화 비중이 유의미하게 감소하는 경향이 나타났다. 이는 사람들이 자신의 불법 복제 행위를 반복적으로 재인하는 것만으로 자신이 범법 행위를 저지르고 있다는 인식이 증가할 수 있다는 점을 의미하며 이에 따라 불법 복제 행동 감소에 영향을 미치는 것으로 해석될 수 있다(Higgins et al., 2008). 또한 불법 복제와 관련된 범법 행동이 감소됨에 따라 자신의 행위를 정당화시키기 위한 합리화 경향도 감소되는 효과가 있었다. 즉 불법 복제 행위 근절을 위해서는 개인의 도덕적 양심 수준을 강화시킬 수 있는 교육 전략을 시행할 필요가 있다(Higgins, 2008).

불법 복제 행위 근절 캠페인, 교육 등 예방 전략 실시 후 효과 유무를 검증한 연구는 많지 않다. 그중 알 라피와 로우이바(Al-Rafee & Rouibah, 2010)에 의해 진행된 실험 연구에서는 중동 지역 학생들을 대상으로 불법 복제 의도 억제를 위한 캠페인 효과를 측정하였다. 그 결과, 실험 참여 학생들에게 불법 복제 관련 법률을 지각시키는 것만으로는 억제 효과가 적었지만 종교적 윤리에 호소하는 경우와 불법 복제로 인한 사회적 폐해를 인식시킨 경우 불법 복제 행위 의도가 유의미하게 감소하는 결과가 나타났다. 이는 단지 디지털 불법 복제 행동의 위법성 유무를 강조하는 것만으로는 억제 및 예방 효과가 미미하다는 기존 연구들과 맥을 같이한다고 볼 수 있다.

Summary Box 7-8 | **예방책 및 기타 해결 방안**

• 불법 복제 예방 조치를 실행함으로써 복제 시도 자체를 어렵게 하거나 얻을 수 있는 보상을 감소시킬 수 있다.

• 디지털 불법 복제 예방 조치 방법에는 콘텐츠, 프로그램 복제 방지 암호화 등과 같은 기술적 방법들이 활용되고 있다.

• 불법 복제 방지 기술을 적용했을 경우 불법 복제 시도를 억제할 수는 있지만 범죄자들 역시 이와 같은 기술적 예방 조치를 무력화시킬 수 있는 방법들을 찾아내고 있다.

• 연구 결과들에 의하면 대학교 및 공공 기관 컴퓨터 사용 정책들이 불법 복제 행위 근절에 미치는 효과가 미미한 것으로 나타나고 있다.

• 불법 복제 행위 근절을 위한 공익 캠페인들은 주로 10~20대 층을 표적으로 한다. 하지만 캠페인 홍보를 통한 사회적 공론화 역시 큰 효과를 거두지 못하고 있다.

- 디지털 불법 복제 행위 유형별 개인의 특성이 다를 수 있기 때문에 예방 및 억제를 위한 개입 전략 역시 집단별 특성에 부합하는 방식으로 진행되어야 한다(Cockrill & Goode, 2012 참조).
- 디지털 불법 복제로 인한 피해를 인식시키는 것만으로 불법 복제 행위 의도가 감소될 수 있다.

결론

자아 통제, 사회적 학습 이론, 죄책감 감소를 위한 자기 합리화 이론 등은 불법 복제 행동을 설명하는 데 있어 매우 유용한 이론들이다. 하지만 3가지 이론을 적용, 디지털 불법 복제 행동을 분석한 연구 결과는 많지 않다. 최근 들어서는 계획된 행동 이론을 통해 디지털 불법 복제 행동을 예측하기 위한 시도가 활발히 진행되고 있다. 온라인 불법 복제 행위 예방, 억제 방법들의 가장 큰 문제점은 효과 평가가 적절히 이루어지지 못하고 있다는 점이다(Piquero, 2005). 즉 현재 이루어지고 있는 예방 및 근절 대책의 객관적 효과 평가를 위한 다양한 연구가 진행될 필요가 있다. 특히 불법 복제 파일 이용자들의 인터넷 접속 회선을 차단시키는 방법과 같은 구체적 억제 방법들이 실제 불법 복제 행위 전반에 미치는 영향에 대한 연구는 매우 흥미로운 연구 주제 중 하나이다.

연구문제

1. 디지털 불법 복제 행동을 감소시키는 데 있어 구체적 억제와 일반적 억제 방법의 효과를 비교해 보자.
2. 자아 통제 이론 및 사회적 학습 이론을 통해 온라인 공간에서 발생하는 저작권 침해 행위를 얼마나 충분히 설명할 수 있는지 논의해 보자.

③ 디지털 불법 복제 행위자들이 자신의 범법 행위를 정당화시키기 위해 사용하는 자기 합리화 방식들에는 어떤 것들이 있는가?

④ 최신 연구 결과들을 인용, 디지털 불법 복제 행위자들과 불법 복제 관련 행위를 한 번도 한 적 없는 사람들의 윤리 의식의 차이에 대해 검토해 보자.

⑤ 디지털 불법 복제 행동을 설명하는 데 합리적 행위 이론 및 계획적 행동 이론 각각의 유용성을 평가해 보자.

참고문헌

문헌 및 논문

Matthew David(2010)의 저서, 『Peer to Peer and the Music Industry: the Criminalisation of Sharing』(Sage Publication Ltd)에서는 역사적, 범죄학적 관점에서 디지털 음원 공유 행동을 설명하고 있다.

다음 논문들에서는 심리학적 이론들을 바탕으로 디지털 불법 복제 행동을 다루고 있다.

Garbharran, A. and Thatcher A. (2011). Modeling social cognitive theory to explain software piracy intention. In M. J. Smith and G. Salvendy (eds.), *Human Interface and the Management of Information: Interacting with Information: Symposium on Human Interface: HCI International Part I.* Berlin, Germany: Springer-Verlag (pp. 301-310).

Jambon, M. M. and Smetana, J. G. (2012). Colleage students' moral evaluations of illegal music downloading. *Journal of applied developmental psychology*, 33, 31-39.

Nandedkar, A. and Midha, V. (2012). It won't happen to me: an assesment of optimism bias in music piracy. *Computers in Human Behavior*, 28, 41-48.

Wang, X and McClung, S. R. (2012). The immorality of illegal downloading: the role of anticipated guilt and general emotions. *Computers in Human Behaviour*, **28**, 153–159.

웹 사이트

영국 음반 산업 협회(The British Recorded Music Industry)에서는 온라인 저작권 침해, 상업 뮤직 불법 복제, 파일 공유에 대한 다양한 정보를 서비스하고 있다. (www.bpi.co.uk/category/protecting-uk-music.aspx)

저작권 침해 반대 연합(Federation Against Copyright Theft: FACT)에서는 영국 내 영화 및 방송 산업 보호를 위해 저작권 침해 행위 근절 캠페인을 펼치고 있다. (www.fact-uk.org.uk)

미국 저작권 담당 사무국(The United States Copyright Office) 웹 사이트에서는 관련 법률, 저작권물 사용 권한 등과 관련된 정보를 찾아볼 수 있다. (www.copyright.gov)

제8장

사이버
테러리즘

제8장
사이버
테러리즘

도시 전역이 테러 공격을 당하고 있다. 도처에서 폭발이 일어나고 있
으며 사람들은 겁에 질려 극도로 혼란에 빠져 있다. 갑자기 전기와 이
동 통신망이 끊겼다. 시민들은 무슨 일이 일어나고 있는지 전혀 알지 못하는 상황이
고 긴급 구조대와 연락도 되지 않고 있다. 제시간에 병원에 가지 못한 부상자들의 인
명 피해가 속출하고 있다. 전력망 및 통신 시스템을 마비시킨 해킹 공격으로 기존 전
통적인 테러 공격보다 시민들의 공포와 혼란은 더욱 가중되고 있다.

A는 외국 정권이 조국을 좌지우지한다는 사실에 불만을 품고 있다. 인터넷을 통해
다른 사람들도 자신과 비슷한 생각을 지니고 있다는 사실을 알게 된 후에는 자신의
분노가 정당하다는 태도를 지니게 되었고 돈을 모금하고 정보를 수집하며 유인물을
살포하는 행동들이 외세에 대응하는 데 조금이나마 도움이 될 수 있다고 생각하게 되
었다. A는 인터넷을 통해 테러 기술 습득 및 테러 조직원들과 접촉할 수 있다는 사실
을 알게 되었으며, 테러 조직에 합류하는 것도 가능하다는 것을 알고 급기야 자신의
생각에 동조하는 테러 조직원들을 직접 만나게 되었다.

개관

다행스럽게도 현실 세계에서는 첫 번째 사례와 같은 테러 위협 상황이 실제로 발생한 적은 없다. 하지만 두 번째 사례의 경우 언론 보도를 통해 심심찮게 찾아볼 수 있을 정도로 현실화되고 있다. 또한 과거에 비해 인터넷을 통해 누구나 테러 집단 정보에 쉽게 접근할 수 있게 되었다. 최근 들어 사이버 테러에 대한 학계와 언론의 관심이 집중되고 있지만 이 분야에 대한 경험적 연구는 많지 않다. 사이버 테러리즘에 대한 개념조차 명확치 않아 테러 집단의 온라인 활동을 '사이버 테러리즘'으로 분류할 수 있는가에 대해서도 전문가들 사이에서 의견이 일치하지 않고 있다. 또한 사이버 테러 위협을 예측할 수 있는 사전 증후들을 정확히 구별하기도 어렵다. 이 장에서는 먼저 사이버 테러리즘에 대한 개념 정의를 위해 그간 연구 결과들에서 나타난 다양한 견해 및 주장들을 검토하고, 실제 사이버 공간에서 발생하고 있는 테러 조직원 모집, 네트워크 구축, 자금 모집 활동, 테러 정보 수집 및 유통 행태 및 사이버 테러 공격 유형들에 대해서 살펴보도록 하겠다. 더불어 핵티비즘(Hacktivism)과 사이버 테러리즘(Cyberterrorism)의 차이가 무엇인지 구체적으로 다룰 것이다. 이후 테러리스트들의 성격 특질 및 이상 성격 유무에 초점을 맞춰 이들의 심리 상태, 테러 동기, 급진적 사고 및 행동으로 치닫는 과정을 설명한 후, 끝으로 사이버 테러 공격이 피해자들에게 미치는 영향에 대해 논의해 보도록 하겠다.

정의

학계와 실무 전문가들 사이에서는 사이버 테러리즘을 단일 개념으로 설명할 수 없는 용어로 간주하고 있다(Gordon & Ford, 2003 참고). 사이버 테러 행위에 해당하는 것들이 무엇인지 또한 현재까지 명확하지 않다. 온라인 공간에서 특정 이슈, 쟁점 등을 부각시키기 위해 사실을 왜곡하고 조작하는 행위들은 사이버 테러리즘으로 분류되지 않고 있으며 웹 사이트 파괴 및 '서비스 거부(denial of service)' 공격[1] 또한 사이버 테러리즘으로 보기 어렵다는 견해가 전문가들 사이의 공통된 의견이다. 이들은 인명 살상 및 물리적 파괴 현상이 수반되어야 '사이버 테러리즘'에 해당한다고 정의하고 있다.

사이버 테러리즘의 개념을 명확히 규정하기 어려운 또 다른 이유는 기존 전통적 테러리즘 역시 아직 정확한 개념이 정립되지 않았기 때문이다 (Taylor, 2012, p. 208). 전문가들 간 견해 차이는 존재하지만, 전통적 테러리즘이란 정치, 종교적 목적으로 협박, 폭력 행동을 통해 특정 대상 혹은 집단의 공포를 유발시키는 위협적 공격 행동으로 정의되고 있다. 이 장에서는 이와 같은 전통적 테러리즘에 대한 전문가 견해를 바탕으로 사이버 테러리즘 개념을 정의하겠다. 기존 연구들에서는 테러 집단을 무정부 이념 성향 집단과 독립 분리주의자 유형으로 구분하고 있다(Post, 1984). 무정부 이념 성향 집단에서는 대개 자신들의 정치적 이념을 구현하기 위해 특정 사회를 전복시키는 것을 목적으로 한다. 대체로 소규모 조직으로 구성되며, 지역 사회 및 가족들과 단절된 상태에서 활동하는 특징이 있다. 이와는 대조적으로 독립 분리주의자 유형의 경우 상대적으로 조직 규모가 크며, 지역 사회 및 가족들과 긴밀한 연대를 구축하고 있는 경우가 많다.

---

1) 특정 웹 사이트 혹은 온라인 이용자들을 표적으로 집중적인 접속 공격을 가함으로써 웹 사이트 기능을 마비시키는 사이버 공격 형태

테러리즘의 정의

인터넷을 공격 도구로 삼는 경우를 포함, 실제 테러리스트들의 공격 형태에 대해 살펴본 후 앞서 정의된 테러리즘 개념과 비교해 보자. 테러 목적, 표적 대상, 공포 유발을 위해 이들이 사용하는 방법 등을 정리한 후 무정부 이념 성향 테러 집단과 독립 분리 주의자 테러 집단의 차이를 분석해 보자. 테러 조직에 의한 집단적 공격뿐 아니라 독자적으로 테러 공격을 감행하는 개인적 테러 활동을 고려해서 테러리즘의 정의 및 유형을 구분해 보자.

학계 및 실무 전문가들은 사이버 테러리즘을 다양하게 정의하고 있다. 〈표 8-1〉에 제시된 내용들은 최근까지 정의된 사이버 테러리즘 개념들이다.

〈표 8-1〉 사이버 테러리즘에 대한 정의

폴릿(Pollitt)	정치적 목적으로 치밀하게 계획된 국가 기관 주도 공격. 반격 능력이 없는 비전투 기관이 보유한 중요 정보 및 컴퓨터 시스템, 프로그램 등을 표적으로 사이버 테러를 시행(1997; Denning, 2001, p. 281 인용)
윌슨(Wilson)	공격 대상 및 수단이 컴퓨터로 한정됨. 정부 정책 변화 및 대중 공포 유발을 목적으로 테러 공격이 이루어짐(2005, p. CRS-7)
데닝(Denning)	사이버 공간을 매개로 전통적 테러 공격이 이루어지는 형태. 특정 국가에 대한 위협 및 정치적 목적의 대중 선동을 목적으로 컴퓨터, 네트워크 및 데이터 파괴를 위한 불법적 공격을 감행. 사이버 테러 요건에 부합하기 위해서는 인명 살상, 재산 피해가 수반되어야 하며 대중의 공포가 유발될 수준의 물리적 피해가 있어야 함. 즉, 테러 공격의 결과로 인명 살상, 폭발, 여객기 추락, 수질 오염 및 심각한 경제적 손실 등이 나타나야 함. 중요 기반 시설 대상 사이버 공격의 경우 사회적 혼란이 야기될 수 있으므로 사이버 테러에 해당함. 다만 상대적으로 중요도가 떨어지는 시설, 기관 대상 공격 및 공포 및 사회적 혼란이 야기되지 않고 단지 경제적 피해만 발생한 경우에는 사이버 테러에 해당되지 않음(2007a). 정치적 목적의 사이버 테러 공격으로 경제적 피해 및 단수, 전력난 등과 같은 사회적 피해가 발생할 수 있다는 점이 특징임(2001, p. 281)

<표 8-1>에 제시된 사이버 테러리즘에 대한 정의 이외에도 온라인에서 발생하는 테러 행위를 분석한 연구 결과들이 지속적으로 발표되고 있다. 고든과 퍼드(Gordon & Ford, 2003)는 '진정한 사이버 테러리즘'이란 모든 테러 활동이 온라인 공간을 기반으로 이루어지는 테러 활동으로 단지 인터넷으로 테러 조직원들을 모집하는 테러 조직 활동과는 본질적으로 다르다고 제안하고 있다. 넬슨 등(Nelson et al., 1999) 또한 테러 조직 구성을 목적으로 인터넷을 매개로 커뮤니케이션 활동을 벌이는 경우는 사이버 테러리즘으로 분류할 수 없으며 '인터넷을 사용하여 실제 테러 활동을 벌이거나', '사이버 테러를 지원'하는 행위들이 구체적으로 나타나는 경우에만 사이버 테러리즘으로 구분하고 있다.

콘웨이(Conway, 2007)는 온라인 테러 행위를 다음와 같은 4단계 활동으로 구분하고 있다.

- 이용(use): 테러 조직의 사상이나 실행 계획 전파를 목적으로 인터넷을 이용. 추종자들은 적법한 방식으로 인터넷에 접속, 테러 조직 정보를 습득할 수 있음
- 악용(misuse): 특정 웹 사이트 및 중요 기반 시설 파괴를 목적으로 해커, 핵티비스트들이 인터넷을 악용하는 것
- 공격적 이용(offensive use): 특정 집단에 위해를 가하거나 이들의 소유물을 절취할 목적으로 인터넷을 이용
- 사이버 테러리즘(cyberterrorism): 심각한 경제적 타격을 주거나, 폭력적 상황을 유발시킬 목적으로 테러리스트들이 인터넷을 활용, 사이버 공격을 가하는 것

사이버 테러에 대한 정확한 이해를 위해서는 전문가들이 정의하고 있는 사이버 테러에 대한 다양한 개념 차이를 먼저 검토할 필요가 있다. 이 장에서

는 데닝(Denning)과 콘웨이(Conway)가 제안한 사이버 테러리즘의 정의를 적용하여 사이버 테러 공격으로 심각한 경제적 피해나 폭력 상황이 발생한 경우를 사이버 테러리즘으로 규정하고 이외 테러 조직들이 온라인 공간에서 조직원을 선발하고, 테러 이념을 전파하거나 핵티비스트 활동을 하는 경우는 '테러리스트들의 온라인 활동'이라는 포괄적 개념으로 구별할 것이다. 이후 실제 사이버 공간에서 발생하는 테러리스트들의 활동 실태에 대해 구체적으로 살펴보도록 하겠다.

Summary Box 8-1 | 정의

- 사이버 테러리즘에 대한 정의는 전문가들 사이에서도 상당한 이견이 존재한다.
- 데닝(Denning)과 콘웨이(Conway)는 '사이버 테러리즘'을 사이버 테러 공격으로 실제 오프라인 공간에서 폭력 상황이 발생하거나 경제적 피해가 초래되는 경우로 한정하고 있다.
- 포스트(Post, 1984)는 테러 조직을 무정부 이념 지향 유형 및 분리 독립주의자 유형으로 구분하고 있다.
- 콘웨이(Conway, 2007)에 의하면 테러리스트들의 온라인 활동을 실제 활동 실태 및 그에 따른 결과에 따라 '이용', '악용', '공격적 이용', '사이버 테러리즘'의 4단계로 구분하고 있다.

테러리스트들의 온라인 활동

최근 발생한 테러 공격 사례들을 보면 테러리스트들이 다양한 목적으로 인터넷을 활용하고 있음을 알 수 있다. 2001년 뉴욕에서 발생한 9·11 테러 공격을 감행한 테러리스트들은 항공기 탑승을 위해 최소 9장 이상의 항공권을 인터넷에서 구매했으며, 이메일을 통해 구체적인 공격 계획을 주고

받은 사실이 밝혀졌다(Conway, 2002). 또한 테러 조직원 선발, 자금 모집, 테러 훈련 과정 운영 등이 인터넷 웹 사이트를 통해 이루어지고 있으며 (Wilson, 2007), 이슬람 교리 교육 및 조직 테러 이념 전파를 목적으로 개설된 웹 사이트들에서 구체적인 해킹 공격 기법 교육이 이루어지는 경우도 있다(Maghaireh, 2008). 이와 같은 테러리스트들의 인터넷 이용을 콘웨이 (Conway, 2006)는 인터넷을 통한 정보 전달, 자금 모집, 네트워킹, 조직원 선발, 정보 수집 등의 5가지 유형으로 구분하고 있으며, 바인만(Weimann, 2004)은 심리전, 홍보, 선전선동, 테러 계획 수립, 조직화, 인력 동원 활동 등을 사이버 공간에서 활발히 진행되고 있는 테러리스트 활동으로 구분하고 있다. 이와 같은 테러리스트들의 온라인 활동이 직접적인 폭력 상황 및 경제적 피해를 유발시키는 것을 목적으로 하는 사이버 테러리즘 공격들에 비해 언론의 주목을 덜 받기는 하지만 그 파급 효과들까지 간과되어서는 안 될 것이다. 데닝(Denning, 2010)은 "테러리스트들의 인터넷 활동이 일반인의 인터넷 이용 목적과 크게 다르지 않으며, 얼핏 보면 지극히 평범한 인터넷 사용 행태로 보일지 몰라도 온라인 공간에서 테러 선전물을 전파하고, 신규 조직원을 모집하고 훈련시켜 테러 공격을 감행할 가능성이 높기 때문에 이 또한 전통적인 테러 활동이 변형되거나, 확장된 형태로 보아야 한다"(p. 194)고 주장하고 있다.

지금부터는 테러리스트들의 온라인 활동들에 대해 더욱 구체적으로 살펴보겠다. 먼저 사이버 테러 공격 유형, 핵티비스트 공격 행태 등에 대해 기존 연구 결과들을 검토한 후 신규 조직원 모집, 네트워킹,

[그림 8-1] 사이버 테러리즘

테러리스트들은 인터넷 공간에서 테러 정보 제공, 자금 조달, 네트워킹, 조직원 선발, 정보 수집 등의 다양한 활동을 펼치고 있다(Conway, 2006).

자금 조달, 정보 수집 및 배포 등과 온라인 공간에서 이루어지고 있는 다양한 테러리스트 활동 유형 및 파급효과 등에 대해 구체적으로 살펴보도록 하겠다.

📶 사이버 테러 공격

데닝(Denning, 2010)은 테러리스트들의 온라인 활동으로 인해 발생한 물리적, 심리적 파급 효과들의 실체가 모호하기 때문에, 이들이 자행한 것으로 추정되는 웹 사이트, 시스템 대상 서비스 거부(denial of service) 공격들을 명확한 사이버 테러 공격으로 규정하기 어렵다고 기술한 바 있다(p. 198). 스토흘(Stohl, 2006) 또한 효율적인 테러 작전 수행을 위해 첨단 IT 기술이 동원되고는 있지만 아직까지 직접적인 공격으로 연결된 사례를 발견할 수 없다고 한다. 하지만 전문가들은 가까운 미래에 온라인 테러 활동으로 인한 직접적 테러 공격이 발발할 가능성이 높다고 예상하고 있으며, 실제 미국에서는 이와 유사한 사이버 테러 공격이 발생한 바 있다. 일례로 2009년 미국 국가 전력망 시스템 해킹 사건이 발생했는데 미국 정부에서는 이 사건이 미국 내 전력망을 차단시킨 후 해킹 소프트웨어를 설치하기 위해 중국 및 러시아 비밀요원들이 개입되었다는 사실을 공식 인정한 바 있다(Shiels, 2009).

전문가들은 가까운 미래에 사이버 테러 공격이 실제 발생할 수 있다고 예측하고 있다(Conway, 2011 참조). 레망-랑글르와(Leman-Langlois, 2008)는 자신의 저서에서 다음과 같이 사이버 테러 공격 가능성에 대해 기술하고 있다.

특정 국가에 막대한 경제적 손실을 가하기 위해 중요 기반 시설을 표적으로 하는 '사이버 진주만 공격'이 현실로 다가올 수 있다. 다양한 테러 조직들이 가세한 테러 연합군이 총공세를 펼치는 가운데 … 가장 중요한 핵심 기반 시설을 집중 공격함으로써 중요 기반 시설 전체가 붕괴될 가능성이 있다 (Leman-Langlois, 2008, pp. 2-3).

휘태커(Whittaker, 2004)는 레망-랑글르와(Leman-Langlois)보다 더욱 비관적 관점에서 사이버 테러 가능성을 예측하고 있다. 그가 제시한 최악의 시나리오는 다음과 같다.

사이버 테러 공격에 사용되는 첨단 기술 장비들이 설치된 비밀기지 안에서 파괴 공작원들은 몇 번의 스위치 작동으로 적대 국가의 전력망을 차단시키고 통신망을 교란시키며 도로, 철도, 운송, 항공 통제 시설 등 중요 사회 기반 시설을 붕괴시킬 것이다. '논리 폭탄(logic bomb)'과 같은 악성코드들이 목표 시간에 맞춰 작동되면 표적 시설 내 메인 시스템들은 복구 불가능한 수준의 손상을 입을 것이며, 바이러스 프로그램들이 제대로 작동한다면 전체 시스템이 완전히 붕괴될 것이다. 공작원들은 기밀 정보들을 빼내고, 파괴시킬 수 있다. 우리는 우리를 지켜보고 있는 적이 누구인지도 모르는 상태에서 파괴와 죽음만이 난무하는 혼동 속에서 헤어나지 못할 수 있다(Whittaker, 2004, p. 123).

데닝(Denning, 2007b)에 의하면 상하수도, 에너지 공급 시설(전기, 석유, 가스 시설)과 통신망, 은행, 운송, 중요 국가 시설, 응급시설 등과 같은 사회 기반 시설들이 사이버 테러 공격 대상이라고 한다. 데닝(Denning)이 제안한 단계별 사이버 공격 증후는 다음과 같다.

- 사이버 공간을 조직 선전 및 커뮤니케이션 목적으로 활용
- 테러 조직원들을 대상으로 네트워크, 정보 보안 등 정보통신 기술 훈련 실시

- 사이버 공간에서 선전 포고, 테러 조직의 공식 성명 발표
- 사이버 공격 무기 개발, 획득, 훈련
- 사이버 공격 실행

데닝(Denning)은 웹 사이트 파괴 공격보다, 설령 실패한 경우라도 전력
망 침투 공격이 더욱 위협적이라는 사실을 강조하고 있다. 또한 앞서 제시
한 사이버 공격 증후 중 '사이버 공격 무기 개발, 획득, 훈련'은 이미 테러
조직들에서 조직적으로 실행되고 있다고 전하고 있다. 일부 테러 조직들
에서는 실제 조직원 대상 해킹 훈련 및 적대 국가의 중요 기반시설 정보 수
집을 목적으로 하는 '사이버 정탐(cyber reconnaissance)' 활동을 강화하고 있
다. 사이버 테러 공격을 위해 전문 해커를 테러 조직원으로 포섭할 수도 있
지만 대부분의 테러 조직들에서는 한시적으로 전문 해커들을 고용, 사이
버 정보 수집 활동을 지원받는 것으로 나타났다(Denning, 2007b).
　일각에서는 미국 정부의 정보 보안 강화 조치가 사이버 공격을 포함한 신
종 테러 공격 증가의 결정적인 원인으로 작용하고 있다고 분석하고 있다
(Rollins & Wilson, 2007). 과거 테러 조직들이 감행한 사이버 공격의 경우 대부
분 이메일 폭탄(email bombings)이나 웹 사이트 파괴(website defacements) 공격
에 국한되었지만 롤린스와 월슨(Rollins & Wilson)은 FBI 보고서를 인용, 주요
국가들이 시스템 정보 보안을 강화함에 따라 재래식 테러 공격으로 이어지
는 사이버 테러 공격 시도가 더욱 증가할 가능성이 높다고 예측하고 있다.
예를 들어, 사이버 공격을 통해 특정 국가의 통신망을 붕괴시킨 후 중요 기
반 시설을 표적으로 한 재래식 폭파 공격을 감행한다면 통신망 마비로 인해
응급 구조 서비스 등이 제대로 작동하지 않을 것이고 이는 곧 막대한 인명
피해를 야기시킬 수 있다. 월슨(2005)은 이와 같은 사이버 테러 공격 시나리
오를 물리적 공격(physical attack), 전자적 공격(electronic attack), 컴퓨터 네트
워크 공격(computer network attacks) 형태로 구분하고 있다.

- 물리적 공격-특정 컴퓨터 장비 혹은 통신망을 겨냥한 재래식 공격
- 전자적 공격-컴퓨터 회로 과부화를 목적으로 전자기 에너지(전자기파; Elector-Magnetic Pulse 혹은 EMP)를 사용하는 방식
- 컴퓨터 네트워크 공격-악성코드로 표적 컴퓨터 시스템을 감염시키거나 소프트웨어 취약점들을 공격

인터넷 기술을 활용한 사이버 가상 테러 공격이 가능해지면서 테러 조직들 입장에서는 더욱 효과적인 테러 활동을 펼칠 수 있게 되었다. 다음은 사이버 테러 공격의 장점들이다(Yar, 2006).

- 인터넷을 통한 원격 테러 공격이 가능해지면서 테러 공격을 위해 표적 국가에 직접 입국할 필요가 없어졌음. 주요 국가에서 시행 중인 테러리스트 대상 출입국 통제 강화 정책을 신경 쓸 필요가 없어졌으며 테러 활동을 보장하는 '테러 지원국(rogue states)'에서 안전하게 테러 활동을 수행할 수 있게 됨
- 인적, 물적 자원이 부족한 소규모 테러 조직들 또한 막대한 피해를 초래하는 대규모 테러 공격이 가능해짐
- 사이버 공간의 익명성으로 인해 테러리스트들이 발각될 위험성이 감소됨
- 표적 시설물의 인터넷 보안 취약점을 집중 공격 표적으로 삼을 수 있음

사이버 테러 위협은 테러 조직들에 의해 촉발됐다기보다는 국가 간 사이버 전쟁 및 범죄 집단에 의해 사이버 범죄가 심화되면서 발생한 현상으로 볼 수 있다. 이에 따라 미국 등 전 세계 주요 국가들에서는 사이버 보안 정책을 더욱 강화시키고 있다. 일례로 미국의 경우 2012년 7월 20일 중요

기반 시설의 보안 취약점 개선을 위한 사이버 보안 강화 법률 개정 입법 안이 미국 상원에 제출된 바 있다(BBC News Online, 2012).

Summary Box 8-2   사이버 테러 공격

- 최근 들어 테러 조직들에서는 인터넷을 이용한 이념 선전 및 확산, 조직원 선발, 자금모집, 공격 정보 수집, 네트워킹 활동 등을 강화하고 있다.
- 지금까지 직접적인 사회 혼란, 대규모 인명 살상을 노린 사이버 공격이 실제로 발생한 사례는 보고되지 않았다. 일부 전문가들에 의하면 가까운 미래에도 이처럼 막대한 피해를 초래하는 사이버 테러 공격이 실제 발생할 가능성은 희박하다고 한다.
- 데닝(Denning, 2007b)에 의하면 수도 및 에너지 공급원(전기, 석유, 가스 등을 포함), 통신망, 은행, 운송 시설, 중요 국가 서비스 시설 및 응급 시설 등이 사이버 테러 공격 대상이 될 수 있다고 제안하고 있다.
- 데닝(Denning, 2007b)은 사이버 테러 공격 단계를 테러 조직의 일반적인 사이버 활동에서부터 사이버 테러 공격 수행까지 5가지 유형으로 구분하고 있다.
- 테러 조직들은 사이버 테러 공격을 위해 전문 해커를 고용하거나 내부 조직원을 선발해서 해킹 교육을 시키고 있다.
- 롤린스와 윌슨(Rollins & Wilson, 2007)은 사이버 테러 공격이 기존 전통적 재래식 테러 공격과 융합된 형태로 나타날 가능성이 높다고 예측하고 있다.
- 윌슨(Wilson, 2005)은 사이버 공격 행태를 물리적 공격(physical attack), 전자적 공격(electronic attack), 컴퓨터 네트워크 공격(computer network attacks)으로 구분하였다.
- 테러 조직들 입장에서는 사이버 테러 공격이 가능해짐에 따라 조직 익명성 보장, 원격 테러 가능, 표적 대상국 및 특정 기관의 보안 취약점 집중 공격, 소규모 테러 조직에서도 심각한 타격 및 위협을 줄 수 있게 되었다.

📶 핵티비즘 vs 사이버 테러리즘

최근 들어 핵티비즘(hacktivism)을 신봉하는 핵티비스트(hacktivist)들이 자행한 사이버 테러 공격 사례를 언론 보도를 통해 심심찮게 발견할 수 있다 주요 언론 매체에서는 해커 집단의 이념 확산을 목적으로 이루어지는 핵

티비스트 캠페인 활동에 큰 관심을 보이고 있지만 본질적으로 핵티비스트와 사이버 테러리스트는 다르다. 핵티비스트 유형에 속하는 해커들은 표적 집단의 온라인 활동을 방해하는 것을 주된 목적으로 하며, 사회 혼란이나 파괴를 목적으로 활동하지 않는다(Conway, 2007). 즉 정치적, 정책적 노선을 달리하는 국가 정부나 특정 기관 활동 방해를 목적으로 하는 핵티비스트들과 사회 혼란이나 물리적 파괴를 목적으로 하는 사이버 테러리스트들은 본질적으로 다르다. 핵티비스트들의 활동이 직접적인 사회 공포로 연결되는 경우는 거의 없기 때문에 데닝(Denning, 2007b)은 핵티비스트들의 공격 활동을 사이버 테러 활동으로 분류하지 않았다. 하지만 사이버 테러리스들 또한 이념 지향적인 해커 집단에서 주로 사용하는 서비스 거부 공격을 활용하는 경우도 있기 때문에 공격 방식이 전혀 다르다고 볼 수는 없다.

📶 테러 조직원 모집

인터넷 활용 범위가 다양해지면서 테러 조직들 역시 인터넷을 통한 조직원 모집 활동을 강화하고 있다(Conway, 2006). 과거 아일랜드 공화국군(Irish Republican Army: IRA)의 선전 동영상을 유튜브(youtube) 등과 같은 동영상 공유 사이트에서 쉽게 찾아볼 수 있었던 것처럼(McDonald, 2009), 테러 조직들은 자신들의 이념을 선전하고, 조직원 모집을 위해 필요한 정보 수집 및 동영상, 오디오, 텍스트 파일 등으로 제작된 홍보 콘텐츠 배포에 인터넷을 적극적으로 활용하고 있다.

온라인 공간의 익명성으로 인해 테러 조직 합류를 희망하는 사람들은 인터넷에서 관련 정보를 쉽게 찾아볼 수 있고, 테러리스트들과 직접 접촉할 수도 있다. 개인이 직접 테러 조직을 지원하는 것 역시 가능해졌는데 테러 조직원으로 합류하지 않은 상태에서도 기부 형태의 경제적 지원 및 전문 소프트웨어 개발 기술을 지원하는 재능 기부 또한 가능하다(Denning, 2010). 테러 조직에서도 조직 이념에 동조하는 사람들을 인터넷, 온라인 채팅 사이트, 관련 웹 사이트 게시판 등을 통해 선별하고, 조직 합류를 권유하는 등 신규 조직원 모집 활동이 더욱 수월해졌다.

신규 조직원 모집 절차는 테러 집단별로 다소 차이가 있는데 데닝(Denning, 2010)에 따르면 테러 조직에서 자신들의 조직에 찬동하는 사람들을 유인하는 방법은 각양각색이라고 한다. 일부 테러 조직에서는 조직 합류를 원하는 테러리스트 희망자들에게 충성 맹세를 받는 경우도 있고 어떤 조직들은 조건만 충족되면 희망하는 모든 이들을 조직원으로 받아들이기도 하며, 특정 연령대만을 신규 테러 조직원으로 받아들이는 경우도 있다. 일례로 일부 테러 조직들에서는 어린이들을 신규 조직원으로 끌어들이기 위해 게임, 뮤직 비디오, 만화책 형태의 선전 유인물을 인터넷에 배포하는 경우도 있다(Denning, 2010).

📶 네트워킹

대부분의 테러 조직들은 하부 조직이 발각되거나 반대 세력에 잠식되는 경우에 대비하기 위해 조직을 최소 단위로 분산시킨 점조직 네트워크를 구축하고 있다. 데닝(Denning, 2010)에 의하면 인터넷으로 조직 활동이 가능해지면서 테러 조직원들조차 최고 지도자 및 하위 지부의 정확한 실체를 알지 못하는 경우가 많다고 한다. 콘웨이(Conway, 2006)에 의하면 이와 같은 비밀 점조직 중심의 조직 네트워크가 가능한 이유는 온라인 커뮤니케이션을 통해 조직원들 간의 신속하고 효율적인 의사소통이 가능하기 때문이라고 한다. 딘 등(Dean et al., 2012)은 SNS, 마이크로-블로깅(micro-blogging) 사이트, 동영상 공유 사이트 등이 테러 집단들의 네트워킹에 활용된 사례와 방식들에 대해 소개하고 있으며, 보먼-그리브와 콘웨이(Bowman-Grieve & Conway, 2012)는 전, 현 아일랜드 공화국군(IRA) 소속 반체제 인사들의 온라인 의사소통 방법에 대해 조사한 연구 결과를 발표한 사례도 있다. 인터넷 의사소통의 효율성으로 인해 테러 조직들은 과거처럼 단일 지휘 계통에 의해 활동할 필요가 없어졌으며, 지역별 지부를 신설, 다양한 테러 활동을 전개할 수 있게 되었고 책임 역시 분산시킬 수 있게 되었다. 오프라인상에서 직접 접촉할 필요가 없어졌다는 사실은 그만큼 발각될 위험이 적어졌다는 점을 의미한다.

Summary Box 8-3　　**핵티비즘, 조직원 모집과 네트워킹**

- 핵티비스트(Hacktivist)들에 의한 사이버 공격이 세간의 주목을 끌고 있지만 이들의 공격 목적 및 행태는 사이버 테러 행위와는 본질적으로 다르다.
- 핵티비스트(Hacktivist)들은 특정 표적 집단의 활동 방해를 목적으로 공격을 감행하며 사이버 테러리스트들은 파괴 혹은 테러 공격을 목적으로 한다.
- 하지만 사이버 테러리스트들 또한 서비스 거부(denial of service) 공격 등 핵티비스트들이 사용하는 공격 방법을 주로 사용하고 있다.
- 선전선동 활동 및 조직원들 간의 접촉이 온라인 공간에서 가능해지면서 테러 조직 합류가 더욱 용이해졌다.
- 테러 조직들에서는 SNS, 동영상 공유 사이트, 온라인 게시판 등 자신들의 메시지를 전파할 수 있는 다양한 온라인 매체를 보유하고 있다.
- 테러 조직에서 운영하는 온라인 매체들은 대부분 신규 조직원 모집, 홍보, 하부 조직 간 네트워크 목적으로 운용되고 있다.
- 테러 조직들에서는 온라인 커뮤니케이션을 통해 조직원들 간 신속하고, 효율적인 상호작용이 가능해졌으며, 하위 조직 네트워킹이 활발해지면서 중앙 지휘부의 역할 및 책임이 분산되는 효과가 나타났다.

📶 자금 조달

인터넷 매체의 다양화는 테러 조직들의 기부금 액수 증대에 큰 영향을 미치고 있다(Conway, 2006). 테러 조직들에서는 인터넷으로 직접 현금을 기부받거나 조직 이념을 상징하는 제품(또는 전혀 관련 없는 제품)을 판매하는 방식으로 기부금을 모집하고 있다. 보먼-그리브(Bowman-Grieve, 2011, p. 78)는 테러 조직들의 기부금 모집 방식을 소개하면서 추종자들의 기부 및 테러 조직에서 판매하는 물품을 구매하는 행동에 대해 '테러 조직의 투쟁 목적이 정당하며, 그러한 목적 달성을 위해 설사 폭력적이고 파괴적인 수단을 사용할지라도 이를 수용할 수 있다는 추종자들의 신념이 반영된 결과'로 설명하고 있다. 또한 추종자들의 '구매 및 기부 행위는 이들이 테러 조직에 관여하는 첫 단계'가 될 수 있다. 기부 및 물품 판매 행위뿐 아니라 온라인 사기 범죄를 저지르거나 자선 단체를 악용하는 수법 역시 테러 조직들에서 빈번하게 사용되는 자금 조달 방법 중 하나이다.

📶 정보 수집, 전파

현대 사회에서 정보는 매우 중요한 역할을 차지하고 있다. 사람들은 다양한 정보를 수집하고, 이를 공유하며, 의사 결정에 활용하고 있다. 테러 조직에서도 동일한 이유로 막대한 정보를 수집, 가공, 확산시키고 있다. 따라서 인터넷에 범람하는 엄청난 양의 정보들은 테러 조직 입장에서 매우 유용하게 활용될 수 있다. 가령 테러리스트들은 인터넷을 통해 테러 공격 계획 수립에 필요한 항공기 이착륙 시간, 이동 경로 정보를 수집할 수 있고, 건물 평면도, 특정 도시의 조감도 및 시가도뿐 아니라 대규모 인파가 몰려드는 행사 정보를 수집할 수도 있다. 이들은 단순히 정보를 수집하는 데 그치는 것이 아니라 대중 선동을 위한 심리전 목적으로 대량의 선전물들을 인터넷을 통해 신속하게 확산시키곤 한다(Conway, 2006). 실제로 일부 테러 조직들에서는 동영상, 오디오 파일, 블로그, 채팅, 게시판 등의 각종 멀티미디어 커뮤니케이션 도구를 이용해서 테러 선전물을 제작하여, 웹 사이트, SNS, 상업 네트워크 등 다양한 온라인 매체에 배포시키고 있다(Denning, 2010). 브라운과 실케(Brown & Silke, 2011)에 의하면 인터넷을 포함한 다양한 매체를 통해 테러 조직의 핵심 이념이 담긴 선전물들을 확산시키는 현상은 이미 현대 테러 조직들의 핵심 활동 사항 중 하나로 자리매김한 상태라고 한다.

테러 조직들에서는 인터넷을 이용해서, 특정 국가 및 조직을 상대로 한 공격 위협, 테러 조직 지도자 연설, 유언비어 유포, 테러 활동을 담은 동영상 등 다양한 정보를 공개, 확산시키고 있다. 이들은 TV, 라디오와 같은 정규 언론 매체가 아니라 인터넷 매체를 통해 정보를 확산시키기고 있기 때문에 저비용으로 신속하게 자신들에게 유리한 편향된 정보를 대중에게 전달할 수 있다(Denning, 2010).

그밖에도 폭발물 제조 방법, 지하 조직 구성 방법 등 자생적 테러 활동을 벌일 수 있는 훈련 자료들을 인터넷에 공개하고 있는데(Conway, 2006) 이러한 정보들은 테러 조직 추종자들뿐 아니라 일반인들 역시 쉽게 취득할 수 있어 개인적인 목적으로 활용될 가능성이 있다. 온라인에 배포된 자료 중에는 약 100년이 지난 구식 테러 공격 기법도 다수 포함되어 있지만 대부분 컴퓨터, 인터넷을 이용한 최신 테러 공격 정보 위주로 구성되어 있다(Denning, 2010).

Activity 8-2   테러리스트들의 인터넷 사용

인터넷 대중화 전, 후 '신규 조직원 모집' '네트워킹' '자금 조달' '정보 수집, 전파' 등의 테러 조직의 활동들을 비교해 보자. 인터넷의 출현과 같은 첨단 기술의 변화가 테러 조직들에게 어떤 영향을 미칠 수 있는지 생각해 보자.

자금 조달, 정보 수집 및 전파

- 일부 테러 조직들에서는 인터넷을 통해 재화 및 현물을 기부받거나 현물을 판매함으로써 테러 자금을 충당하고 있다.
- 테러 공격 정보 수집을 위해 온라인 정보 수집 활동 및 해킹 공격을 감행하고 있다.
- 선전선동 및 조직원 모집을 위해 다양한 온라인 매체를 통해 테러 정보를 유포하고 있다.
- 테러 조직에 의해 배포되는 인터넷 정보들로는 주로 테러 위협 정보, 테러 조직 지도자 및 실제 테러 활동 동영상, 선전물, 테러 훈련 자료 및 유언비어를 포함한 허위 자료 등을 들 수 있다.
- 정규 언론 매체가 아니라 인터넷 매체를 통해 테러 조직에 유리한 정보를 배포할 수 있기 때문에 진위 여부가 불분명한 정보가 무분별하게 대중에 전달될 수 있다.

급진화

테러리스트는 갑자기 만들어지는 것이 아니다. 테러 조직의 일원으로 활동하기 위해서는 일련의 절차 및 과정을 거치기 마련이다(Horgan & Taylor, 2001; Merari, 2007; Taylor, 2012). 신규 테러 조직원이 되기 위해서는 급진적이며 과격한 테러 사상에 지속적으로 노출되고, 조직 신념에 동조하는 과정을 거치는데 이를 '급진화(Radicalization)' 과정이라 한다. 매컬리와 모스칼렌코(McCauley & Moskalenko, 2008)는 급진화 과정을 '집단 간 갈등과 폭력 사용을 옹호하는 극단적 신념, 느낌, 행동들이 완성되는 과정'(p. 415)으로 정의하고 있다. 테러리스트들이 급진화되어 가는 12가지 유형을 분석한 결과, 이들은 공통적으로 자신이 소속된 민족, 종교 공동체 집단에 대한 외부의 위협을 심각하게 지각하다고 있다는 사실이 밝혀졌다. 하지만 특정 개인이 지닌 급진적인 사상이 반드시 폭력 행동으로 표출된다고 볼 수는 없다(Taylor, 2012).

테러리스트들의 종교, 신념, 교육 수준, 직업, 상대적 박탈감, 사회경제

계층 등 인구통계학적 특성에 대한 연구들이 지속적으로 진행되고 있지만 테러리즘에 동조하지 않는 사람들 역시 유사한 특성이 존재할 수 있기 때문에 이러한 접근 방법은 잠재적 테러리스트를 선별하는 데 실효성이 떨어진다는 견해가 지배적이다(Sageman, 2004).

즉 특정 개인의 단일 요인보다는 복합적인 특성이 테러 조직에 동조하고, 합류하는 의사 결정에 영향을 미칠 가능성이 높기 때문에 어떤 조건에서 이러한 복합적 특성들이 테러리스트가 되는 촉발 요인으로 작용하는지에 대한 심층적인 분석이 요구된다(Kruglanski & Fishman, 2006). 관련 연구들에서는 잠재적인 테러리스트들의 특성들로 소속감 부족, 개인 정체감 발달 수준, 사회적 고립감, 불공정 지각 성향 등을 제시하고 있다(Howitt, 2009).

사회 학습 이론은 테러리스트가 되는 이유를 설명하는 대표적인 심리학 이론 중 하나이다(Victoroff, 2005). 사회 학습 이론에서 테러리스트들의 도덕적 강박 의식이 개인의 특질에서 기인하기보다는 다른 테러리스트들을 관찰하면서 학습된 내용들로 재구성된다는 결과를 설명할 수 있다. 중요한 점은 과거에는 관찰 학습 과정이 주로 면대면 상호작용 하에서 이루어진 데 반해, 근래에는 문헌, 온라인 동영상 파일 등을 통해서도 관찰 학습이 가능하다. 하지만 인터넷을 통해 테러 선전물을 접한 모든 사람들이 테러리스트가 되는 것은 아니기 때문에 사회 학습 이론만으로 테러리스트들의 급진적 성향을 설명하는 데에는 한계가 있다.

인터넷을 통해 테러 조직에 합류한 이들과 기존 오프라인 방식으로 선발된 테러리스트들이 조직 내에서 경험하는 심리적 발달 과정은 유사하다. 이와 관련해서 세게만(Sageman, 2008)은 신규 조직원 모집 과정에서 활용되는 온라인 포럼 공간의 중요성을 강조한 바 있다. 최근 들어 테러 조직들에서는 인터넷으로 신규 조직원을 모집할 때 단방향적이며 수동적인 형태의 웹 사이트가 아닌 온라인 포럼 공간이 주로 활용한다고 한다. 온라인 포럼 공간은 긴밀한 상호작용이 가능하고 메시지 설득 수준이 높아 테러리스트들에게 요구되는 사회적 정체성 수준 발달, 상호 관계 형성, 테러 이념에 대한 인식 수준 강화에 매우 효과적이라고 한다(Sageman, 2008).

한편 테러 조직의 지도자가 되는 과정은 더욱 복잡하다. 테러리스트들과 마찬가지로 테러 조직 지도자들 역시, 개인의 단일 특질이 아니라 다양한 성격 특질이 복합적으로 영향을 미친 결과로 볼 수 있다. 로시세로와 싱클레어(Locicero & Sinclair, 2008)에 의하면 테러 조직 지도자들은 '견고하면서도 단순, 명확한 핵심 이념 인식 체계'를 지닌 인물들이라고 한다(p. 227). 이는 곧 테러 조직 지도자들의 경우 단일 세계관만을 고집하고 있어 협상을 통한 문제 해결이 어려운 인물이라는 점을 시사한다. 또한 이들의 인지 기능은 매우 복잡하나, 결정하기 어려운 복잡한 사안에 직면할 경우에는 이를 단순화시켜 명료한 조직 목표 및 계획을 제시하는 역량이 뛰어난 인물들로 평가되고 있다(Locicero & Sinclair, 2008). 이처럼 성격 및 인지 기능이 복합적으로 영향을 미쳐 매우 조직적이고 집중력이 뛰어난 테러 지도자들이 출현하게 되는 것이다.

Activity 8-3 '외로운 늑대(Lone wolf)' 테러리스트

테러리스트들이 반드시 특정 조직에 소속되어 있는 것은 아니다. '외로운 늑대'처럼 독자적인 테러 활동을 벌이는 테러리스트들도 존재한다. 있다. 관련 연구 결과들을 토대로(David Copeland, Anders Behrig Breivik, Timothy McVeigh, Theodore Kaczynski 등의 연구 결과 참조), 독자적으로 활동하는 외로운 늑대 테러리스트들의 특성과 이들의 테러 동기를 파악해 보자.

- 테러리스트가 되기 위해서는 일련의 점진적 과정을 거친다.
- 급진적 이념에 노출되고, 동조하는 과정을 '급진화(Radicalisation)'라고 한다.
- 급진적 이념을 지닌 모든 사람들이 폭력을 행사하는 것은 아니다.
- 인구통계학적 특성으로 테러리스트 가능성을 예측하는 것은 효과적이지 않다. 즉 기존 테러리스트들과 유사한 특성을 지닌 사람들 모두가 테러리스트가 되는 것은 아니다.
- 테러리스트들의 급진 성향은 다양한 개인 특질이 복합적으로 작용한 결과로 볼 수 있다. 이러한 영향 요인들에는 소속감, 개인 정체성의 발달, 사회적 고립감, 불공정성 지각 등이 있다.
- 사회 학습 이론으로 테러리즘을 설명할 수 있다(Victoroff, 2005).
- 온라인 공간을 통해 모집된 테러리스트들 또한 오프라인 공간을 통해 선발된 기존 테러리스트들과 유사한 심리적 특성을 공유하고 있다. 온라인 포럼과 같이 활발한 상호작용이 가능한 인터넷 매체를 통해 모집된 테러리스트들은 웹 사이트처럼 단방향적인 온라인 콘텐츠만을 접하고 합류한 이들에 비해 테러 조직에 대한 사회적 정체감 수준이 더욱 높다고 한다.
- 테러 조직 지도자들의 기획 및 조직 장악 능력은 매우 뛰어나지만 테러 조직의 핵심 이념에 대해 극단적으로 단순한 인식 체계를 지니고 있다(Locicero & Sinclair, 2008).

테러리즘 및 사이버 테러리즘의 동기

테러 동기는 매우 다양하다. 동물 학대 혹은 임신 중절 반대 등을 이유로 테러를 벌이는 경우도 있지만 대부분 알카에다(Al-Qaeda), 하마스(Hamas)와 같은 테러 조직들처럼 종교 및 민족 분쟁을 이유로 테러 공격을 감행하고 있다. 이들 테러 조직들의 궁극적인 목적은 서로 다르지만 추구하는 지향점은 크게 다르지 않다. 이 점에 대해 호건(Horgan, 2005, pp. 1-2)은 자신의 저서에 다음과 같이 기술하고 있다.

테러리스트들은 원하는 바를 얻기 위해 특정 표적을 대상으로 테러 공격을 감행하기보다, 불특정 피해자들의 각성과 공포를 유발시키는 것을 목적으로 한다. 이를 통해 정치적 영향력을 행사하고 싶어 하고, 그들이 원하는 대로 사회가 움직이길 기대하고 있다.

호건(Horgan)은 지금까지 발생한 테러 사건들을 분석하여 테러 공격이 적대 정권의 전복 및 사회 혼란 야기를 통해 조직 영향력을 확대시키는 데 초점을 두고 있다는 사실을 발견하였다. 이는 곧 테러 공격을 통해 추구하는 목적 범위가 매우 협소하다는 점을 시사한다. 바꿔 말하면 테러 조직들은 테러 공격을 통해 특정 국가나 조직이 입는 직접적 손실보다는 파급 효과를 더욱 중요시한다고 해석할 수 있다. 일례로 2001년 미국에서 발생한 9 · 11 테러의 경우, 인명 살상보다는 '미국 정부의 굴욕과 미국 국민들에게 확산된 심리적 동요'가 미국 입장에서는 가장 큰 피해라 할 수 있다(Horgan, 2005, p. 2). 그렇다면 IT 기술이 적용된 테러 공격에서도 이와 유사한 결과가 초래될 수 있을까?

비라사미(Veerasamy, 2010) 및 콜라릭과 장크제프스키(Colarik & Janczewski, 2008)는 온라인 테러 현상을 이해하기 위해서는 '공포 유발'을 목적으로 하는 기존 전통적인 테러 공격에 대한 충분한 이해가 선행될 필요가 있다고 주장했다. 즉 테러 공격을 당한 특정 국가나 사회의 물리적 손실뿐만 아니라 대중들 사이에 급속도로 확산될 수 있는 공포 및 부정적 여론이야말로 테러리스트들이 노리는 궁극적인 목적으로 볼 수 있다. 콜라릭과 장크제프스키(Colarik & Janczewski, 2008, p. xv)는 테러 공격을 당한 후 해당 사회에 확산될 수 있는 부정적 여론 및 공포 분위기를 테러로 인한 '극적 요인(spectacular factor)'이라고 제안하고 있다. 또한 특정 웹 사이트를 대상으로 서비스 거부(denial of service) 공격을 감행, 사람들에게 해당 시스템의 보안이 취약하다는 사실을 인식시킴으로써 시스템 보유 기관이나 국가의 허점을 부각시키는 것 역시 사이버 테러 공격의 주요 동기로 볼 수 있다. 이외에도 해킹 공격 또한 특정 기관이나 조직 기밀 정보 탈취뿐 아니라 정치적 의사 표현 목적으로 활용되고 있다.

Summary Box 8-6 전통적 테러와 사이버 테러 공격의 동기

- 테러 조직의 공격 목적은 매우 다양하다. 테러리스트들은 테러 공격을 통해 직접적인 물리적 피해 야기뿐 아니라 대중 공포와 불안감 확산을 노리고 있다.
- 사이버 테러 행위 역시 기존 전통적 테러 공격과 유사한 동기를 지니고 있다. 하지만 사이버 테러리스트들은 특정 기관 및 조직의 직접적인 손실을 야기시키는 것뿐 아니라 보안 취약점 입증, 정치적 의사 표현, 기밀 정보 유출, 부정적 여론 조성 등을 목적으로 한다는 점에서 전통적 테러 공격과 차이가 있다.

사이버 테러리스트들의 심리 특성

9·11 테러 공격 이후 테러 관련 연구들이 활발히 이루어지고는 있지만 테러 조직 및 테러리스트들을 대상으로 실증 데이터를 수집하기 어렵기 때문에 대부분의 연구들이 이론 및 관찰 중심으로 진행되고 있다(Silke, 2008; Victoroff, 2005).

테러리스트들을 대상으로 심리학적 정량 연구가 어려운 이유는 다음과 같다.

- 연구자가 직접 테러리스트들을 접촉하는 것 자체가 어려움
- 테러리스트들과 접촉한다 해도 연구 참여는 더욱 어려움
- 체포된 테러리스트들을 연구에 참여시키기 위해서는 해당 국가의 승인이 필요(현실적으로 쉽지 않음)
- 전 세계에 흩어져 있는 테러리스트들을 대상으로 한 연구를 수행하기

위해서는 막대한 비용이 소요

● 연구 윤리상의 문제가 있을 수 있음(윤리 위원회 승인이 어려움)

● 의사소통이 어려울 수 있음(언어적 장벽의 존재)

● 테러리스트들과 접촉하기 위해 테러 위험 국가 여행 시 안전상의 문제 발생

🛜 테러리스트들의 성격 유형과 프로파일

테러리스트들의 성격에 대한 연구들에서는 급진적 성향과 함께 감각 추구 성향, 굴욕 자극에 대한 주관적 정서 반응의 특이성 등과 같은 성격 특질 요인들이 테러 행동과 관련성이 높다는 결과가 일관적으로 제시되고 있다(Victoroff, 2005; Zuckerman, 2002 참조). 하지만 테러리스트들 간 공통적 성격 특질 유무는 아직 경험적으로 확인되지 않고 있다(Horgan, 2003a, 2008; Howitt, 2009; Silke, 2003; Victoroff, 2005; Wilson, 2010).

현재까지 테러리스트들의 공통 성격 특징이 발견되지는 않았지만 이들의 심리 특질에 대한 연구 결과들은 테러 행위를 이해하는 데 있어 매우 중요한 시사점을 제시하고 있다. 일례로 크루글란스키와 피시맨(Kruglanski & Fishman, 2006)은 테러를 '신드롬(syndrome)'과 '수단(tool)'으로 구분하고 있는데, 신드롬은 '테러 집단과 테러리스트 개인의 특질 차이를 구분할 수 있는 유의미한 심리학적 구성 개념'(p. 193)으로, 수단은 '집단 갈등 상황에서 테러리스트들이 선택하는 전략적 대안'(p. 193)으로 정의하였다. 예를 들어, 테러리스트들의 성격 특질, 사회성, 동기 요인들이 테러 의사 결정에 영향을 미쳤다면 이는 신드롬에 기인한 테러 공격으로 간주할 수 있으므로 다른 테러 조직과 구별되는 차별적인 특성들을 토대로 테러 공격이 발생한 이유를 설명할 수 있다. 반면에 테러 조직의 목적 달성을 위해 테

러 공격을 수단으로 삼은 경우에는 개별 테러 조직의 차별적 특성 및 테러리스트들의 심리 특질은 크게 영향을 미치지 않았다고 볼 수 있다. 조직 목적 달성을 위해 외교적 협상이나 평화적 시위 방법을 선택하지 않고, 테러 공격을 선택했다는 점을 주목해 볼 수도 있지만 테러를 선택했다는 것은 곧 해당 테러 조직이 분명한 목적 지향적인 태도를 지니고 있다는 점을 시사한다.

일반적으로 테러의 신드롬 가설의 경우 이를 지지하는 경험적 증거가 부족하기 때문에 대부분의 연구자들은 조직 목적 달성을 위해 테러를 수단으로 선택하고 있다는 수단 가설을 지지하고 있다. 이러한 테러 조직의 태도와 행동은 수단-목적 사슬(means-end chain) 이론으로 설명할 수 있다. 목적 달성을 위한 최선책으로 테러를 선택한 경우라면 더욱 나은 대안이 주어질 경우 굳이 테러 공격을 선택할 필요가 없어진다. 따라서 테러 조직 내부에서 파괴적 테러 공격으로 인명 살상을 야기하는 행태에 대해 환멸감이 팽배해질 경우 테러 공격 이외에 또 다른 수단을 선택할 가능성 역시 존재한다. 일부 연구자들은 수단-목적 사슬 이론을 기반으로 테러 조직 내 역동, 지각 및 의사결정 과정, 점진적 사회 과정 등을 초점으로 테러 조직들이 목적 추구를 위한 수단으로 다른 방법을 사용할 가능성이 있는지에 대해 주목하고 있다(Kellen, 1982; Taylor & Quayle, 1994).

인지 심리학 관점에서 테러리스트들을 연구해 온 맥스 테일러와 에설 케일(Max Taylor & Ethel Quayle, 1994)에 따르면 자신들이 특정 조직이나 세력에 의해 탄압당하고 있다고 인식할 경우 근본적 귀인 오류를 범할 가능성이 높다고 한다. 즉 이러한 인식을 지닌 테러리스트들이 특히 테러 활동에 고관여 태도를 보일 수 있다. 빅터로프(Victoroff, 2005) 또한 이성적 선택 이론을 통해 테러리스트들의 행동을 설명할 수 있다고 제안하였지만 이 역시 테러리스트들이 목적 달성 수단으로 테러 공격을 선택한 이유를 설명할 수는 있어도 동일한 목적을 위해 테러를 선택하지 않은 사람들의 행동을 설명할 수 없다는 한계가 있다. 이외에도 테러리스트들의 인지적 융통성 부족, 낮은 수준의 인지 집행 기능 또한 테러 행동에 영향을 미치는 인지 요인으로 볼 수 있다. 이와 같은 테러 행동에 대한 인지 심리학적 설명들은 테러 협상가들에게 매우 유익한 정보로 활용될 수 있다.

사회 심리학 이론들 역시 테러 행동을 설명하는 데 유용하게 활용될 수 있다. 특히 테러 조직의 중요한 특성 중 하나인 집단 역학은 사회 심리학 이론 중 하나인 집단 역동 이론으로 설명이 가능하다(Victoroff, 2005). 테러 조직들에서는 조직 목표를 공유하는 조직원들을 지지하며 이들에게 명확한 목표 의식과 역할을 부여하고 있다. 조직에 신뢰를 받는 테러리스트들은 사회적 규범에 반하는 행동들을 더욱 쉽게 수용하게 되고 본연의 성격과 태도가 조금씩 집단에 맞춰 변화한다. "집단이 개인을 소비할 수 있다는 사실은 매우 중요한 의미가 있다. 집단에 융합된 이들은 개개인의 행동에 대한 책임감이 감소하고 양심에 반하는 행동을 자행하면서도 자신의 행동이 정당하다고 여기는 경향이 있다."(p. 176)고 기술한 포스트 등(Post et al., 2003)의 저서에서도 찾아볼 수 있듯이 테러 조직의 집단 정체성은 테러리스트들의 심리 특성 및 행동을 설명하는 데 있어 매우 중요한 개념이다.

다른 범죄자들과 마찬가지로 테러리스트들의 행동 역시 발달적, 생물학적 특성 및 개인의 인지 처리 과정, 인지적 능력, 환경 요인, 성격, 집단 역동 등 다양한 심리, 환경적 특성이 복합적으로 작용된 결과로 볼 수 있다(Victoroff, 2005). 물론 테러리스트들의 심리 특성을 이해하기 위해서는 더욱 많은 실증 연구가 이루어질 필요가 있다. 최근까지 진행된 관련 연구 결과를 토대로 빅터로프(Victoroff, 2005)는 테러리스트들의 심리적 특성을 4가지 형태로 구분하였다.

● 의사 표현 시 극도로 고조된 감정 반응을 표출함

- 동일한 견해를 지닌 사람들과 구별되는 개인적인 이해가 존재함(개인적 압박감, 강렬한 복수 욕구 혹은 공격성 표출 동기 등)
- 인지적 융통성의 부족으로 귀인 오류를 저지를 가능성이 높음
- 테러 공격으로 인해 무고한 사람들이 피해를 당할 수 있다는 사실에 대한 도덕적 책임감이 결여됨(혹은 도덕적 책임을 억제하는 능력을 지님)

빅터로프(Victoroff)가 제시한 전형적 테러리스트들의 4가지 심리 특성은 분명 흥미로운 부분은 있지만 전체 테러리스트들의 특성으로 일반화시키기에는 아직 뒷받침할 만한 실증 연구 결과들이 부족한 상황이다. 이를 일반화시키기 위해서는 타당성 검증을 위한 후속 연구들이 필요하다.

📶 이상 심리

일부 연구자들 사이에서 테러리스트들이 사이코패스(psychopathic) 특성을 지니고 있을 것이라는 견해가 제기되기도 했지만 최근 연구들은 테러리스트들에게서 뚜렷한 사이코패스 성향을 찾아보기 어렵다고 한다(Horgan, 2003b; Silke, 1998; Victoroff, 2005). 이처럼 테러리스트들이 이상 성격을 지니고 있을 것이라는 주장들은 대부분 특정 사례나 한정된 정보를 토대로 한 연구들에서 제시된 결과들이다(Silke, 1998). 자살 테러 공격을 감행하는 테러리스트들의 심리 특성을 설명하기 위해 역사학, 경제학, 정치학, 심리학, 인류학 등 학제 간 연구가 진행되고는 있지만 최근까지 발표된 그 어떤 연구 결과에서도 자살 테러 공격을 감행한 테러리스트들이 임상적으로 정신 질환이나 이상 성격을 지니고 있다는 객관적 근거는 찾아보기 어렵다(Post et al., 2009). 사랑하는 가족과 연인의 목숨을 빼앗은 독재 정권에 대한 분노로 자살 테러 공격을 감행할 수 있고, 반사회적 성격 특질을 지닌 이들이 테러 집단에 동조할 가

능성은 높지만 대부분의 테러리스트들이 주요 정신 질환 및 이상 성격 증후를 지니고 있다고 결론 내릴 만한 근거는 없다(Victoroff, 2005).

Activity 8-4   테러리스트들의 심리 특성

테러리스트들의 공통적인 심리 특성을 유형화시키기 어렵다. 하지만 테러리스트들이 목적 달성을 위해 테러를 선택한 이유는 명확하다. 포스트 등(Post et al., 2009)의 접근법처럼 역사적, 경제적, 정치적, 심리학적, 인류학적 특성별로 테러리스트들이 테러 공격을 선택한 이유를 정리해 보자. 앞서 제시한 학문 분야 이외에 테러 공격을 선택한 이유와 동기를 설명하는 데 적합한 학문들에는 어떤 것들이 있는지도 함께 고민해 보자.

🛜 전통적 테러리스트들과의 비교

사이버 테러리스트들의 심리 특성은 오프라인에서 활동하는 기존 전통적 테러리스트들에 비해 더욱 복잡하다고 볼 수 있다. 현재까지 특정 테러 집단을 대상으로 진행된 심층적인 심리학 연구는 없으며 테러리스트들의 심리 특성에 대한 불확실한 가설들만이 제시되고 있을 뿐이다.

사이버 테러리스트들은 기존 테러리스트들과 분명 다르다. 일례로 사이버 공격의 영향을 받아 비폭력적인 보통 사람이 테러 행위에 동조하게 됨으로써 테러 조직의 영향력이 확대될 수도 있다(Denning, 2010). 또한 사이버 테러는 기존 전통적 테러 공격에 비해 직접적인 파괴나 손실이 상대적으로 적다는 이유로 테러 조직 입장에서 더욱 선호되는 공격 방법이다(Denning, 2001). 이러한 점들을 종합해 보면 사이버 테러리스트들은 기존 테러리스트들과는 다른 형태의 새로운 테러리스트들이라 할 수 있다. 또한 테러 조직 입장에서는 테러에 적극적으로 동조하지 않았던 사람들도 신규 조직원으로 포섭할 수 있는 기회가 생겼다고 볼 수도 있다.

사이버 테러 공격이 가능해졌다는 점은 곧 새로운 형태의 테러 조직이 출현할 수 있다는 것을 의미한다(Gordon & Ford, 2003). 전문적인 사이버 테러 조직의 경우 기존 테러 조직에 비해 조직 결성이 용이하고 적은 자본으로 조직을 운영할 수 있다는 장점이 있다. 또한 온라인 공간에서 주로 활동하기 때문에 조직 및 조직 구성원의 익명성이 보장된다는 점 역시 사이버 테러 조직이 지닌 장점 중 하나이다(Gordon & Ford, 2003).

Summary Box 8-7 사이버 테러리스트들의 심리 특성

- 테러리스트를 대상으로 한 연구 진행은 현실적 한계가 존재하기 때문에 이들의 심리 특성을 분석한 실증 연구는 극히 드물다.
- 최근까지 발표된 테러리스트들의 심리 특성에 대한 경험적 연구 결과들에서 이들의 공통적인 심리 특성을 발견하지 못하고 있다.
- 크루글란스키와 피시맨(Kruglanski & Fishman, 2006)은 테러를 '신드롬(syndrome)'과 '수단(tool)'으로 구분하였다. 신드롬은 '테러 집단 및 테러리스트 개인 수준에서 상호 특질 차이를 구분할 수 있는 유의미한 심리학적 구성 개념'(p. 193)이며, 수단은 '집단 간 갈등 상황에서 선택 가능한 전략적 수단'(p. 193)을 의미한다. 테러가 개인 및 집단 신드롬 현상으로 인해 발생한다는 경험적 근거는 없지만 이러한 개념은 테러리스트 및 테러 조직의 지각 및 의사 결정 등 인지 처리 과정을 설명하는 데 유용하게 활용되고 있다.
- 집단 역동은 테러 조직을 설명하는 데 유용한 사회 심리학적 개념이다.
- 테러 행동은 다양한 요인들이 복합적으로 작용한 결과이다.
- 기존에는 테러리스트들이 이상 심리학적 프로파일(abnormal psychological profile)을 지녔을 것으로 여겨졌지만 그럴 가능성은 미미한 것으로 추정된다.
- 공격 방식의 차이로 사이버 테러리스트들과 기존 테러리스트들은 서로 다른 유형으로 분류할 수 있다(사이버 테러리스트들은 기존 테러리스트들보다 폭력 및 위험 수준이 낮다).
- 사이버 테러가 증가함으로써 사이버 공격을 전문으로 하는 신종 테러 집단의 출현이 가능해졌다.

📶 사이버 테러 피해자

데닝(Dennning, 2007a)을 포함한 일부 연구자들에 따르면 현재까지 발생한 사이버 테러 공격 중 성공한 사례가 많지 않기 때문에 피해자에게서 나타나는 구체적인 후유증에 대한 분석을 진행하기 어렵다고 한다. 하지만 폭탄 테러 등 지속적으로 발생하고 있는 전통적인 테러 공격 피해자들의 경우 대부분 신체적 피해 이외에 정신적 고통이 수반될 가능성이 높다는 점을 고려할 때(DiMaggio & Galea, 2006; Gabriel et al., 2007), 직접적인 테러 공격을 당한 피해자들은 매우 극심한 심리적, 정신적 고통을 경험하고 있다고 볼 수 있다. 이러한 심리적, 정신적 고통은 직접적인 신체 피해를 당한 사람들뿐 아니라 테러 발생지 주변 주민 및 피해자 가족, 친구들 역시 경험할 수 있다. 테러 피해자들에게 가장 공통적으로 나타나는 증상은 외상 후 스트레스 장애(post-traumatic stress disorder: PTSD)이며 이외 기타 정신질환이 발병하는 경우도 보고되고 있다.

더욱 심각한 것은 사이버 테러 발생 가능성 및 테러 공격 위협만으로 사회가 큰 혼란에 빠질 수 있다는 점이다. 스토흘(Stohl, 2006)에 따르면 사이버 공격 위협 및 테러 가능성만으로 혼란이 야기되는 이유는 사람들이 핵티비즘(hacktivism)과 사이버 테러리즘(cyberterrorism) 개념을 혼동하고 있어, 실제 사이버 테러 공격과 온라인 공간에서의 테러리스트들의 활동 차이를 명확히 구분하지 못하고 있기 때문이라고 한다. 스토흘(Stohl)의 지적처럼 사이버 테러 공격 위협과 온라인 테러리스트들의 활동은 분명 다르다. 언론에 특정 범죄 사실이 보도될 경우 대중의 불안감과 해당 범죄에 대한 인식에 영향을 미칠 수 있기 때문에(O' Connell, 2002 참조) 불필요한 사회 혼란과 대중 공포 확산을 미연에 방지하기 위해서는 사이버 테러에 대한 책임 있는 언론 보도가 중요하다. 또한 언론 보도 내용에 자극받은 테러 조직들이 실제 테러 공격을 감행할 가능성도 존재한다(Brown & Silke, 2011).

결론

테러, 특히 사이버 테러를 정확히 이해하기 위해서는 더욱 많은 실증 연구가 이루어질 필요가 있다. 하지만 연구자들이 테러리스트들을 직접 접촉하고, 자료를 수집하는 것 자체가 어렵기 때문에 현실적으로 테러리스트들에 대한 실증 연구를 진행하는 데에는 많은 한계가 따른다. 사이버 테러 공격이 전통적인 테러 공격과 함께 발생할 경우, 그 피해 및 사회적 파급효과가 더욱 크지만 전문가들은 사이버 테러가 단독으로 발생할 경우에는 기존 오프라인 테러 공격보다 위험성이 떨어질 것으로 예견하고 있다.

현재까지는 테러리스트들의 인터넷 활용 및 사이버 활동을 심각하게 인식되지 않고 있다. 하지만 대부분의 테러 조직들에서는 조직 운영 및 공격 준비와 관련된 대부분의 활동들을 인터넷을 통해 진행하고 있으며, 자금 조달, 조직원 모집, 정보 수집 및 유포, 조직원 간 네트워크 구성 등의 다양한 활동들이 사이버 공간에서 이루어지고 있다. 테러 조직들이 인터넷을 이용함으로써 과거에 비해 조직 운영 및 정보 공유의 효율성이 크게 증가하고 있다. 위커스와 하커스(Wykes & Harcus, 2010)는 인터넷을 '전 세계를 하나로 연결시키는 공공의 장으로 누구나 쉽게 접속할 수 있으며(범용성 및 접근 용이성), 무질서한 구조 및 신분이 공개되지 않는다는(익명성) 매체'로 정의하고,

'이미 전 세계 대부분의 사람들이 인터넷 공간에서 정보 수집, 교육, 오락, 커뮤니케이션 활동을 활발하게 펼치고 있으며 테러리스트들에게도 완벽한 테러 수단으로 자리 잡았다'(p. 216)고 기술한 바 있다.

연구문제

1. '사이버 테러'는 국가 경제를 마비시킬 정도로 엄청난 파괴력을 지닌 테러 공격 형태 중 하나이다. 이에 대해 여러분의 의견을 제시하고 함께 토론해 보자.

2. 테러리스트들의 정상적인 심리 상태를 지니고 있다고 볼 수 있는가?

3. 전통적 테러리스트들과 사이버 테러리스트들은 어떤 차이가 있는가?

4. 온라인과 오프라인 공간에서 나타나는 급진화 현상을 비교해 보자.

5. 사이버 테러에 대한 언론 보도가 대중에게 불필요한 공포를 유발시키고 있다고 보는가?

참고문헌

문헌 및 논문

로버트 우다(Robert Uda, 2009)의 『사이버 범죄, 사이버 테러리즘 그리고 사이버 전쟁(Cybercrime, Cyberterrorism and Cyberwarfare)』에서는 심리적 이슈를 제외한, 정책적, 전략적, 방어적 측면에서 사이버 테러를 검토하고 있다.

제프 빅터로프와 아리에 크루글란스키(Jeff Victoroff & Arie Kruglanski, 2009)의 저서 『테러리즘의 심리학(Psychology of Terrorism: Classic and Contemporary Insights)』에서는 테러리스트들의 급진 성향, 동기, 행동 등에 대한 심리학적 연구 결과들이 제시되어 있다.

앤드루 실케(Andrew Silke, 2011)의 저서 『대테러 심리학(The psychology of Counter-

Terrorism)』에서는 테러와 관련된 인터넷, 대중매체의 영향과 함께 심리학적 연구 결과들이 제시되어 있다.

웹 사이트

미국 심리학회 홈페이지에서 사이버 테러를 심리학적으로 다루고 있는 토리 데엔젤리스(Tori DeAngelis)의 논문을 찾아볼 수 있다. (www.apa.org/monitor/2009/11/terrorism.aspx)

미국 FBI 웹 사이트에서는 일반 테러 및 특정 집단 대상 보복 테러 활동에 대한 정보들을 제공하고 있다. (www.fbi.gov/about-us/investigate/terrorism)

다음 사이트에서 미국 정부에서 제공하는 보복성 테러 관련 정보들을 찾아볼 수 있다. (www.un.org/terrorism)

이코노미스트(Economist)에서 테러 관련 논문들을 검색할 수 있다. (www.economist.com/topics/terrorism)

제9장

가상
세계에서의
범죄

**사례
연구**

애덤은 지난 몇 달간 온라인 롤플레잉(role-playing) 게임 속에서 괴롭힘을 당해 왔다. 괴롭히는 사람들이 누군지 제대로 모르는 상태에서 아는 사람인지 아니면 전혀 모르는 사람인지도 몰라 더욱 겁이 났다. 온라인 게임이라는 가상공간 속에서 괴롭힘을 당하면서 애덤은 점점 우울해졌고 소외감마저 느끼게 되었다. '괴롭힘을 당한다는 사실을 누군가에게 이야기하면 심각하게 받아들여줄까? 아니면 그냥 게임을 그만두라고 말할까?' 라는 생각이 들어 딱히 어떻게 대처할지도 몰라 고민스러웠다.

케이트는 최근 몇 달간 새롭게 출시된 온라인 판타지 게임에 빠져들었다. 그러던 어느 날 평상시와 같이 게임을 하기 위해 로그인했는데 누군가가 자신의 계정을 해킹해서 그동안 모아 왔던 게임 아이템 및 화폐를 모두 훔쳐간 사실을 알게 되었다. 케이트는 갑작스럽게 게임 아이템이 증가한 사람을 범인으로 지목하고, 게임 사용자들을 일일이 확인하면서 자신의 계정을 해킹한 사람을 찾아다녔지만, 끝내 범인을 찾지 못했다. 결국 케이트는 자신의 게임 화폐 및 아이템을 훔쳐간 사람을 찾을 수 있을지, 찾는다 해도 도난당한 게임 물품들을 돌려받을 수는 있을지 걱정이 들었다.

개관

온라인 가상 세계 범죄 관련 연구 사례는 많지 않다(Wall & Williams, 2007). 일부 관련 연구들에서 가상공간에서 발생하는 범죄를 대인 범죄(성폭력 등)와 재산 범죄(절도 등)로 구분할 뿐이지, 범죄 발생 및 원인에 대한 심층적인 연구 결과는 찾아보기 어렵다. 이 책에서도 가상 세계에서 발생하는 피해 사건들을 '범죄'로 규정짓고는 있지만, 법률적 관점으로만 보면 범죄에 해당하지 않을 수도 있다. 따라서 이 장에서는 가상 세계에서 발생하는 피해 사건 유형에는 어떠한 것들이 있는지를 살펴보고 이를 범죄 행위로 간주할 수 있는지 혹은 간주해야 하는지 등에 초점을 맞춰 집필되어 있다. 또한 '가상 세계에서 발생하는 범죄가 오프라인 공간까지 영향을 미친다면, 가해자들은 오프라인에서 처벌받아야 할 것인가, 가상 세계 속에서 처벌받아야 할 것인가? 등과 같은 물음에 대한 답을 찾기 위해서 범죄 피해자에게 미치는 영향, 경찰 활동의 필요성 및 가해자들에 대한 온라인 커뮤니티에서의 대응 방안 등에 대한 내용 등을 검토하고 있다.

가상 세계에 대한 이해

가상 세계란 컴퓨터에 의해 표현된 3차원 공간을 의미한다. 하지만 그래픽을 사용한 세계만을 뜻하는 것은 아니다. 초창기 가상 세계 게임인 람다무(LambdaMOO)는 텍스트 기반으로 이루어졌었다. 가령 람다무(LambdaMoo)에 게스트 아이디로 신규 로그인할 경우 다음과 같은 텍스트 구문을 통해 가상 세계가 설명되는 식이다.

벽장 내부는 어둡고, 비좁은 공간입니다. 이 안은 매우 혼잡해 보입니다. 아마도 당신은 코트, 부츠 그리고 잠든 것처럼 보이는 사람들과 계속 부딪힐 것입니다. 갈팡질팡하면서 당신이 알게 된 사실은 당신의 허리 높이에 금속 손잡이가 있다는 것이며, 아마도 그것이 출입문일 수도 있다는 사실입니다.

하지만 최근 들어 대부분의 가상 세계들은 사용자가 보다 쉽게 주변 환경이나 상황을 시각적으로 지각할 수 있도록 컴퓨터 기반 그래픽 환경으로 구현되어 있다. 가상 세계들마다 지닌 특색 또한 가지각색이다. 예를 들어, 린덴 랩(Linden Lab)사에서 제작한 '세컨드 라이프(www.secondlife.com)'의 경우 사용자 간 사회적 교류에 초점을 맞추고 있어 사용자 간 상호작용, 아바타 키우기, 가상의 재산을 소유하는 형태로 구성되어 있지, 다른 비디오 게임들처럼 세계 정복 등을 목적으로 하지는 않는다. 세컨드 라이프의 경우 생활 가이드북이 출판될 정도로 대중적인 인기가 높았다(Guest, 2007; Meadows, 2008 참고). 세컨드 라이프가 성인 사용자들을 표적으로 서비스되었던 반면에 '하보 호텔(www.habbo.com)'과 디즈니사의 '클럽 펭귄(www.clubpenguin.com)' 등은 아동 및 청소년 사용자들을 대상으로 세컨드 라이프(Second life)와 유사한 사회 기반형 가상 세계 서비스를 제공하고 있다.

이와는 다르게 기존 컴퓨터 게임과 유사하게 목표 수행 방식으로 이루어진 가상 세계 게임도 존재한다. 대표적인 목표 지향적 가상 세계 게임으로는 블리자드 엔터테인먼트(Blizzard Entertainment)사에서 출시한 '월드 오브 워크래프트(World of Warcraft, 혹은 WoW, www.worldofwarcraft.com)'가 있다. 월드 오브 워크래프트는 일종의 가상의 환상 세계 속에서 자신의 게임 아바타로 인간을 선택할 수도 있고, 신화 속 인물 중 한 명을 선택할 수도 있다. 물론 게임 아바타들의 능력치와 약점은 서로 다르다. 게임을 진행하면서 사용자들의 게임 레벨은 발전하고, 사용자들의 흥미 유발을 위해 정기적으로 새로운 능력치를 지닌 신규 게임 레벨이 추가된다. 이와 유사한 가상 세계 게임으로는 '레전드 오브 미르(The Legend of Mir)'가 있는데 이 게임에 접속하는 사람들은 전사, 마법사 혹은 신화 속 인물 중 하나를 자신의 아바타로 선택한 후 게임 속 탐험을 성공적으로 완수하게 되면 또 다른 수행 과제가 주어지는 식으로 구성되어 있다. 현재는 서비스를 중단한 '매트릭스 온라인(Matrix Online)' 게임의 경우 영화 매트릭스를 배경으로 영화 속 등장인물 중 하나가 되어 임무를 수행해 나가는 방식이다. 한편 우주 공간을 배경으로 하는 SF 게임인 이브 온라인(EVE Online; www.eveonline.com)의 경우에는 범죄학적 관점에서 봤을 때 매우 흥미로운 게임이라 할 수 있다. 이브 온라인에서는 게임 참여자 간의 범죄 행위를 공식적으로 인정하고 있으며, 게임 개발자 및 서비스 업체(CCP games)에서 가상공간에서 발생하는 절도 사건에 개입하지 않겠다고 사전에 공지까지 한다.

이러한 게임들은 대부분 'MMORPGS(Massively multiplayer online role playing games; 대규모 다중 사용자 역할 수행 게임)'로 분류되며, 수백, 수천 명의 사용자들이 제각각 특정한 '역할' 혹은 '캐릭터'를 지닌 상태에서 주어진 시간대에 동시에 접속해서 온라인 게임에 참여하는 특징이 있다. 월드 오브 워크래프트와 이브 온라인과 같은 가상 게임들에서는 참여자들의 목적 및 이해관계가 부합되면 사용자 간 팀을 구성할 수도 있으며, 이러한 협력 관계는 지속될 수도 있고, 단기적으로 팀을 구성한 후에 특정 목표를 달성하고 해체될 수도 있다.

Activity 9-1 가상 세계

유명 가상 세계 목록을 작성해 보자. SNS의 경우 가상 세계라 할 수 있는가? 페이스북(Facebook)이 '월드 오프 워크래프' 등과 같은 가상 세계가 아니라면, 팜빌(Farmville)은 가상 세계인가? 가상 세계 속 행위 중 허용 가능한 것과 범죄에 해당하는 행위들은 무엇이 있는지 생각해 보자.

범죄 형태

사이버 공간에서 발생하는 온라인 절도는 범죄 행위 구성 요소를 고려할 때 명백한 범죄 행위로 규정지을 수 있으며 온라인 거래 과정에서 발생하는 판매자, 구매자 간의 분쟁 역시 민법 적용을 받을 수 있다. 가상 세계에서 발생하는 사건사고들에 대해 어느 범위까지를 범죄로 볼 수 있느냐에 대해서는 분명 논란의 여지가 있지만, 가상 세계 사용자들 간에 반사회적 행위를 포함하여, 성희롱, 절도사건 등이 꾸준히 발생하고 있다. 이러한 가상 세계 범죄들의 경우 오프라인에서 발생하는 사건들과 유사한 경제적 손실 및 피해자들에게서 정서적 상실감이 나타날 수 있다. 이와 같은 관점에서 볼 때 가상 세계에서 발생하는 범죄들도 오프라인 범죄와 마찬가지로 대인 범죄와 재산 범죄 유형으로 구분할 수 있다.

재산 범죄란 통칭 가해자와 피해자 간 폭력이 수반되지 않는 상태에서 발생한 단순 절도 혹은 침입 절도 범죄를 의미하며, 대인 범죄는 가상 세계 범죄의 관점에서 볼 때 성범죄, 살인, 폭력 범죄 등 가해자와 피해자 간의 상호작용이 수반되는 범죄를 의미한다. 유념해야 할 점은 이 장에서 사용되는 이러한 용어들은 단지 오프라인 범죄 상황에서 통용되는 용어들을 차용한 것으로, 실제 법률적인 처벌이 이루어지지 않을 수도 있다. 또한 '가해자', '범죄자' 등과 같은 용어를 사용하고는 있지만 이것이 실제로 오프라인 상황에서의 가해자 혹은 위법 행위나 범죄를 저지른 것을 의미하는 것이 아니라 가상 세계 속에서 '범죄'를 저지른 가해자들을 지칭하기 용이한 목적으로 사용되었을 뿐이다. 앞서 제시된 이브 온라인 사례에서 볼 수 있듯이 오프라인상에서 명백한 범죄 행위로 볼 수 있지만 가상 세계 속에서는 정상적인 게임 플레이의 일환으로 볼 수 있는 행위들도 있다. 물론 이와 같은 반사회적 행위들이 가상 세계 속에서 장려되는 것은 아니지만 그렇다고 해서 특별한 제재나 처벌이 가해지는 것도 아니다.

📶 재산 범죄

온라인 커뮤니티 공간에서는 재산 범죄로 볼 수 있는 사건들이 지속적으로 발생하고 있다(BBC News Online, 2005; Hof, 2006). 사회적 교류를 목적으로 하는 가상 세계인 세컨드 라이프 내에서 통용되는 가상 화폐인 린덴(Linden) 달러를 사용하지 않고 유료 물품을 복제하거나, 사용자 캐릭터를 생성시킬 수 있는 불법 소프트웨어 카피봇(CopyBot) 사건을 대표적인사례로 들 수 있다(Hof, 2006). 린덴 달러는 실제 화폐로 교환할 수 있기 때문에 경제적인 가치가 있는데 위와 같은 사례는 오프라인상에서 법률적으로 처벌받을 수 있다. 비슷한 사례로는 2007년 네덜란드 청소년들이 하부 호텔(Haboo Hotel)이라는 가상 세계에서 저지른 사건을 예로 들 수 있다. 이 사건은 가해자들이 가상 세계 공간에서 다른 사용자들을 속이고 타인의 비밀번호를 도용, 약 4,000유로 상당의 가상 가구를 절취한 사건으로 범행에 가담한 청소년 중 한 명이 경찰에 체포되었다.

　하지만 일부 사례들만 보면 가상 세계에서 발생하는 절도 행위에 대해 공식 기관들에서는 제재를 가할 의지도 권한도 없어 보인다. 대표적으로 2005년 MMORPG 게임인 '미르의 전설(The Legend of Mir)' 가상 세계 속에서 중국인 게이머인 주 카오위안(Zhu Caoyuan)이 다른 게이머인 치우 쳉웨이(Qiu Chengwei)에게 빌린 '용의 검(dragon sabre)'을 허락 없이 타인에게 판매한 사례를 들 수 있다(BBC News Online, 2005). 용의 검은 '미르의 전설(The Legend of Mir)' 게임 내에서도 상당한 시간과 노력을 투자해야 하는 획득하기 매우 어려운 아이템 중 하나로서 오프라인 판매 가치는 약 460유로에 달한다고 한다. 하지만 피해자인 쳉웨이가 이를 신고하자 경찰에서는 가상 세계 속 아이템이기 때문에 실제 재산 가치가 없다고 판단, 수사에 착수하지 않았다. 이후 '용의 검'을 절취한 카오위안이 아이템 판매 금액을 피해자에게 반환했음에도 불구하고 피해자인 창웨이는 카오위안을 만나, 칼로 찔러 살해했다.

　이 사건의 경우 피해자 창웨이가 경찰에 신고하며 자신이 당한 가상 세계에서 범죄 피해를 당한 사실을 주장했음에도 불구하고 경찰이 아무런 조치를 취하지 않았다는 점과 함께, 카오위안이 피해 금액을 돌려줬음에도 창웨이가 화를 참지 못하고 카오위안을 살해하는 극단적인 행동을 벌였다는 점에서 매우 특이한 사례로 볼 수 있다. 즉 절취당한 아이템인 '용의 검'은 피해자 창웨이 입장에서 볼 때 금전적 가치를 넘어서는 특별한 가치를 지니고 있었으며 이 일로 인해 엄청난 심리적 충격을 경험했다고 볼 수 있다.

📶 대인 범죄

> 저는 난생 처음 경험한 성적 행위로 인해 엄청난 충격을 받았습니다. 가상

공간 속에서 모르는 남성 아바타가 순간이동으로 갑자기 제 아바타 앞에 나타났는데, 너무 가깝게 있어서 저는 그 남성 아바타가 나체 상태였다는 사실을 몰랐습니다. 남성 아바타는 한 발짝 뒤로 물러서면서 제 아바타를 강하게 밀었고, 제 아바타는 몇 걸음 뒤로 밀렸는데요. 그 후에도 다시 다가와 저를 밀고는 오른쪽으로 돌아 지나갔습니다. 그제야 저는 저를 밀친 남성 아바타의 옆모습을 볼 수 있었는데요. 글쎄 그 남성 아바타가 나체 상태의 성기가 발기된 상태가 아니겠습니까! 그때 저는 제 아바타를 민 것이 남성 아바타의 성기라는 사실을 알게 되었고요. 이 행동들 모두가 고의적으로 계산된 성폭력 행위라는 사실을 인식하게 되었습니다. 비록 순식간에 일어난 일이었지만, 아바타 이상의 사람으로서 분명 그 남성 아바타가 제 아바타에게 성폭력을 가한 것이며, 가해자는 자신이 의도한 행위를 제가 인식하기를 바란다는 생각이 들었습니다(Jay, 2007).

세컨드 라이프 고객 상담 메일에 접수된 위의 글은 공격받은 여성 아바타뿐 아니라 가상 세계 게임 사용자 개인 입장에서 볼 때 매우 충격적인 사건이라 할 수 있다. 가해 아바타가 흔히 볼 수 없는 매우 긴 사용자 명을 사용하고 있었기 때문에 공격당한 직후 사용자 명을 확인할 수도 없었다. 따라서 누구한테 피해를 당했는지 신고할 수 없는 상황이 이어지자 피해자는 더욱 큰 좌절을 경험했다고 한다. 이뿐만 아니라 해당 온라인 커뮤니티에 피해 사실을 상세하게 고발할 수 있는 창구도 제대로 마련되어 있지 않았다. 결국 피해자는 직접적인 신체 피해를 입은 것은 아니라고 자위하며 피해 사실을 잊으려 노력했지만, 계속해서 그 사건이 머릿속에 맴돌아 고통스러워하는 자신의 모습을 발견할 수 있었다고 한다. 가상 세계에서 발생하는 온라인 성폭행 사건이 이뿐만은 아니다.

아마도 온라인 가상 세계에서 발생한 가장 유명한 사건으로는 람다무(LambdaMOO)라는 온라인 가상 커뮤니티에서 캐릭터 명 미스터 벙글(Mr.

Bungle)이 저지른 연쇄 성폭력 사건을 들 수 있다(Julian Dibble, 1993). '뚱뚱하고 비스킷 모양의 기름진 얼굴 모양을 한 광대' 형상을 하고 있었던 미스터 벙글 캐릭터는 텍스트 기반의 온라인 가상 세계에서 다른 사용자들의 캐릭터를 마음대로 조종할 수 있는 '부두교 인형(voodoo dolls)' 프로그램을 이용해서 다른 사용자들의 캐릭터에 대해 성적 공격을 가했다고 하며, 딥벨(Dibbell, 1998)에 의하면 공격 시에 몇 명의 대학생들이 미스터 벙글 캐릭터를 공동으로 조작했다고 한다. 온라인 가상 커뮤니티 내에서 미스터 벙글의 광란은 레벨이 높은 고급 사용자에 의해 제지되고 난 후에야 멈추었는데, 이 사례가 특히 흥미로운 이유는 피해자들이 보고한 후유증 때문이었다. 피해자 중 '엘게바(Igeba; 부두교에서의 태양신)' 캐릭터를 사용한 이는 가상 세계에서 미스터 벙글에게 성폭력을 당한 후 극심한 정신적 스트레스를 경험했다고 보고되었으며 일부 사용자들이 가상 세계 사이트 운영진에게 미스터 벙글 캐릭터를 삭제하고, 접속을 차단시켜 버려야 한다고 요청할 정도로 엄청난 공분을 불러일으켰다. 하지만 미스터 벙글 캐릭터 사용자들은 자신들이 저지른 가해 행위가 실생활에 아무런 영향도 미치지 않는 일련의 사건들일 뿐이라고 언급한 점으로 미루어 이러한 가상 공격 행위를 단지 장난으로만 여겨, 실제 가해자에게 미치는 영향은 극히 미미한 것으로 보인다.

가상 세계에서 발생한 성폭력의 경우 실제 범죄 행위로 볼 수 없기 때문에 처벌을 가할 수 없다는 주장이 제기되면서 미스터 벙글에게 제재를 가하자는 요구는 커뮤니티 구성원들 사이에 많은 논란이 되었다. 또한 미스터 벙글을 조종한 대학생들이 법적 처벌을 받는다고 해도 이들을 음란 통신 관련 법률로 처벌해야 할지 소속 대학교 학칙에 의거하여 처벌이 가해져야 할지에 대한 논란이 벌어졌다. 물론 실제 가해자들은 커뮤니티의 이와 같은 행동 방침에 특별히 신경을 쓰지도 않았다고 한다. 커뮤니티 구성원들이 최종 결정을 내리지 못하고 머뭇거리는 사이에 이 사건은 '마법사

(wizard)' 캐릭터가 독자적으로 미스터 벙글 캐릭터를 커뮤니티 내에서 추방하는 선에서 마무리되었다. 결국 미스터 벙글 캐릭터를 조종한 사용자들은 범죄 피해(피해자들의 정신적 후유증 및 스트레스 등)가 발생한 오프라인 공간이 아닌 범죄 행위가 나타난 가상 세계에서 처벌받은 셈이다. 이후 람다부(LambdaMoo)에서는 '범죄자'로 간주되는 캐릭터 추방 유무를 결정하는 무기명 투표 시스템을 구축하였으며, 사용자들이 투표로 추방을 결정하게 되면 마법사 캐릭터가 그 요청을 받아들이는 형태의 제재 규칙을 만들게 되었다. 흥미로운 점은 미스터 벙글 캐릭터를 조종했던 사용자 중 한 명이 닥터 제스트(Dr. Jest)라는 새로운 캐릭터로 람다부(LambdaMoo) 온라인 가상 커뮤니티에 접속, 또다시 문제를 일으켰는데(비록 성폭력과 관련된 문제는 아니었지만) 추방 투표에서는 부결되었다고 한다. 이는 곧 람다부(LambdaMoo) 커뮤니티에 거주하는 사용자들의 마음속에는 최소한 문제를 야기시킨 캐릭터는 처벌받을 필요가 있지만, 캐릭터를 조종하는 사용자까지 처벌받을 필요는 없다는 인식을 지니고 있음을 잘 보여 주고 있다.

최근에 발생한 사건으로 2007년 벨기에 경찰이 수사에 착수했던 세컨드라이프 가상 세계 내 강간 의심 사건을 들 수 있다(Lynn, 2007; Sipress, 2007). 이 사건에 대해 공개적으로 드러난 사실은 극히 일부에 불과했지만 인터넷상에서 사건의 진위 여부에 대한 공방이 진행될 정도로 세간의 관심을 끌었던 사이버 성폭력 사례로 볼 수 있다. 이 사건에 대한 일부 온라인 기사 내용들을 종합해 보면 온라인 강간의 심각성에 대해 언론 및 대중들이 복합적인 시각을 지니고 있다는 점을 여실히 보여 주고 있었다. 즉 온라인에서 발생하는 성폭력 범죄에 대해서는 대부분 부정적인 인식을 지니고 있었지만 공격 행위의 심각성을 판단하는 것은 매우 어려운 문제로 여겨지고 있다. 온라인 성폭력이 오프라인 성폭력만큼 심각하다고 주장하는 연구자는 아직 없으며, 오히려 일부 연구자들은 온라인 성폭력 피해자들이 피해 경험을 잊으려 노력해야 한다는 주장을 펼치고 있을 뿐이다. 물론 심각하게 바라보는 이들이 전혀 존재하지 않는 것은 아니다. 일각에서는 온라인 공간이라 할지라도 아동, 청소년층을 대상으로 발생하는 성폭력의 경우 명확한 불법 행위로 간주할 수 있기 때문에 이를 성폭력 범죄로 다루어도 이상할 것이 없다는 주장도 제기되고 있다(Lynn, 2007).

가상 세계에서 발생하는 범죄 중 사법 처리가 이루어지는 행위는 자신의 나이를 속이고 다른 사용자들을 유인하거나, 이용하는 행위를 들 수 있다. 일부 국가들에서는 이와 같은 행위에 대해 아동 포르노그래피 관련 법률을 적용, 형사처벌하고 있는데 대표적인 사례로는 세컨드 라이프 커뮤니티 내 원더랜드(Wonderland) 게임 영역에서 성인 사용자가 미성년자가 조종하는 아바타를 성적 행위에 연루시킨 사건을 들 수 있다(Adams, 2010). 설사 아바타를 소유한 모든 사용자들이 법률적으로 성관계에 동의할 수 있는 연령대라 할지라도 성적으로 아동을 학대하는 장면을 가상 세계 속에서 묘사하는 것만으로도 형사 처벌될 수 있다. 이처럼 가상 세계에서 발생하는 범죄들을 오프라인 범죄와 동일하게 볼 수 있느냐에 대한 문제는 아직까지 논란의 대상이 되고 있다.

Summary Box 9-2 **범죄 형태**

• 범죄는 사람을 대상으로 한 대인 범죄와 재물 절취를 목적으로 하는 재산 범죄로 구분할 수 있다.

• 가상 세계에서 발생하는 재산 범죄는 대부분 온라인 공간에서 타인 소유의 아이템이나 물품을 훔치거나 이로 인해 오프라인상 금전적인 피해를 야기시키는 형태로 나타나고 있다.

• 온라인 커뮤니티 내에서 특정인을 괴롭히거나, 아바타를 대상으로 폭력을 행사하거나, 심지어 온라인 성폭력 행위로 간주할 수 있는 범죄들을 가상 세계 속 대인 범죄로 분류할 수 있다.

발생 정도와 범행 동기

　가상 세계에서 발생하는 범죄 원인 및 동기 등에 대해서는 현재까지 정확히 밝혀진 바가 없다. 아쉽게도 관련 연구들 대부분이 추정에 근거한 분석 방법을 기반으로 하고 있어, 보다 더욱 폭넓은 이해를 위한 실증 연구가 이루어질 필요가 있다. 이처럼 가상 세계 범죄에 대한 연구가 어려운 이유에 대해서 윗슨과 도일(Whitson & Doyle, 2008)은 연구 주제로 삼기에 가치가 떨어진다는 학계의 인식, 급속도로 변화하는 관련 기술 트렌드, 연구자들이 직접 가상 세계 구성원으로 참여할 필요가 있다는 점, 연구 데이터의 타당성 검증의 어려움 및 연구 윤리 문제 등을 들고 있다(pp. 89-90).

　즉 현재까지는 가상 세계 범죄에 대한 실증적인 자료 수집 및 예측이 거의 불가능하다고 여겨지고 있는데, 그 이유는 범죄 피해자 대부분 자신이 범죄 피해를 입었다는 사실조차 정확히 인식하지 못하기 때문이다. 가령 게임, 온라인 커뮤니티 등에서 활동하는 사용자들은 자신의 사이버 물품 목록에 있던 아이템이나 사이버 재화가 갑작스럽게 사라졌다는 사실조차 모르고 있을 수 있다. 설사 피해자들이 가상 세계 내에서 범죄 피해를 당했다고 인식하는 경우라도 해당 커뮤니티 관리자 및 서비스 업체에서 아무런 조치를 취해 주지 않을 것이라 여겨 신고하지 않는 경우도 있으며 공식적으로 경찰이나 서비스 업체에 신고하기에는 사건 자체의 중요도가 떨어진다는 인식을 지니고 있을 수도 있다. 한편 일부 피해자들은 범죄 피해 원인을 자신의 탓으로 귀인시킴으로써 자기 비난 혹은 주변인의 질타를 우려한 나머지 신고하지 않을 수 있으며, 신고한 경우라도 사건 자체를 중요하지 않게 인식하여 신고한 사실 자체를 쉽게 망각하는 경우도 있다고 한다. 가상 세계 범죄에 대한 이러한 피해자 태도 경향을 볼 때 가상 세계 범죄들은 현재 보고된 것에 비해 발생 건수가 훨씬 많을 것으로 보이며 발생 및 신고 건수가 어떤 공식 통계에도 잡히지 않을 수 있어 암수(dark, figure) 범죄 비중이 매우 높을 것으로 추정된다.

  범행 동기 또한 구체적으로 알려진 바가 거의 없다. 예상컨대 온라인 가상 게임 아이템 절취는 절도범 입장에서 자신의 게임 레벨을 올리고, 게임을 실행하는 데 도움이 된다고 볼 수 있다. 이브 온라인에서 발생하는 게임 아이템 및 가상 재화를 절취하는 경우가 대부분 이러한 동기에 해당한다. 또한 MMORPG 게임인 '미르의 전설 3(Legend of Mir 3)'에서 발생했던 '용의 검' 절도범인 카오위안이 오프라인에서 자신이 훔친 검을 판매하려 했던 것처럼, 오프라인에서 직접적인 경제적 이익을 취하기 위해 범행을 저지르는 경우도 분명히 존재한다. 미스터 벙글의 성폭력 행위들은 대학생 몇 명이 모여서 저지른 장난으로 볼 수도 있지만, 행위 결과만을 보면 분명 오프라인 집단 강간과 유사한 형태로 볼 수 있다. 즉 집단 강간 혐의로 검거되어 유죄 판결을 받은 피의자들의 연령대는 대부분 10대 후반에서 20대 초반이며 이들의 범행 동기 중 하나가 '또래 집단과 함께 집단적으로 위험한 행위에 참여함으로써 느낄 수 있는 남자들만의 끈끈한 동지애'라는 점을 볼 때(Scully & Marolla, 1993, p. 39), 미스터 벙글 사건에 가담한 대학생들 역시 다르지 않다는 점을 발견할 수 있다. 강간 동기를 중심으로 강간범 유형을 구분하고 있는 그로스 등(Groth et al., 1977)은 강간범을 크게 권력 확인형과 권력 주장형으로 구분하고 있는데, 이를 앞선 세컨드 라이프 사례에 적용시켜 보면 가해자는 피해자들의 아바타를 가상 세계 속에서 자신의 마음대로 통제하고자 하는 권력에 대한 욕구가 주된 동기로 작용했다고 추정해 볼 수 있다. 하지만 이러한 추정과 가정된 사실 모두는 간접적인 설명일 뿐이므로 직접적으로 결론을 내리는 것은 매우 위험할 수 있다. 즉 가상 세계 범죄자들에 대한 심리 프로파일 혹은 성격 특성을 추정할 수 있는 정보가 현재로서는 매우 부족하기 때문에 다양한 실증 연구 결과가 축적되기 이전에는 가상 세계의 범죄의 동기 및 발생 원인에 대한 명확한 답을 내리기는 어렵다고 볼 수 있다.

피해자에게 미치는 영향

온라인 가상 세계 범죄 피해는 오프라인 유사 범죄 대비 범죄 피해 효과가 크지 않다고 여겨지고 있다. 오프라인 성범죄 피해자가 범죄 피해 후유증을 경험할 가능성이 온라인 성범죄 피해자보다 높다는 점에 대해 반론의 여지는 없지만, 그렇다고 온라인 범죄 피해가 사람들에게 아무런 영향을 미치지 않을 것이라 여기는 것은 분명 잘못된 생각이다. 더불어 특정 피해자들은 다른 사람들보다 가상 세계 범죄 피해로 인한 후유증이 더욱 심각할 수 있는데, 아직까지 가상 세계 범죄 피해가 사람들에게 미치는 영향 및 어떤 사람들이 가상 세계 범죄에 더욱 취약하고 후유증이 더욱 심각한지에 대해 구체적으로 다루어지고 있지 않다. 오프라인에서 범죄 피해를 당한 사람들이 외상 후 스트레스 장애(PTSD: Post Traumatic Stress Disorder), 타인에 의한 비난 등과 같은 범죄로 인한 부정적인 결과를 경험하고 있다는 사실들은 이미 많은 연구들에서 증명된 사실이다(Hoyle & Zedner, 2007; Scarpa et al., 2006). 이러한 맥락에서 온라인에 대한 몰입도 및 온라인 환경에 대한 실재감 인식 수준이 높은 이들이 오프라인 범죄 피해자들이 경험하는 범죄 피해 후 후유증과 유사한 증상을 경험할 가능성이 높다는 주장이 지속적으로 제기되고 있다. 만약 이러한 주장이 사실이라면 특히 온라인 가상 세계 속에서 범죄가 발생된 후에는 사용자들의 안전과 심리적 안정을 보장하기 위한 관심과 노력이 필요하다고 볼 수 있다.

　많은 사람들은 피해자들이 조금만 주의를 기울여도 온라인 가상 세계 범죄 피해를 미연에 방지할 수 있다고 여기기 때문에 오히려 가상 세계 범죄 피해자들이 비난받는 경우가 많다. 세컨드 라이프 가상 세계의 경우 성적 환상을 실현하기 위해 타인의 아바타를 조종하는 것이 가능하다. 하지만 이 역시 상대의 동의를 구해야 하는데, 설령 속임수에 걸려 동의를 해 준 경우라도 아바타를 공간 이동시키는 방법으로 범죄를 피할 수 있기 때문에 오히려 가해자의 공격을 허용한 사람들이 온라인 누리꾼들 사이에서 더욱 비난의 대상이 되고 있다. 설사 공간 이동에 실패했다 하더라도 게임을 종료시키거나, 네트워크 접속을 차단시키고 컴퓨터 전원을 꺼버리는 것만으로도 충분히 범죄 피해 상황에서 벗어날 수 있기 때문에 피해자들은 가해자를 피하지 않았다는 사실에 대해 일정 부분 비난을 피할 수 없다. 하지만 게임에 대한 몰입 수준이 높아 온라인 가상현실과 실제 상황을 구분하는 능력이 떨어지는 사람들의 경우, 게임 프로그램을 종료하면 범죄 상황을 피할 수 있다는 사실조차 지각하지 못할 수 있다. 또한 오프라인 공간에서 범죄 피해 상황을 모면했다 할지라도 그러한 상황에 직면했다는 것만으로 심리적 고통을 경험할 수도 있는데, 가상 세계 범죄 역시 이와 동일하게 범죄 피해를 모면했다 할지라도 초기 공격 단계에서 경험한 심리적 혼란과 고통은 사후에 극심한 스트레스를 유발시킬 수 있다.

　온라인 가상 세계 범죄 피해자들에게서 자기 비난 행위가 나타난다는 연구 결과들 역시 지속적으로 제기되고 있다. 이들은 범죄 피해를 당하기 전에 가상 세계 내에서 자신들이 순진했던 점을 탓하고 있으며(Jay, 2007), 경험이 조금 더 풍부했더라면 무슨 일이 일어나고 있는지 재빨리 알아차릴 수 있었을 것이라 자책하는 경향이 있다. 또한 아바타 조작이나 사용 기능에 익숙하지 않은 피해자들의 경우 자신의 아바타 통제 권한을 다른 사용자에게 공개하는 일도 충분히 발생할 수 있다. 하지만 아직까지는 피해자 비난 행위를 공통적으로 나타나는 현상으로 결론짓기 이전에 이를 증명할 수 있는 충분한 근거가 필요하다.

온라인 가상 세계 성범죄 피해자들에게서 보고되고 있는 불쾌한 기억, 정서적 마비, 괴로움 등뿐만 아니라, 현재까지 정확히 입증되지는 않았지만, 일부 피해자들에게서 제한적으로나마 급성 스트레스 질환(ASD: Acute stress disorder) 증상이 나타날 가능성이 높다고 한다(Lynn, 2007; Sipress, 2007). 이러한 현상을 윌리엄스(Williams, 2006)는 컴퓨터를 사용한 의사소통 과정에서 발생하는 '발화 행위(speech effects)' 효과라 지칭하며, "욕설과 같은 모욕적인 언사는 언어 그 자체로 행위를 수반하는데 이는 직접적인 폭력 이상의 의미를 내포하는 폭력 자체로 볼 수 있다"(p. 101)고 해석하고 있으며 "온라인 환경에서 발생하는 다양한 사건, 사고들이 실제로는 오프라인 환경과 분리되어 있지 않다"(p. 99)는 사실을 강조하고 있다. 이러한 관점으로 윌리엄스(Williams)는 미스터 벙글 사건을 해석한 결과를 제시한 바 있다. 하지만 심리학적 평가가 전체적으로 이루어지지 않은 상태에서 범죄 피해자들의 상태를 판단하는 것은 오류 가능성이 높기 때문에 가상 세계 범죄 피해자들이 급성 스트레스 질환이나 외상 후 스트레스 장애로 진단받을 가능성은 희박하다. 즉 가상 세계 범죄 피해자들의 경우 범죄 피해 경험이 실생활에 실제 위험으로 다가올 가능성이 미미하다고 볼 수 있기 때문에, 필수적인 스트레스성 질환 증후인 피해 상황에 대한 갑작스런 섬광 기억이나 자율적 각성의 고양이 수반되는 경우는 흔치 않으며 설사 이러한 증후가 나타나는 경우에도 단기간(최소 몇 시간에서 수일 사이에)에 사라지는 것으로 보고되고 있어, 스트레스성 질환 증상을 경험하고 있다고 결론 내리기는 어렵다. 또한 피해자들 중 일부는 자신들이 경험한 범죄 피해를 심각하게 인식하지 않고 있었으며 이와 관련된 심각한 수준의 부정적 반응을 경험한 적도 없다고 보고되고 있다. 가장 위험성이 높은 집단은 과거 오프라인상에서 성폭력 피해를 당한 경험이 있는 이들로서, 온라인 성폭력은 과거 피해 경험을 연상시키는 데 영향을 미칠 수 있다. 온라인 범죄가 피해자들에게 심각한 위험을 유발시키는 것은 아니지만, 과거 오프라인상에서 범죄 피해를 당한 사람들의 경우에는 급성 스트레스나 외상 후 스트레스 장애 발병 가능성이 존재하기 때문에 이들에 대한 세심한 관리 및 주의가 요구된다.

마지막으로 온라인 가상 세계 범죄 피해자들 대부분은 가해자에게 복수심을 지닐 수 있다. 하지만 이 역시 실증적으로 입증된 사실은 아니다. 예를 들어, 미스터 벙글 사건 피해자들은 해당 커뮤니티에 가해자들에 대한 강력한 제재를 요청했고, 세컨드 라이프에서 성폭력 피해자는 피해사실을 경찰에 신고했으며, 쳉웨이는 경찰이 자신의 가상검을 무단으로 판매한 절도 용의자에게 적절한 사법 조치를 취하지 않는 것에 불만을 품고 가해자를 칼로 찌른 바 있다. 이러한 가해자 응징 사례야말로 가상 세계 범죄 피해자들이 오프라인 범죄 피해자들과 유사한 심리적 반응을 경험하고 있다는 근거로 볼 수 있지만, 현재까지 이와 같은 가상 세계 범죄 피해자들의 응징 행동을 일반화시킬 수 있는 실증적 증거는 충분치 않다. 이와 함께 온라인 가상 세계 범죄 가해자들에 대한 처벌 기준 결정 방식에 대한 논란이 이어지고 있는데 이에 대해서는 이 장의 후반부에서 구체적으로 다루어질 것이다.

가상 세계 범죄가 피해자 반응에 미치는 가장 중요한 요인은 피해자가 체감하고 있는 가상 세계에 대한 실재감 수준이다. 실재감은 사용자가 가상 세계 환경에서 느끼는 몰입 수준이라고도 할 수 있는데, 커완(Kirwan, 2009b)은 온라인 환경에 대한 실재감 수준이 가상 세계 사용자들에게 미치는 영향에 대한 연구 결과들을 다음과 같이 요약 제시하고 있다. 정 (Jung, 2008)의 연구에 따르면 세컨드 라이프 커뮤니티에서 사용자들이 경험한 실재감 수준이 참여 의도에 영향을 미치는 것으로 나타났으며, 벤테 등(Bente et al., 2008)이 지적한 바처럼 온라인 환경의 생생함 수준이 실재감을 증가시키는 데 중요한 요소로 강조되고 있다. 더불어 벤테 등(Bente et al., 2008)은 온라인 가상 세계 사용자들이 초기 상호작용 단계에서 아바타를 사용하는 것이 친밀감 지각, 정서에 기반한 신뢰감, 시각적 주의 강화에 영향을 미칠 수 있기 때문에 아바타를 사용할 때 상호 간에 더욱 예민한 정서 반응을 보일 가능성이 증가한다고 한다. 한편 피어스(Pearce, 2006)는 온라인 가상 세계 사용자들에게서 나타나는 실재감이 몇몇 중요 차원으로 구분될 수 있다는 점에 주목하였다. 그중에서도 아바타의 정체감은 부분적으로 온라인 커뮤니티 내 사회적 피드백을 통해 형성될 가능성이 높기 때문에, 온라인 공간에서의 자아 표현은 결국 다른 아바타들과의 상호 과정을 통해 이루어진다고 볼 수 있다. 온라인 범죄 피해와 같은 부정적 경험은 사용자의 온라인 정체감 발달에 영향을 미칠 수 있으며, 온라인 커뮤니티 활동을 지속하게 되면 해당 커뮤니티의 구성원으로서 권리 의식을 지니게 되며, 스스로 보호받을 권리가 있다고 느낄 수 있다. 이는 특히 세컨드 라이프(Second Life) 가상 커뮤니티처럼 구성원 각각이 커뮤니티 형성에 중요한 역할을 담당하는 가상 세계에서 두드러지게 나타난다고 볼 수 있으며, 가상 세계 범죄 피해에 분명한 파급 효과를 미치고 있다. 즉 온라인 커뮤니티 구성원으로 합당한 자격을 지니고 있다는 것은 결국 해당 커뮤니티의 형성과 발전을 위해 개인적 시간과 에너지를 투자했음을 의미하며, 이는 곧 보호받을 권리가 있다는 점을 뜻하기 때문이다.

한편 가상 환경에 대한 실재감 수준이 특정 정서 반응 유발에 영향을 미칠 수 있다는 점은 지속적으로 증명되고 있는 사실 중 하나이다(Riva et al., 2007). 임상 심리학자들은 이러한 현상을 공포증, 외상 후 스트레스 장애 및 기타 정신 질환 치료에 적용시켜 왔다(Josman et al., 2006; Wiederhold & Wiederhold,

2005). 또한 가상 환경은 범죄에 대한 공포 반응 통제에 효과적으로 활용되고 있는데(Park et al., 2008), 특히 여대생 대상 성폭력 대응 역할극에서 실재감 강화를 위한 수단으로 가상 환경이 적용되고 있다(Jouriles et al., 2009). 불안감 등과 같은 특정 정서 상태와 성격 특질들 또한 가상 세계에서의 실재감 수준을 강화시킬 수 있다고 한다(Bouchard et al., 2008). 만약 이와 같은 효과들이 온라인 가상 세계 범죄들에도 동일하게 나타난다면 가상 세계 속 성범죄나 폭력 범죄 피해로 인한 부정적 효과가 개개인의 정서 및 성격 특질에 따라 지속적으로 나타날 가능성이 있음을 시사한다.

온라인 커뮤니티에서 보내는 시간이 많을수록 범죄에 대해 심각한 정서 반응을 보일 가능성 역시 증가한다고 한다. 만약 어떤 사람이 자신의 아바타에 다른 이들보다 많은 시간과 노력을 투입했다면, 아바타는 단순히 컴퓨터가 만들어낸 이미지가 아니라 자아의 연장으로 인식될 수 있고, 이 경우 아바타와 관련된 범죄 상황에서 경험하는 부정적 정서 반응이 더욱 심화될 수 있다. 이러한 아바타 동일시 관련 부정적 정서 반응의 강화는 특히 미스터 벙글 사례에서처럼 다른 사람들이 범죄 행위를 목격하는 상황에서 더욱 두드러질 수 있다. 이는 곧 자신의 아바타 또한 유사한 범죄 피해자가 될 수 있다는 공포와 더불어 타인이 목격하고 있는 상태에서 범죄 피해를 당했다는 부끄러움 및 당혹스러운 감정이 더욱 증가하기 때문이다. 이와는 대조적으로 아바타를 사용하지 않고 단지 온라인 커뮤니티 활동만 한 사람들이라면 가상 세계에 대한 몰입감 수준이 덜하고 가상 세계 내 자신만의 온라인 생활 영역을 구축하고 있지 않기 때문에 범죄 피해 상황 극복 및 가상 세계 범죄 피해 방지를 위해 더욱 주의를 기울일 것으로 예상된다. 수치심, 자기 비난, 2차 피해의 대부분은 피해를 당한 아바타를 삭제하거나 새로운 아바타로 대체하는 방법으로 비교적 쉽게 극복 가능한 것으로 보인다. 하지만 이러한 방법이 범죄 피해 회복에 항상 도움이 되는 것은 아닌데, 그 이유는 피해자 입장에서 가해자가 적절한 처벌을 받지 않았다는 느낌 때문에 가해자에 대한 복수심이 여전히 남아 있을 수 있기 때문이다. 특히 자신이 당한 가상 세계 범죄 피해 경험을 이겨내고 새로운 온라인 친구와 더불어 커뮤니티 사회 내에서 새로운 출발을 모색하려고 노력하는 가상 세계 구성원 입장에서 이는 더욱 감내하기 힘든 어려운 상황일 수 있다.

Activity 9-2 온라인 자아의 표현

친구들의 아바타, 페이스북 사진 등을 살펴보자. 어떤 방식으로 자신의 모습을 표현하고 있는가? 이중 현실적으로 표현한 경우와 이상적 이미지로 표현한 경우 및 상상 속의 인물처럼 비현실적으로 표현해놓은 경우 등을 구분해 보자. 온라인 공간에서의 자아 표현 양식이 온라인 실재감 수준과 어떠한 관련이 있는지 생각해 보자.

가상 환경 속에서 실재감 인식 수준을 높이는 데 영향을 미치는 통제소재 성향 및 해리성 성격 특질 역시, 범죄 피해 혹은 외상적 사건 이후 외상 후 스트레스 장애을 유발시키는 데 관련이 있을 수 있다(Hood & Carter, 2008; Marmar et al., 2007). 즉 범죄 피해 경험과 심리적 반응 결과 사이에서 성격 특질과 같은 중재 변수가 미치는 영향에 대한 연구들을 통해 가상 세계 범죄 피해 효과에 대한 더욱 심층적인 이해가 가능할 것이다. 특히 가상 세계 범죄 피해 효과에서 성격 특질 변수들의 영향력을 고려할 시에는 특정 성격과 범죄 피해 결과로 나타나는 외상 후 스트레스 장애 간의 상호작용 효과에 더욱 주목할 필요가 있다. 일련의 연구들에 의하면 특히, 낮은 자존감(Adams & Boscarino, 2006), 신경증(Cox et al., 2004; Fauerbach et al., 2000; Lawrence & Fauerbach, 2003), 낮은 수준의 외향성(Fauerbach et al., 2000), 경험 개방성(Kamphuis et al., 2003), 쾌활한 성격(Talbert et al., 1993) 등이 범죄 피해 후 피해자 반응에 영향을 미칠 수 있는 중요 성격 특질로 나타났다. 하지만 현재까지 가상 세계 범죄 피해를 다루는 연구들 대부분은 영향 요인

간의 인과관계보다는 상관관계를 중심으로 연구를 진행하고 있어, 아직 요인들 간의 구체적인 인과관계는 밝혀진 바가 없다.

<table>
<tr><td>Summary Box 9-4</td><td>피해자에게 미치는 영향</td></tr>
</table>

- 온라인 범죄는 범죄 피해 후유증을 유발시킬 수 있다.
- 가상 세계에 대한 몰입 수준이 높을수록 범죄 피해 후유증은 더욱 심각할 수 있다.
- 가상 세계 범죄의 경우 피해자가 범죄 상황을 충분히 모면할 수 있다는 인식이 강하기 때문에 피해자에 대한 비난 현상이 공통적으로 나타나고 있다.
- 온라인 범죄 피해자들의 급성 스트레스 질환 증상이 지속적으로 보고되고 있는데 이는 과거 오프라인 범죄 피해를 당한 적이 있는 사람들에게서 특히 두드러지는 것으로 나타나고 있다.

피해자 지원

앞서 다루어진 온라인 가상 세계 범죄 피해자들에게서 나타나는 반응들을 볼 때 적절한 피해자 지원은 범죄 피해자들의 후유증 극복에 분명 도움이 될 것이다. 이를 위한 대표적인 피해자 지원 방안으로는 범죄 피해 신고 장려, 정서적, 경제적, 법적 지원 및 전문가가 참여한 회복적 사법 지원책 등이 있다.

오프라인 범죄의 경우 범죄 신고 전화 혹은 경찰서에 직접 방문하여 비교적 쉽게 범죄 피해를 신고할 수 있는 데 반해, 신고 절차 및 방법이 명확하지 않은 온라인 환경에서는 신고 방법을 찾는 데에도 많은 시간과 노력이 요구된다. 비록 온라인 가상 세계별로 나름대로의 범죄 신고 체계를 구축하고는 있지만, 심각한 범죄를 당한 피해자들 입장에서 볼 때는 아직 미흡한 실정이다(Jay, 2007). 가상 세계 관리자 및 서비스 업체에 범죄 피해 신고가 접수된다 해도 가해자에 대한 처벌이 피해자가 만족할 만한 수준으로 이루어지지 않을 수 있기 때문에 가상 세계 범죄 피해자들은 용의검 절취 사건이나 벨기에 성폭력 사건 등처럼 온라인 범죄 피해가 오프라인까지 연결되는 상황에 직면할 경우, 오프라인 사법 기관에 직접 문제 해결을 요청하는 것을 선호하고 있다. 따라서 온라인 가상 세계 서비스 업체 및 관리자들은 피해자 지원을 위한 더욱 체계적인 고객 불만 신고 절차 및 처리 과정을 마련해야 할 것이며 오프라인 사법 기관에 신고되는 온라인 가상 세계 범죄들에 대한 처리 지침 역시 필요하다.

오프라인 범죄의 경우 범죄 유형, 피해 수준에 따라 정서적, 경제적, 법적 지원 등 다양한 피해자 지원이 이루어지고 있다. 지원 주체 또한 가족, 친구들을 통한 비공식적인 지원 및 자선 단체, 정부 기관 등 다양하다. 온라인 가상 세계 범죄 피해자들이 지원받기 가장 어려운 부분이 경제적 손해 보상인데 이는 가상 세계 소유물을 도난당한 경우라 해도 이로 인해 피해자들이 극심한 경제적 곤궁을 겪을 가능성이 미미하기 때문이다. 하지만 관련 기관들에서 가상 세계 아이템들에 대한 경제적 가치를 인정하기 시작하면서 금전적인 배상을 받을 가능성이 점차 증가하고 있는 추세이다. 변호사 선임과 같은 법률적 지원 역시 오프라인 범죄 피해자들에게 제공되고 있는 지원 혜택이지만, 미스터 벙글 사례에서처럼 가해자 처벌이 가상 세계에서 자체적으로 이루어지는 온라인 가상 세계 특성상 법률적 지원을 기대하기란 어렵다. 최근까지 알려진 온라인 가상 세계 범죄 피해 사례들을 보면 범죄 피해자들에게 가장 필요한 지원책은 정서적 지지로 보인다. 일부 사례에서 피해자들은 정서적 지지를 동일 온라인 커뮤니티 구성원에게서 구하고 있지만, 온라인 가상 세계들에서는 오히려 피해자에 대한 비난 행위가 빈번하게 발생하고 있어 범죄 피해로 인한 고통이 경감되기보다는 피해자들이 더욱 힘들어하는 경우가 많았다.

피해자들의 정서적 고통을 완화시키는데 도움을 주는 시스템으로는 회복적 사법 제도를 들 수 있다. 회복적 사법 제도란 가해자와 피해자를 중재하는 과정이라 할 수 있는데(Howitt, 2009), 주로 범죄 행위 자체보다는 범죄 피해자에 초점을 두고 있다. 즉 피해자와 가해자가 만나 솔직한 자신의 감정을 표현하고 가해자는 자신이 왜 그런 행위를 할 수밖에 없었는지를 설명함으로써 피해자에게 사과할 기회를 주게 된다. 회복적 사법 제도는 경제적 보상이나 법률적 처벌이 아닌 피해자를 만족시키고 가해자 스스로 자신이 공정하고 적법한 처벌을 받았다고 인식시킴으로써 지역사회 공동체를 재결합시키는 데 목적이 있다. 만약 가해자가 자신이 억울하다고 느껴 제대로 사과를 하지 않거나 피해자가 가해자의 사과를 받아들이지 못하는 등 제대로 중재가 이루어지지 않는 경우에는 또 다른 처벌이나 대안이 모색될 수 있다. 회복적 사법 절차 적용 시 피해자들은 대체로 자신의 의견이 충분히 반영되었다는 느낌을 받을 수 있고 이는 곧 커뮤니티의 결속과 화합을 유지시키는 효과로 연결되기 때문에 온라인 가상 세계 범죄 피해자 지원 및 건강한 온라인 커뮤니티 유지에 적합한 방법이라 할 수 있다. 하지만 주의해야 할 점은 모든 오프라인 범죄 피해자들이 회복적 사법 지원에 만족스러워하지만은 않으며(Wemmers & Cyr, 2006), 모든 유형의 범죄 피해자에게 유용하게 적용되고 있는 것만은 아니라는 점이다.

Summary Box 9-5 피해자 지원

- 온라인 가상 세계에서는 범죄 신고 절차가 불명확하다. 위법 행위 신고 시스템이 있는 온라인 커뮤니티도 있지만, 피해자들의 만족도는 낮은 실정이다.
- 온라인 가상 세계에서는 불만(고충) 처리 절차 확립 및 처리 결과를 확인할 수 있는 장치가 필요하다. 또한 오프라인 사법 당국에 신고되는 온라인 가상 세계 범죄로 인해 나타날 수 있는 파급효과들에 대해서도 대책 마련이 필요하다.
- 온라인 가상 세계 범죄 피해자들에게 가장 절실한 부분은 정서적 지지이다. 피해자들 중 일부는 동일 온라인 커뮤니티 구성원들에게 정서적으로 지지받기를 기대하지만 오히려 피해자들의 부주의에 대해 비난받고 있어 고통은 더욱 가중되고 있다.
- 회복적 사법 제도가 도입되게 되면 피해자들이 가해자 및 사법 당국에 자신이 원하

는 내용을 충분히 전달할 수 있다. 이는 억울함을 호소할 곳이 부족한 온라인 가상 세계 범죄 피해자들에게 꼭 필요한 지원 제도라 할 수 있다. 즉 회복적 사법 제도는 범죄 피해자 중심의 피해자 지원 정책으로 피해자와 가해자가 만나 솔직하게 피해자에게 사과하고, 가해자는 자신에 대한 처벌이 공정하다고 인식함으로써 원만한 합의를 이끌어 내는 데 그 목적이 있다.

가상 세계 치안 유지, 예방, 처벌

온라인 가상공간에 대한 순찰 및 수사 활동은 가상 세계의 치안 확립 방법 중 하나이다. 하지만 미해결된 오프라인 강력 범죄들을 제쳐두고 가상 세계 범죄 수사 및 순찰 활동에 막대한 경찰 인력 및 예산을 투입하는 것은 현실적으로 불가능할 수 있다. 온라인 범죄가 실생활에 영향을 미칠 수도 있기 때문에 그러한 위험성을 사전에 예방, 수사하는 일들은 분명 경찰 업무이지만, 현실적으로 무리가 있다. 만약 가상 세계에서의 공격 행위가 오프라인 공간에서도 실질적 위협이 된다면(가상 세계 범죄 피해가 오프라인상에서도 위협으로 작용한다는 피해자 인식 및 가해자가 오프라인상의 피해까지 염두에 두고 가상 공격을 가하는 경우 등) 사법 당국은 이를 명백한 불법 행위로 간주할 것이다.

앞서 논의된 바와 같이, 가상 세계에서 아이템이 도난당하게 되면 기소 여부는 절취당한 아이템의 오프라인상 경제적 가치에 따라 결정된다(Hof, 2006). 하지만 신체적 손상이나 경제적 피해 없이 심리적 혹은 정서적 피해만 발생한 경우라면 (법률적인 맥락에서 범죄 행위로 간주하기 어려운) 가상 세계 사건과 오프라인 사건의 경계를 논리적으로 구분하기는 어렵다. 이 경우 사법 기관들에서는 적절한 조치를 취하게 위해서 심사숙고할 필요가 있다.

오프라인 범죄와 온라인 범죄를 구분하는 기준은 아직 불명확한 실정이다. 가상 세계 커뮤니티들에 따라 주어진 사회적 규범이 상이하고, 허용되는 행동들과 허용되지 않는 행동에 대한 규정들이 상이하기 때문에 가상 세계 특성에 따라 부합되는 법령이나 감독 기관이 다를 수 있다. 예를 들어, 온라인 전쟁 게임인 배틀필드(Battlefield)에서는 아바타가 사망해도 곧 재생되기 때문에 상호 간에 아바타 살인 혐의로 고소하기 시작한다면 오히려 더욱 큰 혼란이 발생할 수 있다. 이브 온라인에서는 불법 복제나 절도가 허용되기 때문에 이러한 행위들에 대한 경찰 활동은 의미가 없다. 반대로 어린이들이 주로 사용하는 클럽 펭귄에서 가상 살인이나 절도는 명확한 금지 행위로 간주될 수 있다.

가상 세계에 따라, 커뮤니티 규칙 및 허용되는 행위가 상이하기 때문에 개발자 혹은 커뮤니티 관리자들은 허용 가능한 행위와 허용되지 않는 행위를 엄격하게 규정할 필요가 있다. 또한 사용자들을 대상으로 위법 행위 방지를 위한 엄격한 관리, 감독이 이루어지고 있으며, 위법 행위가 발견될 경우 그에 상응하는 처벌이나 제약이 이루어진다는 확신을 줄 수 있어야 할 것이다. 만약 가상 세계가 유료로 운영되고 있는 경우라면 더욱 이러한 조치가 필요하다. 하지만 이는 곧 온라인 가상 세계에 절대적인 권한을 지닌 독재자를 허용하는 상황이 될 수 있어, 사용자들의 강력한 반발을 불러일으킬 수도 있다. 가장 좋은 대안은 경찰이 시민들의 신고를 기반으로 위법 행위를 적발하는 것처럼 사이버 사회 구성원들의 위법 행위 신고 의식을 증진시키는 것이다. 하지만 이 방법 역시 실제 오프라인 사회에서처럼 특정 사용자 혹은 집단에 대해 근거 없는 고소와 고발이 남발될 수 있다는 부작용이 나타날 수 있으며, 극단적인 상황에서는 고소당한 아바타를 변호하는 '사이버 법률' 시장이 나타날 수도 있고, 가상 세계 속 사이버 검찰이 사건을 배당받는 상황이 발생할 수도 있다. 결국 가장 적절한 방법은 가상 세계에서 발생하는 범죄 행위를 처벌할 수 있는 규칙을 제정하는 것이다.

만약 어떤 사람이 가상 세계에서 범죄를 저질렀고 범죄 결과가 실제 오프라인 공간에서까지 피해자 및 사회에 부정적인 영향을 미치는 경우라면(정서적, 경제적, 신체적 손해가 발생했다면) 가해자를 가상 세계에서 처벌해야 하는가? 아니면 오프라인상 실제 세계에서 처벌해야 하는가? 아니면 가상 세계와 오프라인 공간 모두에서 처벌해야 하는가? 아마도 가장 이상적인 방법은 앞서 제시한 회복적 사법 절차를 거치는 것이겠지만, 이 방법은 피해자와 가해자 모두를 만족시킬 수 없고 실패할 가능성이 높다.

이에 대한 대안으로 제시되는 개념이 바로 가상 처벌이다(McKinnon, 1997). 앞서 미스터 벙글 사례에서처럼 해당 온라인 커뮤니티에서 가해자를 추방하는 조치는 가상 세계에서 이루어질 수 있는 가장 무거운 처벌로 볼 수도 있지만, 이 역시 새로운 아바타를 생성하는 것만으로 쉽게 처벌에서 벗어날 수 있다. 가해자의 인터넷 IP를 차단, 접속 자체를 불가능하게 하는 방법도 있지만 이 또한 새로운 IP 주소를 부여받으면 다시 해당 커뮤니티에 접속할 수 있다.

금전적 가치가 있는 아이템 절도 사건들의 경우 실제 오프라인 공간에서 법적 처벌을 받을 수도 있다. 하지만 미스터 벙글 사건처럼 가상 세계에 국한된 위법 행위를 기소하기 위해서는 이를 처벌할 수 있는 새로운 법률이 필요하다. 새로운 법률들은 컴퓨터 커뮤니케이션 과정에서 상대방에게 악의적인 의도를 가지고 정서적 고통을 가한 행위를 처벌할 수 있는 조항들이 포함되어야 할 것이다(Brenner, 2001). 하지만 가상 세계 범죄로 고통받는 피해자들이 사법 당국에 더 이상 이를 간과하기 힘들다고 이의를 제기하기 전에 이러한 변화가 이루어질 가능성은 현실적으로 희박하다.

부적절한 행위에 대한 처벌

세컨드 라이프와 같은 가상 세계에서 나타날 수 있는 부적절한 행위들에는 어떤 것들이 있는지 목록을 작성해 보자. 기술한 부적절한 행위들에 적용할 수 있는 처벌 방식을 적어 보자.

Summary Box 9-6 치안 유지, 예방, 처벌

- 오프라인 생활까지 영향을 미칠 수 있는 가상 세계 범죄에 대해서는 경찰의 통제가 필요하다.
- 신체적, 경제적 피해 없이 심리적 혹은 정서적 피해만 야기된 경우에는 오프라인 범죄로 간주할 수 없다.
- 가상 세계별로 통용되는 사회적 규범과 허용 가능한 행위가 다르기 때문에 치안 유지 활동 역시 상이하게 적용될 필요가 있다.
- 가상 세계 커뮤니티 관리자나 서비스 제공 업체들에서는 허용 가능한 행위와 그렇지 않은 행위에 대한 엄격한 규칙을 제정할 필요가 있으며, 부적절한 행위들이 모니터링되고 있고 적절한 처벌이 이루어질 수 있는 가상 세계 순찰 활동을 강화할 필요가 있다.
- 사이버 사회에서도 오프라인 세계와 같이 위법 행위 적발을 위해서는 신고에 의존할 수밖에 없으며 온라인 커뮤니티에서 발생한 범죄에 대한 가장 적절한 조치 방법은 가상 처벌이라 할 수 있다.

미래 동향과 연구

가상 세계 범죄들의 경우 경험적 연구를 진행할 기초 자료가 매우 부족하다. 가상 세계 범죄가 피해자에게 미치는 가장 심각한 요인들이 무엇인지 파악하기 위해서는 정확한 범죄 발생률, 피해자에게 미치는 효과에 대한 연구들이 선행되어야 할 것이며, 만약 온라인 가상 세계 범죄가 사람들에게 심각한 수준의 부정적 영향을 초래하는 경우라면 대응 방안을 고려하여 피해자들의 심리적 고통을 최소화시킬 수 있는 법률 제정이 필요하다.

중요한 점은 가해자들의 행동 중 어떤 특성들이 피해자들에게 심리적 고통을 유발시킬 수 있는가에 대한 문제이며, 관련 연구를 통해 가상 세계 범죄 피해자들을 대상으로 하는 심리적 지원 방안이 강구되어야 할 것이다. 가상 세계에서 사용자들이 체험하는 실재감 수준 역시 중요 연구 주제 중 하나인데, 특히 아바타와 가상 세계 환경에 대한 실재감 수준이 범죄 발생에 미치는 효과에 대한 심층적인 연구가 필요하다. 실재감과 관련된 연구들에서는 최근 급속도로 발전하고 있는 3D 그래픽 환경 요소 또한 함께 고려되어야 한다.

사람들의 실제 외양과 흡사한 아바타의 출현으로 인해 가상 세계 및 아바타 자체에 대한 몰입 수준이 높아지고 있으며, 이는 곧 실재감 수준이 증가하는 결과로 연결될 수 있다. 관련 연구들에서도 가상 세계 속에서 아바타의 행동들이 현실적으로 묘사될수록 사용자가 체감하는 실재감 수준 역시 증가한다는 결과를 제시하고 있다(Garau et al., 2003; Vinyagamoorthy et al., 2004). 이는 곧 아바타와 사용자가 외양적으로 유사할수록 가상 세계 범죄로 인한 폭력 효과를 사람들이 더욱 민감하게 받아들일 수 있다는 점을 시사한다. 그래픽 기반 가상 세계인 세컨드 라이프에서는 아바타를 사용자의 모습과 유사하게 현실적으로 묘사할 수 있기 때문에 사용자가 경험하는 실재감 수준은 더욱 높을 수 있다. 즉 자신의 아바타가 공격당하는 모습을 목격하는 것만으로도 피해자에게 미치는 부정적 효과는 더욱 증가할 수 있다. 그래픽의 현실성이 높아질수록 범죄 피해자들의 부정적 경험 가능성이 증가할 것이라는 점은 향후 가상 세계 커뮤니티에서 해결해야 할 과제로 볼 수 있다. 또한 기술이 진보할수록 더욱 현실적으로 가상 세계 환경 및 아바타가 묘사될 것이므로 이에 따른 범죄 피해자들의 반응 역시 더욱 관심을 가져야 할 필요가 있다.

경찰 및 형사 사법 체제에서도 가상 세계 범죄 사건에 대한 구체적 대응 전략을 수립할 필요가 있다. 앞서 제시된 대응 전략들 역시 다른 수많은 치안 전략들처럼 이론적으로 구현 가능하고 적합해 보일 수 있겠지만 비현실적일 수도 있기 때문에 효과성 검토를 위해서는 반복적인 현장 검증이 필요하다.

한편 애덤스(Adams, 2010)는 가상 세계에 촉각, 힘, 움직임을 이용한 접속 장치, 즉 햅틱 인터페이스(haptic interface)가 적용됨에 따라 파생될 수 있는 문제에 대해 논한 바 있다. 햅틱 기기들은 컴퓨터에서 묘사되는 운동이나 움직임에 대해 사용자들에게 촉각 피드백을 제시하는 단말기이다. 일부 가상 세계들에서는 이미 햅틱 장비들이 상용화되었는데 펜실베이니아 대학교 연구팀이 개발한 슈팅 게임에서 총을 쏠 때 신체적인 감각을 느낄 수 있도록 고안된 게임용 재킷이 대표적인 예이다(Mancheno, 2010). 만약 이러한 감각 체험 장치들이 가상 세계 속에서 보편화될 경우 사용자들이 가상 폭력 상황에서 경험하는 실재감 수준은 더욱 높아질 수밖에 없다. 이 경우 범죄 피해자의 심리적 반응 역시 더욱 증가할 것이라 예견된다.

마지막으로 아바타 하나를 여러 온라인 가상 세계에서 동시에 사용할 수 있게 될 경우 발생 가능한 문제점들에 대해서도 고민해 볼 필요가 있다. 이 경우 아바타와 관련된 범죄 발생 시 모든 가상 세계에 동일한 처벌 조항을 적용할 것인가, 아니면 범죄가 발생한 가상 세계에만 적용할 것인가?의 문제처럼 허용되는 행위가 가상 세계별로 다를 경우 특히 해결하기 어려운 복잡한 문제이다.

결론

최근까지 사이버 커뮤니티들에서는 사전 불법 행위 조항이 존재하는 경우를 제외하고는 개별 사이버 범죄들에 따라 처리 규칙을 만들어 범죄에 대응하고 있다. 일부 사례들에서 이러한 조치가 성공적인 결과로 이어진 적도 있지만 대부분의 가상 세계 범죄 피해자들은 주변인들의 외면과 함께 범죄 피해에 따른 극심한 정서적 고통을 경험하고 있는 것으로 보인다. 또한 온라인 가상 세계들이 더욱 현실적으로 변화되면서 이와 연합된 실재감 수준 역시 가상 세계 범죄 피해자의 고통을 가중시키는 요인으로 작용하고 있다. 복수의 온라인 커뮤니티에 중복 가입하는 성인 및 아동 사용자 수가 급속히 증가하고 있기 때문에 필수적으로 가상 세계 범죄에 대한 고민과 사이버 시민들을 위한 적절한 보호 조치가 마련되어야 할 것이다.

연구문제

1. 온라인 가상 세계 사용자들이 체감하는 실재감에 영향을 미치는 요인들은 무엇인가?
2. 온라인 가상 세계 범죄 피해 후 나타날 수 있는 심리적, 경제적 부작용에는 어떤 것들이 있는가?
3. 오프라인 경찰이 온라인 가상 세계 안전을 담당할 수 있는가?
4. 회복적 사법 제도는 가상 세계 범죄 피해자 지원을 위한 적합한 모델인가?

참고문헌

카스트로노바(Castronova)는 월드 오브 워크래프드와 같은 온라인 게임과 세컨드 라이프와 같은 가상 사회 환경 등에서 가상현실이 얼마나 대중화되었는지 조사 연구를 실시한 바 있다. 이들 가상 세계들 속에서 수백만 명의 사람들의 서로의 관심을 끌기 위해 어떤 방식으로 사회, 정치, 경제 환경을 표현하고 있는지에 대한 연구 결과가 그의 논문에 제시되어 있다.

Castronova, E. (2008). *Exodus to the Virtual World: How Online Fun Is Changing Reality*. New York: Palgrave Macmillan.

킨(Keene)의 논문은 사이버 공간에서 나타날 수 있는 위협 상황을 강조하고 있다. 이 논문은 가상 세계에서 발생하는 재산 범죄를 중점적으로 연구하고 있으며 더 나아가 범죄 억제 및 감소 방안 등까지 제시되어 있다.

Keene, S. D. (2011). Emerging Threats; Financial crime in the virtual world. *Journal of Money Laundering Control*, 15, 25–37. Retrieved from http://dx.doi.org//10.1108/13685201211194718.

메도스(Meadows)는 아바타의 특성, 수십억 개의 아바타가 존재하는 이유, 아바타를 사용하는 이들은 누구인지에 대해 설명하고 있다. 아바타를 통해 관계 형성 및 의사소통이 가능한지, 아바타가 사람들을 고립시키고 있는 것은 아닌지 사람들이 아바타를 닮아가고 있는지 아니면 아바타가 사람들을 닮아가고 있는지 등과 같은 문제를 제기하며 온라인 프로필의 변화와 일상의 한 부분으로 자리 매김한 아바타 개념을 고찰하고 있다.

Meadows M. S. (2008). *I, Avatar: the Culture and Consequence of Having a second Life*. Berkeley CA: New Riders.

슈로더(Schroeder)의 저서는 컴퓨터 기반 상호작용 방식에 관심을 지닌 실무자, 연구자, 학생들을 위해 제반 분야를 집대성한 문헌이다. 관련 분야에서 활동하는 주요 전문가들의 연구 결과물들이 총망라되어 있으며, 이 분야에 대한 지식이 없는 일반인 및 다른 분야 종사자들 역시 쉽게 이해할 수 있도록 구성되어 있다.

Schroeder, R. (2002). *The social life of avatars: Presence and Interaction in Shared Virtual Environments.* London: Springer.

다음 논문은 온라인 판타지 게임 및 SNS 시대에서 갈수록 경계가 모호해지는 가상 세계와 현실 세계의 특성에 대한 연구 결과가 제시되어 있다. 가상 세계 속에서의 활동 결과가 실제 세계에 반영될 수 있는가에 대한 문제 제기와 함께 가상 세계와 현실의 구분이 국가 감시의 구실이 될 수 있는지에 대해서도 논의하고 있다.

Simpson, B. (2011). What happens online stays online? Virtual punishment in the real world. *Information and communications technology Law*, **20**, 3–17. Retrieved from http://dx.doi.org/10.1080.13600834. 2011.557494.

영과 휘티(Young & Whitty)는 다양한 방식의 자아 표현이 가능한 공간들로 구성된 사이버 공간에 대해 설명하고 있다. 비디오 게임 속에서 강간은 안 되지만 살인이나 극단적 폭력이 허용되는 이유는 무엇인가와 같은 도덕적 문제를 제기하고 있으며, 이러한 차이들을 이해하기 위한 이론적 배경과 함께 오프라인상에서 금기시되고 있는 위법 행위가 사이버 공간에서 발생했을 때 나타날 수 있는 심리적 영향 요인 등에 대해 설명하고 있다.

Young, G. and Whitty, M (2012). *Transcending Taboos: a Moral and Psychological Examination of Cyberspace.* London and New York: Routledge.

웹 사이트

미래 범죄 웹 사이트에서는 가상 세계 범죄와 관련된 다양한 정보들을 제공하고

있다. (www.futurecrimes.com/resources/virtual-world-crime)

　미국 법무부 산하 사법 지원 프로그램 담당국의 의뢰로 드라콘타스(Drakontas)사와 드렉설(Drexel) 대학교에서는 사법 기관 종사자들을 위한 가상 세계와 온라인 게임 커뮤니티 발생 범죄 수사 및 예방 목적의 교육 프로그램을 개발, 운용하고 있다. 다음 웹 사이트를 통해 관련 정책 보고서를 열람할 수 있다. (http://drakontas.com/articles/real%20%crimes%20in%20 VIrtual%20Worlds.pdf)

참고
문헌

참고
문헌

Abbott, K. W. and Snidal, D. (2000). Hard and soft law in international governance. *International Organization*, **54**, 421–456.

Adams, A. A. (2010). Virtual sex with child avatars. In C. Wankel and S. Malleck (eds.) *Emerging Ethical Issues of Life in Virtual Worlds*. Charlotte, NC: Information Age Publishing (pp. 55–72).

Adams, R. E. and Boscarino, J. A. (2006). Predictors of PTSD and delayed PTSD after disaster: the impact of exposure and psychosocial resources. *Journal of Nervous and Mental Disease*, **194**, 485–493.

Ainsworth, P. B. (2001). *Offender Profiling and Crime Analysis*. Cullompton, UK: Willan Publishing.

Ajzen, I. (1988). *Attitudes, Personality and Behaviour*. Milton Keynes, UK: Open University Press.

———(1991). The theory of planned behaviour. *Organisational Behaviour and Human Decision Processes*, **50**, 179–211.

Alexy, E. M., Burgess, A. W., Baker, T. and Smoyak, S. A. (2005). Perceptions of cyberstalking among college students. *Brief Treatment and Crisis Intervention*, **5**, 279–289.

Alison, L. and Kebbell, M. R. (2006). Offender profiling: limits and potential. In M. R. Kebbell and G. M. Davies (eds.), *Practical Psychology for Forensic Investigations and Prosecutions*. Chichester, UK: John Wiley and Sons (pp. 152–163).

Alison, L. J., Smith, M. D., Eastoman, O. and Rainbow, L. (2003). Toulmin's philosophy of argument and its relevance to offender profiling. *Journal of Psychology, Crime and Law*, **9**, 173–181.

Al-Rafee, S. and Rouibah, K. (2010). The fight against digital piracy: an experiment. *Telematics and informatics*, **27**, 283–292.

American Psychiatric Association (2000). *Diagnostic and Statistical Manual of Mental Disorders: Fourth Edition, Text Revision*. Washington, DC: American Psychiatric Association.

_____(2011). DSM-5: T*he Future of Psychiatric Diagnosis*. Retrieved from www.dsm5.org/Pages/Default.aspx.

Amir, M. (1971). *Patterns of Forcible Rape*. Chicago, IL: University of Chicago Press.

Anti-Phishing Working Group (APWG) (23 December 2011). *Phishing Activity Trends Report, 1st Half*, 2011. Retrieved from www.antiphishing.org/reports/apwg_trends_report_h1_2011.pdf.

Archer, N., Sproule, S., Yuan, Y., Guo, K. and Xiang, J. (2012). *Identity Theft and Fraud: Evaluating and Managing Risk*. University of Ottawa Press.

Armstrong, T. A. and Boutwell, B. B. (2012). Low resting heart rate and rational choice: integrating biological correlates of crime in criminological theories. *Journal of Criminal Justice*, **40**, 31–39.

Ashcroft, J. (May 2001). *Stalking and Domestic Violence: Report to Congress*. Retrieved from www.ncjrs.gov/pdffiles1/ojp/186157.pdf.

Babchishin, K. M., Hanson, R. K. and Hermann, C. A. (2011). The characteristics of online sex offenders: a meta-analysis. *Sex Abuse*, **23**, 92–123.

Bachmann, M. (2010). The risk propensity and rationality of computer hackers. *International Journal of Cyber Criminology*, 4(1-2), 643-656.

Bandura, A. (1965). Influence of models' reinforcement contingencies on the acquisition of imitative behaviours. *Journal of Personality and Social Psychology*, 1, 589-595.

Baron, S. W. (2003). Self-control, social consequences and criminal behaviour: street youth and the general theory of crime. *Journal of Research in Crime and Delinquency*, 40, 403-425.

Bates, A. and Metcalf, C. (2007). A psychometric comparison of internet and noninternet sex offenders from a community treatment sample. *Journal of Sexual Aggression*, 13, 11-20.

BBC News Online (31 March 2005). 'Game theft' led to fatal attack. Retrieved from www.news.bbc.co.uk/2/hi/technology/4397159.stm.

_____(14 November 2007). 'Virtual theft' leads to arrest. Retrieved from www.news.bbc.co.uk/2/hi/technology/7094764.stm.

_____(30 July 2008). Profile: Gary McKinnon. Retrieved from www.news.bbc.co.uk/2/hi/uk_news/7839338.stm.

_____(9 June 2009). Hacker 'too fragile' to extradite. Retrieved from www.news.bbc.co.uk/2/hi/uk_news/8090789.stm.

_____(28 July 2009). Hacker's 'moral crusade' over UFO. Retrieved from www.news.bbc.co.uk/go/pr/fr/-/2/hi/uk_news/8172842.stm.

_____(31 July 2009). Hacker loses extradition appeal. Retrieved from www.news.bbc.co.uk/go/pr/fr/-/2/hi/uk_news/8177561.stm.

_____(10 December 2009). Hacker to appeal over extradition. Retrieved from www.news.bbc.co.uk/2/hi/uk_news/8406643.stm.

_____(25 January 2010). $2 million file sharing fine slashed to $54,000. Retrieved from www.news.bbc.co.uk/2/hi/technology/8478305.stm.

_____(7 June 2010). Hacker explains why he reported 'Wikileaks source'. Retrieved from www.bbc.co.uk/news/10255887.

_____(24 September 2010). Stuxnet worm hits Iran nuclear plant staff computers. Retrieved from www.bbc.co.uk/news/world-middle-east-11414483.

_____(30 September 2010). Lawyers to continue piracy fight. Retrieved from www.bbc.co.uk/news/technology-11443861.

_____(12 October 2010). Irish court rules in favour of ISPs in piracy case. Retrieved from www.bbc.co.uk/news/technology-11521949.

_____(20 June 2011). Soca website taken down after LulzSec 'DDoS attack'. Retrieved from www.bbc.co.uk/news/technology-13848510.

_____(10 December 2011). 'More than 800 people' phone-hacked by News of World. Retrieved from www.bbc.co.uk/news/uk-16124553.

_____(26 December 2011). 'Anonymous' hackers hit US security firm Stratfor. Retrieved from www.bbc.co.uk/news/world-us-canada-16330396.

_____(26 June 2012). Internet piracy appeal fee challenged by Consumer Focus. Retrieved from www.bbc.com/news/ technology-18594105.

_____(20 July 2012). Obama warns US on cyber-threats. Retrieved from www.bbc.com/news/technology-18928854.

Becker, J. U. and Clement, M. (2006). Dynamics of illegal participation in peer-to-peer networks: why do people illegally share media files? *Journal of Media Economics*, **19**, 7–32.

Benkler, Y. (2006). *The Wealth of Networks*. New Haven, CT, and London: Yale University Press.

Bennett, W. L. (2008). Changing citizenship in the digital age. In Bennett, W. L. (ed.) *Civic Life Online: Learning How Digital Media Can Engage Youth.*

Cambridge, MA: The MIT Press (pp. 1-24).

Bente, G., Ruggenberg, S., Kramer, N. C. and Eschenburg, F. (2008). Avatar-mediated networking: increasing social presence and interpersonal trust in net-based collaborations. *Human Communication Research*, **34**, 287-318.

Beran, T. and Li, Q. (2005). Cyber-harassment: a study of a new method for an old behaviour. *Journal of Educational Computing Research*, **32**, 265-277.

Berlin, F. S. and Sawyer, D. (2012). Potential consequences of accessing child pornography over the internet and who is accessing it. *Sexual Addiction and Compulsivity: the Journal of Treatment and Prevention*, **19**, 30-40.

Bhal, K. T. and Leekha, N. D. (2008). Exploring cognitive moral logics using grounded theory: the case of software piracy. *Journal of Business Ethics*, **81**, 635-646.

Bhat, C. S. (2008). Cyber bullying: overview and strategies for school counsellors, guidance officers, and all school personnel. *Australian Journal of Guidance and Counselling*, **18**(1), 53-66.

Bissett, A. and Shipton, G. (1999). Some human dimensions of computer virus creation and infection. *International Journal of Human-Computer Studies*, **52**, 899-913.

Blackburn, R. (1993). *The Psychology of Criminal Conduct: Theory, Research and Practice*. Chichester, UK: John Wiley and Sons.

_____(1996). What is forensic psychology? *Legal and Criminological Psychology*, **1**, 3-16.

Blake, R. H. and Kyper, E. S. (in press). An investigation of the intention to share media files over peer-to-peer networks. *Behaviour and Information Technology*.

Blanchard, R. (2009). The DSM diagnostic criteria for paedophilia. *Archives of*

Sexual Behaviour, **39**, 304–316.

Blundell, B., Sherry, M., Burke, A. and Sowerbutts, S. (2002). Child pornography
and the internet: accessibility and policing. *Australian Police Journal*, **56**
(1): 59–65.

Blumenthal, S., Gudjonsson, G. and Burns, J. (1999). Cognitive distortions and
blame attribution in sex offenders against adults and children. *Child Abuse
and Neglect*, **23**, 129–143.

Bocij, P. (2006). *The Dark Side of the Internet: Protecting Yourself and your Family
from Online Criminals.* Westport, CT: Praeger Publishers.

Bonner, S. and O' Higgins, E. (2010). Music piracy: ethical perspectives. *Management
Decision*, **48**, 1,341–1,354.

Bottoms, A. E. (2007). Place, space, crime, and disorder. In M. Maguire, R. Morgan
and R. Reiner (eds.), *The Oxford Handbook of Criminology* (4th edn).
Oxford University Press (pp. 528–574).

Bouchard, S., St-Jacques, J., Robillard, G. and Renaud, P. (2008). Anxiety increases
the feeling of presence in virtual reality. *Presence Teleoperators and
Virtual Environments*, August, 376–391.

Boulton, M., Lloyd, J., Down, J. and Marx, H. (2012). Predicting undergraduates'
self-reported engagement in traditional and cyberbullying from attitudes.
Cyberpsychology, Behavior and Social Networking, **15**, 141–147.

Bowman-Grieve, L. (2011). The internet and terrorism: pathways towards terrorism
and counterterrorism. In A. Silke (ed.), *The Psychology of Counter-
Terrorism.* Milton Park, UK: Routledge (pp. 76–88).

Bowman-Grieve, L. and Conway, M. (2012). Exploring the form and function of
dissident Irish Republican online discourses. *Media, War and Conflict*, **5**,
71–85.

Boyle, J. (1997). Foucault in cyberspace: surveillance, sovereignty, and hardwired censors. *University of Cincinnati Law Review*, **66**, 177–205.

Bremmer, L. A., Koehler, D. J., Liberman, V. and Tversky, A. (1996). Overconfidence in probability and frequency judgements: a critical examination. *Organisational Behaviour and Human Decision Processes*, **65**, 212–219.

Brenner, S. W. (2001). Is there such a thing as 'virtual crime'? *California Criminal Law Review*, Volume 4. Retrieved from www.boalt.org/bjcl/v4/v4brenner.pdf.

_____(2006). Defining cybercrime: a review of state and federal law. In R. D. Clifford (ed.), *Cybercrime: the Investigation, Prosecution and Defense of a Computer Related Crime* (2nd edn). Durham, NC: Carolina Academic Press (pp. 13-95).

British Psychological Society (2011). Becoming a Forensic Psychologist. Retrieved from www.bps.org.uk/careers-education-training/how-become-psychologist/types-psychologists/becomingforensic-psychologist.

Britton, P. (1997). *The Jigsaw Man*. London: Corgi.

_____(2000). *Picking up the Pieces*. London: Corgi.

Broidy, L., Cauffman, E., Espelage, D. L., Mazerolle, P. and Piquero, A. (2003). Sex differences in empathy and its relation to juvenile offending. *Violence and Victims*, **18**, 503–516.

Brown, D. and Silke, A. (2011). The impact of the media on terrorism and counter-terrorism. In A. Silke (ed.), *The Psychology of Counter-Terrorism*. Milton Park, UK: Routledge (pp. 89–110).

Brown, J. M. and Campbell, E. A. (2010). Forensic psychology: a case of multiple identities. In J. M. Brown and E. A. Campbell (eds.), *The Cambridge Handbook of Forensic Psychology*. New York: Cambridge University Press (pp. 1–13).

Brown, K., Jackson, M. and Cassidy, W. (2006). Cyber-bullying: developing policy to direct responses that are equitable and effective in addressing this special form of bullying. *Canadian Journal of Educational Administration and Policy*, **57**. Retrieved from www.umanitoba.ca/publications/cjeap/articles/brown_jackson_cassidy.html.

Bryant, R. (2008). The challenge of digital crime. In R. Bryant (ed.), *Investigating Digital Crime*. Chichester, UK: John Wiley and Sons (pp. 1–26).

Bryant, R. and Marshall, A. (2008). Criminological and motivational perspectives. In R. Bryant (ed.), *Investigating Digital Crime*. Chichester, UK: John Wiley and Sons (pp. 231–248).

Bryce, J. (2010). Online sexual exploitation of children and young people. In Y. Jewkes and M. Yar (eds.), *Handbook of Internet Crime*. Cullompton, UK: Willan Publishing (pp. 320–342).

Bryce, J. and Rutter, J. (2005). *Fake Nation: a Study into an Everyday Crime*. Report for the Organized Crime Task Force?Northern Ireland Office. Retrieved from http://digiplay.info/files/FakeNation.pdf.

Burgess, A. W. and Hartman, C. (1987). Child abuse aspects of child pornography. *Psychiatric Annals*, **17** (4), 248–253.

Burgess-Proctor, A., Patchin, J. W. and Hinduja, S. (2009). Cyberbullying and online harassment: reconceptualizing the victimization of adolescent girls. In V. Garcia and J. Clifford (eds.), *Female Crime Victims: Reality Reconsidered*. Upper Saddle River, NJ: Prentice Hall (pp. 162–176).

Burke, A., Sowerbutts, S., Blundell, B. and Sherry, M. (2002). Child pornography and the internet: policing and treatment issues. *Psychiatry, Psychology and Law*, **9**, 79-84.

Burke, S. C., Wallen, M., Vail-Smith, K. and Knox, D. (2011). Using technology to control intimate partners: an exploratory study of college undergraduates. *Computers in Human Behavior*, **27**, 1162–1167.

Calcetas-Santos, O. (2001). Child pornography on the internet. In C. A. Arnaldo (ed.), *Child Abuse on the Internet*. Paris: UNESCO (pp. 57–60).

Calcutt, A. (1999). *White Noise: an A–Z of the Contradictions in Cyberculture*. London: Macmillan.

Campbell, J., Greenauer, N., Macaluso, K. and End, C. (2007). Unrealistic optimism in internet events. *Computers in Human Behaviour*, **23**, 1273–1284.

Cannataci, J. and Mifsud-Bonnici, J. (2007). Weaving the mesh: finding remedies in cyberspace. *International Review of Law, Computers and Technology*, **21**, 59–78.

Canter, D. (1995). *Criminal Shadows: Inside the Mind of the Serial Killer*. London: HarperCollins Publishers.

———(2003). *Mapping Murder: Walking in Killers' Footsteps*. London: Virgin Books.

Canter, D. and Youngs, D. (2009). Investigative Psychology: *Offender Profiling and the Analysis of Criminal Action*. Chichester, UK: Wiley.

Carey, L. (29 July 2009). Can PTSD affect victims of identity theft? Psychologists say yes. Associated Content. Retrieved from www.associatedcontent.com/article/2002924/can_ptsd_affect_victims_of_identity.html.

Carney, M. and Rogers, M. (2004). The trojan made me do it: a first step in statistical based computer forensics event reconstruction. *International Journal of Digital Evidence*, **2** (4). Retrieved from http://cs.ua.edu/691Dixon/Forensics/trojan.pdf.

Carrier, B. and Spafford, E. (2003). Getting physical with digital forensics investigation. *International Journal of Digital Evidence*, **2** (2).

_____(11–13, August 2004). An event based digital forensic investigation framework. Paper presented at Digital Forensic Research Workshop (DFRWS), Baltimore, Maryland. Retrieved from www.digital-evidence.org/papers/dfrws_event.pdf.

Carroll, E. and Romano, J. (2011). *Your Digital Afterlife*. Berkeley, CA: New Riders.

Casey, E. (2002). *Handbook of Computer Crime Investigation: Forensic Tools and Technology*. San Diego, CA: Academic Press.

Chesebro, J. W. and Bonsall, D. G. (1989). *Computer-mediated Communication: Human Relationships in a Computerised World*. Tuscaloosa, AL: The University of Alabama Press.

Chiesa, R., Ducci, S. and Ciappi, S. (2009). *Profiling Hackers: the Science of Criminal Profiling as Applied to the World of Hacking*. Boca Raton, FL: CRC Press.

Clarke, A. (2010). *Social Media: Political Uses and Implications for Representative Democracy*. Ottawa, Canada: Library of Parliament.

Clarke, R. V. and Felson, M. (1993). *Routine Activity and Rational Choice*. New Brunswick, NJ: Transaction Publishers.

Clough, J. (2010). *Principles of Cybercrime*. *Cambridge University Press*.

Cockrill, A. and Goode, M. M. H. (2012). DVD pirating intentions: angels, devils, chancers and receivers. *Journal of Consumer Behaviour*, 11, 1–10.

Colarik, A. M. and Janczewski, L. J. (2008). Introduction to cyber warfare and cyber terrorism. In L. J. Janczewski and A. M. Colarik (eds.), *Cyber Warfare and Cyber Terrorism*. Hershey, PA: Information Science Reference (pp. xiii–xxx).

Coleman, J. (1994). *The Criminal Elite: the Sociology of White Collar Crime*. New York: St. Martin's Press.

Collins, J. M. (2006). *Investigating Identity Theft: a Guide for Businesses, Law Enforcement, and Victims.* Hoboken, NJ: John Wiley and Sons.

Computer Security Institute (2011). Fifteenth annual computer crime and security survey 2010/2011. Retrieved from http://gocsi.com/survey.

Conner, B. T., Stein, J. A. and Longshore, D. (2008). Examining self-control as a multidimensional predictor of crime and drug use in adolescents with criminal histories. *The Journal of Behavioral Health Services and Research,* **36**, 13–149.

Conway, M. (2002). Reality bytes: cyberterrorism and terrorist use of the internet. *First Monday,* **7**, 11.

_____(2006). Terrorist 'use' of the internet and fighting back. *Information and Security: an International Journal,* **19**, 9–30.

_____(2007). Cyberterrorism: hype and reality. In L. Armistead (ed.), *Information Warfare: Separating Hype from Reality.* Potomac Books, Inc. (pp. 73–93).

_____(2011). Against cyberterrorism. *Communications of the ACM,* **54**, 26–28.

Cooney, R. and Lang, A. (2007). Taking uncertainty seriously: adaptive governance and international trade. *European Journal of International Law,* **18**, 523.

Couldry, N. (2007). Communicative entitlements and democracy: the future of the digital divide debate. In R. Mansell, C. Avgerou, D. Quah and R. Silverstone (eds.), *The Oxford Handbook of Information and Communication Technologies.* Oxford University Press (pp. 363–383).

Council of Europe (2001). *Convention on Cybercrime.* Retrieved from http://conventions.coe.int/Treaty/en/Treaties/Html/185.htm.

Cox, B. J., MacPherson, P. S. R., Enns, M. W. and McWilliams, L. A. (2004). Neuroticism and self–criticism associated with post-traumatic stress disorder in a nationally representative sample. *Behaviour Research and*

Therapy, **42**, 105−144.

Cronan, T. P., Foltz, C. B. and Jones, T. W. (2006). Information systems misuse and computer crime: an analysis of demographic factors and awareness of university computer usage policies. *Communications of the ACM*, **49** (6), 84−90.

Cushing, K. (10 May 2001). Would you turn to the dark side? *Computer Weekly*, **34**.

D' Astous, A., Colbert, F. and Montpetit, D. (2005). Music piracy on the web − how effective are antipiracy arguments? Evidence from the theory of planned behavior. *Journal of Consumer Policy*, **28**, 289−310.

Davey, G. (2008). *Psychopathology: Research, Assessment and Treatment in Clinical Psychology*. Chichester, UK: John Wiley and Sons.

David, M. (2010). *Peer to Peer and the Music Industry: the Criminalisation of Sharing*. London: Sage Publications.

Davies, G., Hollin, C. and Bull, R. (2008). *Forensic Psychology*. Chichester, UK: Wiley.

Davinson, N. and Sillence, E. (2010). It won' t happen to me: promoting secure behaviour among internet users. *Computers in Human Behaviour*, **26**, 1,739−1,747.

Dean, G., Bell, P. and Newman, J. (2012). The dark side of social media: review of online terrorism. *Pakistan Journal of Criminology*, **3**, 103−122.

Dehue, F., Bolman, C. and Vollink, T. (2008). Cyberbullying: youngsters' experiences and parental perception. *Cyberpsychology and Behaviour*, **11**, 217−223.

De Masi, F. (2007). The paedophile and his inner world: theoretical and clinical considerations on the analysis of a patient. *The International Journal of Psychoanalysis*, **88**, 147−165.

DeMore, S. W., Fisher, J. D. and Baron, R. M. (1988). The equity control model as a predictor of vandalism among college students. *Journal of Applied Social Psychology*, **18**, 80−91.

Dempsey, A. G., Sulkowski, M. L., Dempsey, J. and Storch, E. A. (2011). Has cyber technology produced a new group of peer aggressors? *Cyberpsychology, Behaviour and Social Networking*, 14, 297−302.

Denning, D. E. (2001). Activism, hacktivism and cyberterrorism: the internet as a tool for influencing foreign policy. In J. Arquilla and D. F. Ronfeldt (eds.), *Networks and Netwars: the Future of Terror, Crime and Militancy, Issue 1382*. Santa Monica, CA: RAND (pp. 239−288).

_____(2007a). Cyberterrorism-testimony before the Special Oversight Panel on Terrorism Committee on Armed Services, US House of Representatives. In E. V. Linden (ed.), *Focus on Terrorism, Volume 9*. New York: Nova Science Publishers (pp. 71−76).

_____(2007b). A view of cyberterrorism five years later. In K. E. Himma (ed.), *Internet Security: Hacking, Counterhacking and Society*. Sudbury, MA: Jones and Bartlett Publishers (pp. 123−140).

_____(2010). Terror' s web: how the internet is transforming terrorism. In Y. Jewkes and M. Yar (eds.), *Handbook of Internet Crime*. Cullompton, UK: Willan (pp. 194−213).

Dhamija, R., Tygar, J. D. and Hearst, M. (2006). *Why Phishing Works. CHI 2006, 22−7 April*. Montreal: CHI.

Dibbell, J. (1993). A rape in cyberspace. Retrieved from http://loki.stockton. edu/~kinsellt/stuff/dibbelrapeincyberspace.html.

_____(1998). A rape in cyberspace. Retrieved from www.juliandibbell.com/ texts/bungle.html.

DiMaggio, C. and Galea, S. (2006). The behavioural consequences of terrorism: a meta-analysis. *Academy of Emergency Medicine*, 13, 559–566.

Dimond, J. P., Fiesler, C. and Bruckman, A. S. (2011). Domestic violence and information communication technologies. *Interacting with Computers*, 23, 413–421.

Dombrowski, S. C., LeMasney, J. W., Ahia, C. E. and Dickson, S. A. (2004). Protecting children from online sexual predators: technological, psychoeducational and legal considerations. *Professional Psychology: Research and Practice*, 35, 65–73.

Donato, L. (2009). An introduction to how criminal profiling could be used as a support for computer hacking investigations. *Journal of Digital Forensic Practice*, 2, 183-195.

Douglas, J. and Olshaker, M. (1995). *Mind Hunter: Inside the FBI's Elite Serial Crime Unit*. New York: Pocket Books.

_____(1999). *The Anatomy of Motive*. London: Simon and Schuster.

_____(2000). *The Cases that Haunt Us*. London: Pocket Books.

Douglas, J. E., Ressler, R., Burgess, A. and Hartman, C. (1986). Criminal profiling from crime scene analysis. *Behavioural Sciences and the Law*, 4, 401–421.

Douglas, K. S. and Dutton, D. G. (2001). Assessing the link between stalking and domestic violence. *Aggression and Violent Behaviour*, 6, 519–546.

Dunleavy, P., Margetts, H., Bastow, S. and Tinkler, J. (2005). New public management is dead–long live digital-era governance. *Journal of Public Administration Research and Theory*, 16, 467–494.

_____(2006). *Digital-era Governance*. Oxford University Press.

Eckersley, R. (2007). Soft law, hard politics, and the Climate Change Treaty. In C. Reus-Smit (ed.), *The Politics of International Law*. Cambridge University

Press (p. 80).

Edelson, E. (2003). The 419 scam: information warfare on the spam front and a proposal for local filtering. *Computers and Security*, **22**, 392–401.

Edgar-Nevill, D. (2008). Internet grooming and paedophile crimes. In R. Bryant (ed.), *Investigating Digital Crime*. Chichester, UK: Wiley (pp. 195–209).

Edgar-Nevill, D. and Stephens, P. (2008). Countering cybercrime. In R. Bryant (ed.), *Investigating Digital Crime*. Chichester, UK: Wiley (pp. 79–96).

Edwards, A. (2002). The moderator as an emerging democratic intermediary: the role of the moderator in internet discussions about public issues. *Information Polity*, 7, 3–20.

Einhorn, H. J. and Hogarth, R. M. (1978). Confidence in judgement: persistence of the illusion of validity. *Psychological Review*, **85**, 395–416.

Eke, A. W., Seto, M. C. and Williams, J. (2011). Examining the criminal history and future offending of child pornography offenders: an extended prospective follow-up study. *Law and Human Behaviour*, **35**, 466–478.

Elliott, I. A., Beech, A. R., Mandeville-Norden, R. and Hayes, E. (2009). Psychological profiles of internet sexual offenders: comparisons with contact *sexual offenders*. *Sexual Abuse: a Journal of Research and Treatment*, **21**, 76–92.

Elliott, M., Browne, K. and Kilcoyne, J. (1995). Child sexual abuse prevention: what offenders tell us. *Child Abuse and Neglect*, **19**, 579–594.

Endrass, J., Urbaniok, F., Hammermeister, L. C., Benz, C., Elbert, T., Laubacher, A. and Rossegger, A. (2009). The consumption of internet child pornography and violent and sex offending. *BMC Psychiatry*, 9, 43.

Evangelista, B. (June 2011). Web users have better social lives, study finds. San Francisco *Chronicle*. Retrieved from www.sfgate.com/cgi-bin/article. cgi?f=/c/a/2011/06/18/ BUC71JV2DD.DTL.

Evans, M. (2009). Gordon Brown and public management reform?a project in search of a 'big idea'. *Policy Studies*, **30**, 1.

EVElopedia (n.d.). Corporation management guide. Retrieved from http://wiki.eveonline.com/en/wiki/Corp_theft#Corp_Theft.

Eysenck, H. J. (1977). *Crime and Personality* (3rd edn). London: Routledge.

_____(1996). Personality theory and the problem of criminality. In J. Muncie, E. McLaughlin and M. Langan (eds.). *Criminological Perspectives: a Reader*. London: Sage Publications Ltd (pp. 81–98). Reprinted from McGurk, B., Thornton, D. and Williams, M. (eds.), *Applying Psychology to Imprisonment* (1987). London: HMSO (pp. 30–46).

Eysenck, S. B. G. and Eysenck, H. J. (1970). Crime and personality: an empirical study of the three-factor theory. *British Journal of Criminology*, **10**, 225–239.

_____(1977). Personality differences between prisoners and controls. *Psychological Reports*, **40**, 1,023–1,028.

Farrell, G. and Pease, K. (2006). Preventing repeat residential burglary victimisation. In B. Welsh and D. Farrington (eds.), *Preventing Crime: What Works for Children, Offenders, Victims and Places*. Dordrecht, The Netherlands: Springer (pp. 161–177).

Farrington, D. P. (1990). Age, period, cohort and offending. In D. M. Gottfredson and R. V. Clarke (eds.), *Policy and Theory in Criminal Justice: Contributions in Honour of Leslie T. Wilkins*. Aldershot: Avebury (pp. 51–75).

Farrington, D. P., Jolliffe, D., Loeber, R., Stouthamer-Loeber, M. and Kalb, L. M. (2001). The concentration of offenders in families, and family criminality in the prediction of boys' delinquency. *Journal of Adolescence*, **24**, 579–596.

Fauerbach, J. A., Lawrence, J. W., Schmidt, C. W., Munster, A. M. and Costa, P. T. (2000). Personality predictors of injury-related post-traumatic stress disorder. *Journal of Nervous and Mental Disease*, **188**, 510-517.

Fergusson, D. M., Horwood, L. J. and Nagin, D. S. (2000). Offending trajectories in a New Zealand birth cohort. *Criminology*, **38**, 525-552.

Festinger, L. (1957). *A Theory of Cognitive Dissonance*. Stanford, CA: Stanford University Press.

Finch, E. (2007). The problem of stolen identity and the internet. In Y. Jewkes (ed.), *Crime Online*. Cullompton, UK: Willan Publishing (pp. 29-43).

Finkelhor, D. (1984). *Child Sexual Abuse: New Theory and Research*. New York: Free Press.

_____(1986). *A Source Book on Child Sexual Abuse*. London: Sage.

Finn, J. (2004). A survey of online harassment at a university campus. *Journal of Interpersonal Violence*, **19**, 468-483.

Finn, J. and Atkinson, T. (2009). Promoting the safe and strategic use of technology for victims of intimate partner violence: evaluation of the technology safety project. *Journal of Family Violence*, **24**, 53-59.

Finn, J. and Banach, M. (2000). Victimisation online: the down side of seeking human services for women on the internet. *Cyberpsychology and Behavior*, **3**, 243-254.

Fishbein, M. and Ajzen, I. (1975). *Belief, Attitude, Intention and Behaviour: an Introduction to Theory and Research*. Boston, MA: Addison-Wesley.

Fötinger, C. S. and Ziegler, W. (2004). *Understanding a Hacker's Mind-a Psychological Insight into the Hijacking of Identities*. Danube University Krems, Austria: RSA Security.

Foucault, M. (1965). *Madness and Civilization: a History of Insanity in the Age of*

Reason. New York: Pantheon.

_____(1975). *Discipline and Punishment*. London: Penguin.

_____(1978). *The History of Sexuality Volume 1: An Introduction*. New York: Pantheon.

Frei, A., Erenay, N., Dittmann, V. and Graf, M. (2005). Paedophilia on the internet— a study of 33 convicted offenders in the Canton of Lucerne. *Swiss Medical Weekly*, **135**, 488–494.

Furnell, S. (2010). Hackers, viruses and malicious software. In Y. Jewkes and M. Yar (eds.), *Handbook of Internet Crime*. Cullompton, UK: Willan Publishing (pp. 173–193).

Gabriel, R., Ferrando, L., Sainz Corton, E., Mingote, C., Garcia-Camba, E., Fernandez-Liria, A. G. and Galea, S. (2007). Psychopathological consequences after a terrorist attack: an epidemiological study among victims, police officers, and the general population. *European Psychiatry*, **22**, 339–346.

Garau, M., Slater, M., Vinayagamoorthy, V., Brogni, A., Steed, A. and Sasse, M. A. (2003). The impact of avatar realism and eye gaze control on the perceived quality of communication in a shared immersive virtual environment. Proceedings of the Special Interest Group on Computer—Human Interaction (SIG-CHI) of Association for Computing Machinery (ACM) on Human Factors in Computing Systems, 5–10 Apr., Fort Lauderdale, Florida, pp. 529–536.

Garbharran, A. and Thatcher, A. (2011). Modelling social cognitive theory to explain software piracy intention. In M. J. Smith and G. Salvendy (eds.), *Human Interface and the Management of Information: Interacting with Information: Symposium on Human Interface: HCI International Part 1*.

Berlin, Germany: Springer-Verlag (pp. 301–310).

Gasson, M. N. (2010). Human enhancement: could you become infected with a computer virus? IEE International Symposium on Technology and Society, Wollongong, Australia, 7-9 June (pp. 61–68). Retrieved from www.personal.reading.ac.uk/~sis04mng/ download/c.php?id=2.

Gleeson, S. (16 July 2008). Freed hacker could work for police. *The New Zealand Herald* (p. A3).

Goldsmith, J. L. (1998). Against cyberanarchy. *University of Chicago Law Review*, **65**, 1,199.

Goldstein, A. P. (1996). *The Psychology of Vandalism*. New York: Plenham Press.

Goode, S. and Kartas, A. (2012). Exploring software piracy as a factor of video game console adoption. *Behaviour and Information Technology*, **31**, 547–563.

Gopal, R., Sanders, G. L., Bhattacharjee, S., Agrawal, M. and Wagner, S. (2004). A behavioral model of digital music piracy. *Journal of Organizational Computing and Electronic Commerce*, **14**, 89–105.

Gordon, S. (1993). Inside the mind of the dark avenger. *Virus News International, January 1993*. Abridged version retrieved from www.research.ibm.com/ antivirus/SciPapers/Gordon/Avenger.html.

_____(1994). The generic virus writer. Presented at the 4th International Virus Bulletin Conference, Jersey, 8–9 September. Retrieved from http://vx.netlux.org/lib/asg03.html.

_____(1996). The generic virus writer II. In Proceedings of the 6th International Virus BulletinConference, Brighton, UK, 19–20 September. Retrieved from http://vx.netlux.org/lib/static/vdat/epgenvr2.htm.

_____(2000). Virus writers: the end of the innocence? In Proceedings of the 10th

International Virus Bulletin Conference, Orlando, FL, 28–29 September. Retrieved from www.research.ibm.com/antivirus/SciPapers/VB2000SG.htm.

Gordon, S. and Ford, R. (2003). Cyberterrorism? Retrieved from the Symantec Security Response White Papers website: www.symantec.com/avcenter/reference/cyberterrorism.pdf.

Gottfredson, M. R. and Hirschi, T. (1990). *A General Theory of Crime*. Stanford, CA: Stanford University Press.

Greenberg, A. (16 July 2007). The top countries for cybercrime: China overtakes US in hosting web pages that install malicious programs. *MSNBC*. Retrieved from www.msnbc.msn.com/id/19789995/ns/technology_and_science-security.

Griffin, D. and Tversky, A. (1992). The weighting of evidence and the determinants of confidence. *Cognitive Psychology*, **24**, 411–435.

Groth, A. N., Burgess, A. W. and Holmstrom, L. L. (1977). Rape, power, anger and sexuality. *American Journal of Psychiatry*, **134**, 1,239–1248.

Grubb, A. and Harrower, J. (2008). Attribution of blame in cases of rape: an analysis of participant gender, type of rape and perceived similarity to the victim. *Aggression and Violent Behaviour*, **13**, 396–405.

Gudaitis, T. M. (1998). The missing link in information security: three-dimensional profiling. *Cyberpsychology and Behaviour*, **1**, 321–340.

Gudjonsson, G. H. and Haward, L. R. C. (1998). *Forensic Psychology: A Guide to Practice*. New York: Routledge.

Guest, T. (2007). *Second Lives: A Journey through Virtual Worlds*. London: Random House.

Gunkel, D. J. (2005). Editorial: introduction to hacking and hacktivism. *New Media and Society*, **7**, 595–597.

Hadnagy, C. (2011). *Social Engineering: The Art of Human Hacking.* Indianapolis, IN: Wiley Publishing.

Haines, H. H. (1996). *Against Capital Punishment: the Anti-death Penalty Movement in America 1972-1994.* Oxford University Press.

Häkkänen-Nyholm, H. (2010). Stalking. In J. M. Brown and E. A. Campbell (eds.), *The Cambridge Handbook of Forensic Psychology.* Cambridge University Press (pp. 562-570).

Hall, G. C. and Hirschman, R. (1991). Towards a Theory of Sexual Aggression: a Quadripartite Model. *Journal of Consulting and Clinical Psychology,* **59,** 662-669.

Halsey, M. and Young, A. (2002). The meanings of graffiti and municipal administration. *The Australian and New Zealand Journal of Criminology,* **35,** 165-186.

Hastie, R. (1993). Introduction. In R. Hastie (ed.), *Inside the Juror: the Psychology of Juror Decision Making.* Cambridge University Press (3-41).

Hazler, R. J. (1996). *Breaking the Cycle of Violence: Interventions for Bullying and Victimization.* Bristol, PA: Accelerated Development.

Henderson, S. and Gilding, M. (2004). 'I've never clicked this much with anyone in my life' : trust and hyperpersonal communication in online friendships. *New Media and Society,* **6,** 487-506.

Higgins, G. E. (2007). Digital piracy: an examination of low self-control and motivation using short-term longitudinal data. *Cyberpsy-chology and Behavior,* **10,** 523-529.

Higgins, G. E., Fell, B. D. and Wilson, A. L. (2006). Digital piracy: assessing the contributions of an integrated self-control theory and social learning theory. *Criminal Justice Studies: a Critical Journal of Crime, Law and*

Society, 19, 3–22.

Higgins, G. E., Marcum, C. D., Freiburger, T. L. and Ricketts, M. L. (2012). Examining the role of peer influence and self-control on downloading behaviour. *Deviant Behaviour*, 33, 412–423.

Higgins, G. E., Wolfe, S. E. and Marcum, C. D. (2008). Music piracy and neutralization: a preliminary trajectory analysis from short-term longitudinal data. *International Journal of Cyber Criminology*, 2, 324–336.

Hill, C. W. (2007). Digital piracy: causes, consequences and strategic responses. *Asia Pacific Journal of Management*, 24, 9–25.

Hillberg, T., Hamilton–Giachritsis, C. and Dixon, L. (2011). Review of meta-analysis on the association between child sexual abuse and adult mental health difficulties: a systematic approach. *Trauma Violence and Abuse*, 12, 38–49.

Hinduja, S. (2007). Neutralization theory and online software piracy: an empirical analysis. *Ethics and Information Technology*, 9, 187–204.

Hinduja, S. and Patchin, J. W. (2008). Cyberbullying: an exploratory analysis of factors related to offending and victimisation. *Deviant Behaviour*, 29, 129–156.

_____(2009). *Bullying beyond the Schoolyard: Preventing and Responding to Cyberbullying*. Thousand Oaks, CA: Sage Publications (Corwin Press).

_____(2010a). Bullying, cyberbullying and suicide. *Archives of Suicide Research*, 14, 206–221.

_____(2010b). *Cyberbullying Fact Sheet: Identification, Prevention, and Response*. Cyberbullying Research Center. Retrieved from www.cyberbullying.us/

Cyberbullying_Identification_Prevention_Response_Fact_Sheet.pdf. Hines, D. and Finkelhor, D. (2007). Statutory sex crime relationships between juveniles and adults: a review of social scientific research. *Aggression and Violent Behaviour*, 12, 300–314.

Hof, R. (2006). *Real Threat to Virtual Goods in Second Life*. Retrieved from www.businessweek.com/the_thread/techbeat/archives/2006/11/real_threat_to.html.

Holt, T. J. and Graves, D. C. (2007). A qualitative analysis of advance fee fraud e-mail schemes. *International Journal of Cyber Criminology*, 1 (1). Retrieved from www.cybercrimejournal.com/ thomas&danielleijcc.htm.

Holtfreter, K., Reisig, M. D., Piquero, N. L. and Piquero, A. R. (2010). Low self-control and fraud: offending, victimization and their overlap. *Criminal Justice and Behavior*, 37, 188–203.

Home Office (2005). Fraud and technology crimes: findings from the 2002/03 British Crime Survey and 2003 Offending, Crime and Justice Survey (Home Office Online Report 34/05). Retrieved from www.homeoffice.gov.uk/rds/pdfs05/rdsolr3405.pdf.

Hood, C. (1983). *The Tools of Government*. Basingstoke, UK: Macmillan.

Hood, S. K. and Carter,M. M. (2008). Apreliminary examination of traumahistory, locus of control, and PTSD symptomseverity in African American Women. *The Journal of Black Psychology*, 34, 179–191.

Horgan, J. (2003a). The search for the terrorist personality. In A. Silke (ed.), Terrorists, Victims and Society: *Psychological Perspectives on Terrorism and its Consequences*. Chichester, UK: John Wiley and Sons.

_____(2003b). Leaving terrorism behind: an individual perspective. In A. Silke (ed.), *Terrorists, Victims and Society: Psychological Perspectives on Terrorism and its Consequences*. Chichester, UK: John Wiley and Sons.

_____(2005). *The Psychology of Terrorism*. Abingdon, UK: Routledge.

_____(2008). From profiles to pathways and roots to routes: perspectives from psychology on radicalization into terrorism. *The Annals of the American Academy of Political and Social Science,* **618**, 80–94.

Horgan, J. and Taylor, M. (2001). The making of a terrorist. *Jane's Intelligence Review,* **13**, 16–18.

Howitt, D. (2009). *Introduction to Forensic and Criminal Psychology* (3rd edn). Harlow, UK: Pearson Education.

Hoyle, C. and Zedner, L. (2007). Victims, victimization, and criminal justice. In M. Maguire, R. Morgan and R. Reiner (eds.), *The Oxford Handbook of Criminology* (4th edn). Oxford University Press (pp. 461–495).

Hsu, J. and Shiue, C. (2008). Consumers' willingness to pay for non-pirated software. *Journal of Business Ethics,* **81**, 715–732.

Huang, D., Rau, P. P. and Salvendy, G. (2010). Perception of information security. *Behaviour and Information Technology,* **29**, 221–232.

Humphreys, S. (2008). Ruling the virtual world?governance in massively multiplayer online games. *European Journal of Cultural Studies,* May, **11** (2), 149–171.

Hunter, A. (2009). High-tech rascality: Asperger's syndrome, hackers, geeks, and personality types in the ICT industry. *New Zealand Sociology,* **24**, 39–61.

Huss, M. T. (2009). *Forensic Psychology: Research, Clinical Practice, and Applications.* Chichester, UK: Wiley-Blackwell.

Ingram, J. and Hinduja, S. (2008). Neutralizing music piracy: an empirical examination. *Deviant Behaviour,* **29**, 334–366.

International Telecommunication Union (2011). *The World in 2011: ICT Facts and Figures.* Retrieved from www.itu.int/ITUD/ict/facts/2011/material/ICTFacts Figures2011.pdf.

Jagatic, T., Johnson, N., Jakobsson, M. and Menczer, F. (2006). Social phishing.

Communications of the Association for Computing Machinery (ACM), **50** (10), 94–100.

Jahankhani, H. and Al–Nemrat, A. (2010). Examination of cyber-criminal behaviour. *International Journal of Information Science and Management, Special Issue. Jan/Jun* 2010. Retrieved from www.srlst.com/ijist/special%20 issue/ijism-special-issue2010_files/Special-Issue201041.pdf.

Jaishkankar, K. (2008). Identity related crime in cyberspace: examining phishing and its impact. *International Journal of Cyber Criminology*, 2, 10–15.

Jambon, M. M. and Smetana, J. G. (2012). College students' moral evaluations of illegal music downloading. *Journal of Applied Developmental Psychology*, 33, 31–39.

Jamel, J. (2008). Crime and its causes. In G. Davies, C. Hollin and R. Bull (eds.), *Forensic Psychology*. Chichester, UK: John Wiley and Sons Ltd (pp. 3–28).

Jay, E. (2007). Rape in cyberspace. Retrieved from https://lists. secondlife.com/ pipermail/educators/2007-May/009237.html.

Jewkes, Y. (2010). Public policing and internet crime. In Y. Jewkes and M. Yar (eds.), *Handbook of Internet Crime*. Cullompton, UK: Willan Publishing (pp. 525–545).

Jewkes, Y. and Yar, M. (2010). Introduction: the internet, cybercrime and the challenges of the twenty–first century. In Y. Jewkes and M. Yar (eds.), *Handbook of Internet Crime*. Cullompton, UK: Willan Publishing (pp. 1– 15).

Johnson, D. and Post, D. (1996). Law and borders–the rise of law in cyberspace. *The Stanford Law Review*, 48, 1,367–1,402.

Johnston, A. C. and Warkentin, M. (2010). Fear appeals and information security behaviours: an empirical study. *MIS Quarterly*, **34** (3), 549–566.

Jolliffe, D. and Farrington, D. P. (2004). Empathy and offending: a systematic review and metaanalysis. *Aggression and Violent Behaviour*, **9**, 441−476.

Jones, T. (2003). Child abuse or computer crime? The proactive approach. In A. MacVean and P. Spindler (eds.), *Policing Paedophiles on the Internet*. Bristol: John Grieve Centre for Policing and Community Safety, The New Police Bookshop.

Joseph, J. (2003). Cyberstalking: an international perspective. In Y. Jewkes (ed.), *Dot.cons: Crime, Deviance and Identity on the Internet*. Cullompton, UK: Willan Publishing (pp. 105−125).

Josman, N., Somer, E., Reisberg, A., Weiss, P. L., Garcia−Palacios, A. and Hoffman, H. (2006). Busworld: designing a virtual environment for post−traumatic stress disorder in Israel: a protocol. *CyberPsychology and Behavior*, **9**, 241−244.

Jouriles, E. N., McDonald, R., Kullowatz, A., Rosenfield, D., Gomez, G. S. and Cuevas, A. (2009). Can virtual reality increase the realism of role plays used to teach college women sexual coercion and rape−resistance skills? *Behaviour Therapy*, **40**, 337−345.

Jung, Y. (2008). Influence of sense of presence on intention to participate in a virtual community. *Proceedings of the 41st Hawaii International Conference on System Sciences*.

Kabay, M. E. (1998). *ICSA White Paper on Computer Crime Statistics*. Retrieved from www.icsa.net/html/library/whitepapers/crime.pdf.

Kahn, J. (April 2004). The homeless hacker v. *the New York Times*. *Wired*. Retrieved from www.wired.com/wired/archive/12.04/hacker_pr.html.

Kamphuis, J. H., Emmelkamp, P. M. G. and Bartak, A. (2003). Individual differences in posttraumatic stress following post-intimate stalking: stalking severity and psychosocial variables. *British Journal of Clinical Psychology*, 42, 145–56.

Katsh, E. (2007). Online dispute resolution: some implications for the emergence of law in cyberspace. *International Review of Law, Computers and Technology*, 21, 97–107.

Kellen, K. (1982). *On Terrorism and Terrorists: a Rand Note N-1942-RC*. Santa Monica, CA: Rand Corporation.

Kenny, M. C. and McEachern, A. G. (2000). Racial, ethnic and cultural factors of childhood sexual abuse: a selected review of the literature. *Clinical Psychology Review*, 20, 905–922.

Kilger, M., Arkin, O. and Stutzman, J. (2004). Profiling. In The Honeynet Project (ed.), *Know Your Enemy: Learning about Security Threats* (2nd edn). Boston, MA: Addison–Wesley Professional (pp. 505–556). Retrieved from http://old.honeynet.org/book/Chp16.pdf.

Killias, M., Scheidegger, D. and Nordenson, P. (2009). Effects of increasing the certainty of punishment: a field experiment on public transportation. *European Journal of Criminology*, 6, 387–400.

Kilpatrick, R. (1997). Joy-riding: an addictive behavior. In J. E. Hodge, M. McMurran and C. R. Hollin (eds.), *Addicted to Crime?* Chichester, UK: Wiley (pp. 165–190).

Kirwan, G. H. (June 2006). An identification of demographic and psychological characteristics of computer hackers using triangulation. PhD Thesis, Institute of Criminology, School of Law, College of Business and Law, University College Dublin.

_____(2009a). *Victim Facilitation and Blaming in Cybercrime Cases*. Proceedings of Cyberspace 2009. Brno, Czech Republic. 20–21 November.

_____(2009b). *Presence and the Victims of Crime in Online Virtual Worlds.* Proceedings of Presence 2009-the 12th Annual International Workshop on Presence, International Society for Presence Research, 11-13 November, Los Angeles, California. Retrieved from http://astro.temple.edu/~tuc16417/papers/ Kirwan.pdf PROCEEDINGS ISBN: 978-0-9792217-3-6.

Kline, P. (1987). Psychoanalysis and crime. In B. J. McGurk, D. M. Thornton and M. Williams (eds.), *Applying Psychology to Imprisonment: Theory and Practice.* London: HMSO.

Klinger, D. A. (2001). Suicidal intent in victim-precipitated homicide: insights from the study of 'suicide-by-cop'. *Homicide Studies,* 5 (3), 206-226.

Knight, W. (18 August 2005). Computer characters mugged in virtual crime spree. *New Scientist.* Retrieved from www.newscientist.com/ article/dn7865.

Kohlberg, L. (1969). State and sequence: the cognitive-developmental approach to socialization. In D. A. Goslin (ed.), *Handbook of Socialization Theory and Research.* Chicago, IL: Rand McNally.

Kowalski, R. M. and Limber, S. P. (2007). Electronic bullying among middle school students. *Journal of Adolescent Health,* 41, S22-S30.

Kramer, S. and Bradfield, J. C. (2010). A general definition of malware. *Journal in Computer Virology,* 6, 105-114.

Krone, T. (2004). *A Typology of Online Child Pornography Offending. Trends and Issues in Crime and Criminal Justice, No. 279.* Canberra: Australian Institute of Criminology. Retrieved from www.aic.gov.au/publications/tandi2/ tandi279.pdf.

Kruglanski, A. W. and Fishman, S. (2006). The psychology of terrorism: 'syndrome' versus 'tool' perspectives. *Terrorism and Political Violence,* 18, 193-215.

Lafrance, Y. (2004). Psychology: a previous security tool. Retrieved from www.sans.org/reading_room/whitepapers/engineering/psychology-precious-security-tool_1409.

Lam, A., Mitchell, J. and Seto, M. C. (2010). Lay perceptions of child pornography offenders. *Canadian Journal of Criminology and Criminal Justice*, **52**, 173–201.

Langos, C. (2012). Cyberbullying: the challenge to define. *Cyberpsychology, Behavior and Social Networking*, **15**, 285–289.

Lanning, K. (2001a). Child molesters and cyber paedophiles: a behavioural perspective. In R. Hazelwood and A.W. Burgess (eds.), *Practical Aspects of Rape Investigation: AMultidisciplinary Approach* (3rd edn). Boca Raton, FL: CRC Press (pp. 199–220).

_____(2001b). *Child Molesters: A Behavioral Analysis* (4th edn). Washington, DC: National Center for Missing and Exploited Children. Retrieved from www.ncmec.org/en_US/publications/NC70.pdf.

LaRose, R. and Kim, J. (2007). Share, steal or buy? A social cognitive perspective of music downloading. *Cyberpsychology and Behavior*, **10**, 267–277.

LaRose, R., Lai, Y. J., Lange, R., Love, B. and Wu, Y. (2005). Sharing or piracy? An exploration of downloading behaviour. Journal of *Computer-Mediated Communication*, **11**, 1–21.

LaRose, R., Rifon, N. J. and Enbody, R. (March 2008). Promoting personal responsibility for internet safety. *Communications of the ACM*, **51** (3), 71–76.

Laulik, S., Allam, J. and Sheridan, L. (2007). An investigation into maladaptive personality functioning in Internet sex offenders. *Psychology, Crime and Law*, **13**, 523–535.

Lawrence, J. W. and Fauerbach, J. A. (2003). Personality, coping, chronic stress, social support and PTSD symptoms among adult burn survivors: a path analysis. *Journal of Burn Care and Rehabilitation*, **24**, 63–72.

Lee, D., Larose, R. and Rifon, N. (2008). Keeping our network safe: a model of online protection behaviour. *Behaviour and Information Technology*, **27**, 445–454.

Lee, Y. and Larson, K. R. (2009). Threat or coping appraisal: determinants of SMB executives' decision to adopt anti-malware software. *European Journal of Information Systems*, **18**, 177–187.

Leman–Langlois, S. (2008). Introduction: technocrime. In S. Leman-Langlois (ed.), Technocrime: *Technology, Crime and Social Control*. Cullompton, UK: Willan.

Lenhart, A. (2007). Pew internet and American life project: cyberbullying and online teens. Retrieved from www.pewinternet.org/~media//Files/Reports/2007/PIP%20Cyberbullying%20Memo.pdf.pdf.

Leonard, M. M. (2010). 'I did what I was directed to do but he didn' t touch me' : the impact of being a victim of internet offending. *Journal of Sexual Aggression*, **16**, 249–256.

Lessig, L. (2000). *Code and Other Laws of Cyberspace*. Princeton, NJ: Princeton University Press.

Levi, M. (2001). 'Between the risk and the reality falls the shadow' : evidence and urban legends in computer fraud (with apologies to T. S. Eliot). In D. Wall (ed.), *Crime and the Internet*. London, New York: Routledge (pp. 44–58).

Levine, S. Z. (2008). Using intelligence to predict subsequent contacts with the criminal justice system for sex offences. *Personality and Individual Differences*, **44**, 453–463.

Levy, S. (1984). *Hackers: Heroes of the Computer Revolution*. London: Penguin Books.

Li, Q. (2007). New bottle but old wine: a research of cyberbullying in schools. *Computers in Human Behavior*, **23**, 1,777–1791.

Liao, C., Lin, H. N. and Liu, Y. P. (2010). Predicting the use of pirated software: a contingency model integrating perceived risk with the theory of planned behavior. *Journal of Business Ethics*, **91**, 237–252.

Liebowitz, S. J. (2006). File sharing: creative destruction or just plain destruction? *The Journal of Law and Economics*, **49**, 1–28.

Lindsay, M. and Krysik, J. (2012). Online harassment among college students. *Information, Communication and Technology*, **15**, 703–719.

Lininger, R. and Vines, R. D. (2005). *Phishing: Cutting the Identity Theft Line*. Indianapolis, IN: Wiley Publishing Inc.

Livingstone, S. (2009). *Children and the Internet: Great Expectations, Challenging Realities*. Cambridge, UK: Polity.

Locicero, A. and Sinclair, S. J. (2008). Terrorism and terrorist leaders: insights from developmental and ecological psychology. *Studies in Conflict and Terrorism*, **31**, 227–250.

Lombroso, C. and Ferrero, W. (1895). *The Female Offender*. London: Fisher Unwin.

Lopez-Leon, M. and Rosner, R. (2010). Intellectual quotient of juveniles evaluated in a forensic psychiatry clinic after committing a violent crime. *Journal of Forensic Sciences*, **55**, 229–231.

Lyndon, A., Bonds-Raacke, J. and Cratty, A. D. (2011). College students' Facebook stalking of expartners. *Cyberpsychology, Behaviour and Social Networking*, **14**, 711–716.

Lynn, R. (2007). Virtual rape is traumatic, but is it a crime? Retrieved from www.wired.com/culture/lifestyle/commentary/sexdrive/2007/05/sexdrive_0504.

MacKinnon, R. C. (1997). Punishing the persona: correctional strategies for the virtual offender. In S. Jones (ed.), *Virtual Culture: Identity and Communication in Cybersociety.* London: Sage (pp. 206–235).

Macmillan Dictionary (n.d.). 'Cybercrime' definition. Retrieved from www.macmillandictionary.com/dictionary/british/cybercrime.

MacSìthigh, D. (2008). The mass age of internet law. *Information and Communication Technology Law,* 17, 79–94.

Maghaireh, A. (2008). Shariah law and cyber–sectarian conflict: how can Islamic criminal law respond to cyber crime? *International Journal of Cyber-Criminology,* 2, 337–345.

Maguire, M., Morgan, R. and Reiner, R. (2007). *The Oxford Handbook of Criminology* (4th edn.). Oxford University Press.

Maikovich, A. K., Koenen, K. C. and Jaffee, S. R. (2009). Posttraumatic stress symptoms and trajectories in child sexual abuse victims: an analysis of sex differences using the national survey of child and adolescent well–being. *Journal of Abnormal Child Psychology,* 37, 727–737.

Malesky Jr, L. A. (2007). Predatory online behaviour: modus operandi of convicted sex offenders in identifying potential victims and contacting minors over the internet. *Journal of Child Sexual Abuse,* 16, 23–32.

Malin, J. and Fowers, B. J. (2009). Adolescent self–control and music and movie piracy. *Computers in Human Behaviour,* 25, 718–722.

Mancheno, C. (11 April 2010). With new vest, players feel the game. *The Daily Pennsylvanian.* Retrieved from www.dailypennsylvanian.com/article/newvest-players-feel-game.

Maniglio, R. (2009). The impact of child sexual abuse on health: a systematic review of reviews. *Clinical Psychology Review, 29*, 647–657.

Marmar, C. R., Metzler, T. J., Otte, C., McCaslin, S., Inslicht, S. and Haase, C. H. (2007). The peritraumatic dissociative experiences questionnaire: an international perspective. In J. P. Wilson and C. So-kum Tang (eds.), *Cross-cultural Assessment of Psychological Trauma and PTSD.* New York: Springer (pp. 197–217).

Marshall, A. and Stephens, P. (2008). Identity and identity theft. In R. Bryant (ed.), *Investigating Digital Crime.* Chichester, UK: John Wiley and Sons (pp. 179–193).

Martin, G., Richardson, A., Bergen, H., Roeger, L. and Allison, S. (2003). Family and individual characteristics of a community sample of adolescents who graffiti. Presented at the Graffiti and Disorder Conference, Brisbane, Australia, 18-19 August. Retrieved from www.nograffiti.com/martinstudy.pdf.

Maruna, S. and Mann, R. E. (2006). A fundamental attribution error? Rethinking cognitive distortions. *Legal and Criminological Psychology, 11*, 155–177.

Massimi, M., Odom, W., Kirk, D. and Banks, R. (2010). HCI at the end of life: understanding death, dying and the digital. Proceedings of CHI (Computer Human Interaction) Conference on Human Factors in Computing Systems, Atlanta, GA, 10–15 Apr. (pp. 4,477–4,480).

Mazzarella, S. R. (2005). *Girl Wide Web: Girls, the Internet, and the Negotiation of Identity.* New York: Peter Lang.

McAfee-NCSA (2007). *McAfee-NCSA Online Safety Study–Newsworthy Analysis,* October 2007. Retrieved from http://download.mcafee.com/products/manuals/en-us/McAfeeNCSA_Analysis09-25-07.pdf.

McArthur, S. (2008). Global governance and the rise of NGOs. *Asian Journal of Public Affairs*, **2** (1), 54–67.

McCauley, C. and Moskalenko, S. (2008). Mechanisms of political radicalisation: pathways toward terrorism. *Terrorism and Political Violence*, **20**, 415–433.

McDonald, H. (2 August 2009). MP calls on YouTube to remove Real IRA propaganda videos: 'Cyber-terrorism' films of dissident republicans could be banned from site. *The Observer Supplement. The Guardian Newspaper.* Retrieved from www.guardian.co.uk/ technology/2009/aug/02/youtube-ira-facebook-cyber-terrorism.

McFarlane, L. and Bocij, P. (2003). An exploration of predatory behaviour in cyberspace: towards a typology of cyber stalkers. *First Monday*, **8** (9). Retrieved from www.firstmonday.org/htbin/cgiwrap/bin/ojs/index.php/fm/article/view/1076/996.

McGhee, I., Bayzick, J., Kontostathis, A., Edwards, L., McBride, A. and Jakubowski, E. (2011). Learning to identify internet sexual predation. *International Journal of Electronic Commerce*, **15**, 103–122.

McGuire, J. (1997). 'Irrational' shoplifting and models of addiction. In J. E. Hodge, M. McMurran and C. R. Hollin (eds.), *Addicted to Crime?* Chichester, UK: Wiley (pp. 207–231).

McKinnon, R. C. (1997). Punishing the persona: correctional strategies for the virtual offender. In S. Jones (ed.), *Virtual Culture: Identity and Communication in Cybersociety*. Thousand Oaks, CA: Sage (pp. 206–235).

McQuade, S. C. (III) (2006). *Understanding and Managing Cybercrime*. Boston, MA: Allyn and Bacon.

Meadows, M. S. (2008). *I, Avatar: the Culture and Consequences of Having a Second Life*. Berkeley, CA: New Riders.

Mears, D. P., Mancini, C., Gertz, M. and Bratton, J. (2008). Sex crimes, children and pornography: public views and public policy. *Crime and Delinquency*, **54**, 532-559.

Meier, M. H., Slutske, W. S., Arndt, S. and Cadoret, R. J. (2008). Impulsive and callous traits are more strongly associated with delinquent behavior in higher risk neighborhoods among boys and girls. *Journal of Abnormal Psychology*, **117**, 377-385.

Meinel, C. P. (1998). How hackers break in⋯ and how they are caught. *Scientific American*, **279**, 98-105.

Melander, L. A. (2010). College students' perceptions of intimate partner cyber harassment. *Cyberpsychology, Behavior and Social Networking*, **13**, 263-268.

Meloy, J. R. (1998). The psychology of stalking. In J. R. Meloy (ed.), *The Psychology of Stalking: Clinical and Forensic Perspectives*. London: Academic Press (pp. 1-23).

_____(2000). Stalking (obsessional following). In J. R. Meloy (ed.), *Violence, Risk and Threat Assessment*. San Diego, CA: Specialised Training Services (pp. 167-191).

Menesini, E., Nocentini, A. and Calussi, P. (2011). The measurement of cyberbullying: dimensional structure and relative item severity and discrimination. *Cyberpsychology, Behavior and Social Networking*, **14**, 267-274.

Merari, A. (2007). Psychological aspects of suicide terrorism. In B. Bongar, L. M. Brown, L. E. Beutler, J. N. Brecenridge and P. B. Zimbardo (eds.), *Psychology of Terrorism*. New York: Oxford University Press (pp. 101-115).

Mesch, G. S. (2009). Parental mediation, online activities and cyberbullying.

Cyberpsychology and Behaviour, **12**, 387-393.

Microsoft (10 February 2009). 29% of European teenagers are victims of online bullying. Retrieved from www.microsoft.com/emea/presscentre/pressreleases/ OnlinebullyingPR_100209.mspx.

Middleton, D. (2004). Current treatment approaches. In M. Calder (ed.), *Child Sexual Abuse and the Internet: Tackling the New Frontier*. Lyme Regis, UK: Russell House Publishing (pp. 99-112).

_____(2008). From research to practice: the development of the internet sex offender treatment programme (i-SOTP). *Irish Probation Journal*, **5**, 49-64.

_____(2009). Internet sex offenders. In A. R. Beech, L. Craig and K. D. Browne (eds.), *Assessment and Treatment of Sex Offenders: a Handbook*. Chichester, UK: Wiley (pp. 199-215).

Middleton, D., Elliott, I. A., Mandeville-Norden, R. and Beech, A. R. (2006). An investigation into the applicability of the Ward and Siegert pathways model of child sexual abuse with internet offenders. Psychology, *Crime and Law*, **12**, 589-603.

Middleton, D., Mandeville-Norden, R. and Hayes, E. (2009). Does treatment work with internet sex offenders? Emerging findings from the internet sex offender treatment programme (i-SOTP). *Journal of Sexual Aggression*, **15**, 5-19.

Mintz, A. (2012). Web of Deceit: *Misinformation and Manipulation in the Age of Social Media*. Medford, NJ: Information Today.

Mishna, F., Cook, C., Saini, M., Wu, M. and MacFadden, R. (2011). Interventions to prevent and reduce cyber abuse of youth: a systematic review. *Research on Social Work Practice*, **21**, 5-14.

Mishra, A. and Mishra, D. (2008). Cyber stalking: a challenge for web security. In L.

J. Janczewski and A. M. Colarik (eds.), *Cyber Warfare and Cyber Terrorism*. Hershey, PA: Information Science Reference (pp. 216−225).

Mitchell, K. J., Finkelhor, D., Jones, L. M. and Wolak, J. (2010). Use of social networking sites in online sex crimes against minors: an examination of national incidence and means of utilization. *Journal of Adolescent Health*, 47 (2), 183−190.

Mitchell, K. J., Finkelhor, D. and Wolak, J. (2007). Youth internet users at risk for the most serious online sexual solicitations. *American Journal of Preventative Medicine*, **32**, 532−537.

Mitchell, K. J., Wolak, J. and Finkelhor, D. (2005). Police posing as juveniles online to catch sex offenders: is it working? *Sexual Abuse: A Journal of Research and Treatment*, **17**, 241−267.

Mitnick, K. D. and Simon, W. L. (2002). *The Art of Deception: Controlling the Human Element of Security*. Indianapolis, IN: Wiley Publishing Inc.

_____(2005). *The Art of Intrusion: the Real Stories Behind the Exploits of Hackers, Intruders and Deceivers*. Indianapolis, IN: Wiley Publishing Inc.

Mizrach, S. (n.d.). Is there a hacker ethic for 90s hackers? Retrieved from www.fiu.edu/~mizrachs/hackethic.html.

Moore, R. and McMullan, E. C. (2009). Neutralizations and rationalizations of digital piracy: a qualitative analysis of university students. *International Journal of Cyber Criminology*, **3**, 441−451.

Moriarty, L. J. and Freiberger, K. (2008). Cyberstalking: utilising newspaper accounts to establish victimization patterns. *Victims and Offenders*, **3**, 131−141.

Morison, J. and Newman, D. (2001). On−line citizenship: consultation and participation in New Labour's Britain and beyond. *International Review of*

Law, Computers and Technology, **15**, 171–194.

Morris, R. G. and Higgins, G. E. (2009). Neutralizing potential and self-reported digital piracy: a multi-theoretical exploration among college undergraduates. *Criminal Justice Review*, **34**, 173–195.

_____(2010). Criminological theory in the digital age: the case of social learning theory and digital piracy. *Journal of Criminal Justice*. Retrieved from http://dx.doi.org/10.1016/j.jcrimjus.2010.04.016.

Mullen, P. E., Pathé, M., Purcell, R. and Stuart, G. W. (1999). Study of stalkers. *American Journal of Psychiatry*, **156**, 1,244–1,249.

Muncie, J., McLaughlin, E. and Langan, M. (1996). *Criminological Perspectives: a Reader.* London: Sage Publications Ltd.

Murphy, C. (June 2004). Inside the mind of the hacker. *Accountancy Ireland*, **36**, 12.

Murray, C. D., Fox, J. and Pettifer, S. (2007). Absorption, dissociation, locus of control and presence in virtual reality. *Computers in Human Behavior*, **23**, 1,347–1354.

Nandedkar, A. and Midha, V. (2012). It won't happen to me: an assessment of optimism bias in music piracy. *Computers in Human Behavior*, **28**, 41–48.

Nathanson, H. S. (1995). Strengthening the criminal jury: long overdue. *Criminal Law Quarterly*, **38**, 217–248.

National Fraud Authority (March 2012). Annual fraud indicator. Retrieved from www.homeoffice.gov.uk/publications/agencies-public-odies/nfa/annual-fraud-indicator/annual-fraudindicator-2012?view=Binary.

Nelson, B., Choi, R., Iacobucci, M., Mitchell, M. and Gagnon, G. (August 1999). *Cyberterror: Prospects and Implications.* Monterey, CA: Naval Postgraduate School, Center for the Study of Terrorism and Irregular Warfare.

New World Encyclopedia (n.d.). 'Cybercrime' definition. Retrieved from www.newworldencyclopedia.org/entry/Cyber_crime.

Ng, B. Y., Kankanhalli, A. and Xu, Y. C. (2009). Studying users' computer security behaviour: a health belief perspective. *Decision Support Systems, 46*, 815–825.

Ng, B. Y. and Rahim, M. A. (2005). *A Socio-Behavioral Study of Home Computer Users' Intention to Practice Security.* The Ninth Pacific Asia Conference on Information Systems, 7–10 July, Bangkok, Thailand.

Nhan, J., Kinkade, P. and Burns, R. (2009). Finding a pot of gold at the end of an internet rainbow: further examination of fraudulent email solicitation. *International Journal of Cyber Criminology, 3*, 452–475.

Nuñez, J. (2003). Outpatient treatment of the sexually compulsive hebophile. *Sexual Addiction and Compulsivity, 10*, 23–51.

Nykodym, N., Taylor, R. and Vilela, J. (2005). Criminal profiling and insider cybercrime. *Computer Law and Security Report, 21*, 408–414.

Oberholzer-Gee, F. and Strumpf, K. S. (2007). The effect of file sharing on record sales: an empirical analysis. *Journal of Political Economy, 115*, 1–42.

O' Brien, M. D. and Webster, S. D. (2007). The construction and preliminary validation of the Internet Behaviours and Attitudes Questionnaire (IBAQ). *Sex Abuse, 19*, 237–256.

O' Connell, M. (2002). The portrayal of crime in the media: does it matter? In P. O' Mahony (ed.), *Criminal Justice in Ireland*. Dublin: IPA (pp. 245–267).

O' Connell, R. (2003). *A Typology of Child Cyberexploitation and Online Grooming Practices.* Lancashire: Cyberspace Research Unit, University of Central Lancashire.

Ollmann, G. (2008). The evolution of commercial malware development kits and colour-by-numbers custom malware. *Computer Fraud and Security*, 9, 4–7.

O' Sullivan, P. B. and Flanagin, A. J. (2003). Reconceptualising 'flaming' and other problematic messages. *New Media and Society*, 5, 69–94.

Palmer, E. J. and Hollin, C. R. (1998). Comparison of patterns of moral development in young offenders and non-offenders. *Legal and Criminological Psychology*, 3, 225–235.

Park, A. J., Calvert, T. W., Brantingham, P. L and Brantingham, P. J. (2008). The use of virtual and mixed reality environments for urban behavioural studies. *PsychNology Journal*, 6, 119–130.

Parsons-Pollard, N. and Moriarty, L. J. (2009). Cyberstalking: utilising what we do know. *Victims and Offenders*, 4, 435–441.

Patchin, J. W. and Hinduja, S. (2006). Bullies move beyond the schoolyard: a preliminary look at cyberbullying. *Youth Violence and Juvenile Justice*, 4, 148–169.

_____(2011). Traditional and nontraditional bullying among youth: a test of general strain theory. *Youth Society*, 43, 727–751.

Payne, J. W. (1980). Information processing theory: some concepts and methods applied to decision research. In T. S. Wallsten (ed.), *Cognitive Processes in Choice and Decision Behaviour*. Hillsdale, NJ: Erlbaum.

PC Magazine Encyclopedia (n.d.). 'Cybercrime' definition. Retrieved from www.pcmag.com/encyclopedia_term/0,2542,t=cybercrime&i=40628,00.asp.

Pearce, C. (2006). Seeing and being seen: presence and play in online virtual worlds. *In Online, Offline and the Concept of Presence when Games and VR Collide*. Los Angeles, CA: USC Institute for Creative Technologies.

Peitz, M. and Waelbroeck, P. (2006). Why the music industry may gain from free downloading—the role of sampling. *International Journal of Industrial*

Organisation, 24, 907–913.

Perez, L. M., Jones, J., Englert, D. R. and Sachau, D. (2010). Secondary traumatic stress and burnout among law enforcement investigators exposed to disturbing media images. *Journal of Police and Criminal Psychology*, **25**, 113–124.

Philips, F. and Morrissey, G. (2004). Cyberstalking and cyberpredators: a threat to safe sexuality on the internet. *Convergence*, **10**, 66–79.

Piquero, A. R., Moffitt, T. E. and Wright, B. E. (2007). Self control and criminal career dimensions. *Journal of Contemporary Criminal Justice*, **23**, 72–89.

Piquero, N. L. (2005). Causes and prevention of intellectual property crime. *Trends in Organised Crime*, **8**, 40–61.

Pittaro, M. L. (2007). Cyber stalking: an analysis of online harassment and intimidation. *International Journal of Cyber Criminology*, **1**, 180–197.

_____(2011). Cyber stalking: typology, etiology, and victims. In K. Jaishankar (ed.), Cyber Criminology: *Exploring Internet Crimes and Criminal Behavior.* Boca Raton, FL: CRC Press (pp. 277–297).

Platt, C. (November 1994, Issue 2). Hackers: threat or menace? Wired, 82–88. Retrieved from www.wired.com/wired/archive/2.11/ hack.cong.html.

Pollitt, M. M. (October 1997). Cyberterrorism: fact or fancy? Proceedings of the 20th National Information Systems Security Conference, pp. 285–289.

Post, D. (1996). Governing cyberspace. *The Wayne Law Review*, **43**, 155–171.

Post, J. M. (1984). Notes on a psychodynamic theory of terrorist behaviour. *Terrorism*, **7**, 241–256.

Post, J. M., Ali, F., Henderson, S. W., Shanfield, S., Victoroff, J. and Weine, S. (2009). The psychology of suicide terrorism. Psychiatry: *Interpersonal and Biological Processes*, **72**, 13–31.

Post, J. M., Sprinzak, E. and Denny, L. M. (2003). The terrorists in their own words: interviews with thirty-five incarcerated Middle Eastern terrorists. *Terrorism and Political Violence,* **15,** 171–184.

Power, A. (2010). The online public or cybercitizen. *SCRIPTed: a Journal of Law, Technology and Society,* **7** (1), 185–195. Retrieved from www.law.ed.ac.uk/ahrc/script-ed/vol7-1/power.asp.

Power, A. and Kirwan, G. (2011). Ethics and legal aspects of virtual worlds. In A. Dudley, J. Braman and G. Vincenti (eds.), *Investigating Cyber Law and Cyber Ethics: Issues, Impacts and Practices.* Hershey, PA: Information Science Reference (pp. 117–131).

Preuβ, J., Furnell, S. M. and Papadaki, M. (2007). Considering the potential of criminal profiling to combat hacking. *Journal in Computer Virology,* **3,** 135–141.

Princeton University (n.d.). 'Cybercrime' definition. Retrieved from http://wordnetweb.princeton.edu/perl/webwn?s=cybercrime.

Privitera, C. and Campbell, M. A. (2009). Cyberbullying: the new face of workplace bullying? *CyberPsychology and Behavior,* **12,** 395–400.

Protalinski, E. (2012). Facebook has over 845 million users. ZDNet. Retrieved from www.zdnet.com/blog/Facebook/Facebook-has-over-845-million-users/8332.

Quayle, E. and Jones, T. (2011). Sexualised images of children on the internet. *Sexual Abuse: a Journal of Research and Treatment,* **23,** 7–21.

Quayle, E. and Taylor, M. (2002). Child pornography and the internet: perpetuating a cycle of abuse. *Deviant Behaviour: an Interdisciplinary Journal,* **23,** 365–395.

Quayle, E., Vaughan, M. and Taylor, M. (2006). Sex offenders, internet child abuse images and emotional avoidance: the importance of values. *Aggression and Violent Behavior*, **11**, 1–11.

Raine, A. (2008). From genes to brain to antisocial behaviour. *Current Directions in Psychological Science*, **17**, 323–328.

Rantala, R. R. (2008). Cybercrime against businesses 2005, NCJ 221943. *US Department of Justice, Bureau of Justice Statistics*. Retrieved from http://bjs.ojp.usdoj.gov/content/pub/pdf/cb05.pdf.

Raskauskas, J. and Stoltz, A. D. (2007). Involvement in traditional and electronic bullying among adolescents. *Developmental Psychology*, **43**, 564–575.

Rege, A. (2009). What's love got to do with it? Exploring online dating scams and identity fraud. *International Journal of Cyber Criminology*, **3**, 494–512.

Reijnen, L., Bulten, E. and Nijman, H. (2009). Demographic and personality characteristics of internet child pornography downloaders in comparison to other offenders. *Journal of Child Sexual Abuse*, **18**, 611–622.

Rennie, L. and Shore, M. (2007). An advanced model of hacking. *Security Journal*, **20**, 236–251.

Reyns, B. W. (2010). A situational crime prevention approach to cyberstalking victimization: preventive tactics for internet users and online place managers. *Crime Prevention and Community Safety*, **12**, 99–118.

Reyns, B. W. and Englebrecht, C. M. (2010). The stalking victim's decision to contact the police: a test of Gottfredson and Gottfredson's theory of criminal justice decision making. *Journal of Criminal Justice*, **38**, 998–1,005.

Reyns, B. W., Henson, B. and Fisher, B. S. (2011). Being pursued online: applying cyberlifestyle routine activities theory to cyberstalking victimization. *Criminal Justice and Behavior*, **38**, 1,149–1169.

_____(2012). Stalking in the twilight zone: extent of cyberstalking victimization and offending among college students. *Deviant Behaviour*, **33**, 1–25.

Riegel, D. L. (2004). Effects on boy-attracted pedosexual males of viewing boy erotica. *Arch. Sex. Behav*, **33**, 321–323.

Riva, G., Mantovani, F., Capideville, C. S., Preziosa, A., Morganti, F., Villani, D., Gaggioli, A., Botella, C. and Alcaniz, M. (2007). Affective interactions using virtual reality: the link between presence and emotions. *Cyberpsychology and Behaviour*, **10**, 45–56.

Roberts, L. (2008). Jurisdictional and definitional concerns with computer-mediated interpersonal crimes: an analysis on cyber stalking. *International Journal of Cyber Criminology*, **2** (1). Retrieved from www.cybercrimejournal.com/lynnerobertsijccjan2008.pdf.

Robertson, K., McNeill, L., Green, J. and Roberts, C. (2012). Illegal downloading, ethical concern and illegal behaviour. *Journal of Business Ethics*, **108**, 215–227.

Robins, L. N., West, P. A. and Herjanic, B. L. (1975). Arrests and delinquency in two generations: a study of black urban families and their children. *Journal of Child Psychology and Psychiatry*, **16**, 125–140.

Rock, P. (2007). Sociological theories of crime. In M. Maguire, R. Morgan and R. Reiner (eds.), *The Oxford Handbook of Criminology* (4th edn). Oxford University Press (pp. 3–42).

Rocque, M., Welsh, B. C. and Raine, A. (2012). Biosocial criminology and modern crime prevention. *Journal of Criminal Justice*, **40**, 306–312.

Rogers, M. (2000). A New Hacker Taxonomy. Canada: University of Manitoba. Retrieved from http://homes.cerias.purdue.edu/~mkr/hacker.doc.

_____(2003). The role of criminal profiling in the computer forensic process.

Computers and Security, 22, 292–298.

Rogers, M. K., Siegfried, K. and Tidke, K. (2006). Self-reported computer criminal behaviour: a psychological analysis. Digital Investigation, 3S, S116–120.

Rogers, M. K., Smoak, N. and Liu, J. (2006). Self-reported criminal computer behaviour: a big–5, moral choice and manipulative exploitive behaviour analysis. Deviant Behaviour, 27, 1–24.

Rogers, R. W. (1975). A protection motivation theory of fear appeals and attitude change. The Journal of Psychology, 91, 93–114.

_____(1983). Cognitive and physiological processes in fear appeals and attitude change: a revised theory of protection motivation. In J. Cacioppo and R. Petty (eds.), Social Psychophysiology. New York: Guildford Press (pp. 153–176).

Rollins, J. and Wilson, C. (2007). Terrorist capabilities for cyberattack: overview and policy issues. In E. V. Linden (ed.), Focus on Terrorism, Vol. 9. New York: Nova Science Publishers Inc. (pp. 43–63).

Rosenstock, I. M. (1966). Why people use health services. Millbank Memorial Fund Quarterly, 44, 94–124.

Rusch, J. J. (21 June 2002). The social psychology of computer viruses and worms. Paper presented at INET 2002, Crystal City, Virginia. Retrieved from http://m4dch4t.effraie.org/vxdevl/papers/avers/g10-c.pdf.

Sageman, M. (2004). Understanding Terror Networks. Philadelphia, PA: University of Pennsylvania Press.

_____(2008). Leaderless Jihad. Philadelphia, PA: University of Pennsylvania Press.

Sanders–Reach, C. (6 May 2005). Beware pharming and other new hacker scams. Law Technology News. Retrieved from www.law.com/jsp/lawtechnology news/PubArticleLTN.jsp? id=900005428456&slreturn=20130104095007.

Scarpa, A., Haden, S. C. and Hurley, J. (2006). Community violence victimization and symptoms of post-traumatic stress disorder. *Journal of Interpersonal Violence*, **21**, 446–469.

Schäfer, A. (2006). Resolving deadlock: why international organisations introduce soft law. *European Law Journal*, **12**, 194–208.

Schmucker, M. and Lösel, F. (2008). Does sexual offender treatment work? A systematic review of outcome evaluations. *Psicothema*, **20**, 10–19.

Schneider, J. P. (2000). Effects of cybersex addiction on the family: results of a survey. In A. Cooper (ed.), *Cybersex: the Dark Side of the Force*. New York: Brunner/Mazel.

Schneier, B. (November/December 2003). *IEEE Security and Privacy*, **1**, 6.

Scully, D. and Marolla, J. (1993). 'Riding the bull at Gilley' s' : convicted rapists describe the rewards of rape. In P. Bart and E. G. Moran (eds.), *Violence against Women: the Bloody Footprints*. Thousand Oaks, CA: Sage (pp. 26–46).

Senden, L. (2004). *Soft Law in European Community Law*. Portland, OR: Hart Publishing.

Sentencing Guidelines Council (2007). *Sexual Offences Act 2003: Definitive Guideline*. April 2007. Retrieved from http://sentencingcouncil. judiciary.gov.uk/docs/web_SexualOffencesAct_2003.pdf.

Seto, M. C. and Eke, A. W. (2005). The criminal histories and later offending of child pornography offenders. *Sexual Abuse: a Journal of Research and Treatment*, **17**, 201–210.

Shariff, S. (2005). Cyber-dilemmas in the new millennium: school obligations to provide student safety in a virtual school environment. *McGill Journal of Education*, **40** (3) 457–477.

Shariff, S. and Gouin, R. (2005). *Cyber-dilemmas: Gendered Hierarchies, Free Expression and Cyber-safety in Schools.* Paper presented at the Oxford Internet Institute (OII), Oxford University Conference on 8 September 2005. Retrieved from www.oii.ox. ac.uk/microsites/cybersafety/extensions/pdfs/papers/shaheen_shariff.pdf.

Sharp, T., Shreve-Neiger, A., Fremouw, W., Kane, J. and Hutton, S. (2004). Exploring the psychological and somatic impact of identity theft. *Journal of Forensic Science,* **49**, 131–136.

Sheldon, K. and Howitt, D. (2007). *Sex Offenders and the Internet.* Chichester, UK: Wiley.

Sheng, S., Holbrook, M., Kumaraguru, P., Cranor, L. and Downs, J. (2010). Who falls for phish? A demographic analysis of phishing susceptibility and effectiveness of interventions. Computer Human Interaction *(CHI)*, 10–15 April, Atlanta, Georgia.

Sheridan, L. P. and Davies, G. (2004). Stalking. In J. R. Adler (ed.), Forensic Psychology: *Concepts, Debates and Practice.* Cullompton, UK: Willan Publishing (pp. 197–215).

Sheridan, L. P. and Grant, T. (2007). Is cyberstalking different? *Psychology, Crime and Law,* **13**, 627–640.

Shernoff, D. J., Csikszentmihalyi, M., Schneider, B. and Shernoff, E. S. (2003). Student engagement in high school classrooms from the perspective of flow theory. *School Psychology Quarterly,* **18**, 158–176.

Shiels, M. (9 April 2009). Spies 'infiltrate US power grid'. *BBC News.* Retrieved from http://news.bbc.co.uk/2/hi/technology/7990997.stm.

Shirky, C. (2009). *Here Comes Everybody.* London: Penguin.

_____(2010). *Cognitive Surplus.* London: Penguin.

Siegfried, K. C., Lovely, R. W. and Rogers, M. K. (2008). Self-reported online child pornography behaviour: a psychological analysis. *International Journal of Cyber Criminology*, **2**, 286–297.

Silbert, M. (1989). The effects on juveniles of being used for pornography and prostitution. In D. Zillmann and J. Bryant (eds.), *Pornography: Research Advances and Policy Considerations*. Hillsdale, NJ: Lawrence Erlbaum.

Silke, A. (1998). Cheshire-cat logic: the recurring theme of terrorist abnormality in psychological research. *Psychology, Crime and Law*, **4**, 51–69.

_____(2003). Becoming a terrorist. In A. Silke (ed.), Terrorists, Victims and Society: *Psychological Perspectives on Terrorism and its Consequences*. Chichester, UK: John Wiley and Sons.

_____(2008). Research on terrorism: a review of the impact of 9/11 and the global war on terrorism. *Terrorism Informatics*, **18**, 27–50.

Sindico, F. (2006). Soft law and the elusive quest for sustainable global governance. *Leiden Journal of International Law*, **19**, 829-846.

Siponen, M., Vance, A. and Willison, R. (January 2010). New insights for an old problem: explaining software piracy through neutralisation theory. *Proceedings of the 43rd Hawaii International Conference on System Sciences*, US, 1–10.

Sipress, A. (2007). *Does Virtual Reality Need a Sheriff?* Retrieved from www.washingtonpost.com/wp-dyn/content/article/2007/06/01/AR2007060102671.html.

Slaughter, A. (2004). *A New World Order*. Princeton University Press.

Smith, F. and Bace, R. (2003). *A Guide to Forensic Testimony: the Art and Practice of Presenting Testimony as an Expert Technical Witness*. Boston: MA: Addison Wesley.

Smith, P., Mahdavi, J., Carvalho, M. and Tippet, N. (July 2006). An investigation into cyberbullying, its forms, awareness and impact, and the relationship between age and gender in cyberbullying. Retrieved from www.plymouth curriculum.swgfl. org.uk/resources/ict/cyberbullying/Cyberbullying.pdf.

Smith, R. G. (2004). *Cyber Crime Sentencing. The Effectiveness of Criminal Justice Responses.* Crime in Australia: International Connections. Australian Institute of Criminology International Conference, Hilton on the Park, Melbourne, Australia, 29–30 November 2004.

_____(2007). Biometric solutions to identity-related cybercrime. In Y. Jewkes (ed.), *Crime Online.* Cullompton, UK: Willan Publishing (pp. 44–59).

_____(2010). Identity theft and fraud. In Y. Jewkes and M. Yar (eds.), *Handbook of Internet Crime.* Cullompton, UK: Willan Publishing (pp. 173–301).

Socarides, C. W. (2004). *The Mind of the Paedophile: Psychoanalytic Perspectives.* London: H. Karnac Ltd.

Spinello, R. (2000). Information integrity. In D. Langford (ed.), *Internet Ethics.* London: Macmillan Press (pp. 158–180).

Spiro, P. J. (1998). Review: non-state actors in global politics. *The American Journal of International Law,* **92**, 808–811.

Spitzberg, B. and Hoobler, G. (2002). Cyberstalking and the technologies of interpersonal terrorism. *New Media and Society,* **4**, 71–92.

Spitzner, L. (2003). *Honeypots: Tracking Hackers.* Boston, MA: Addison-Wesley Inc.

Steel, C. M. S. (2009). Child pornography in peer-to-peer networks. *Child Abuse and Neglect,* **33**, 560–568.

Steffgen, G., Konig, A., Pfetsch, J. and Melzer, A. (2011). Are cyberbullies less empathic? Adolescents' cyberbullying behaviour and empathic responsiveness. *Cyberpsychology, Behavior and Social Networking*, **14**, 643–648.

Stephens, P. (2008). IPR and technological protection measures. In R. Bryant (ed.), *Investigating Digital Crime*. Chichester, UK: Wiley (pp. 121–131).

Sterling, B. (1992). *The Hacker Crackdown: Law and Disorder on the Electronic Frontier*. New York: Penguin.

Stohl, M. (2006). Cyber terrorism: a clear and present danger, the sum of all fears, breaking point or patriot games? *Crime, Law and Social Change*, **46**, 223–238.

Strom, P. S. and Strom, R. D. (2005). When teens turn cyberbullies. *The Education Digest*, **71**, 35-41.

Sue, D., Sue, D. W. and Sue, S. (2005). *Essentials of Understanding Abnormal Behaviour*. Boston: Houghton Mifflin.

Sunstein, C. R. (2007). *Republic.com 2.0*. Princeton University Press.

Svenson, S. and Maule, A. (1993). *Time Pressure and Stress in Human Judgement and Decision Making*. New York: Plenum.

Swire, P. (2005). Elephants and mice revisited: law and choice of law on the Internet. *University of Pennsylvania Law Review*, **153**, 1,975–2,001.

Sykes, G. and Matza, D. (1957). Techniques of neutralization: a theory of delinquency. *American Sociological Review*, **22**, 664–670.

Symantec (n.d.). *What is Cybercrime?* Retrieved from www.symantec.com/norton/cybercrime/definition.jsp.

_____(2011a). *Symantec Intelligence Quarterly*: Apr.–Jun. 2011. Retrieved from www.symantec.com/content/en/us/enterprise/white_papers/b-symc_intelligence_qtrly_apr_to_jun_WP.en-us.pdf.

_____(2011b). *Symantec Internet Security Threat Report: Trends for 2010* (Vol. 16,

April). Retrieved from www.symantec.com/ business/threatreport.

Talbert, F. S., Braswell, L. C., Albrecht, I. W., Hyer, L. A. and Boudewyns, P. A. (1993). NEO–PI profiles in PTSD as a function of trauma level. *Journal of Clinical Psychology*, **49**, 663–669.

Tam, L., Glassman, M. and Vandenwauver, M. (2009). The psychology of password management: a tradeoff between security and convenience. *Behaviour and Information Technology*, **29**, 233–244.

Tapscott, D. (2009). *Grown Up Digital*. New York: McGraw-Hill.

Tavani, H. T. (2011). *Ethics and Technology: Ethical Issues in an Age of Information and Communication Technology* (3rd edn). Hoboken, NJ: Wiley.

Taylor, M. (2012). Terrorism. In G. Davies and A. Beech (eds.), Forensic Psychology: *Crime, Justice, Law, Interventions* (2nd edn). Chichester, UK: BPS Blackwell (pp. 207–225).

Taylor, M. and Quayle, E. (1994). *Terrorist Lives*. London: Brassey's.

_____(2003). *Child Pornography: an Internet Crime*. Hove: Brunner-Routledge.

Taylor, M., Quayle, E. and Holland, G. (2001). Child pornography, the internet and offending, ISUMA. *The Canadian Journal of Policy Research*, **2**, 94–100.

Taylor, P. (1999). *Hackers*. London: Routledge.

Taylor, P. A. (2001). Hacktivism: in search of lost ethics? In D. S. Wall (ed.), *Crime and the Internet*. London: Routledge (pp. 59–73).

_____(2003). Maestros or misogynists? Gender and the social construction of hacking. In Y. Jewkes (ed.), *Dot.cons: Crime, Deviance and Identity on the Internet*. Cullompton, UK: Willan Publishing (pp. 126–146).

Thompson, C. (8 February 2004). *The virus underground. The New York Times Magazine* (pp. 30–33, p. 72, pp. 79–81). Retrieved at www.nytimes.com/ 2004/02/08/magazine/08WORMS.html? pagewanted=all.

Thompson, R. (2005). Why spyware poses multiple threats to society. *Communications of the ACM*, **48**, 41–43.

Torres, A. N., Boccaccini, M. T. and Miller, H. A. (2006). Perceptions of the validity and utility of criminal profiling among forensic psychologists and psychiatrists. *Professional Psychology Research and Practice*, **37**, 51–58.

Toth, K. and King, B. H. (2008). Asperger's Syndrome: diagnosis and treatment. *American Journal of Psychiatry*, **165**, 958-963.

Trevethan, S. D. and Walker, L. J. (1989). Hypothetical versus real–life moral reasoning among psychopathic and delinquent youth. *Development and Psychopathology*, **1**, 91–103.

Turgeman-Goldschmidt, O. (2011). Identity construction among hackers. In K. Jaishankar (ed.), *Cyber Criminology: Exploring Internet Crimes and Criminal Behaviour* (pp. 31–51). Boca Raton, FL: CRC Press.

Turkle, S. (1984). *The Second Self: Computers and the Human Spirit*. New York: Simon and Schuster Inc.

Twyman, K., Saylor, C., Taylor, L. A. and Comeaux, C. (2009). Comparing children and adolescents engaged in cyberbullying to matched peers. *Cyberpsychology and Behaviour*, **12**, 1–5.

Tversky, A. and Kahneman, D. (1974). Judgement under uncertainty: heuristics and biases. *Science*, **211**, 453–458.

Tynes, B. M. (2007). Internet safety gone wild? Sacrificing the educational and psychosocial benefits of online social environments. *Journal of Adolescent Research*, **22**, 575–584.

UN News Service (2010). *Robust Demand for Mobile Phone Services will Continue, UN agency predicts*. Retrieved from www.un.org/apps/news/story.asp?NewsID=33770&Cr=Telecom&Cr1.

United Press International (9 April 2008). *Survey: Cyber-bullying Affects US Teens*. Retrieved from www.upi.com/NewsTrack/Health/ 2008/04/09/survey_cyberbullying_affects_us_teens/3823.

US Department of Homeland Security (2003). *National Strategy to Secure Cyberspace*. Retrieved from www.dhs.gov/files/publications/ editorial_0329.shtm.

US Department of Justice (9 August 1999). Kevin Mitnick sentenced to nearly four years in prison; computer hacker ordered to pay restitution to victim companies whose systems were compromised. Retrieved from www.justice.gov/criminal/cybercrime/mitnick.htm.

Veerasamy, N. (2010). *Motivation for Cyberterrorism. 9th Annual Information Security South Africa (ISSA)–Towards New Security Paradigms*. Sandton Convention Centre, 2–4 August 2010 (p. 6).

Verone (n.d.). Piracy Guide. *EVElopedia*. Retrieved from ttp://wiki.eveonline.com/ en/wiki/Piracy_guide.

Victoroff, J. (2005). The mind of the terrorist: a review and critique of psychological approaches. *Journal of Conflict Resolution*, 49, 3–42.

Vinyagamoorthy, V., Brogni, A., Gillies, M., Slater, M. and Steed, A. (2004). An investigation of presence response across variations in visual realism. Proceedings of Presence 2004: The 7th Annual International Workshop on Presence, Valencia, Spain, 13–15 Oct.

Vishwanath, A., Herath, T., Chen, R., Wang, J. and Rao, H. R. (2011). Why do people get phished? Testing individual differences in phishing vulnerability within an integrated, information processing model. *Decision Support Systems*, 51 (3), 576–586.

Voiskounsky, A. E. and Smyslova, O. V. (2003). Flow–based model of computer hacker's motivation. *CyberPsychology and Behaviour*, 6, 171–180.

Von Hirsch, A., Bottoms, A. E., Burney, E. and Wickstrom, P. O. (1999). *Criminal Deterrence and Sentence Severity.* Oxford: Hart.

Walker, C. (2001). The criminal courts online. In D. S. Wall (ed.), *Crime and the Internet.* London: Routledge (pp. 195-214).

Walklate, S. (2006). *Imagining the Victim of Crime.* UK: Open University Press.

Wall, D. S. (2007). *Cybercrime: the Transformation of Crime in the Information Age.* Cambridge, UK: Polity Press.

Wall, D. S. and Williams, M. (2007). Policing diversity in the digital age: maintaining order in virtual communities. *Criminology and Criminal Justice,* 7, 391-415.

Wall, D. S. and Yar, M. (2010). Intellectual property crime and the Internet: cyber-piracy and 'stealing' information intangibles. In Y. Jewkes and M. Yar (eds.), *Handbook of Internet Crime.* Cullompton, UK: Willan Publishing (pp. 255-272).

Wall, G. K., Pearce, E. and McGuire, J. (2011). Are internet offenders emotionally avoidant? *Psychology, Crime and Law,* 17, 381-401.

Walther, J. B. (1996). Computer-mediated communication: impersonal, interpersonal, and hyperpersonal interaction. *Communication Research,* 23, 3-43.

_____(2007). Selective self-presentation in computer-mediated communication: hyperpersonal dimensions of technology, language and cognition. *Computers in Human Behavior,* 23, 2, 538-557.

Wang, W., Yuan, Y. and Archer, N. (2006). A contextual framework for combating identity theft. *IEEE Security and Privacy,* 4, 30-38.

Wang, X. and McClung, S. R. (2012). The immorality of illegal downloading: the role of anticipated guilt and general emotions. *Computers in Human Behaviour,* 28, 153-159.

Ward, T. (2001). Hall and Hirschman's quadripartite model of child sexual abuse: a critique. Psychology, *Crime and Law*, 7, 363–374.

Ward, T. and Durrant, R. (2011). Evolutionary behavioral science and crime: aetiological and intervention implications. *Legal and Criminological Psychology*, **16**, 193–210.

Ward, T., Polaschek, D. and Beech, A. R. (2006). *Theories of Sexual Offending*. Chichester, UK: Wiley.

Ward, T. and Siegert, R. (2002). Toward a comprehensive theory of child sexual abuse: a theory of knitting perspective. *Psychology, Crime and Law*, **8**, 319–351.

Warren, M. and Leitch, S. (2009). Hacker taggers: a new type of hackers. *Information Systems Frontiers*, **12** (4), 425–431.

Wash, R. (2010). Folk models of home computer security. Symposium on Usable Privacy and Security (SOUPS), Redmond, WA, 14-16 July. Retrieved from http://cups.cs.cmu.edu/soups/2010/proceedings/ a11_Walsh.pdf.

Webb, L., Craissati, J. and Keen, S. (2007). Characteristics of internet child pornography offenders: a comparison with child molesters. *Sexual Abuse: a Journal of Research and Treatment*, **19**, 449–465.

Weimann, G. (2004). *www.terror.net: How Modern Terrorism Uses the Internet*. Washington, DC: United States Institute of Peace. Retrieved from www.usip.org/pubs/specialreports/sr116.pdf, 5–11.

Weinstein, N. D. (1980). Unrealistic optimism about future life events. *Journal of Personality and Social Psychology*, **39**, 806–820.

Welsh, B. C. and Farrington, D. P. (2004). Surveillance for crime prevention in public space: results and policy choices in Britain and America. *Criminology and Public Policy*, **3**, 497-525.

_____(2006). *Preventing Crime: What Works for Children, Offenders, Victims and Places*. Dordrecht, The Netherlands: Springer.

Wemmers, J. A. and Cyr, K. (2006). Victims' perspectives on restorative justice: how much involvement are victims looking for? *International Review of Victimology*, 11, 259–274.

West, D. J. and Farrington, D. P. (1977). *The Delinquent Way of Life*. London: Heinemann.

Whitney, L. (26 March 2010). Symantec finds China top source of malware. *CNET Security*. Retrieved from http://news.cnet.com/ 8301-1009_3-20001234-83.html.

Whitson, J. and Doyle, A. (2008). Second life and governing deviance in virtual worlds. In S. Leman-Langlois (ed.), Technocrime: *Technology, Crime and Social Control*. Cullompton, UK: Willan (pp. 88–111).

Whittaker, D. J. (2004). *Terrorists and Terrorism in the Contemporary World*. London: Routledge.

Whitty, M. T. and Buchanan, T. (2012). The online romance scam: a serious cybercrime. *Cyberpsychology, Behaviour and Social Networking*, 15, 181–183.

Wiederhold, B. K. and Wiederhold, M. D. (2005). *Virtual Reality Therapy for Anxiety Disorders: Advances in Evaluation and Treatment*. Washington, DC: American Psychological Association.

Willard, N. E. (2007). *Cyberbullying and Cyberthreats: Responding to the Challenge of Online Social Aggression, Threats, and Distress*. Champaign, IL: Research Press.

Williams, M. (2006). *Virtually Criminal: Crime, Deviance and Regulation Online*. Abingdon, Oxon, UK: Routledge.

Wilson, C. (2005). *Computer Attack and Cyberterrorism: Vulnerabilities and Policy Issues for Congress*. Washington, DC: Congressional Research Service: The Library of Congress. Retrieved from www.dtic.mil/cgi-bin/GetTRDoc?AD= ADA444799&Location= U2&doc=GetTRDoc.pdf.

_____(2007). *Botnets, Cybercrime and Cyberterrorism: Vulnerabilities and Policy Issues for Congress*. Washington, DC: Congressional Research Service: The Library of Congress. Retrieved from www.dtic.mil/cgi-bin/GetTRDoc?AD= ADA474929&Location= U2&doc=GetTRDoc.pdf.

Wilson, M. (2010). Terrorism research: current issues and debates. In J. M. Brown and E. A. Campbell (eds.), *The Cambridge Handbook of Forensic Psychology*. Cambridge University Press (pp. 571−578).

Wingrove, T., Korpas, A. L. and Weisz, V. (2011). Why were millions of people not obeying the law? Motivational influences on non-compliance with the law in the case of music piracy. *Psychology, Crime and Law*, 17, 261−276.

Winterdyk, J. and Thompson, N. (2008). Student and non-student perceptions and awareness of identity theft. *Canadian Journal of Criminology and Criminal Justice*, **50**, 153-186.

Wolak, J., Finkelhor, D. and Mitchell, K. (2004). Internet-initiated sex crimes against minors: implications for prevention based on findings from a national study. *Journal of Adolescent Health*, **35**, 424.

_____(2005). *Child-pornography Possessors Arrested in Internet-related Crimes: Findings from the National Juvenile Online Victimization Study*. Alexandria, VA: National Center for Missing and Exploited Children.

_____(2008). Is talking online to unknown people always risky? Distinguishing online interaction styles in a national sample of youth internet users. *Cyberpsychology and Behaviour*, 11, 340−343.

Wolak, J., Finkelhor, D., Mitchell, K. and Ybarra, M. (2008). Online 'predators' and their victims: myths, realities, and implications for prevention and treatment. *American Psychologist*, **63**, 111−128.

Wolak, J., Mitchell, K. and Finkelhor, D. (2006). *Online Victimization of Youth: Five Years Later. National Center for Missing and Exploited Children Bulletin−#07-06-025.* Retrieved from www.unh.edu/ccrc/pdf/CV138.pdf.

_____(2007). Does online harassment constitute bullying? An exploration of online harassment by known peers and online−only contacts. *Journal of Adolescent Health*, **41**, S51-S58.

Wolfe, S. E., Higgins, G. E. and Marcum, C. D. (2008). Deterrence and digital piracy: a preliminary examination of the role of viruses. *Social Science Computer Review*, **26**, 317−333.

Woo, H. J. (2003). The hacker mentality: exploring the relationship between psychological variables and hacking activities. *Dissertation Abstracts International*, **64**, 2A, 325.

Woo, J. J., Kim, Y. and Dominick, J. (2004). Hackers: militants or merry pranksters? A content analysis of defaced web pages. *Media Psychology*, **6**, 63-82.

Working Group on Internet Governance (2005). *Report of the Working Group on Internet Governance.* Retrieved from www.wgig.org/docs/WGIGREPORT. doc,

Working to Halt Online Abuse (WHOA) (2012). Online harassment/cyberstalking statistics. Retrieved from www.haltabuse.org/resources/stats/index.shtml.

World Bank (1994). *Governance: the World Bank's Experience.* Washington, DC: World Bank. World Summit on the Information Society (2010). Home. Retrieved from www.itu.int/wsis/index. html.

Wortley, R. and Smallbone, S. (2006). *Child Pornography on the Internet.* Retrieved from www.cops.usdoj.gov/files/ric/ Publications/e04062000.pdf.

Wright, S. (2006). Government-run online discussion forums: moderation, censorship and the shadow of control. *British Journal of Politics and International Relations*, **8**, 550-568.

Wrightsman, L. S. (2001). *Forensic Psychology*. Stamford, CT: Wadsworth.

Wykes, M. (2007). Constructing crime: stalking, celebrity, 'cyber' and media. In Y. Jewkes (ed.), *Crime Online*. Cullompton, UK: Willan Publishing (pp. 128–143).

Wykes, M. and Harcus, D. (2010). Cyber-terror: construction, criminalization and control. In Y. Jewkes and M. Yar (eds.), *Handbook of Internet Crime*. Cullompton, UK: Willan (pp. 214–229).

Yang, G. (2006). Activists beyond virtual borders: internet-mediated networks and informational politics in China. *Command Lines: the Emergence of Governance in Global Cyberspace, First Monday*. Retrieved from http://firstmonday.org/htbin/cgiwrap/bin/ojs/index.php/fm/article/view/1609/1524.

Yar, M. (2006). *Cybercrime and Society*. London: Sage.

_____(2007). Teenage kicks or virtual villainy? Internet piracy, moral entrepreneurship and the social construction of a crime problem. In Y. Jewkes (ed.), *Crime Online*. Cullompton, UK: Willan Publishing (pp. 95-108).

_____(2010). Public perceptions and public opinion about internet crime. In Y. Jewkes and M. Yar (eds.), *Handbook of Internet Crime*. Cullompton, UK: Willan (pp. 104–119).

Ybarra, M. L. and Mitchell, K. J. (2004). Online aggressor/targets, aggressors, and targets: a comparison of associated youth characteristics. *Journal of Child*

Psychology and Psychiatry and Allied Disciplines, **45** (7), 1308–1316.

Yoon, C. (2012). Digital piracy intention: a comparison of theoretical models. *Behaviour and Information Technology,* **31**, 565–576.

Young, R., Zhang, L. and Prybutok, V. R. (2007). Hacking into the minds of hackers. *Information Systems Management,* **24**, 281–287.

Zentner, A. (2004). Measuring the effect of online music piracy on music sales. Retrieved from http://economics.uchicago.edu/download/ musicindustry oct12.pdf.

Zona, M. A., Sharma, K. K. and Lane, J. (1993). A comparative study of erotomanic and obsessional subjects in a forensic sample. *Journal of Forensic Sciences,* **38**, 894–903.

Zuckerman, M. (2002). Genetics of sensation seeking. In J. Benjamin, R. P. Ebstein and R. Belmaker (eds.), *Molecular Genetics and the Human Personality.* Washington, DC: American Psychiatric Publishing (pp. 193–210).

Zuckoff, M. (2006). The perfect mark: how a Massachusetts psychotherapist fell for a Nigerian e-mail scam. *The New Yorker,* 15 May, pp. 36–42.

찾아
보기

-내 용-

저자 소개

Gráinne Kirwan, Dun Laoghaire Institute of Art, Design and Technology

그레인느 커완(Gráinne Kirwan)은 대학원에서 법정 심리학을 전공하고, '해커 윤리, 동기, 대인 관계'에 대한 연구로 박사학위를 받았다. 현재 아일랜드 던 레러 예술, 디자인 기술학교에서 대학생 및 대학원생들에게 법정 심리학, 사이버 심리학, 컴퓨터 매개 커뮤니케이션, 가상현실과 인공 지능 심리학을 강의하고 있다.

Andrew Power, Dun Laoghaire Institute of Art, Design and Technology

앤드류 파워(Andrew Power)는 아일랜드 던 레러 예술, 디자인 기술학교 영화 예술 및 창조 기술 학과장이며 창조 응용 기술 센터장으로 재직 중이다. 학계에 몸담기 전 16년 동안 정보통신 관련 업계에서 근무하였다. 현재는 e-거버넌스, 소셜 네트워킹, 온라인 민주주의 등을 주제로 활발한 연구를 진행 중이며, 영국, 아일랜드 대학들에서 강의하고 있다.

김지호(Kim, Gho)

김지호는 중앙대학교 대학원에서 소비자 심리학을 전공하고, 컴퓨터 매개 커뮤니케이션(CMCS)이 생산성에 미치는 영향에 대한 연구로 석사학위를, 유형별 인터넷 광고의 효과 연구로 박사학위를 받았다. 현재 경북대학교 심리학과에서 사이버심리학, 사회심리학, 소비자심리학 등을 강의하고 있으며, 특히 정신생리학적 측정치를 활용하여 사람들의 심리를 이해하고자 한다. 사이버 매체의 심리적, 물리적 특성이 사회적으로 미치게 되는 다양한 영향력에 대해 관심을 가지고 있다.

〈주요 논문〉
Effects of Display Size and Type of Input on Cognitive and Emotional Response to Screen Tasks
터치가 소유를 이끈다: 디스플레이 화면크기와 입력방식이 온라인 쇼핑 행동에 미치는 영향
MMORPG 게임 내 캐릭터 커스터마이징과 게임 스토리 제공이 게임태도 및 각성(SCR)에 미치는 영향
인터넷에서의 친사회적 행동에 영향을 미치는 요인: 미국드라마 자막제작자를 중심으로
The Effect of Search Condition and Advertising Type on Visual Attention to Internet Advertising

신상화(Shin, Sanghwa)

신상화는 중앙대학교 심리학과를 졸업하고, 동 대학원에서 소비자광고 심리학 전공 석사학위를 받았고, 경북대학교 심리학과 박사 과정을 수료하였다. 현재 경찰청 범죄분석담당관실 소속 범죄 프로파일러로 재직 중이며, 행정안전부 전자정부포럼 안전분과위원으로 활동하고 있다. (전) 경찰대학 부설 국제사이버범죄연구센터 객원 연구원으로 활동한 바 있다. 경찰 프로파일러로 활동하기 전 마케팅 리서치 업계에서 5년간 소비자 심리, 행동 분석 업무를 수행한 바 있으며, 현재는 사이버 범죄 등 신기술에 의한 범죄 행동 및 범죄자 특성, 범죄 예측 모델 등 확률적 분석을 통한 범죄 프로파일링 기법 연구 및 GIS 기술을 응용한 지리적 프로파일링, 묻지 마 범죄 등 중요 범죄 프로파일링 업무를 담당하고 있다.

〈주요 논문〉
범죄현장 행동 군집에 따른 성범죄 프로파일링 도출을 위한 연구
성범죄 피해자 연령대에 따른 범죄 현장 행동 특성 비교 연구
연쇄 강간범에 대한 지리적 프로파일링 연구
기업 공익활동에 대한 일관성 및 차별성 귀인이 기업에 대한 태도에 미치는 영향

사이버 범죄 심리학

Cybercrime
The Psychology of Online Offenders

2017년 4월 5일 1판 1쇄 인쇄
2017년 4월 13일 1판 1쇄 발행

지은이 • Gráinne Kirwan · Andrew Power
옮긴이 • 김지호 · 신상화
펴낸이 • 김진환
펴낸곳 • (주) **학 지사**
　　　　04031 서울특별시 마포구 양화로 15길 20 마인드월드빌딩
대표전화 • 02)330-5114　　　팩스 • 02)324-2345
등록번호 • 제313-2006-000265호

홈페이지 • http://www.hakjisa.co.kr
페이스북 • https://www.facebook.com/hakjisabook

ISBN 978-899-997-1218-0　93180
정가 20,000원

이 도서의 국립중앙도서관 출판시도서목록(CIP)은 서지정보유통지원
시스템 홈페이지(http://seoji.nl.go.kr)와 국가자료공동목록시스템
(http://www.nl.go.kr/kolisnet)에서 이용하실 수 있습니다.
(CIP제어번호: CIP2017007854)

교육문화출판미디어그룹 학 지사
　심리검사연구소 **인싸이트** www.inpsyt.co.kr
　원격교육연수원 **카운피아** www.counpia.com
　학술논문서비스 **뉴논문** www.newnonmun.com